Doris Lerche
Wo ist Romeo?

Ein Mädchen muß gucken, wo es bleibt...
... und Leonie Bach zeigt, wo's langgeht!

433 Seiten,
Leseband,
gebunden mit Schutzumschlag
DM 39,80
ISBN 3-7857-0860-2

Die Newcomerin Leonie Bach erzählt in ihrem spritzigen Erstlingsroman ein modernes Märchen mit einem altmodischen Happy-End.
Jede Menge Sprachwitz, viel Situationskomik und kein einziges Superweib auf 433 Seiten.

Aus der Reihe

Frauengeschichten

Die Thriller-Sensation – Baldacci stellt alles in den Schatten!
100% Spannung garantiert!

576 Seiten,
Leseband,
Halbleinen
mit Schutzumschlag
DM 46,–
ISBN 3-7857-0815-7

»Baldacci, 35, ein erfolgreicher Anwalt, hat seinen Erstling kühl und kühn konstruiert. Denn Tat und Täter stehen am Beginn des Buches. Die Spannung des Wälzers (Übersetzung: Michael Krug) muß sich nun ganz und gar aus der uralten Konstellation David gegen Goliath speisen. Baldacci erzählt seine raffinierte Parabel vom ungleichen Kampf jedoch mit immer neuen Volten, Präzision und – unerläßlich – fein dosierten Klischees.«
DER SPIEGEL

Die Kinder des Gral im Reich der Mongolen – Peter Berlings neuer Bestseller

768 Seiten,
5 Illustrationen,
2 Karten,
2 Lesebänder,
1 Lesezeichen,
Leinen mit Schutzumschlag
DM 49,80
ISBN 3-7857-0788-6

Anno Domini 1251:
Zwei Kinder, die Erben des legendären Gralsgeschlechts und Hoffnungsträger für den ersehnten Weltfrieden, gelangen in die Hände der mongolischen Großkhane...
Krieger und Schamanen, Herrscher und Dirnen, Sklavenhändler und Piraten bevölkern die farbigen Schauplätze dieses faszinierenden Epos.

Die große Australien-Saga

676 Seiten
DM 16,90
ISBN 3-404-12043-4

Eine pralle Geschichte von Pionieren und Abenteurern, von tödlichen Gefahren und der Gier nach Land und Macht ... vor allem von starken Frauen, die für ihren Traum von einem neuen Leben in einer noch fremden Welt zu kämpfen bereit sind. Der Bogen dieses australischen Epos spannt sich über mehr als hundert Jahre. Die Eroberung des fünften Kontinents im 19. Jahrhundert – ein faszinierendes Kapitel der Weltgeschichte.

BASTEI LÜBBE
Taschenbücher

»Gott bewahre uns vor dem fünften Evangelium – denn die Wahrheit wird tödlich sein«

352 Seiten
DM 12,90
ISBN 3-404-12276-3

In München fällt ein Kunsthändler einem mysteriösen Autounfall zum Opfer. In Paris verübt ein Professor ein Säureattentat auf ein Bild von Leonardo da Vinci. In San Diego, Kalifornien, fürchtet man die Macht eines seltsamen griechischen Ordens.
Und in Rom arbeiten die Jesuiten an einem gigantischen Puzzlespiel antiker Textfragmente.
Sie alle suchen ein und dasselbe: den Schlüssel zu dem verlorenen Evangelium, das die Wahrheit über das Leben und Sterben Jesu Christi enthält. Und der Name dieses Schlüssels ist Barabbas.

BASTEI LÜBBE
Taschenbücher

Ein junges Mädchen im Angesicht des Todes – die bewegende Geschichte Isabells und ihrer Familie

241 Seiten
DM 12,90
ISBN 3-404-61351-1

Isabell ist fünfzehn, als sie an Krebs erkrankt. Dennoch kämpft sie und gibt sich vom Schicksal nicht geschlagen. Sie gestaltet das ihr verbleibende Lebensjahr voll Hoffnung und bereitet ihre Familie auf ihren Tod vor. »Ich mache so vielen Menschen Mut und nehme ihnen mit meiner frohen Ausstrahlung vielleicht die Angst vor dem Tod.« Dies ist der letzte von Isabell niedergeschriebene Satz – und zugleich ihr Vermächtnis.

BASTEI LÜBBE
Taschenbücher

Erma Bombeck über Kaufrausch, Killerinstinkte und das Tier in uns allen

208 Seiten,
gebunden
mit Schutzumschlag
DM 29,80
ISBN 3-7857-0816-5

Erma Bombeck, Hausfrau und Mutter dreier Kinder, begann mit 37 Jahren zu schreiben. Ihre frech-fröhlichen Kolumnen über Leid und Freud im Familienalltag erschienen zuerst in amerikanischen Zeitschriften, eroberten aber schnell Millionen von Buchlesern in aller Welt. Bekannt wurde sie in Deutschland durch ihren heiteren Bestseller »Nur der Pudding hört mein Seufzen«. Ihr Gesamtwerk ist in deutscher Sprache im Gustav Lübbe Verlag erschienen.
Erma Bombeck starb am 22. April 1996.

Der neue Buttlar: sensationelle Dokumente – faszinierende Bilder. Die Wahrheit von Roswell...

272 Seiten,
26 Farb- und
62 s/w-Abbildungen,
gebunden
mit Schutzumschlag
DM 39,80
ISBN 3-7857-0826-2

Johannes von Buttlar, einer der erfolgreichsten und meistgelesenen Sachbuchautoren der Gegenwart mit weltweit mehr als 25 Millionen verkaufter Exemplare, präsentiert in seinem Buch eine überaus spannende Dokumentation des Absturzes der Außerirdischen bei Roswell. Endlich bringt er Licht in das Dunkel der Ereignisse vom 4. Juli 1947.

Vitale Erzählkunst, bewegende Schicksale, große Literatur – eben Pat Conroy

896 Seiten,
6 Illustrationen,
Leseband,
Leinen mit Schutzumschlag
DM 49,80
ISBN 3-7857-0817-3

»Liebevoll zeichnet der Erzähler in dieser aufwühlenden Südstaaten-Story das Porträt zweier Generationen auf der Suche nach ihrer zerstörten Jugend – eine kraftvolle Geschichte voller Witz, Gefühlsaufwallungen und quirliger Lebendigkeit, ein Melodram, das mit einem Quentchen Kitsch und Magie die Seele streichelt, ein Roman wie Samt und Seide und doch voller Widerhaken, zum Heulen traurig, tränentreibend komisch und durchdrungen von Conroys ganz spezifischem hintergründigen Humor.«
BUCHJOURNAL, Frankfurt

Liebe und Tod in den Tagen des Shōgun – der Samurai-Thriller

480 Seiten,
30 Vignetten,
mit Buchkunstarbeiten
von Axel Bertram,
Leseband, gebunden mit
Schutzumschlag
DM 44,–
ISBN 3-7857-0857-2

Laura Joh Rowlands Erstlingsroman ist eine Mischung aus fesselnder Detektiv-Geschichte und historischer Erzählung à la »Shōgun« – »eine exotische und bestechende Kriminalgeschichte, ein literarisches Glanzstück.«
Robert Harris,
Autor von »Enigma«

Die Autobiographie einer bewunderswerten Frau

352 Seiten,
80 s/w-Fotos
gebunden
mit Schutzumschlag
DM 38,–
ISBN 3-7857-0814-9

Sabine Sinjen erzählt aus ihrem aufregenden und erfüllten Leben, über die Arbeit mit berühmten Regisseuren und Kollegen und wie sie gelernt hat, mit ihrem Krebsleiden zu leben.
Dieses Buch ist ihr Vermächtnis – ein Dokument erfüllten Lebens, das durch seine Ehrlichkeit, Spontaneität und Radikalität anrührt.

Von Wahrsagern, Alchimisten und Astrologen – und dem einsamen Kampf eines Mannes gegen die Inquisition

432 Seiten,
gebunden
mit Schutzumschlag
DM 39,80
ISBN 3-7857-0859-9

Das 25. Werk vom Autor des Welterfolgs »Der Fluch der Pharaonen« kreist um das Vermächtnis des großen Astronomen Nikolaus Kopernikus und dem letzten Versuch der Kirche im Jahre 1582, ein Datum aus dem Kalender zu tilgen, das niemals Wirklichkeit werden darf.

Von Philipp Vandenberg erschienen u. a.:
Sixtinische Verschwörung
Das fünfte Evangelium
Der Schatz des Priamos

Fragen Sie Ihren Buchhändler nach weiteren Lübbe-Titeln oder fordern Sie unser Gesamtprogramm beim Verlag an: Gustav Lübbe Verlag · Postfach 20 01 27 51431 Bergisch Gladbach · Stand: 1. Juni 1996

Ein Roman wie eine Kathedrale – gewaltig und geheimnisvoll. Der überragende Bestseller des berühmten Autors

1152 Seiten,
6 Illustrationen
von Achim Kiel,
Leseband,
Leinen mit Schutzumschlag
DM 49,80
ISBN 3-7857-0577-8

Im englischen Frühmittelalter träumt der Steinmetz und Baumeister Tom Builder davon, eine Kathedrale zu bauen.
Zu Hilfe kommen ihm der junge Prior Philip, die Grafentochter Aliena und der heranwachsende Baumeistersohn Jack. Sie müssen sich in einem Kampf um Leben und Tod gegen die klerikalen und weltlichen Gewalten der Zeit behaupten.

Von Ken Follett
erschienen u. a.:
Nacht über den Wassern
Die Pfeiler der Macht

Der Mann, der Millionen das Fürchten lehrt: James Herbert

480 Seiten,
gebunden
mit Schutzumschlag
DM 39,80
ISBN 3-7857-0854-8

Sleath. Ein kleines, stilles Dorf in den Chiltern Hills, nordwestlich von London. Hier scheint das Leben noch in Ordnung zu sein – bis die Zeit der Geister beginnt...
Ein klassischer, englischer Gruselroman der britischen Antwort auf Stephen King. Herberts bisherige Romane erreichten eine Weltauflage von 32 Millionen Exemplaren.

Der neue Hohlbein!
Ein Meisterwerk spannender Unterhaltung

512 Seiten,
10 Illustrationen,
Leseband,
gebunden
mit Schutzumschlag
DM 39,80
ISBN 3-7857-0765-7

Es beginnt mit der Suche nach einer Tankstelle im verschneiten Taunus.
Es endet in einem geheimnisvollen Kloster, mit einer Terroristenjagd und einem flammenden Inferno...
Ein neues Leseabenteuer für die ständig wachsende Fan-Gemeinde des Bestseller-Autors Wolfgang Hohlbein mit seiner einzigartigen Mischung aus Horror, Fantasy und Science Fiction.

SPHINX 2 – Das neue Buch zur erfolgreichen ZDF-Serie

288 Seiten,
140 Abbildungen, davon ca. 100 in Farbe, 6 Karten, gebunden mit Schutzumschlag
DM 46,–
ISBN 3-7857-0843-2

Nach dem großen Erfolg von SPHINX 1 folgt nun SPHINX 2 – das Begleitbuch zur gleichnamigen ZDF-Serie.
Die neuen Themen:
Alexander der Große erobert die Welt/Wikinger – Genies aus der Kälte/Friedrich II. – Kaiser zwischen Himmel und Hölle/Die phantastischen Reisen des Marco Polo/Lucrezia Borgia und die Familienbande im Vatikan/Rasputin – Heiliger Dämon am Zarenhof.

Bereits erschienen:
Hans-Christian Huf (Hg.)
SPHINX – Geheimnisse der Geschichte

Spannende Unterhaltung, ein brandaktuelles Thema: Der neue Konsalik

416 Seiten,
gebunden
mit Schutzumschlag
DM 39,80
ISBN 3-7857-0863-7

Für Oberregierungsrat Habicht bricht eine Welt zusammen, als man seinen einzigen Sohn Robert ermordet im Wald auffindet. Tod durch Genickschuß – Hinrichtung nach Mafia-Art. Ecstasy ist im Spiel. Ein spannender, glänzend recherchierter Roman eines der erfolgreichsten Autoren deutscher Sprache.

Neue Reisen mit Hardy Krüger: das dritte Weltenbummler-Buch mit 320 Farbfotos von Anita Krüger

336 Seiten,
gebunden
mit Schutzumschlag
DM 56,–
ISBN 3-7857-0844-0

Der 3. Band der Weltenbummler-Serie des beliebten Schauspielers und Erzählers Hardy Krüger. Ziele seiner Reisen und Abenteuer sind dieses Mal: Macao, Hawaii, Sulawesi, New Orleans und die Rocky Mountains Kanadas.

Von Hardy Krüger erschienen außerdem:
Weltenbummler – Reisen zu Menschen und Göttern
Weltenbummler – Willkommen auf fünf Kontinenten

Wolfgang Leonhard – seine brillante Anaylse des heutigen Rußland

300 Seiten, zahlreiche s/w-Abbildungen, gebunden mit Schutzumschlag
DM 42,–
ISBN 3-7857-0845-9

Wolfgang Leonhard, einer der besten Kenner Rußlands, bekannt seit seiner millionenfach verkauften Autobiographie »Die Revolution entläßt ihre Kinder«, überzeugt durch eine detaillierte Analyse der aktuellen Entwicklungen in Rußland und der GUS bis einschließlich der epochalen Präsidentenwahlen vom Juni 1996.

Sechs Singles auf der Suche nach dem Glück

464 Seiten, Leseband, gebunden mit Schutzumschlag
DM 39,80
ISBN 3-7857-0856-4

»... sie schreibt so wie sie zeichnet. Und vielleicht macht gerade das ihren Erfolg aus: das Überschreiten von Konventionen, das Hervorkehren von brenzligen Themen, an die sich sonst niemand wagen würde. Hintergründig, überspitzt dargestellt und dennoch mit Witz – das ist der Charme, den ihre Geschichten ausstrahlen ...« (Frankfurter Rundschau)

Die sensationelle Entdeckung: Margaret Mitchells erstes Buch

208 Seiten, 40 Fotos, 29 Briefdokumente, zahlreiche Vignetten in Duoton, Leseband, Halbleinen mit Schutzumschlag
DM 29,80
ISBN 3-7857-0820-3

Margaret Mitchell, die mit »Vom Winde verweht« den größten Bestseller aller Zeiten schuf, war erst 16, als sie diese Geschichte einer unerfüllten Liebe schrieb.
Erst 1995 wurde die Erzählung zusammen mit zahlreichen Briefen und Fotos von Margaret entdeckt – ein Muß für ihre begeisterten Leser.

Doris Lerche

Wo ist Romeo?

Roman

Gustav Lübbe
Verlag

Lektorat: Daniela Bentele-Hendricks

Schutzumschlaggestaltung: Doris Lerche und Renate Schlicht
Satz: Dörlemann Satz, Lemförde
Gesetzt aus der Palatino von Berthold
Druck und Einband: Franz Spiegel Buch GmbH, Ulm

Printed in Germany
ISBN 3-7857-0856-4

1 3 2

Inhalt

»Schwenkt euren Arsch,
im Arsch sitzt das Leben!«
*(Ausruf eines afrikanischen Musikers
während einer Tanzveranstaltung)*

Der Levante ist ein mörderischer Wüstenwind, der über den südlichsten Zipfel Andalusiens hinwegbläst, erbarmungslos Tag und Nacht und, wie man sagt, Mensch und Tier verrückt macht.

Kühe muhen ohne Unterlaß, harmlose Küchenfliegen beginnen zu stechen, Mütter ertränken ihre Kinder, Männer erschlagen ihre untreuen Ehefrauen, die Rate der Autounfälle und Selbstmorde steigt.

Über nichts wird im Dorf so leidenschaftlich geredet wie über den Wind. Immer heißt es, diesmal stürme er besonders lange und besonders heftig, diesmal sei die Hitze wirklich gnadenlos.

Als einfacher Urlauber brauchen Sie sich keine Sorgen zu machen. Sie werden den Levante höchstens als lästigen Sandsturm erleben, eilends Ihren Sonnenschirm zusammenklappen und zu Manolo in die Strandbar flüchten.

Beim zweiten Glas Sherry wird Manolo Sie lächelnd auf eine lange knochige Gestalt aufmerksam machen, einen Mann mit fliegendem weißem Haar, der allein gegen die Sandwolken anrennt. Die Schultern hochgezogen, läßt er den Blick über den Boden schleifen, bückt sich, wirft etwas Schweres in seine Plastiktüte, die er krampfhaft in den Greiflöchern festhält, rennt weiter.

Nach einer Weile kommt er zurück, diesmal vom Wind herbeigetrieben. Er bestellt ein Bier, tauscht die Brille für die Ferne mit der Lesebrille und schüttet seine Schätze auf die

Theke: rundgeschliffene, löcherige Steine, ein zersplittertes Stück Bootsplanke, verdrehte Muschelhäuser und einen sandigen Fetzen blauen Stoff.

Den Lumpen breitet er sorgfältig aus, streicht ihn liebevoll glatt, als striche er über Mädchenhaut. Betrachtet ihn lange.

Plötzlich spricht er Sie unvermittelt auf deutsch an.

Ehe Sie antworten können, beginnt er Ihnen eine unendliche, verworrene Geschichte zu erzählen. Von blutenden Thunfischen, einem jasminduftenden Innenhof und einer seidig-blonden Bianca.

Und da der Sherry schmeckt, hören Sie ihm zu.

Erster Teil

In Goa kann man von hundert Mark ein halbes Jahr leben

Das war Marens genialster Schachzug, dachte Hilde, sich bei Conrad einzunisten. Mich kränkt und ihn verwirrt sie.

Sie klappte den Kühlschrank auf, zog eine Flasche Vorzugsmilch aus dem Türfach und kippte sich einen Schuß in ihren English-Breakfast-Tee.

Andererseits gab es jetzt keine ärgerlichen Überraschungen mehr: Leergetrunkene Milchflaschen, die nicht ersetzt wurden. Schlappe Salatköpfe, ohne Plastikhülle ins Gemüsefach gequetscht. Wäsche, die tagelang den Trockenständer blockierte. Nächtliche Diskussionen im Korridor. Sturmgeklingel, daß man fast aus dem Bett fiel, weil Laurenz oder Maik oder Dennis seinen Hausschlüssel liegengelassen hatte. Dabei ist sie erst siebzehn, dachte Hilde, das hat sie von Conrad, dieses wahllose Herumschäkern.

Sie schüttete den Teerest in den Ausguß, spülte kurz nach, zog ihren Mantel über und verließ die Wohnung. Das umständliche Abschließen war lästig. Nach dem dritten Einbruch hatte sie ein zweites Schloß einbauen lassen. Bei allem Verständnis für Außenseiter mißfiel Hilde, daß man ausgerechnet zu ihr kam, wo nun wirklich nichts zu holen war.

Sie schlenderte den Anlagenring entlang. Die Luft roch nach Herbst. Hinter den schütteren Büschen dröhnten die Autos vorbei.

Die Penner auf den Bänken hatten sich ihre wattierten

Jacken von der Sozialhilfe übergezogen, denn jetzt am Morgen war es empfindlich kalt.

Erstaunlich, daß Conrad sich nicht gegen seine Tochter wehrte, die plötzlich leibhaftig vor ihm stand. Vielleicht haben ihn doch Vatergefühle übermannt, hoffte Hilde. Oder hat er entdeckt, daß Maren ein attraktives Mädchen ist, mit dem man sich zeigen kann? Wahrscheinlich führt er sie groß aus, kauft ihr Kleider und spielt den Mann von Welt. Jetzt, wo er diese Erbschaft gemacht hat. Jeder wird denken, sie ist seine neue Freundin.

Sie stieß die Fußspitze in ein Häufchen zusammengefegter Blätter, die raschelnd aufstoben.

Mit Marens boyfriends wird er nicht zurechtkommen, obwohl er immer so liberal tut. Dann merkt das Kind endlich, was es an seiner Mutter hat. Sogar diesen geschwätzigen Literaturstudenten habe ich versucht zu akzeptieren, der mir immer auf der Pelle hockte und wohl eher eine Mama suchte als eine Geliebte.

Eine Mama wollte ich nie sein. Nicht diese Glucke, die sich in alles einmischt. Maren sollte ihr Leben selbst in die Hand nehmen.

Nun hat sie es selbst in die Hand genommen und ist bei ihrem Vater gelandet.

Hilde überholte einen jungen Mann, der sich auf Krücken einbeinig fortbewegte. Ein Kriegsopfer aus dem ehemaligen Jugoslawien, vermutete sie und erinnerte sich plötzlich an die vielen humpelnden Männer ihrer Kindheit mit ihren hochgebundenen leeren Hosenbeinen.

Sie schaute auf den Einkaufszettel. Schwarzes Gurtband. Pelzhaken. Auberginefarbenen Futterstoff für Marens Lederweste. Marens Freundin bin ich auch nicht geworden. Sie erzählt mir ja nicht mal, ob sie schon mit einem von ihren Jungs geschlafen hat. Natürlich hat sie. Aber diese Packung

Kondome lag monatelang unangebrochen in ihrer Nachttischschublade. Am liebsten hätte ich gesagt: »Guck mal nach dem Verfallsdatum, diese Gummidinger halten nicht ewig.« Irgendwann habe ich sie in den Müll getan. Kann sich ja neue kaufen. Gibt soviel Geld für Unsinn aus.

Hilde machte sich über die Stoffe auf dem Wühltisch her. Fand gleich einen puderfarbenen Seidenrest, ausreichend für ein Sommerkleid. Maren würde goldig darin aussehen. Leider haßte sie Pastelltöne. Stand auch nicht auf Selbstgenähtes. Kaufte lieber irgendeinen synthetischen Stretchkram.

Wenigstens, dachte Hilde, sparen wir uns jetzt das tägliche Gezanke. Und ich habe endlich ein richtiges Nähatelier. Vier Tage hatte sie gebraucht, um Marens verschlamptes Zimmer zu säubern. Die vom ewigen Zigarettenqualm gelbgefärbten Vorhänge waren gerade noch als Putzlappen brauchbar.

Immer mehr Frauen ließen für sich nähen, und Hilde stand in dem Ruf, einen originellen Geschmack zu besitzen und auf individuelle Wünsche eingehen zu können. Jedes Kleidungsstück war ein Kunstwerk. Manche gestaltete sie aufwendig mit appliziertem Fell, eingenähten Federchen, aufgestickten Pailletten oder Perlen, mal konservativ, mal gewagt, je nach Mut und Kundin. Gern kombinierte sie Materialien oder Farben, die nicht paßten: sportliches Wollkaro gegen Spitze, Seidensamt gegen Rindsleder.

Für ihren Arbeitsaufwand war Hilde preiswert, denn sie besorgte sich billige Restposten direkt aus Leder-, Baumwoll- und Seidenfabriken. Conrads Vater hatte ihr von Zeit zu Zeit ganze Stoffballen zweiter Wahl überlassen mit kaum sichtbaren Fehlern.

Sie selbst trug am liebsten allerbequemste Kleidung in neutralen Grau-beige-Tönen, die viele Moden überstanden und zu ihrem melierten Haar paßten. Lockere Pullis und weite Röcke, die das Auf und Ab der Figur nicht gnadenlos nachmodellierten. Mit Holzschmuck und farbigen Tüchern ließen sich uralte Kleider immer wieder aufpeppen.

Maren schämte sich ihrer: »Naturschrulle«, spottete sie, »wenigstens einen BH könntest du in deinem Alter anziehen. Meinst du, es sieht schön aus, wenn da vorne immer alles wabbelt?«

»Nach deinem ersten Kind wabbelt es bei dir genauso!« hatte Hilde knapp geantwortet, und Maren zog sich gekränkt in ihr Zimmer zurück. Ja, austeilen konnte sie.

Hilde klemmte sich einen aubergine-schwarz karierten Futterrest unter die Achsel und schlenderte zur Kasse.

Neulich hatte Chris, frühpensionierte Lehrerin und ihre mäkeligste Kundin, in dieselbe Kerbe geschlagen: »Dein Outfit ist Eigenwerbung. Mit diesen unförmigen Mehlsäcken vergrätzt du dir die Kundschaft.«

»Ich verbitte mir deinen oberlehrerhaften Ton!« hatte Hilde geantwortet und seitdem nichts mehr von Chris gehört. Ärgerliche Geschichte, denn bislang hatte Chris sich zweimal im Jahr ihre gesamte Garderobe von ihr schneidern lassen und ein Heidengeld ausgegeben.

Ganz unrecht hatte Chris natürlich nicht. Obwohl sie sich dabei lächerlich verkleidet fühlte, trat Hilde nun bei Gesprächen mit Kundinnen einen Hauch eleganter auf als bisher. Die frischgewaschenen Haare steckte sie damenhaft hoch und ersetzte ihre breitgelatschten Gesundheitsschlappen durch Pumps, in denen ihr nach wenigen Minuten die Zehen weh taten.

»Wo ist denn das Preisschild?« wollte die Kassiererin wissen.

»Es war keins dran.«

»Ohne Preis kann ich Ihnen den Stoff nicht verkaufen.«

Ärgerlich warf Hilde den Taft zurück, strich aber immer wieder um den Haufen herum, wühlte, zerrte, begutachtete, und am Ende verschwand der Futterstoff beiläufig in ihrer Einkaufstasche.

Draußen neben dem Eingang zum Kaufhaus saß auf den nackten Steinen eine in bunte Flickentücher gehüllte Frau, die wehklagend ihr schlafendes Kind hielt. Weniger Gejammer wäre erfolgreicher, dachte Hilde. Wir Deutschen fühlen uns schnell gedrängt. Sie ließ zwei Groschen auf den ausgebreiteten Rock fallen. Der demütig gewinkelte Arm schoß vor – »Vielen Dank, liebe Dame, vielen Dank!« – und zog wie ein Croupier im Spielsalon das Geld in eine Tuchfalte.

Kaum hatte Hilde ihr Portemonnaie verstaut, war schon der nächste Bedürftige an ihrer Seite: »Haben Sie mal 'n bißchen Kleingeld für 'n aidskranken Ex-Junkie?«

Wie die meine Gutmütigkeit wittern, dachte Hilde und griff resigniert von neuem ins Geldtäschchen. Besser, er bettelt, als daß er bei mir einbricht.

Die Zeil entlang dehnte sich der Bauernmarkt. Rhöner Holzofenbrot, gartenfrische Petersilie, Eier von freilaufenden Hühnern. Wie sie so, umweht von Wolken ranzigem, zu oft erhitztem Bratfett, die Stände entlangschlenderte, vorbei an den Panflötenspielern mit ihrem ewigen »El condor pasa«, vorbei an Gauklern, Porträtzeichnern und einer russischen Volkstanzgruppe, drang plötzlich klassische Musik an ihr Ohr.

Ein wenig abseits stand eine Frau um die Fünfzig, die Hände scheu über ihrem dunklen Kostümrock verschränkt, vor sich einen billigen Kassettenrecorder und ein dezentes Kistchen für Kleingeld. Ihre geschulte Altstimme erhob sich schmetternd aus dem Lärmgetümmel der Fußgängerzone, als befände sie sich im Scheinwerferlicht einer großen Opernbühne. Was soll das, dachte Hilde, wozu kommen mir die Tränen? Wie ihre Stimme herzzerreißend jauchzt! Diese Frau hat sicher andere Vorstellungen vom Leben gehabt. Ich kann doch nicht einfach so mitten im hektischen Einkaufswirbel anfangen zu flennen.

Sie warf ein Markstück in das Kistchen und rannte die Treppe zur U-Bahn hinunter. Am Fahrkartenautomat wartete eine Schlange. Hilde ließ nervös die Münzen in ihrer Hand klingeln. Da stehen die Leute minutenlang an, dachte sie gereizt, und erst wenn die Reihe an sie kommt, kramen sie umständlich ihr Geld hervor.

Im Waggon stellte sie sich direkt an die Tür, um gleich als erste aussteigen zu können. Neben ihr stand ein junges Pärchen in verliebter Umarmung. Sie schaute auf die blondbehaarte Hand des Mannes, die unentwegt mit einem leicht schabenden Geräusch den Jeansärmel der Frau streichelte. Sie hätte diese Hand wegstoßen mögen, um dem monotonen Hin und Her ein Ende zu machen.

Zu Hause angekommen, holte sie Brot, Butter, Eier und einen Rettich aus dem Kühlschrank.

So gern sie kochte, für sich allein machte es ihr keine Freude. Sie begnügte sich mit belegten Broten oder Schnellgerichten aus der Tiefkühltruhe. Oft deckte sie nicht einmal mehr den Tisch, sondern aß während der Arbeit ein Stück Kuchen.

Die gemeinsamen Mahlzeiten mit ihrer Tochter waren über Jahre der gemütlichste Teil des Tages gewesen.

Doch seit Maren in dieser Jugend-Boutique Klamotten verkaufte, kam sie mittags nicht mehr nach Hause, sondern stopfte sich mit irgendeinem ungesunden Big-Mac voll. Dabei wurde sie immer griesgrämiger. Die Wohnung fand sie gräßlich mit all dem Studentensperrmüll, nicht mal ein Auto besäßen sie, und wenn es nur ein kleiner Golf wäre.

Natürlich war sie unterfordert in ihrem Job. Als Schaufenster-Gestalterin hätte sie wenigstens ihre künstlerische Begabung entfalten können. Aber sie hatte diese Ausbildung ebensowenig durchgehalten wie die letzten Jahre auf dem Gymnasium.

Selbstverständlich plagte sich Hilde mit Schuldgefühlen wie alle Mütter. Daß es seit einiger Zeit in den Medien hieß, die meisten Eigenschaften seien ererbt und nicht erworben, empfand sie als große Entlastung. Als sie noch kein Kind hatte, war sie eine fanatische Vertreterin der Erziehungstheorie gewesen. Doch heute wußte sie, was für eine gräßliche Verantwortung es war, wenn jedes Wehwehchen der Kinder auf mütterliche Erziehungsfehler zurückgeführt wurde.

Sie ließ sich am Küchentisch nieder, legte ein paar Rettichscheiben auf die gebutterte Brotschnitte, klopfte ihr gekochtes Ei auf und pulte das Köpfchen von Schalen frei.

Conrad kritisierte sowohl die Vererbungs- wie die Erziehungstheorie. Beide machten die Kinder zu passiven Opfern und negierten jede freie Entscheidung, behauptete er. Die kindliche Fähigkeit, aktiv einzugreifen und das eigene Schicksal zu formen, bleibe beide Male unberücksichtigt.

Seltsam, dachte sie, daß er sich solche Gedanken macht. Wo er doch nie etwas mit Kindern zu tun haben wollte.

Die Zimmerlinde ließ die Blätter hängen. Unglaublich, wieviel Wasser dieser Baum brauchte! Als sie ihrer Tochter eine alternative Modemesse lang das Gießen der Pflanzen überlassen hatte, war die empfindliche Pflanze fast vertrocknet.

Nachdem sie die Linde versorgt hatte, schob sie Orffs Carmina Burana in den Kassettenrecorder und machte sich daran, Marens Lederweste, deren Futter völlig zerschlissen war, neu zu füttern. Sie trennte alle Nähte auf und legte die Einzelteile des alten Futters auf dem aubergine-schwarzkarierten Taft aus, um diesen paßgerecht zuzuschneiden.

Da klingelte das Telefon. Sie stellte die Musik leise und nahm den Hörer ab.

Sie begriff nicht gleich, was der Anrufer wollte. Stammelte nur automatisch: »Ich bin alleinerziehende Mutter!«

Hartnäckig hakte die Stimme nach: Sie betreibe eine Nähstube, mit der sie Geld verdiene.

»Ich nähe gelegentlich für Freunde«, sagte sie.

Als sie auflegte, zitterte sie am ganzen Körper. Das Finanzamt! Daß sie sogar persönlich anriefen! Conrad hatte sie gewarnt, man sei dort hinter Schwarzarbeitern her, sie solle bloß nichts unterschreiben.

Aber natürlich zahlten ihre Kundinnen häufig mit Scheck, auf dem »Näharbeiten« stand. Vor allem Chris hatte, als sie noch am Gymnasium unterrichtete, ihre gesamte Garderobe von der Steuer abgesetzt, als angebliche Arbeitskleidung für Theater- und Rollenspiele mit ihren Schülern.

Hilde rannte in die Küche, setzte Wasser auf, löffelte Tee in das Sieb, nahm die Milchflasche aus dem Kühlschrank – der Verschluß war nicht richtig zugedreht –, Milch rann über den Flaschenhals, tropfte auf den Boden, auf die Tischplatte, sie wischte die Pfützen auf, rannte zurück, rief Conrad an. Er war nicht zu Hause. Auch Maren nicht, der sie eine Nachricht für ihn hätte hinterlassen können.

Was mache ich bloß? Seit Jahren begleitete sie eine panische Angst, daß ihr der Staat all das mühsam verdiente Geld wieder abnehmen würde, wie es schon einmal passiert war. Hilde hatte nach einigen Semestern Malerei an der Kunsthochschule festgestellt, daß Freunde und Bekannte sich ihre großformatigen, wilden Collagen aus bemalter Leinwand, Kork, Wellpappe, Textil und Leder gerne schenken ließen, ja, sogar bereit waren, dafür zu bezahlen. Sie begann auf Bestellung zu arbeiten und brach schließlich ihr Studium ab, um ihre Bilder in Galerien anzubieten. Sie fanden reißenden Absatz. Im Taumel des Erfolges hatte sie das Finanzamt vollkommen verdrängt und sah sich eines Tages mit einer gigantischen Steuernachzahlung konfrontiert. Alles, was sie für karge Zeiten gehortet hatte, wurde gepfändet.

Ich gehe zurück nach England, dachte sie erbittert, Maren braucht mich ja nun nicht mehr. Oder nach Goa, da kann man von hundert Mark ein halbes Jahr leben. Aber der teure Flug. Was mache ich bloß?

Ein paar Tage später flatterte ihr eine Schätzung ins Haus, in der für die letzten drei Jahre zweiundzwanzigtausend Mark Nachzahlung gefordert wurden.

Ja, wollte man sie denn endgültig ruinieren? Sollte sie, nachdem sie gerade ein wenig Boden unter den Füßen hatte, von neuem zum Sozialfall werden?

»Conrad, ich muß dich dringend sprechen.«

Endlich hatte sie ihn erwischt.

»Wenn es sein muß.«

Als er vom Finanzamt hörte, wurde er gleich freundlich. »Komm her«, sagte er. »Ich bin zu Hause.«

Sie hatte damit gerechnet, daß er lostoben würde: »Wie kann man nur zweimal denselben Fehler machen!« Nun war sie dankbar für seine Gelassenheit.

Die Haare müßte ich mir waschen, dachte sie. Schrecklich, wie blaß und abgespannt ich aussehe!

Sie zog ihr Kleid aus olivgrauem Wolljersey an – das verstärkt den Olivton in meinen Augen –, lieh sich Marens Lipgloss aus, um den Mund zu betonen, ohne geschminkt zu wirken, und gab sich nach kurzem Zögern einen Hauch von Marens Puderrouge auf die Wangenknochen.

Nehme ich Marens vergessenen Kosmetikkram mit zu Conrad? Ach was. Sie kauft sich doch dauernd solche Mengen, daß sie gar nicht merkt, wenn etwas fehlt.

Seit Marens Auszug hatten Conrad und sie sich nicht mehr gesehen, obwohl sie alle paar Tage miteinander telefonierten.

Befriedigt registrierte sie, daß sich ihre Tochter auf die übliche Art breitgemacht hatte: Über den Boden flogen Stiefeletten und Ballerinaschühchen. Auf den Tischplatten häuften sich Modezeitschriften. Sämtliche Sitzgelegenheiten verschwanden unter dicken Kleiderschichten.

Mißmutig raffte Conrad einen Armvoll Klamotten und warf sie auf Marens Bettcouch, um Hilde einen Sessel freizumachen.

Die Erbschaft hatte ihn verändert. Der schüttere Kinnbart war abrasiert und die weißgescheckten Haare gekürzt. Mit seiner transparenten Kunststoffbrille, der freigelegten Stirnwölbung und dem neuen Jackett aus Glencheck-Bouclé wirkte er nicht mehr wie ein ausgehungerter, ewig promovierender Student, der das Examen längst aus den Augen verloren hat, sondern gediegen wie ein stellvertretender Schuldirektor, fand Hilde. Nur der immer leicht beleidigte Zug um den Mund war geblieben.

»Hast du zugenommen?« fragte er. Ärgerlich spürte sie, wie ihr die Tränen kamen.

Als sie Conrad die Briefe des Finanzamtes zeigte, kräuselten sich Sorgenfalten zwischen seinen Brillengläsern. »Auf mich kommt auch noch einiges zu. Für Aktien, Sparbriefe und Mietshäuser ist Erbschaftssteuer fällig. Von dem, was die Firma abwirft, und von den Mieteinnahmen werde ich leben können. Ich war ja immer zu arrogant, mich um lächerliche Dinge wie Altersversorgung zu kümmern, genau wie du. Leider gleichen die Zinsen nicht die Inflation aus, das Geld auf der Bank verliert täglich an Wert.«

»Geld interessiert mich nicht«, sagte Hilde.

»Außer, daß du dringend zweiundzwanzigtausend Mark

brauchst. Der Steuerberater meiner Firma soll sich um deine Finanzprobleme kümmern. Begreifst du nicht, daß die Zeiten des Lustprinzips vorbei sind? Du kannst die Steuer nicht einfach ignorieren, nur weil sie dir lästig ist.«

»Lustprinzip – schön wär's!« Hilde hob die Stimme. »Ich mußte immer arbeiten, sogar während des Studiums, das weißt du genau. Ich habe Werbeprospekte verteilt, Schaufenster dekoriert, in Kneipen bedient, Zeitungen ausgetragen.«

Er hob die Hände wie ein sich ergebender Feind: »Jahrelang hast du von Sozialhilfe gelebt.«

»Wenn du mir für unsere Tochter Unterhalt gezahlt hättest, wäre mir diese Demütigung erspart geblieben.«

»Das Sozialamt wird jetzt das Geld von mir zurückfordern.«

»Ich wandere aus«, sagte sie trotzig. »Jetzt, wo Maren ihren eigenen Weg geht, bin ich ja wieder frei und unabhängig.«

»Und wohin?«

»England«, schwärmte sie etwas gequält. »Die drei Jahre, bevor Maren zur Schule mußte, waren eine gute Zeit. Unsere Tochter hat dort eine Geborgenheit erfahren, die du ihr nie geben wolltest. Wenn nur dieses ewige regnerische Wetter nicht wäre! Vielleicht sollte ich lieber nach Goa oder in die Karibik gehen. Australien käme auch in Frage.«

»Und das Ozonloch?«

»Ach weißt du, in der Sonne braten war noch nie mein Fall. Du hast es gut mit deinem Ferienhaus. Seit Franco tot ist, kann man ja wieder nach Spanien fahren. Dieses charmant-sorglose Leben der Andalusier – mañana, mañana – hat mir immer sehr gefallen.«

»Unverbesserliche Romantikerin«, er lehnte sich zurück, wie immer, wenn er zu schulmeistern begann. »Seit Spanien in der EG ist, hat sich alles geändert. Mit Gewalt versuchen die Sozialisten den südlichen Schlendrian zu beseitigen, der dir so gefällt.«

»Gegen Deutschland ist Spanien bestimmt noch paradiesisch«, seufzte Hilde. »Hier freut sich keiner mehr über meine Spontanbesuche, so wie früher. Für jede Kinoverabredung wird gleich der Terminkalender gezückt.«

Schweigen. Conrad schien nachzudenken. Jetzt konnte sich Hilde nicht mehr beherrschen und stellte endlich die Frage, die ihr die ganze Zeit auf der Zunge lag und vor der sich Conrad fürchtete: »Sag, wie kommst du eigentlich mit deiner Tochter zurecht?«

Früher war der Mercedes seiner Eltern fast das einzige Auto im Ort gewesen

Maren kam gegen elf Uhr abends nach Hause, schleuderte ihre Pumps von den Füßen, ließ die Samtjacke auf den Teppich fallen und beugte sich zu Conrad in den Sessel, um ihm einen mürrischen Kuß auf die Stirn zu drücken. Dann ging sie zu Bett.

Verwöhntes Gör, dachte er. Wir müssen dringend einen Termin ausmachen, um die einfachsten Regeln des Zusammenlebens zu klären.

Er erhob sich, nahm Marens Pumps, stellte sie ordentlich neben seine eigenen Schuhe in den Flur und hängte ihre Jacke auf einen Bügel.

Dann steckte er seine Geldbörse in die Gesäßtasche und lief die Treppe hinunter, um »Bei Siggi« an der Ecke ein letztes Bier zu trinken, damit er besser einschlief. Wie steif er geworden war durch das ewige Sitzen. Sein Kreuz schmerzte bei jedem Tritt. Noch ein paar Jahre Taxi fahren und er hatte Bandscheibenprobleme wie die meisten seiner Kollegen.

Zweimal die Woche schwimmen hatte ihm sein Arzt

verordnet, aber es reizte ihn wenig, in einem gechlorten Wasserbecken regelmäßige Runden zu drehen.

Ja, damals in Andalusien – wie hatte ihn das Meer fasziniert! Auch wenn er nicht gerade ein hervorragender Schwimmer war.

Er setzte sich an die Theke, wie immer am dämmrigen Rand, wo ihn die pergamentenen Hängeleuchten nicht direkt anstrahlten. Siggi brachte unaufgefordert ein Pils.

Jahrelang hatte Conrad das Haus verleugnet. Zu sehr war es mit dem Makel des kleinkapitalistischen Ausbeuters behaftet, der sich eine Villa in Europas Süden leisten kann.

Als er während des Studiums dem KBW beitrat, um unsere kapitalistische Gesellschaft in eine sozialistische zu revolutionieren, kam es zum endgültigen Bruch mit dem Vater. Bald darauf starb seine Mutter, vielleicht aus Gram über den familiären Zwist und den tödlichen Unfall seiner Schwester Ruth. Der Vater widmete sich noch jahrelang der Textilfirma, bis er vor vier Wochen einem Herzinfarkt erlegen war.

Conrad hatte fest damit gerechnet, nur ein kümmerliches Pflichterbe antreten zu können. Nun konnte er kaum glauben, daß seine ewigen Geldsorgen ein Ende haben sollten. Die revolutionären Ideale hatte er lange vor dem Zusammenbruch des Sozialismus in ihrer Radikalität aufgegeben. Besitz galt ihm nicht mehr als moralisch verwerflich. Sein Vater hätte seine Freude an ihm gehabt, wenn es je zu einem Gespräch gekommen wäre. Aber aus eingespielter Gewohnheit mieden sie den Kontakt bis zuletzt.

Er hob sein leeres Glas. Siggi nickte.

Conrad hatte über viele Semester hinweg Soziologie studiert – ein Fach, das der Vater als weltfremde Spielerei denunzierte – und schließlich seinen Magister gemacht. Danach begriff er, daß es wegen seiner politischen Aktivitäten kaum eine Stelle für ihn geben würde.

So wurde das Taxifahren zum Hauptberuf.

»Habt ihr was zu essen?«

»Ich schau mal nach.« Siggi verschwand in der Küche und kam achselzuckend zurück. »Ein bißchen Linseneintopf ist noch übrig.«

Conrad nickte.

Der plötzliche Geldsegen erleichterte ihn ungemein. Die Furcht, eines Tages als vereinsamter Greis von der Sozialhilfe leben zu müssen, hatte ihn jahrelang begleitet.

Eine Familie gegen die Einsamkeit hatte er trotzdem nie gründen wollen. Sollte er sich sein Leben lang abrackern für die Berufsausbildung von Kindern, die es am Ende doch zu nichts brachten, womöglich drogenabhängig wurden oder kriminell? Kinder waren für ihn das Symbol für Unfreiheit. Man sah doch allenthalben bei Freunden, wie die sich der Kinder wegen einschränkten. Allein die Schulferien zwangen jede Familie, zur selben Zeit wie Millionen anderer Urlauber die Strände zu bevölkern, die außerhalb der Saison hinreißend ruhig waren.

Er war kein Vater. Was hatte er mit Maren zu tun? Sein Samen hatte damals zufällig neues Leben entstehen lassen, weil Hilde nicht ordentlich verhütet hatte.

Nun ja, wenigstens war das Mädchen selbständig und konnte sich allein beschäftigen. Aber die ersten Beschwerden kamen schon: Ob er immer so wenig zu Hause sei, man sähe sich ja kaum? Dabei war sie es, die erst mitten in der Nacht heimkam. Ob er nicht frühstücke? Ob er nicht zu Mittag esse? Ein Wurstbrötchen im Auto, wenn er auf Kundschaft wartete. Das sei aber ungesund. Er haßte es, wenn sich jemand in seine Eßgewohnheiten einmischte. Im übrigen waren ihre

Obst-Diät-Tage sicher auch nicht das Wahre für eine Heranwachsende.

Er tunkte seinen Löffel in die heiße Suppe und fischte nach Wurststückchen.

Mit Hilfe eines befreundeten Anwaltes hatte er seine Geldangelegenheiten geregelt. Die Leitung der Firma würde er weiterhin dem bisherigen Direktor überlassen, der verstand mehr von Bilanzen als er. Der Zeitpunkt, in die Fußstapfen seines Vaters zu treten, war längst vorüber.

Immer wieder geisterte ihm das andalusische Haus durch den Kopf, das Paradies seiner Schulferien. Die jährlichen Sorgen, ob er das Klassenziel erreichen würde, hatten sich dort, im Duft der sonnenheißen Sandwege, verflüchtigt. Die Vorhaltungen der Eltern, er solle disziplinierter arbeiten, bald stehe das Abitur vor der Tür, er sei doch intelligent, warum er im Lateinischen so versage, brachen mit dem Überschreiten der Landesgrenze ab. Ja, Vater und Mutter wurden zu angenehmen gutgelaunten Zeitgenossen, daß man sie fast mögen könnte.

»Was kriegst du?«

Siggi malte mit Kreide den Rechnungsbetrag auf die hölzerne Fläche der Theke. Wie in den andalusischen Bars, dachte Conrad und reichte Siggi zwanzig Mark. »Laß nur«, sagte er, als Siggi ihm das Wechselgeld geben wollte.

Einer plötzlichen Eingebung folgend, suchte er am nächsten Tag ein Reisebüro auf und verlangte ein Flugticket nach Malaga. Maren würde fünf Tage lang allein zurechtkommen.

Die Freiheit ist es, die ich am Taxifahren so schätze, dachte er zufrieden. Keiner meiner etablierten Freunde könnte sich einen solchen Spontantrip erlauben.

Am Aeropuerto Malaga – ein neugebautes weitläufiges Gebäude mit endlosen Gängen und eisglatt polierten Bodenfliesen – mietete er sich einen Wagen und fuhr in seine Jugend zurück. Es wehte ein starker Wind, der ihn fast von der Straße trug. Unglaublich, dieser Verkehr. Damals sah man fast nur Autos von ausländischen Touristen, jetzt hatte die Mehrzahl spanische Kennzeichen. Fast die ganze Strecke nach Algeciras war inzwischen Autobahn geworden. Hatte seine Vorteile. Früher brauchte man einen halben Tag bis zur »Venta Avenida«, wo der geheimnisvolle, von dichten Hecken gesäumte Feldweg zur Hacienda abbog. Jetzt schaffte er es in zweieinviertel Stunden.

Die Kreuzung erkannte er kaum wieder, so viele Häuser waren um die Venta herum entstanden. Den Feldweg hatte man verbreitert und asphaltiert, er war nun zu einer übersichtlichen Landstraße geworden, die in die Berge hineinführte.

Seit über dreißig Jahren war er nicht mehr hier gewesen. In den Hecken hatten Lagartos gewohnt, Eidechsen, dick wie Warane. Grüne Spinnen. Handgroße dürre Gottesanbeterinnen, die nach dem Geschlechtsakt ihre Männchen fraßen. Dort nisteten Nachtigallen, Wiedehopfe und goldschillernde Vögel, die seine Mutter nicht kannte, obwohl sie so viel wußte über die Pflanzen- und Tierwelt des Südens.

Einmal war ein Vogelpärchen im Liebesrausch gegen die Scheiben des Küchenfensters geknallt. Die beiden Tiere lagen wundersam grün-golden auf der Terrasse, und er hielt sie für tot. Doch zu seiner Erleichterung erwachten beide und flatterten taumelnd davon.

Der Verlust des Paradieses ist der Preis des Fortschritts, dachte Conrad und bemühte sich, gelassen zu bleiben. Gefühle – er mußte an seinen Vater denken – waren eine gefährliche Sache. »Wenn deine Sehnsüchte ins Spiel kommen und du ein Haus besitzen willst, statt es nüchtern als Objekt zu betrachten, wirst du immer ein schlechtes Geschäft machen«, war dessen stete Rede. Das andalusische Haus hatte der Vater damals nur als Wertanlage angesehen und sich durch keine Palme und keinen blauen Himmel irritieren lassen.

Die Hacienda lag auf einer Anhöhe mit Blick über das ganze Tal, das sich »Mayorazgo viejo« nannte, altes Herzogtum. Der Name hatte ihn abgestoßen, als er gegen Ende der Schulzeit begann, über ihn nachzudenken. Die geräumige Finca seiner Eltern war ein Palast, die benachbarten Bauernhütten schlicht wie steinerne Schuhkartons.

Er erinnerte sich an die billige altersschwache Sitzgruppe mit dem verschlissenen Blumenmuster, die noch vom Vorbesitzer des Hauses stammte. Die gedrechselten Beine waren angebrochen, und man hatte sie zur Stabilisierung mit Draht umwickelt. Nun sollte sie fort. Aber wohin? Es gab keinen Sperrmüll. Verlegen fragte die Mutter die alte Paquita, die das Haus jahrelang für den Sevillaner Rechtsanwalt und seine Familie geputzt hatte, ob sie eine Verwendung für das Gerümpel habe. Paquita stürzten Tränen in die Augen: Diese Couchgarnitur sei für sie? Nie im Leben habe sie geglaubt, daß sie sich jemals etwas so Schönes leisten könne. Conrad war derart beschämt, daß er als erwachsener Mann nie wieder herfuhr.

Doch als er sich nun auf dem palmengesäumten Weg dem Tor näherte, dieser breiten, malerisch von beiden Seiten zugewucherten Entrada, ergriff ihn zitternder Besitzerstolz. Die hohe Mauer, die Haus und Innenhof umschloß, abweisend wie die Umfriedung einer maurischen Festung, war kaum noch sichtbar hinter einem Dickicht von Yukkas, Agaven und Zypressen. Fluchend, denn beim Nähertreten zerriß ihm irgendein Stachelgewächs sein waschseidenes Hemd, öffnete er mit seinem großen rostigen Schlüssel den rechten Torflügel. Er ließ sich kaum aufschieben, so kraftvoll drückte wildes Gesträuch dagegen, das den windgeschützten Innenhof üppig füllte. Vorsichtig, um nicht wieder Opfer von Dornen und

Stacheln zu werden, bahnte er sich einen Weg durch die ungebärdige Wildnis.

Natürlich sah das ehemals prächtige Hauptgebäude einigermaßen heruntergekommen aus, denn sein Vater hatte nach dem Tode seiner Frau nie wieder nach dem Rechten gesehen.

Der Außenputz war in großen Placken abgefallen, die Mauern hatte man ewig nicht gekalkt, eine Arbeit, die sonst in jedem Frühjahr von den Frauen erledigt wurde. Er erinnerte sich an einen Eimer mit geisterhaft schäumendem weißen Kalk und wie Isabel auf der Leiter stand, eine Bürste am langen Stil in den Kalk tunkte und sie emsig über die Hauswände führte.

Aus dem Maschendraht des Terrassendaches bogen sich die Geißblatt- und Efeuranken bis hinunter auf die bemoosten Fliesen. Ich sage Rafael Bescheid, dachte er, daß der mit seinen Söhnen anrückt, um diesen Dschungel zu lichten.

Die Haustür schrappte über den Boden. Muß abgeschliffen werden, dachte er, das Holz arbeitet in der feuchten Meeresluft. Man hätte all die Winter heizen müssen, aber es gab ja nur diesen Kamin.

Offenbar hatte lange Zeit niemand das Haus betreten, denn klebrige Girlanden von Spinnennetzen hefteten sich an seine Haare, daß er vor Überraschung losschrie.

Die Fensterläden aufzustoßen erwies sich als fast unmöglich. Das Holz hatte sich derart verzogen, daß er mit einem Knüppel von innen nachhelfen mußte. Er ließ die Haustür weit offen stehen und riß die Fenster auf, um frische Luft hereinzulassen. Die Sonne stand so niedrig, daß sie gerade eben über die Hofmauer hinweg tief in die Räume hineinleuchtete. Die zahllosen Häufchen von Holzmehl warfen spitze Schatten über die Bodenfliesen. Er schaute nach oben: Die Deckenbalken waren vom Holzwurm zerfressen. Oje! Er lief von Raum zu Raum: überall dasselbe. Das würde eine gräßliche Arbeit sein, jeden einzelnen Balken mit Gift zu tränken. Auch die alten geschnitzten Möbel waren gesprenkelt von Fraßlöchern. Dicker grüner Schimmel überzog die Lederbespannung der Sessel. Er schleppte einen nach dem anderen hinaus in die Sonne, hatte aber wenig Hoffnung, das Leder retten zu können. Ein Jammer, dachte er, die alten spanischen Möbel sind ja inzwischen eine Rarität. Wie hatte er seine Eltern damals gehaßt, als sie einen Angestellten der Firma beauftragten, die Bauernhäuser Andalusiens nach antiken Möbeln zu durchforsten.

Am schlimmsten schien es den ersten Stock erwischt zu haben. Möbel und Dachbalken waren nicht nur holzwurmzerfressen, sondern eindeutig morsch. Als er mit einem Schrubber oben anstieß, rieselten Holzstaub und Späne zu Boden.

Er stieg die Steintreppe wieder hinunter in die Küche. Überall in den Winkeln hatten Ameisen ihre Hügel aufgehäuft. Zur Zeit ruhte ihre Tätigkeit, aber schaudernd stellte er sich das Gewimmel im Frühjahr vor.

Die Elektrizität schien nicht zu funktionieren. In einer Schublade fand er eine Glühbirne, drehte sie in die Flurlampe ein und war glücklich, als das Licht plötzlich aufflammte.

Nun, nachdem sie einmal geöffnet waren, ließen sich die Fensterläden nicht mehr schließen. Er drückte sie an, so gut es ging. Rafael soll die Läden abhobeln und die Deckenbalken gegen Holzwürmer imprägnieren. Er kann auch gleich das Verputzen und Streichen der Außenmauern übernehmen. Für die Dachreparatur brauche ich aber einen Profi. Mit einem undichten Dach ist nicht zu spaßen. Er verließ den Hof, um Garten und Felder, die das Haus umgaben, zu begutachten.

Rafael hatte damals Möhren, Auberginen, Zwiebeln und Artischocken angebaut. Alles war gestrüppüberwuchert. Von den Blumen hatten nur die unverwüstlichen Geranien überlebt. Die Obstplantage sah völlig verwildert aus. Der Wind, durch keine Mauer gebremst, fuhr durch die dichten Baumkronen. Conrad pflückte sich eine nicht mehr ganz grüne Orange vom Baum, setzte sich ins Auto, schälte sie mit den Fingernägeln und zerteilte sie. Der saure Saft spritzte auf seine neue Flanellhose. Fluchend warf er die unreife Frucht aus dem Autofenster und drehte den Zündschlüssel.

Fast war er froh, als er das verwahrloste, verrottete Anwesen mit seinen wackligen Möbeln und der knirschenden Sandschicht auf dem gefliesten Boden verließ.

Als erstes muß mal richtig sauber gemacht werden, dachte er. Ich werde mich in Rafaels Verwandtschaft umhören. Früher gab es viele junge Frauen, die mit Putzen die ganze Familie ernährten. Eine Menge Geld müßte man in das Haus stecken. Ob es das wert war?

Er bog mit dem Wagen in den krummen Pfad zu Rafaels Haus ein. Der Zitronenbaum vor der kleinen Terrasse war breit und knorrig geworden, die ausladenden Äste hingen zu Boden, schwer von Früchten, reifen und grünen. Doch vor der Haustür stand nicht wie früher ein Esel, sondern ein kleiner Seat.

Als er ausstieg, zerrte ihm der Wind die Tür aus der Hand, nur mühsam konnte er sie zudrücken. Plötzlich erinnerte er sich, daß der Wind bei seinen Eltern ein tägliches Gesprächsthema war: »Schaut, wie der Levante die frischgesprossenen Blätter der Bougainvillea vertrocknen läßt!« oder: »Nehmt euren Anorak mit ans Meer, wir haben Poniente!«

Rafael und seine Frau Isabel waren alt geworden. Die Söhne schienen nicht mehr bei ihnen zu leben. Verwundert empfing man ihn. Die Mienen hellten sich aber sogleich auf, als Conrad erzählte, wer er war. Eigenartig, wie herzlich sie ihn umarmten. Hatte Isabel nicht sogar Tränen in den Augen?

Rafael bewahrte noch immer den Schlüssel auf, aber da ihn niemand beauftragt hatte, sich zu kümmern, war er lange nicht im Haus gewesen. Er versprach, Haus und Garten wieder in

Schuß zu bringen. Dann ging die Tür auf und eine junge Frau erschien, ein molliges Ding mit schwarzblitzenden Augen. »Consuelo«, sagten die beiden stolz, »unser Nesthäkchen.«

»Ich bin nur zu Besuch«, sagte Consuelo und reckte sich zu Conrad hinauf, um ihm die Wangen zu küssen, »ich wohne im Dorf bei meiner Großmutter.«

»Sie ist bettlägerig«, erklärte Isabel. »Unsere Tochter pflegt sie.«

»Consuelo, hättest du Zeit, mein Haus zu putzen?«

»Ja, gern«, sagte sie. »Ich putze viele Ferienhäuser in der Gegend.«

Zum Abschied drängte man ihm eine Plastiktüte voller Zitronen auf. »Sind die gespritzt?« scherzte er. Isabel machte ein empörtes Gesicht. Dann sagte sie hinter vorgehaltener Hand: »Es gibt Bauern, die verkaufen ihre gespritzten Zitronen auf dem Markt. Increible.«

Hatte Conrad zunächst geglaubt, in der Hacienda übernachten zu können, beschloß er nun, eine saubere kleine Pension im Dorf zu suchen.

Als er die Hauptstraße hinunterfuhr, stellte er schockiert fest, daß aus dem verschlafenen Fischernest ein ansehnliches Städtchen geworden war, mit Neonwerbung und zahllosen, einander überschreienden Reklametafeln: »Frutas y verduras«, »Pasteleria«, »Hamburgueseria«, »Croisantería«, »Ultramarinos«, »Campo y hogar«. Früher wußte man einfach, wo sich der Fleischer und der Bäcker und der Gemüseladen befand, da brauchte man keine Schilder.

Der Verbreiterung der Hauptstraße waren eine Reihe von Apfelsinenbäumchen sowie eine ganze Häuserzeile zum Opfer gefallen. Es wimmelte von Autos, spanischen und fremden. Früher war der Mercedes seiner Eltern fast das einzige Auto im Ort gewesen.

Nachdem er einen Dachdecker und einen Schreiner aufgetrieben hatte, fuhr er am nächsten Tag, zufrieden mit seinen Erledigungen, nach Malaga zurück.

Unglaublich, was in dreißig Jahren an filigranen Anhäufungen von Türmchen und Erkerchen und Rundbögen aus dem Boden geschossen war. Maurischer Kitsch, dachte er. Aber immer noch besser als die Betonklötze von Benidorm.

Das Schicksal seines Hauses beschäftigte ihn. Die Vorstellung, es würde in den feuchten Wintern immer mehr verkommen und schließlich nicht mehr zu retten sein, begann ihn überraschend zu schmerzen. Häuser müssen bewohnt werden, um intakt zu bleiben. Hilde? Wie ernst war es ihr mit dem Auswandern? Damals war sie mit dem Baby spontan und ohne lange Vorplanung nach Cornwall gegangen und hatte eine Zeitlang in dieser Land-Kommune gelebt. Vielleicht könnte sie gegen freie Logis Haus und Garten in Ordnung halten.

Am Flughafenschalter gab er sein Köfferchen auf und setzte sich mit einem Café solo ans Fenster des Restaurants.

Oder man stellte das Haus Arbeitsgruppen zur Verfügung. Sprachgruppen, Psychogruppen, Männergruppen, Tanzgruppen, Wandergruppen – da gab es viele Möglichkeiten. Man konnte es auch einfach als normales Ferienhaus an Leute mit Kindern vermieten. Bürgerliche Leute mit guterzogenen Kindern. Bloß keine alternativen Kinder, die sich in seinem Haus ungebremst austoben durften, damit sie um Gottes willen keinen seelischen Schaden davontrugen. Er sah schon die Orangenbäume geplündert und das hübsche blauweiße Geschirr zerbrochen. Hilde hatte diesen antiautoritären Quatsch auch mitgemacht. Nun war aus Maren ein verzogener Fratz geworden, der ständige Beachtung wollte und nicht den leisesten Frust ertrug. Kinder brauchen Verbote, dachte er. Diese Laisser-faire-Erziehung führt geradewegs in den heutigen

Konsumterror. Neulich plapperte Maren irgendwas von »Cartier«, und er fragte harmlos: »Was ist Cartier?« Sie schaute ihn verachtungsvoll an: »Was, du kennst keine Cartier-Uhr? Kein Cartier-Feuerzeug? Das ist eine teure französische Marke!«

Er schaute auf die Uhr, dann auf die Tafel mit den Abflugzeiten und trottete los, um am Gate 14 auf das Zeichen zum Einsteigen zu warten.

An Freiberufler könnte man das Haus auch außerhalb der Saison vermieten. Nur, er bräuchte eine Art Hausmeister, der den Leuten auf die Finger guckte. Sonst ging alles drunter und drüber. Sein Vater hatte für seine Mietshäuser einen alten Nazi-Blockwart als Verwalter eingesetzt. »So einer ist ideal für diese Arbeit. Unnachsichtig, wenn ein Bewohner die Miete nicht zahlt oder seinen Teil des Treppenhauses nicht putzt!« Dabei ist er selbst nie ein Nazi gewesen, dachte Conrad, er kam aus kultiviertem Elternhaus und hat die Nazis immer als kleinkarierte Spießer abgelehnt. Aber natürlich arrangierte er sich mit ihnen, als es ums Geld ging. Seine jüdischen Geschäftsfreunde hat er weder direkt verleugnet noch unterstützt.

Aha, es war soweit. Die ersten Reisenden wurden vom Flughafenpersonal durch die Kontrolle gelotst.

Vielleicht konnte man das Haus einer spanischen Familie vermieten. Bloß, die kriegte man nie wieder heraus. Francos Mietgesetze waren, wie sein Vater immer behauptete, unerträglich sozial.

Und wie wär's, wenn er selbst in seiner Finca wohnte?

Dieser Gedanke, spielerisch herangeflogen, begann ihn zu interessieren. Sein Vermögen war groß genug, um das Taxifahren aufzugeben und nach Abzug der Erbschaftssteuer davon zu leben. Die Firma lief von selbst.

Aber was würde er dort unten in Andalusien den ganzen Tag anfangen? Lange schlafen. Lange frühstücken. Einkaufen. Baden. Am Strand spazierengehen. Aufs Meer gucken.

Sich wie ein wohlhabender Rentner zur Ruhe setzen.

Nein, dann lieber weiter Taxi fahren.

Er stieg die Gangway hinauf und tauchte ein in den Flugzeugrumpf. Im Vorbeigehen griff er sich die »Süddeutsche« und die »Frankfurter Allgemeine«, die dort in Stapeln auslagen.

Ich könnte endlich den ersten Band meiner Dokumentation schreiben. Seit Jahren plante er eine Art umfassende Darstellung der revolutionären Bewegungen in Europa seit dem Mittelalter. Schwerpunkt wäre die Entstehung des Sozialismus und die Gründe seines Scheiterns. Er hatte schon eine Menge Material zusammengetragen, das er nur noch sichten und ordnen müßte.

Er ließ sich den Gang zwischen den Sitzreihen entlangschieben und kontrollierte auf der Bordkarte seine Platznummer.

Sinnvoller wäre es natürlich, dachte er, mich in der ehemaligen DDR niederzulassen, um zu recherchieren. Eine historische Fundgrube. Ein Jammer, daß West und Ost gemeinschaftlich alles tun, um die Spuren des Sozialismus zu beseitigen. Wir hätten die historisch einzigartige Chance, zwei so unterschiedliche Gesellschaftssysteme, die sich auf demselben kulturellen Hintergrund entwickelt haben, wissenschaftlich bis ins Detail vergleichen zu können.

Er faltete sein Jackett, hob es vorsichtig, damit es nicht knautschte, in die Gepäckablage und kämpfte sich über schräggestellte Knie hinweg an den Fensterplatz.

Ich bin zu alt, dachte er. Die Grenzöffnung hat alles im Zeitraffer verändert, die Jahre scheinen rückwärts zu rasen, bald leben wir wieder in den konservativen Fünfzigern. Dies ist nicht mehr meine Welt. Ich habe meinen Tribut an gesellschaftlichem Engagement geleistet. Jetzt sind die jungen Leute dran.

Die Maschine setzte sich in Bewegung, beschleunigte und raste schließlich über die Piste.

Vielleicht sollte ich einen Roman schreiben. Einen Thriller, der hier unten im windigsten Teil Andalusiens spielt. Aber was ist, wenn ich ihn irgendwann beendet habe? Soll ich dann einen zweiten Roman schreiben? Einen dritten Roman?

Die Schriftstellerei war natürlich eine reizvolle Möglichkeit, jenseits eines versäumten Berufsweges doch noch Karriere zu machen. Er sah sich schon als Erfolgsautor, umringt von Fans, sein neuestes Werk signieren.

Sachte löste sich die Maschine vom Boden.

Conrad tauschte seine Fernbrille mit der Lesebrille und entfaltete die FAZ.

Demnächst muß ich mir Gläser mit eingeschliffenen Lesefleckchen anfertigen lassen, dachte er. Erstaunlich, daß Hilde noch immer ohne Brille zurechtkommt.

Unter Männern ließ sich das ewige Sauberkeitsproblem unkomplizierter regeln

Adam löffelte braunen Kandis in seinen Tee und fügte einen guten Schuß Jamaica-Rum hinzu, den er im Schlafzimmerschrank hinter den Winterstiefeln gefunden hatte. Leider war die Flasche inzwischen fast leer.

Zwei Wochen hatte Wiltrud ihm Zeit gegeben, seine Sachen zu packen. Wie konnte sie so mit ihm umgehen, nach einer Ehe von achtzehn Jahren? Als Ehemann hat man weniger Rechte als ein ordentlicher Untermieter! dachte er und rührte grimmig in seiner Tasse.

Sicher, das Einfamilienhaus gehörte ihr. Aber wie stellte sie sich das vor? Chris' Wohnung war beim besten Willen zu klein. Nicht mehr als zwei, drei Skulpturen könnte er in ihrem Wohnzimmer unterbringen. Eine vielleicht noch in der Küche.

Er senkte den Löffel auf den Grund der Tasse, um zu prüfen, wie weit sich der Kandis aufgelöst hatte.

Unglaublich, ihn einfach auf die Straße zu setzen, nachdem sie zwei Kinder miteinander großgezogen hatten! Nun, großgezogen war vielleicht ein bißchen übertrieben. Die Kinder hatten bei Ilona, seiner ersten Frau gelebt, aber viele Jahre lang die Wochenenden bei ihm und Wiltrud verbracht.

Bald war Weihnachten, das Fest der Liebe und der Familie. Hätte sie nicht bis Januar warten können?

Und was glaubte sie, wovon er leben sollte? Mit seinen vierundfünfzig Jahren? Sie selbst verdiente hervorragend als Lehrerin am Gymnasium.

Er nahm vorsichtig ein erstes Schlückchen. Die heiße Flüssigkeit rann ihm angenehm die Kehle hinunter.

Wie gut, daß er Beate und Bernd versprochen hatte, die Blumen zu gießen. Es war ein eher lustloses Versprechen gewesen. Mehr ein widerstrebendes Nachgeben, denn für Grünzeug hatte er noch nie ein Herz gehabt. Aber man war ja befreundet, und er wohnte um die Ecke.

Im Doppelbett der Freunde schlief es sich angenehm. Auch wenn ihm Wiltruds Körperwärme fehlte.

Nun war die erste Woche des Ultimatums vergangen und eine Lösung nicht in Sicht.

Adam neigte nicht zu Existenzängsten. Er hatte noch immer einen Weg gefunden, irgendwo unterzuschlüpfen. War auch bereit, seine Bedürfnisse enorm einzuschränken. Brauchte nicht, wie andere Männer, täglich seine warme Mahlzeit. Er kochte, wenn es sein mußte, sogar selbst. Spaghetti mit Tomatensoße war seine Spezialität.

Aber wohin mit seinen großformatigen Gemälden? Wo sollte er seine Skulpturen bauen? In Wiltruds Haus hatte er einen riesigen Keller zur Verfügung gehabt. All sein Arbeitsmaterial war dort untergebracht: Stapel von auseinandermontierten Fahrrädern sowie alle Arten veralteter Haushaltsgeräte, die er ausweidete, um die Innereien für seine Kunstobjekte zu verwenden.

»Nimm deinen Schrott mit«, hatte Wiltrud ihn angefaucht, »sonst bestelle ich den Sperrmüll!« Was war nur in sie gefahren? Hatte sie ihn nicht all die Jahre angebetet?

Chris besaß nur einen kleinen Kellerverschlag. Da paßte nichts hinein.

Er trottete hinüber in den Flur, um seine Pfeifentasche aus der Jacke zu holen. Ein flüchtiger Blick in den Garderobenspiegel verdarb ihm vollends die Laune. Hatte er sein wild zugewuchertes Gesicht bislang stolz als unkonventionell bezeichnet, so schwante ihm plötzlich, daß diesselbe Gesicht in einem Schlafsack unter der Mainbrücke nicht auffallen würde.

Mit einem großen Schluck aus der Teetasse scheuchte er diese häßliche Vision beiseite, zog den Reißverschluß seiner Pfeifentasche auf, wählte aus dem Sortiment von sechs Pfeifen diejenige mit dem Meerschaumkopf, stopfte sie sorgfältig und blies die Tabakkrümel vom Tisch.

Er begriff Wiltrud nicht. Man kann doch nicht einfach von heute auf morgen eine langjährige Beziehung für nichtig erklären. Das konnte doch nicht dieser Schauspieler bewirkt haben, mit seinen kleinen Nebenrollen.

Auf einmal warf Wiltrud ihm, ihrem angetrauten Ehemann, seine winzigen Affärchen vor, die sie über viele Jahre hinweg souverän ignoriert hatte. Wie sie plötzlich die moralinsaure Betschwester herauskehrte! Man merkt doch, dachte er, daß ihr Vater nur ein kleiner Versicherungsangestellter war. Die freie Liebe ist nun mal kreative Nahrung für einen Künstler.

Er hielt die Streichholzflamme flach über die Pfeifenöffnung und sog.

Hatte sie etwa gehofft, daß er irgendwann bieder monogam würde? Daß er bis an sein Lebensende die schal gewordenen Freuden der Liebe mit ihr teilen würde?

Sie wollte mich domestizieren, dachte er böse. Ich sollte gleichzeitig Gigolo und Hausmann spielen. Ewig belästigte sie mich mit ihrem Küchenkram: »Wenn ich ausgepowert von der Schule komme, würde ich mich über ein paar Bratkartoffeln freuen!«

Sie bekochen! Was denkt sie sich eigentlich? Hält sie mich für einen Hobbykünstler? Für einen lächerlichen Dilettanten? Einen armseligen Möchte-gern-Bildhauer, der jederzeit seine kreative Arbeit unterbrechen kann?

Sicher, sie verdiente das Geld. Aber dafür durfte sie sich auch mit einem Genie schmücken. Daß sich seine Objekte nicht verkauften, lag schließlich nicht an ihm! Ein Künstler, der die Gesellschaft mit seinen Werken in Frage stellt, wird eben nicht beklatscht und finanziell verwöhnt!

Er nahm die Pfeife aus dem Mund und genehmigte sich einen kräftigen Schluck des Getränkes, das ihm die Eingeweide wärmte.

Warum war er nicht einfach froh, sie loszusein? Seit sie zu den Nichtrauchern und Nichttrinkern übergewechselt war, lag sie ihm unermüdlich in den Ohren: »Trag endlich deine Bierflaschen runter in den Flaschencontainer! Laß die Pfeifen nicht überall rumliegen! Wisch mal deine Tabakkrümel weg!«

Ihre Tugendhaftigkeit war nicht auszuhalten. Wenn er sich gelegentlich morgens einen Punsch braute, sah sie in ihm schon den Alkoholiker.

Er schraubte den Flaschenverschluß auf und tröpfelte den letzten Rest Rum in seine Tasse. Es mußte doch irgendwo in diesem verdammten Haushalt was Anständiges zu trinken geben! Seufzend machte er von neuem die Runde. Stöberte in der Speisekammer, im Wäscheschrank, wanderte durchs Wohnzimmer und durch Beates Arbeitszimmer und überlegte, wo er seine Flasche vor Wiltrud versteckt hätte.

Außerdem beschwerte sie sich, daß er sie zu wenig beachte. Gott, er arbeitete im Rausch! Manchmal zwei Monate an einem Werk! Dafür hatte sie ihn den ganzen Tag bei sich zu Hause. Welche Frau konnte das schon von ihrem Mann sagen? Die meisten Paare, die er kannte, sahen sich nie.

Er hob seine Tasse an den Mund, verzog das Gesicht über dem zuckrigen Rest, verdünnte ihn mit Tee und setzte die Tasse ohne zu trinken ab.

Im Geiste ging er seine Bekannten durch. Bei wem könnte er vorübergehend wohnen, bis er eine feste Bleibe gefunden hatte? Andrea? Nein, die würde sich vielleicht wieder ausgenutzt fühlen. So wie das letzte Mal, als Wiltrud ihn aus der Wohnung sperrte wegen einer läppischen Geschichte: Er hatte die Schuhe nicht sorgfältig abgeputzt. Es war halt ein Sauwetter gewesen, meine Güte, und er war mit seinen Gedanken bei seinem Gemälde: »Trauernde Nackte am Küchenfenster«. Chris hatte ihm Modell gestanden.

Wiltrud zwang ihn, sämtliche Fußspuren vom Teppichboden zu entfernen. Eine demütigende Angelegenheit. Zweidreiviertel Stunden arbeitete er mit Bürste und Spezialschaum, bis das Resultat Wiltruds strengen Maßstäben genügte.

Als er danach durch den Regen zum Tabakladen hinübergelaufen war und ein zweites Mal mit schmutzigen Schuhen durchs Wohnzimmer latschte – warum hatte sie auch diesen empfindlichen kobaltblauen Teppichboden gekauft? –, warf sie ihn aus dem Haus.

Andrea hatte ihn freundlich aufgenommen. Er durfte sogar im Ehebett neben ihr schlafen, denn ihr Mann hatte sie einige Monate zuvor verlassen. Natürlich vögelten sie. Es wäre auch zu albern gewesen, wie verklemmte Schulkinder nebeneinander zu liegen und sich nicht zu berühren.

Als Wiltruds Ärger sich nach fünf Tagen gelegt hatte und er zu ihr zurückkehrte, schmollte Andrea. Schade.

Wer blieb noch? Corinna. Nein, die hatte einen neuen Liebhaber, einen studierten Flachkopf. Renate? Zu kleine Wohnung. Britta? Hm, Britta. Sie wohnte mit einer Freundin zusammen. Einer verkniffenen Emanze. Besser nicht. Wer weiß, zu welch beschämenden Handlungen sie ihn im Zusammenleben zwingen würden. Er ging seine männlichen Freunde durch. Tja. Die meisten waren inzwischen verheiratet, mit Kindern, zu wenig Platz.

Conrad. Ja, Conrad wohnte allein.

Frohlockend klopfte er die Pfeife aus.

Unter Männern ließ sich das ewige Sauberkeitsproblem unkomplizierter regeln. Hatte Conrad nicht diese Erbschaft gemacht?

Er kramte seine Nummer heraus und wählte.

»Adam, du lebst noch? Hab ja ewig nichts von dir gehört.«

»Viel Arbeit. Sag, hast du eine Idee, wo ich für ein paar Wochen unterkommen könnte?«

»Was ist los? Hat Wiltrud dich wieder mal auf die Straße gesetzt?«

»Diesmal ist es unwiderruflich«, seufzte Adam. »Sie hat einen Geliebten.«

»Wiltrud? Ist das wahr?« Er hörte seinen Gesprächspartner lachen. »Das hätte ich deinem Hausmütterchen gar nicht zugetraut.«

Bei aller männlichen Solidarität empfand Adam plötzlich ein heftiges Bedürfnis, Wiltrud in Schutz zu nehmen. »Sie hat Seiten«, sagte er geheimnisvoll, »die man aus der Ferne nicht erkennt.«

»Trauerst du ihr schon nach?«

»Oje, nein. Seit Jahren behindert ihre Hausfrauenseele mein kreatives Schaffen. Ich muß mich nun umorientieren. Du weißt, ich kann völlig anspruchslos leben. Ich brauche nichts. Nur eine Matratze, eine Kochplatte und eine Lagerhalle für meine Arbeit.«

»Wo steckst du jetzt?«

»Bei Freunden, die im Urlaub sind. Nächste Woche kommen sie zurück, bis dahin brauch ich eine neue Bleibe.«

»Für wie lange?«

»Na, ein Weilchen kann's schon dauern, bis ich was Endgültiges gefunden habe.«

»Eine Lagerhalle?«

»Oder ähnliches.« Adam seufzte. »Darf aber nicht teuer sein.«

»Du verdienst doch nichts. Wovon willst du die Miete zahlen? Billige Wohnungen gibt's nicht mehr.«

Schweigen.

»Du bist doch handwerklich geschickt«, tastete sich Conrad vor, »verstehst du was vom Hausbau?«

»Hausbau?«

»Dach ausbessern. Wände verputzen. Schreinern. Kleine Elektroarbeiten. Reparieren von Türschlössern. Von undichten Klospülungen.«

»Da bist du bei mir richtig«, sagte Adam.

Mit keinem Mann hatte sie so lange zusammengelebt

Die Kissen waren zu Hildes Überraschung ein Renner geworden. Vier Kissenvarianten aus rotem Baumwollsamt mit goldener Litzenverzierung hatte sie dem »Amethyst«, einem alternativen Deko-Laden, in Kommission gegeben. Innerhalb der nächsten Stunde waren alle verkauft, und der begeisterte Laden-Pächter hatte gleich ein Dutzend nachbestellt. Auch diese Exemplare gingen rasch weg. Sicher hatten die Handzettel zum Verkauf beigetragen: »Kissen zum Küssen: Hildes Kissenspezialitäten, gefüllt mit Buchweizenschalen. In Handarbeit doppelt und dreifach vernäht. Bezüge aus Leder, Hanfgewebe, Baumwolle, Leinen oder Seide. Polyester nur auf Anfrage. Alle gewünschten Formen.«

Am beliebtesten war das Meditations-Kissen, das Hilde nach genauen Größenvorgaben der Kunden anfertigte. Manche brachten eigene Stoffreste mit, manche verlangten farblich passende Gardinen oder Bettwäsche – kurzum, das Geschäft lief so gut, daß es Hilde fast unheimlich wurde. Bald würde sie Aufträge ablehnen oder eine Nähhilfe beschäftigen müssen. Schade, daß Maren so gar keinen Sinn für Handarbeiten hatte.

Alles wäre höchst erfreulich gewesen, wenn das Finanzamt ihre Gedanken nicht bis in die Nacht hinein begleitet hätte wie ein untreuer Liebhaber. Zweiundzwanzigtausend Mark. Zwar meinte Conrads Steuerberater, man sollte es zu einem Finanzprozeß kommen lassen, sie habe gute Aussichten auf Steuerreduzierung. Aber was hieß das? Selbst die Hälfte war zuviel.

Hätte ich doch nie eine Quittung unterschrieben! Nie einen Scheck auf meinen Namen eingelöst!

Gegen einen Preisnachlaß war der Betreiber des »Amethyst« bereit, auf eine Rechnung zu verzichten.

Am liebsten wäre mir eine mittelalterliche Tauschgesellschaft, dachte sie, während sie durchs Nordend nach Hause radelte. Wo die Dinge sinnlich greifbar sind. Diese Welt, in die die Kids von heute so selbstverständlich hineinwachsen, ist mir zu undurchschaubar, zu abstrakt geworden. Ich werde niemals mit einer Scheckkarte Geld ziehen. Die Geheimnummer habe ich längst vergessen. Noch nie habe ich ein Kartentelefon bedient. Ich bin zufrieden mit meinem mechanischen Reisewecker, der mich kein einziges Mal im Stich gelassen hat. Ich hasse Autos, bei denen sich auf Knopfdruck alle Türen schließen, alle Fenster öffnen, sogar das Fenster im Dach. Kaum hat man sich an den Anrufbeantworter gewöhnt, hat alle Welt ein Fax.

Sie hielt beim Bio-Bäcker, kaufte sich zwei große Stücke Apfelkuchen vom Blech und aß das eine direkt vorm Laden zügig auf.

Im Schlafzimmer stellte sie sich auf die Waage. Nein, das andere Stück gab's erst morgen.

Mal schauen, was das Fernsehprogramm zu bieten hatte.

Oh, »Der letzte Tango in Paris«. Das wär ein Film für Maren. Besser als diese albernen Softsexfilme, die sie sich so gerne reinzog.

War denn gar nichts zu knabbern im Haus? Kein kalorienarmes Obst?

Sie strich durch die Küche, lugte in Körbe und Tüten. Kartoffeln machen nicht dick. Sie kochte ein paar, pellte sie und gab einen Klacks Knoblauchquark darüber, dessen Geschmack sie kurz entschlossen mit einem Schuß Sahne verbesserte. Den Teller in beiden Händen, ließ sie sich vorsichtig auf ihr Bett sinken. Dort war ihr gemütlichster Platz, genau gegenüber dem Fernseher. Ewigkeiten her, dachte sie, daß ich hier mit einem Mann lag.

Manchmal war die Sehnsucht so stark, daß sie nachts wie getrieben durch Frankfurts Straßen lief, zornig dachte: Und wenn mich einer vergewaltigt, soll er doch! Aber es kam natürlich keiner. Gelegentlich setzte sie sich allein in eine der Kneipen, die ihr von früher vertraut waren. Sie kannte niemanden mehr. Die Mutterschaft hatte sie gründlich aus der alten Szene – soweit sie überhaupt noch existierte – herauskatapultiert.

Jedesmal saß sie verkrampft und wenig verführerisch am Tresen. So kontaktfreudig sie sonst war – Männer in der Kneipe aufgabeln, wie es viele ihrer Freundinnen regelmäßig taten, lag ihr nicht. Ein einziges Mal ergab sich eine kleine Bettgeschichte. Ein Zweiundzwanzigjähriger, der sich in den Semesterferien als Vertreter diverser Küchengeräte ein paar Mark verdiente. Er besaß den sanften Charme eines Parfümverkäufers und schien ernsthaft in Hilde verliebt zu sein. Er könnte mein Sohn sein, dachte sie grollend, was soll ich mit einem zweiten Kind? Sie brach den Kontakt zu ihm ab. Noch Monate danach träumte sie von ihm.

Sie piekte eine Kartoffel auf ihre Gabel und tunkte sie in den Quark. Sport sollte ich treiben und regelmäßig kochen. Als Maren noch hier wohnte, lebte ich gesünder. Da mußte ich ihr ein Vorbild sein. Zwei Kilo habe ich seit ihrem Auszug zugenommen.

Im Grunde fand Hilde dieses Affentheater um ihre Figur albern. Aber ganz konnte sie sich dem üblichen Diät-Wahn nicht entziehen. Zumal Maren höllisch aufpaßte, daß sie selbst kein Gramm zuviel wog, und spitze Bemerkungen über die Körperfülle ihrer Mutter machte.

Maren war einmal kurz vorbeigekommen, um ihre neu gefütterte Lederweste abzuholen, und mäkelte gleich los: »Kariert! Das ist aber spießig! Ja, mit Conrad geht's gut. Wir gucken viel zusammen fern, gestern waren wir im Kino, er hat sich ein Auto gekauft, Mercedes in Metallic grün, Superfarbe, leider hat er schwarze Sitze ausgesucht, keine knallroten, er will mir den Führerschein schenken, wenn ich achtzehn bin.«

Hilde holte sich einen Nachschlag und drückte auf die Fernbedienung. Die Nachrichten waren gerade vorbei. Wetterbericht. Eine Kältewelle. Bis minus fünf Grad. Und das schon im November. Hilde haßte Kälte. Während der endlosen Wintermonate würde sie immer mehr Fett ansetzen. Conrad registrierte jedes Pölsterchen und schwärmte lauthals von diesen ausgemergelten Neoemanzen, kinderlos und karrieresüchtig, die sein Taxi gerne in Anspruch nahmen und ihm, als hätten sie Amphetamine geschluckt, die Ohren von ihren impotenten Liebhabern volljammerten.

Mein Speck erinnert ihn an die schreckliche Schwangerschaft, dachte Hilde. Darum muß er immer Bemerkungen machen. Wie er mich haßte mit meinem Bauch! »Deine Hände schwitzen!« warf er mir vor. »Du riechst nach Tier! Hör auf zu schnaufen! Das klingt ja gräßlich!«

Sie hatte gehofft, er werde weich, wenn das Kind erst geboren war, wie so viele Väter. Aber Conrad blieb eisern prinzipientreu. Wie deutsch er schon damals war, dachte sie böse.

Ah, »Der letzte Tango in Paris«! Sie stellte ihren leergeputzten Teller neben das Bett, regulierte die Lautstärke und stopfte sich das Kopfkissen ins Genick. Deutlich erinnerte sie sich an die berüchtigte Szene mit der Butter. Ein bißchen peinlich wär's mir doch, dachte sie, mir das mit Maren zusammen anzugucken.

Was für ein attraktiver alter Mann, dieser Marlon Brando! Und wie reizvoll unbefangen diese pausbäckige Maria Schneider ihn begehrt! Vor seiner zornig verzweifelten Geilheit hat sie keine Angst. Aber vor seiner armseligen Verliebtheit läuft sie panisch davon.

Das Telefon klingelte. Sie schaltete den Fernseher leise und holte den Apparat zu sich ins Bett.

Conrad. Überrascht lauschte sie. Er rief nie von sich aus an. Unsere Beziehung hält nur durch mich, hatte sie manchmal gedacht. Und durch das Finanzamt. Wenn ich mich nicht immer wieder melden würde, wären wir längst nicht mehr zusammen. Aber das ist wohl heute bei vielen Paaren so. Über zwanzig Jahre kennen wir uns nun. Schade, daß wir uns das Vögeln so ganz und gar abgewöhnt haben.

»Ich meine es ernst«, sagte Conrad.

Sie hatte nicht richtig verstanden, langte zur Fernbedienung und drückte auf »Aus«. Ihr klopfte das Herz.

»Was sagst du?«

Da erklärte er ihr ausführlich, was er in Andalusien plane, ihre Klagen neulich über ihre termingestreßten Freunde hätten ihn tief bewegt. Sie könne dort unten einen gesunden Gemüsegarten anlegen oder sich ähnlich nützlich machen. Ein klein bißchen Kapital wäre natürlich nicht schlecht. Ob sie denn gar keine Ersparnisse habe? Na, immerhin beherrsche sie die spanische Sprache. Zumindest habe sie damals in Nicaragua recht ordentlich gesprochen.

»Findest du?« Sie war es nicht gewöhnt, daß er sie lobte. »Aber das ist lange her. Ich habe alles vergessen. Un kilo de naranjas. Un café con leche. Für den Alltag reicht's. Kann ich mal Fotos sehen?«

Er hatte natürlich versäumt, welche zu machen. Aber es existierten alte von seinen Eltern, aus der Zeit, als das Anwesen noch gepflegt und in Ordnung war.

»Ich komme vorbei«, sagte er.

»Jetzt gleich?« Sie griff sich ins Haar und schleuderte die Beine über die Bettkante.

»In zwanzig Minuten bin ich da. Ich suche nur die Fotos zusammen.«

Sie warf den Hörer auf die Gabel, riß sich ihr gemütliches Hauskleid herunter, sprang unter die Dusche, wie schwerfällig ich mich fühle, hätte ich doch diese Kartoffeln nicht gegessen, und nach Knoblauch stinke ich auch, putzte sich die Zähne, Gott sei Dank habe ich heute die Haare gewaschen, stieg in einen ihrer ausgeleierten Slips, zerrte sich den langen rohseidenen Rock die Hüften hinauf und den passenden Jumper den Brustkorb hinunter, schlang einen Fransenschal um die Schultern, fuhr sich mit dem Kamm durch die Locken, da klingelte es auch schon.

»Stör ich?«

»Wieso?«

»Du wirkst so aufgestöbert.«

Wie vertraut er ihr war. Mit keinem Mann hatte sie so lange zusammengelebt.

»Willst du einen Tee?«

»Wein wär mir lieber.«

»Du weißt doch, so was trink ich nicht.«

»Aber du könntest ein paar Flaschen für Besuch dahaben.«

»Dann melde dich rechtzeitig an, statt mich zu überfallen.« Heftig drehte sie neue Kerzen in den dreiarmigen Ständer und zündete sie an. »Also einen Tee?«

»Wenn's nicht anders geht.«

»Vervene oder Kamille oder Pfefferminz?«

»Schwarzen hast du nicht?«

»Hör mal, weißt du, wie spät es ist? Wenn du jetzt noch schwarzen Tee trinkst, kannst du garantiert nicht schlafen.«

»Das laß nur meine Sorge sein.«

Achselzuckend setzte sie Wasser auf und bereitete zwei Teekannen vor.

»Willst du ein Stück Apfelkuchen?«

»Nicht um diese Tageszeit.« Er reichte ihr den Packen Fotos, und sie schaute sie sich an.

»Vornehm«, sagte sie reserviert. »Beeindruckend. Aber das ist nicht mein Stil. Zu groß. Zu prächtig.«

Er wurde ungeduldig: »Die Fotos sind vor zwanzig Jahren gemacht worden. Wir hatten damals einen Verwalter und einen Gärtner. Wie ich dir doch sage, das Haus ist heute völlig heruntergekommen. Wenn man nicht sofort was tut, verfällt es. Das wäre doch ein Jammer, oder?«

Ihre Augen bekamen Glanz. »Es verfällt?«

»Ich habe ein paar Aufträge vergeben, um es einigermaßen bewohnbar zu machen. Ich schwöre dir, es ist eine Ruine.«

»Und es gibt einen Garten?«

»Obstbäume, Ziersträucher, Blumen – alles, was du willst. Der Boden ist gut. Nur das Stück Pinienwald steht auf Sand. Es gibt zwei Brunnen, einen fürs Haus, einen für die Felder. Die Wasserversorgung ist gesichert. Alles ist natürlich ziemlich verwildert. Es gäbe eine Menge Gartenarbeit.«

»Oje, ich habe deinen Tee vergessen.« Sie hob das Teesäckchen aus der Kanne. »Bißchen dunkel geworden. Ich mach dir neuen, ja?«

Er winkte zerstreut ab.

»Soll ich dir wenigstens einen Schuß Milch reingeben? Dann schmeckt er besser.«

Er schüttelte unwillig den Kopf.

»Ich muß drüber nachdenken.« Sie schaute auf die Küchenuhr. Der Vervenentee hatte lange genug gezogen. Sie füllte ihre Tasse und süßte großzügig mit Honig. »Nur alleine in der Pampa wohnen mag ich nicht.« Sie schaute kokett über den Tassenrand zu ihm hoch. »Du kommst doch mit, oder?«

»Ich habe an circa sechs Leute gedacht«, sagte er. »Das Anwesen ist riesig. Ideal für eine Wohngruppe.«

»Und du? Ziehst du mit runter oder nicht?«

»Es ist noch alles offen«, wich er aus. »Die Leute sollten sich ernsthaft auf eine Lebensgemeinschaft einlassen wollen. Ich suche keine Träumer, die beim ersten Konflikt ihre Sachen packen und zurück nach Deutschland fahren.«

»Das klingt aber ungewöhnlich seriös, Herr Cordes.«

Eine Steilfalte erschien zwischen seinen Brauen: »Dein Tee schmeckt scheußlich. Also, ich nehme nur Leute, deren Lebensunterhalt gesichert ist. Die genug auf dem Konto haben oder dort unten ihr Geld verdienen. Keiner soll für den anderen aufkommen müssen. Guck's dir doch einfach mal an.«

Hildes Unterarm lag auf dem Küchentisch, ihre Hand hing einsam über der Kante, nur zehn Zentimeter von Conrads Hand entfernt.

»Was kostet der Flug?«

»Für 450 DM gibt es schon Charterflüge.«

Sie betrachtete ihre Hand, die so verloren zwischen ihnen schwebte. »Soviel Geld habe ich nicht übrig.«

»Ich bezahle dir den Flug. Ich hab noch was an dir gutzumachen.«

»Würdest du das tun?« Sie flog an seinen Hals, er wehrte sich verdrießlich. Da ließ sie ihn frei: »Na ja, du kannst eh nicht weg aus Frankfurt. Du mußt dich ja um deine Tochter kümmern.«

Dabei war sie nicht einmal blond!

Chris drehte sich vor dem großen Spiegel, um die terracottafarbene Hose in der aktuellen Zigarettenform von hinten zu betrachten. Mein Hohlkreuz stört mal wieder, dachte sie und hielt die rückwärtige Naht mit einer Hand zusammen. Hilde könnte mir das enger machen. Ach was, ich lasse mir gleich eine Hose mit passendem Jackett nähen. Nein, nicht von Hilde. Die spielt sich in letzter Zeit auf wie Coco Chanel persönlich!

Durch den Vorhangschlitz schlüpfte das Gesicht der Verkäuferin: »Sitzt hervorragend!«

Chris stieg aus der Hose und reichte sie hinaus: »Sie kneift im Schritt und macht einen platten Hintern. Außerdem ist der Bund viel zu hoch. Ich suche schließlich keinen Nierenwärmer.«

Einen Moment stand sie mit nackten Beinen da. Gräßlich, diese Falten unterhalb der Knie! Sie wandte sich um und beäugte kritisch ihre Rückseite. Ja, auch die Hängefalten unter den Arschbacken ließen sich nicht mehr übersehen. Da half kein Joggen.

Ihr Haar müßte dringend nachgeschnitten werden, es lag streng an, statt vorwitzig in die Höhe zu stehen, um dann im Bogen in die Stirn zu fallen und von ihrer großen Nase abzulenken.

Sie schlängelte sich zurück in ihre eigene maßgeschneiderte Kleidung.

Beim Hinausgehen streifte ihr Blick über den Ständer mit den Schals. Flink wie eine routinierte Kartenspielerin blätterte sie die Bügel durch. Ah, dieses Seidentuch war nicht übel. Ein stilisiertes Palmenmuster auf Ocker. Könnte genau zu meiner sandfarbenen Jacke passen.

Beiläufig zahlte sie den unbescheidenen Preis.

Immer wenn sie durch die Stadt lief, also fast jeden Tag, stieß sie auf irgendeine modische Kleinigkeit. Mal nahm sie ein Bustier aus cayenneroter Spitze mit, mal einen schlangengemusterten Rock, mal silberdurchwirkte Strumpfhosen, mal eine Mütze, mal ein Jäckchen. Ihre Schränke platzten. Immer wenn sie die Kleider der Saison in Koffern verpackte, um sie im Keller zu verstauen, fiel ihr auf, wie wenig davon getragen war. Einmal im Jahr mistete sie aus. Dann wanderte das eine oder andere nagelneue Kleidungsstück direkt in den Müllsack.

Sie eilte die Bergerstraße entlang, vorbei an den vermieften Cafés, in denen sie es, obwohl sie selber rauchte, nie lange aushielt.

Ein kleiner Imbiß wäre nicht schlecht. Was renne ich so, dachte sie, ich habe Zeit im Überfluß!

Merkwürdig, daß diese geruhsam sich ziehenden Tage sie so nervös machten. Dabei konnte sie nun endlich das überwältigende kulturelle und sportliche Angebot wahrnehmen. Sie fuhr jeden Morgen in den Ostpark zum Joggen und zweimal die Woche ins Schwimmbad, lernte gerade Tennis und war über Ausstellungen, Lesungen, Filme und Theaterpremieren bestens informiert. Früher, während ihrer Tätigkeit als Englisch- und Französischlehrerin am Gymnasium, war ihr brennendster Wunsch gewesen: Zeit für mich. Sie hatte nie daran gezweifelt, daß der Berufsstreß die Ursache ihrer vielen Zipperlein war. Nach ihrer vorzeitigen Pensionierung hatten prompt Schlafstörungen und Kopfschmerzattacken nachgelassen. Nur die plötzlichen Schwindelanfälle, für die der Arzt keinen körperlichen Befund entdecken konnte, traten weiterhin in unregelmäßigen Abständen auf. Natürlich sollte sie mit dem Rauchen aufhören.

Sie warf einen Blick in die Schaufensterscheibe. Hager, dachte sie, ausgemergelt. Früher hatte sie unter ihrer Flachbrüstigkeit gelitten und versucht, mit einer Sahnekur ein bißchen sinnliches Fleisch anzusetzen. Doch statt sich anmutig zu verteilen, sammelten sich die Pfunde ordinär um ihre Hüften. Schleunigst gab sie die Kur wieder auf und schrumpfte zurück in ihre knabenhafte Silhouette.

Eigentlich könnte ich glücklich sein, dachte sie, ich habe Zeit, keine Geldsorgen und eine hübsche kleine Eigentumswohnung. Aber irgend etwas fehlt. Ich hätte Kinder haben sollen wie andere Frauen. Georg wollte so gerne Kinder. Aber die werden ja nie, wie man sie haben möchte. Und später beschimpfen sie einen, was man alles falsch gemacht hat. Mir fehlen keine Kinder, mir fehlt ein Mann, dachte sie. Was für Chancen habe ich denn noch in meinem Alter. Fünfundvierzig. Die fünfzigjährigen Männer nehmen nur Frauen bis neununddreißig. Sie hatte schon mehrere Anzeigen in die »Rundschau« gesetzt, sich aber mit keinem der Bewerber getroffen. Was sollte sie mit Kerlen, die ihr kaum leserliche Zeilen auf karierte, herausgerissene Zettelchen schmierten und oft nicht mal zu fehlerlosem Deutsch fähig waren? Die auf kindlich bedrucktem Umweltpapier Buchstaben von Zehnjährigen malten? Die Firmenkopf und Schreibcomputer benutzten und Briefe aufsetzten wie an einen Geschäftspartner? Die gestelzte Formulierungen drechselten, um ihre Bildung zu dokumentieren?

Die deutschen Männer, dachte sie bitter, sind nichts für die Selbstbestätigung. Natürlich sollte man nicht verallgemeinern, aber sie hatte seit Jahren keinen kennengelernt, der ihr das Gefühl gab, eine anziehende Frau zu sein. Oft war sie – einfach nur zur Stärkung ihres Selbstbewußtseins – nach Italien gefahren und hatte die Aufmerksamkeit genossen, die sie dort erfuhr. Dieses funkelnde Begehren, diese hingeseufzten Komplimente, die sie nicht verstand und die sie doch so prickelnd belebten!

Dabei war sie nicht einmal blond!

Letzten Endes war die Trennung von Helmut, ihrem zweiten Mann, ein Segen. Unter seinen Blicken war sie immer mehr geschrumpft, hatte sich altjüngferlich vertrocknet gefühlt. Als er sich – er war Universitätsprofessor für Altgriechische Philosophie – nach zwei Ehejahren in eine einfältige, kegelbeinige Studentin verliebte und Chris bat: »Gönn mir meine Liebe. Ich war noch nie so glücklich«, hatte sie schokkiert versucht, tolerant zu sein, wie so viele ihrer Geschlechtsgenossinnen.

Doch ihre Bandscheibenprobleme, unter denen sie seit Beginn der Ehe litt, wurden derart unerträglich, daß sie nur mit hohen Dosen Schmerzmittel den Schulunterricht durchstand. Irgendwann stellte sie Helmut vor die Alternative: »Sie oder ich.« Und zu ihrer schmerzlichen Überraschung entschied er sich für die einfältige Studentin. Hatte inzwischen zwei Kinder mit ihr. Immerhin, die Bandscheibenprobleme waren nach der Trennung spurlos verschwunden.

»Café Zukunft«. Hier, in diesem weiträumigen Bistro mit den luftigen Nischen war sie gern, obwohl sie sich immer ein wenig alt vorkam, denn die Gäste waren vorwiegend Schüler oder pubertäre Jungunternehmer, die ihr Handy gleich neben den Salatteller legten, als gehöre es zum Besteck.

Um die Mittagszeit hatte sie manchmal Glück, und ein paar betagtere Herren verbrachten dort ihre Pause. Leider meistens Geschäftsleute, drei spärliche Strähnen über der Halbglatze, der graue Anzug schon fast eine zweite Haut.

Sie setzte sich an die Fensterfront mit den üppigen Kübelpflanzen.

Ihr letzter Fehlgriff war Adam gewesen. Gut, er war kein Langweiler. Es machte Vergnügen, mit ihm zu reden, auch wenn hauptsächlich er redete. Im Bett war er für ihren Geschmack etwas zu feurig. Es hätte sie noch viel Mühe gekostet, aus diesem unbeherrschten Wilden einen geduldigen, sensiblen Liebhaber zu machen.

Sie klopfte eine Zigarette aus ihrem Päckchen und steckte sie sich an.

Als sie es wagte, ihm einen Hauch Sehnsucht zu zeigen, rückte er schnell damit heraus, daß er seit achtzehn Jahren verheiratet sei. Geliebte sein! Was für eine demütigende Situation! So weit war ihre Selbstachtung noch nicht gesunken, daß sie sich für einen verheirateten Mann verzehrte!

Sie setzte die Lesebrille auf, ein elegantes Modell mit feinem, schwarzem Rand, und studierte die Speisekarte. Alles gräßlich gesund. Sie war nun einmal Fleischesserin. Putenschenkel mit Mandelsplittern und Brokkoli. Das mochte gehen. Hoffentlich war das Zeug nicht versalzen, wie neulich die Fenchel-Hackfleisch-Lasagne, die sie zurückgehen ließ. Sie winkte dem jungen Kellner – wahrscheinlich schwul, mit diesen Ringen im Ohr, dem samtenen Lächeln und dem gezierten Gang, alle einigermaßen erträglichen Männer waren schwul – und bestellte.

Um nicht sitzengeblieben zu wirken, nahm sie sich ein paar Veranstaltungsprogramme vom Fensterbord und tat so, als sei sie ins Lesen vertieft. Die Brille ließ sie im Handtäschchen. Immer wenn sich die automatische Glastür auseinanderzog, um neue Gäste einzulassen, hob sie den Kopf.

Sie vermied es, Männern in die Augen zu schauen. Zu kränkend war es, den zurückweichenden Blick zu spüren.

Dabei hätte sie einfach gern ein bißchen geflirtet. Was war am Flirt so schrecklich? Was für eine trübe Angst vor ernsten Konsequenzen verdarb deutschen Männern blitzschnell die Freude am Spiel?

Ein einzelner Herr betrat das Lokal und sah sich suchend nach einem freien Platz um.

Er war um die Fünfzig und auf lässige Art gepflegt gekleidet. Weichfallender, heller Citymantel, Bundfaltenhose aus leichter Wolle, trüffelfarbenes Hemd mit passenden Socken. Er trat auf sie zu und verbeugte sich mit altmodischem Charme: »Darf ich mich zu Ihnen setzen?«

Sie warf einen flüchtigen Blick auf die anderen Plätze – alles war besetzt. Sie nickte, ohne ihm ein allzu freundliches Lächeln zu schenken, von dem er sich vermutlich bedrängt gefühlt hätte. Ein Kranz von kurzen grauen Locken umstand die rundlichen, sonnenbraunen Wangen. Die Stirn kerbten Muster widersprüchlichster Falten. Ein Grübler und Gelehrter, dachte sie, Verlagslektor oder Redakteur beim Rundfunk, den seine Frau einkleidet. Kein Geschäftsmann.

Zerstreut bestellte er einen Kaffee und zog eines der Veranstaltungsprogramme von ihrer Tischseite zu sich heran. »Erlauben Sie?« Er nahm seine Lesebrille aus einem schilfgrauen Lederetui und vertiefte sich mit krausgezogenem Näschen.

Nach einer Weile hob er den Kopf, reckte den Hals über den Tisch hinweg und lächelte hilflos: »Entschuldigen Sie bitte, daß ich Sie so unverschämt anspreche ... Würden Sie mich ein wenig beraten? Ich bin fremd hier in Frankfurt.«

Sie musterte ihn und sagte langsam: »Da müßte ich Ihre Interessen kennen ...«

Er machte eine vage Bewegung mit der Hand: »Theater, Oper, Ballett ...«

»Ich werde mir den ›Weltverbesserer‹ von Thomas Bernhard anschauen«, sagte sie. »Ein älteres Stück, ganz gut gespielt. Natürlich nicht mit Minetti vergleichbar ...«

Er nickte höflich. Während er die Lesebrille zusammenklappte, schwenkte sein Blick auf ihre Brust: »Sie tragen einen hinreißenden Halsschmuck. Verraten Sie mir, woher der stammt?«

Ein wenig irritiert schaute sie hinunter auf ihre Halskette, geschnitzt aus schwarzer Koralle und altem Elfenbein. »Könnte afrikanisch sein.«

Seine Oberlippe überragte spitz die Unterlippe, wie bei einem mauligen Kind. »Entschuldigen Sie, daß ich so persönlich werde, aber Ihre sensibel aufeinander abgestimmten Farben verraten einen erlesenen Geschmack.«

Sie wies mit dem Kopf zum Fenster hin: »Gehen Sie auf die Freßgass. Da begegnen Ihnen auf Schritt und Tritt erlesen gekleidete Frauen.«

»Ach, die Freßgass«, tat er Frankfurts teuerste Einkaufsstraße ab. »Mit Geld ist es einfach, gut gekleidet zu sein.«

»Da sehe ich wohl ärmlich aus?« fragte sie pikiert.

Spontan ergriff er ihre Hand, ließ sie aber gleich wieder los: »Es tut mir leid. Ich habe mich wohl mißverständlich ausgedrückt. Ich habe auf den ersten Blick gesehen, daß Sie Ihre Kleidung nicht von der Stange kaufen. Sie sind Individualistin, das gefällt mir. Sie tragen originelle, ausgefallene Kleidung, die dennoch ein großes Modebewußtsein verrät. Wie das Elfenbein der Halskette zu den Streifen in Ihrem kessen Westchen paßt! Wie das Korallschwarz den Ton Ihres Haares wiederholt ...«

Nun war sie doch verblüfft. Noch nie hatte sie erlebt, daß ein Mann ihre Erscheinung so detailliert wahrnahm und zu schätzen verstand.

Hoffentlich war er kein Modeheini, mit nichts im Kopf als der aktuellen Kleiderkollektion.

»Haben Sie etwa beruflich mit Mode zu tun?« fragte sie wachsam.

»Um Gottes willen«, schmunzelte er. »Ich beschäftige mich nur privat mit den schönen Dingen des Lebens.«

Die »schönen Dinge des Lebens« mißfielen ihr. Zu oft hatte sie diese Formulierung in den Bekanntschaftsanzeigen gelesen.

»Man merkt«, sagte er und ließ seine runden Äugelchen über sie hinwegflitzen, »daß Sie viel Zeit auf Ihr Äußeres verwenden.«

Chris fragte sich, ob das als Kompliment gemeint war.

»Entweder sind Sie Journalistin oder Bibliothekarin.«

»Die Lehrerin sieht man mir nicht an?«

Er schaute auf die Uhr: »Als Lehrerin säßen Sie hier nicht so müßig in einem Café.«

Der Kellner brachte ihr Essen, eine brodelnde ovale Schüssel. »Heute ist mein freier Tag.« Was gingen ihn ihre beruflichen und gesundheitlichen Probleme an.

»Mögen Sie Ihre Arbeit nicht?«

Sie stocherte ein Stück Putenfleisch aus dem Gemüse und blies es an, bevor sie es vorsichtig mit eingerollter Zunge zwischen die Zähne nahm.

»Wie kommen Sie darauf?«

Diesmal fehlte Salz. Sie holte ein Pfeffer-Salz-Set vom Nebentisch und würzte nach.

Er schob seine spitze Oberlippe wie einen kleinen Rüssel nach vorne. »Dazu gehört nicht viel Psychologie.«

Sie tunkte das Weißbrot in die heiße Soße.

Jäh riß er seinen Unterarm hoch und starrte auf die Uhr: »Oh, ich muß los. Da lasse ich mich derart von Ihnen fesseln, daß ich beinahe meinen Termin versäumt hätte.«

In ihrem Blick mußte er den Anflug eines Bedauerns gespürt haben, denn er fragte, während er sein Portemonnaie aus schilfgrauem Nappa zückte: »Sind Sie häufiger hier?«

Sie nickte.

»Dann hätte ich vielleicht das Vergnügen, Sie wiederzusehen?«

»Vielleicht!« sagte sie mit vollem Mund und hoffte, daß kein Brokkoliblättchen an ihren Zähnen klebte. Man konnte nicht mal mehr ungeniert Gemüse essen, alles blieb an dem Kunststoff der Zahnkronen hängen.

»Oder wollen wir dem Schicksal ein wenig nachhelfen?«

»Wenn Sie meinen ...?«

Er machte eine abwehrende Handbewegung, als der Kellner ihm das Wechselgeld herausgeben wollte, und dieser bedankte sich überschwenglich.

Er zückte einen in schilfgraues Leder gebundenen Taschenkalender, klappte die Lesebrille auf und blätterte: »Nächste Woche an Ihrem freien Tag um dieselbe Zeit?«

Sie hob den Blick und betrachtete die leere Wand, als müsse sie nachdenken, ob ihr der Termin paßte.

»Ja.« sagte sie schließlich. ›Hier im Café Zukunft‹?«

Er nickte, stand auf, gab ihr die Hand und sagte: »Dirk. Dirk Mauser.«

»Ich heiße Chris Ackermann«, antwortete sie brav.

»Chris? Ist das eine Abkürzung?« fragte er und hielt wie zerstreut ihre Hand fest.

»Nein. Nein. Chris ist mein Taufname. Ich habe eine etwas verrückte Mutter. Meinem Vater wäre so ein Name nie in den Sinn gekommen.«

»Originell«, lächelte er, gab ihre Hand frei, »ciao!« und verließ das Café. Sein leichter cremefarbener Kaschmirschal wehte hinter ihm her, so eilig hatte er es plötzlich.

Vielleicht arbeitet er in einer Werbeagentur, überlegte sie, ein typischer Redakteur ist er eigentlich nicht.

Als sie – in ungewohnt guter Stimmung – trällernd ihre Wohnung aufschloß, klingelte es an der Haustür. Sie hob den Hörer der Gegensprechanlage ab: »Ja?«

»Hier ist Adam.«

Auf ihn war sie nun gar nicht eingestellt.

Hatte sie ihm nicht deutlich gesagt, daß er bei ihr als verheirateter Mann keine Chance habe?

Mit hochgezogenen Schultern, wie ein streunender Köter, der Prügel erwartet, stand er vor ihr.

»Darf ich reinkommen?«

»Natürlich.«

Sie fühlte sich plötzlich leicht und unabhängig. So einfach ist das, dachte sie. Ein reizvoller Mann schenkt mir seinen Charme – schon geht es mir gut.

Auf seine unverblümte Art gestand Adam gleich, was los war: »Ich war vorhin bei Wiltrud, weil ich dachte, der Rausschmiß ist nur eine ihrer Launen und wenn ich mich entschuldige, ist alles vergessen.«

Er duscht täglich, dachte sie, warum macht er immer einen

so ungepflegten Eindruck? Es liegt an seinem zerzausten Bart und den zotteligen Künstlerhaaren, die er mit diesem häßlichen roten Gummi am Hinterkopf zusammenzwirbelt. Ich verstehe nicht, warum ihn seine Frau so verlottert rumlaufen läßt.

»Ihr Liebhaber war zu Besuch. Dieser lächerliche Schauspieler. Da bin ich natürlich gleich gegangen.«

Sie schaute ihn groß an. Das Glück war offenbar endlich auf ihrer Seite.

Zwar, mußte sie zugeben, gefiel ihr Dirk weit besser, aber sie kannte ihn ja kaum. Sicher war er verheiratet. So ein gutaussehender, interessanter Mann war immer verheiratet.

»Im Moment weiß ich nicht, wohin. Bernd und Beate kommen morgen zurück, da muß ich aus ihrer Wohnung raus. Ich habe zwar ein Angebot von einem alten Freund, aber das ist eine längerfristige Geschichte. Ich brauch was für den Übergang ...«

»Willst du einen Kaffee?«

»Lieber Tee.«

In dieser neuen Situation war es besser, Adam nicht gleich zu vergraulen, sondern ihn sich für alle Fälle warmzuhalten. Obwohl sie natürlich keinen Mann wollte, den eine andere Frau aus sicher triftigen Gründen abgelegt hatte. Merkwürdig, wie er ihr plötzlich weniger attraktiv erschien, nun, da er zu haben war. War er zu haben? Sie steckte sich eine Zigarette an.

Sie mußte ihm recht geben, es war wirklich eine Schande, nach achtzehn Jahren Ehe und so aus heiterem Himmel. Außerdem unverständlich. Seine Frau hatte doch die Affäre mit ihr geduldet, und wer weiß, wie viele Affären noch. Ohnehin sei Wiltrud die erotische Seite ihrer Beziehung nie wichtig gewesen, hatte Adam immer versichert.

Er öffnete seine Pfeifentasche, nestelte Tabak und Feuerzeug hervor, ließ sich auf ihr zierliches Empire-Sofa fallen, knüllte sich zwei der eierschalfarbenen Seidenkissen hinter den Rükken und sog an seiner Pfeife. Tabakkrümel verteilten sich auf dem altrosa Samtbezug des Sofas.

»Hast du Hunger?«

Er hob die zerknitterten Lider: »Seit heute morgen habe ich nichts gegessen.«

Er war wirklich eine Jammergestalt. Sie setzte ihm eine Tasse Tee vor und holte einen Rest Lammbraten aus dem Kühlschrank, der vom Besuch ihrer Mutter übrig geblieben war. Normalerweise ging sie essen oder wärmte sich schnelle, unaufwendige Tiefkühlgerichte auf.

»Hast du einen Schluck Rum?«

»Nur Cognac. Ich wußte ja nicht, daß du zu Besuch kommst.«

Der Cognac brachte wieder Leben in ihn. Seine zusammengesunkene Gestalt begann sich zu straffen, die glanzlosen Augen zu funkeln. »Vielleicht ist es gut so!« rief er. »Ich bin in dieser Ehe eingerostet. Ein Künstler braucht frische Impulse ...«

»Und wo willst du die jetzt finden?«

»Ich wandere aus.«

»So?«

Und er begann ihr ausführlich von Conrad und der Hacienda zu erzählen.

»Conrad kenne ich noch vom Studium her«, sagte sie. »Das ist doch dieser vertrocknete Taxifahrer. Wir haben uns nie leiden können.«

Sie drückte den Zigarettenstummel in ihrem roséfarbenen Rauchglas-Aschenbecher aus. »Und wovon willst du da unten leben?«

Einen Moment wand er sich. Dann: »Ich bin meinem Vater

beim Bau unseres Einfamilienhäuschens zur Hand gegangen. Ich kann alles, bis hin zum Fliesenlegen. Werde eine Art Hausmeister sein.«

»Wohl eher so was wie ein Allround-Dilettant«, bemerkte Chris milde.

Er verlängerte seinen letzten Schluck Tee mit Cognac. »Außerdem will ich meine Objekte an die Touristen verkaufen.«

»Meinst du, die wirst du los?« fragte Chris zweifelnd.

»Wenn ich nur ein einziges Objekt an einen Liebhaber, sagen wir für dreitausend Mark, verkaufe, kann ich dort ein ganzes Jahr leben.«

Sie klopfte sich lächelnd eine neue Zigarette aus ihrem Päckchen. »Freunde von mir fahren oft an die Costa del Sol. Sie klagen ständig über die spanischen Preise, die seit dem EG-Beitritt fast den deutschen Preisen entsprechen. Boutique-Kleidung ist noch relativ preiswert. Aber«, ihr Blick sank hinunter auf seine vielfach geflickten Jeans, »die interessiert dich ja wohl weniger.«

»Wir haben dort einen eigenen Garten«, sagte Adam. »Wir wollen soweit wie möglich als Selbstversorger leben. Hilde, eine Freundin von Conrad, soll sich um Obst und Gemüse kümmern.«

»Etwa Hilde Rupp, meine Schneiderin?«

»Ja, ich glaube, sie näht.«

Chris lachte laut auf: »Na, das wird ja eine Personenzusammenstellung! Sind die zwei etwa immer noch zusammen?«

»Wie meinst du das?«

»Im Studium war das ein Hin- und Hergezerre mit den beiden. Mal hatte sie einen Lover oder zwei, mal machte er mit Frauen rum, ab und zu trennte man sich, ab und zu kam ein Eifersuchtsdrama. Und schließlich wurde sie auch noch schwanger. Kommt die Tochter mit?«

»Nicht, daß ich wüßte. Willst du ein Foto von dem Haus sehen?« Er holte seine Brieftasche hervor, die, soweit Chris feststellen konnte, außer dem Foto nichts enthielt: »Hier.«

Nun war Chris doch beeindruckt. Sie hatte eine heruntergekommene Hütte erwartet, in der ein paar Alt-Alternative demnächst biologisch-dynamisch herumwurschteln würden, und da sah sie durch das weitgeöffnete, palmenflankierte Tor mitten in einen gepflegten Innenhof mit Säulengang. Die weißgekalkten Wände schmückten karminrote, gelbe und feuerfarbene Bougainvilleas.

Sie setzte die Lesebrille ab: »Jetzt bin ich wirklich überrascht. So etwas Schönes habe ich nicht erwartet.«

Zufrieden wie der Hausbesitzer persönlich, steckte er das Foto wieder ein. »Komm doch mit«, lockte er. »Was hält dich denn hier in Frankfurt? Wir könnten da unten ein herrlich sorgloses Leben führen. Conrad sucht noch Leute. Er hat bestimmt nichts dagegen, wenn ich dich mitbringe.«

»Eine Wohngemeinschaft ist nichts für mich.«

»Mein Gott, Chris!« rief er aus. »Das Haus ist riesig. Wenn man keine Lust hat, braucht man sich wochenlang nicht zu begegnen!«

»Das Haus ist ein Traum«, sagte sie. »Aber mir gefällt Italien besser mit seinem grandiosen kulturellen Erbe! Andalusien hat doch nichts zu bieten außer ein paar maurischen Rundbögen und diesen häßlichen folkloristischen Flamenco-Kleidern.«

»Schau dir die Hacienda wenigstens mal an! Dann kannst du ja immer noch entscheiden!«

Als Taxifahrer kannte er die Frankfurter Nächte

Auf dem Heimweg kamen Conrad bereits Zweifel, ob es eine glückliche Idee gewesen war, Hilde nach Andalusien zu lokken. Ihre plötzliche überschwengliche Umarmung erschien ihm gefährlich.

Er lenkte den Mercedes durch die schmalen, enggeparkten Straßen. Es begann zu nieseln. Seltsam, wie ihm das Gedudel des Taxifunks fehlte, wenn er im eigenen Auto unterwegs war.

Er liebte seinen Taxijob. Nie empfand er sich als Dienstleistender. Eher war es eine Gnade, wenn er jemanden mitnahm. Da er auf Provisionsbasis arbeitete, durfte er sogar Gäste, die ihm nicht paßten, rauswerfen, ohne seinem Chef Rechenschaft schuldig zu sein.

Bettkontakte hatten sich merkwürdigerweise selten ergeben. Zwei- oder dreimal in all den Jahren. Seine kleinen Abenteuer hatte er abends in den Szene-Kneipen am Tresen gefunden, wenn er unschlüssig herumstand und ewig zögerte, ob er nach Hause gehen sollte.

Rote Rücklichter verschwammen auf seiner nassen Windschutzscheibe. Er schaltete den Scheibenwischer ein.

Gut, es gab Nachteile, wie in jedem Beruf. In den Wartepausen, wenn keine Kundschaft kam, störten die Funkgeräusche. Es war ihm nicht möglich, ein Buch zu lesen, weil er ständig mit halbem Ohr lauschte. Dennoch grauste es ihn, daß sich immer mehr Taxiunternehmen auf lautlosen Computerkontakt umstellten. Die Verbindung zur Welt außerhalb des Taxis würde damit entsetzlich abstrakt.

Als er Mitte dreißig war, verspürte er das einzige Mal in seinem Leben eine leise Sehnsucht nach Seßhaftigkeit.

Hilde hatte ihn all die Jahre stur geliebt und ihm – im

Gegensatz zu allen anderen Frauen – keine endlosen Beziehungsdiskussionen aufgezwungen.

Der Regen wurde heftiger. Er stellte den Wischer eine Stufe schneller und nahm das Gas zurück. Kühle Luft zog ihm die Unterschenkel hinauf. Draußen waren es sicher nur wenige Grad über Null. Er drehte die Heizung höher.

Obwohl er Hilde so bedachtsam ausgewählt hatte, kam es während des Zusammenlebens zu überraschenden Schwierigkeiten.

Sie besaß einen unerträglichen Drang, sich mitzuteilen, und erwartete jedesmal eine persönliche Antwort. Mein Gott, was sollte er ihr denn erzählen. So interessant war sein Leben nicht. Im übrigen fand er auch ihre Geschichten recht langweilig. Was gingen ihn ihre Freundinnen an, die irgendwelche Probleme mit sich und ihren Lovern hatten?

Der Regen prasselte gegen die Scheibe, er schaltete hinunter in den zweiten Gang. In seinen ausgekühlten Beinen begann die Wärme zu prickeln. Ein Hauch von Fußschweiß drang ihm in die Nase. Hilde hatte recht. Er sollte die polyesterhaltigen Socken seines Vaters wegwerfen, statt sie aus eingespielter Sparsamkeit aufzutragen.

Ein lästiges Problem waren die gemeinsamen Ausstellungsbesuche in Museen und Galerien, wo Hilde »Ach, schau mal!« schrie und »Guck mal, dieses Blau! Wie schön!« und wohl irgendwas wie ein Echo von ihm erwartete.

Ständig erwartete sie etwas.

Warum schaute sie ihn so an? Warum war sie dauernd erkältet? Einmal, als er sie ungeduldig fragte, was ihr denn nun schon wieder fehle, antwortete sie: »Mir fehlt dein Herz.«

Er verabscheute Pathos! Dabei hatte er durchaus freundliche Gefühle für sie. Er fürchtete nur, wenn diese Gefühle ihn unbedacht überkamen und sie glücklich darauf einging, daß sie meinte, nun sei alles gut. Er ertrug ihr Glück nicht. Es machte ihn wütend. Nichts war gut. Wenn er diesen Anflug von Verzückung in ihren Augen sah, war er besonders kalt zu ihr, bis sich diese Augen mit Tränen füllten. Wie konnte sie nur dieses Vertrauen in ihn haben? Er war kein guter Mensch. Er haßte sie für ihr Vertrauen.

Er begann, jede Zärtlichkeit zu vermeiden, um keine ungebremsten Wünsche zu entfachen, die er dann hätte befriedigen müssen.

Er stoppte kurz in der Einfahrt neben einem Kiosk, nahm seine Regenjacke vom Rücksitz und hielt sie wie einen Baldachin, während er ein paar Flaschen zuckerfreien Orangensaft für Maren kaufte.

Hilde hatte sich nicht abwimmeln lassen wie alle anderen Frauen. Das war lästig, imponierte ihm aber auch. Dann wurde sie schwanger. Trotz Spirale, wie sie behauptete. Beim erstenmal ließ sie sich noch zu einer Abtreibung überreden, aber als dasselbe Desaster wieder passierte, weigerte sie sich mit einer Entschiedenheit, die er ihr nie zugetraut hätte.

»Dann ist es dein Kind«, beschloß er. »Ich habe mit der Sache nichts zu tun.«

Eigentlich hatte er nicht vorgehabt, sie schon während der Schwangerschaft zu verlassen.

Aber dieses Geflenne und Gejammere Tag für Tag war unzumutbar. Man konnte kaum von ihm verlangen, daß er die unangenehmen Begleiterscheinungen einer Schwangerschaft geduldig ertrug, wenn ihm am Ergebnis nun wirklich nicht das geringste lag.

Er legte die Plastiktüte mit den Saftflaschen in den Kofferraum, warf die nasse Regenjacke dazu und sprang ins Auto.

Über gemeinsame Freunde hatte er erfahren, das Kind sei ein gesundes Mädchen, kein Monster, trotz der Spirale.

Die Kleine war etwa ein Jahr alt, als eine erste Begegnung zustande kam.

Im engen Gang eines Reformhauses waren sie zufällig aufeinandergestoßen. Ein Flüchten war nicht mehr möglich. Hilde strahlte überrascht auf. Maren klebte wie ein Affenbaby an ihrer Hüfte.

»Wie geht's?« fragte er verquält.

»Gut.« Sie fuhr mit der flachen Hand über den kindlichen Haarflaum. Die Kleine maunzte auf, beugte sich blitzschnell nach vorne und rupfte ihm die Sonnenbrille mit den geschliffenen Gläsern von der Nase.

Von da an rief Hilde von Zeit zu Zeit bei ihm an, nur so zum Plaudern. Anfangs mißtraute er ihr noch. Aber als sie ein paar Jahre später aus dieser Landkommune nach Frankfurt zurückkam, schien sie ihre Erwartungen auf eine Liebesbeziehung endgültig begraben zu haben.

Sie beschränkten sich darauf, einander zu beraten, er sie in juristischen oder finanziellen, sie ihn in Gesundheits- oder Liebesfragen. Kurz, sie verhielt sich angenehm neutral, eine freundliche Wolke, immer für ihn da, ohne irgendeinen Anspruch an seine Gefühle. Über Maren redete sie selten, höchstens beiläufig, sie hatte instinktiv begriffen, daß er dieses Thema nicht mochte.

Er ließ den Motor an und setzte vorsichtig zurück auf die Straße.

Sein Groll gegen sie verschwand. Empört war er erst, als Maren plötzlich vor seiner Tür stand.

Natürlich war das ein abgekartetes Spiel. Aber Hilde versicherte immer wieder, sie habe Maren gegenüber von sich aus nie ihren Vater erwähnt. Maren selbst habe Fragen gestellt, so seien Kinder nun mal.

Da hockte ihm also von heute auf morgen dieses Kind auf der Pelle. Na, Kind war sie eigentlich nicht mehr, mit diesem

Busen. Hilde machte sich wohl nicht klar, was für ein gefährliches Pflaster Frankfurt für ein junges naives Mädchen war. Maren behauptete, die obszönen Querrisse in ihren Jeans, direkt unterhalb der Pobacken, seien modern. Der Stoff werde schon bei der Herstellung entsprechend präpariert.

Wie konnte Hilde sie so herumlaufen lassen?!?

Und diese schwarzen Ränder um die Augen! Arbeitete sie nun auf dem Strich oder in einem Modeladen?

Verdammt, wieder kein Parkplatz! Das Autofahren machte wirklich keine Freude mehr. Er kurvte um seinen Häuserblock, dann um den nächsten.

Den ersten Krach kriegten sie, als Maren ihre Kerle mitbrachte. Das war doch nicht möglich! Siebzehn Jahre und alle naselang ein neuer Freund, manchmal sogar zwei oder noch mehr zur gleichen Zeit.

»Kennst du dich denn mit Verhütung aus?« hatte er schließlich hilflos gefragt. Sie lachte ihn aus und hielt ihm eine Schachtel Präservative vor die Nase: »Ich will doch kein Aids kriegen.«

Ob ihre Frühreife in Ordnung war? Er mußte sich sehr beherrschen, um nicht Hilde anzurufen und sie zu fragen, wie er sich verhalten sollte.

Obwohl er den Wagen schließlich ein ganzes Stück von seinem Haus entfernt parkte, war er froh, überhaupt einen Platz gefunden zu haben. Einige seiner Freunde ließen ihr Auto wochenlang stehen, um ihren Parkplatz nicht zu verlieren.

Dieses Problem habe ich in Andalusien nicht, dachte er, während er, die Jacke über dem Kopf, durch den Regen marschierte.

Er hätte nicht geglaubt, daß es schwierig sein würde, geeignete Interessenten für sein Projekt zu finden. Ursprünglich hatte er nur Personen aus seinem Bekanntenkreis vorgesehen.

Aber er bekam Antworten wie: »Und was ist mit meinem Job? Ich bin keine Zwanzig mehr.« Oder: »Hör mal, ich habe Kinder. Die müssen in die Schule.«

Er stieß mit dem Fuß das Gartentörchen auf.

Früher hätte man sich die Finger nach einer solchen Chance geleckt, dachte er gekränkt und enttäuscht. Nun ist alles etabliert, arbeitet in irgendeinem multikulturellen Amt und hat Frau, Kinder und Lebensversicherung am Hals. Was hat sich denn geändert seit der Generation unserer Eltern? Gar nichts.

Wie üblich war Maren noch nicht zu Hause.

Er hängte seine Jacke in die Garderobe, zog die Straßenschuhe aus, schlüpfte in seine Hauspantoffeln und begann Marens Kleidungsstücke einzusammeln, die sie trotz täglicher Ermahnungen immer wieder im Fernsehzimmer verstreute.

Unglaublich, daß sie sich abends herumtrieb, ohne daß man wußte, wo. Ob sie das schon gemacht hatte, als sie noch bei Hilde wohnte?

Den Tisch hatte sie auch wieder vollgekrümelt! Er holte einen feuchten Lappen und wischte die Platte sauber.

Dann nahm er sich ein kaltes Bier aus dem Kühlschrank, sank in seinen Fernsehsessel und drückte auf die Fernbedienung.

Eine junge Frau lag schlafend auf dem Bett. Schnitt. Schwarze Handschuhe öffneten behutsam das Türschloß, schwarze Männerschuhe näherten sich der Bettkante. Und da – Werbung! Nicht zu fassen! Jetzt fängt sogar das ZDF an, Werbespots in die Spielfilme einzustreuen!

Er schaute auf die Uhr. Fast Mitternacht. Als Taxifahrer kannte er die Frankfurter Nächte! Einen Moment lang erwog er, Hilde anzurufen.

Aber dieser kurze Augenblick von Schwäche ging vorbei.

Er tauschte die Fernbrille mit der Lesebrille, griff zur Tageszeitung und blätterte flüchtig durch die Seiten.

All die angepaßten Dummköpfe meiner Schulzeit sitzen jetzt in hohen Positionen! dachte er verdrossen. Und Leute wie ich, Idealisten mit Engagement, Unternehmungsgeist und umfangreichem Wissen, die haben es zu nichts gebracht vor lauter Menschenliebe! Vor lauter Unterstützung der ausgebeuteten Bauern in Guatemala! Statt unermüdlich Flugblätter zu tippen, hätte ich an meiner Doktorarbeit schreiben sollen!

Er faltete die Zeitung zusammen, wechselte Lesebrille mit Fernbrille und zappte zornig durch die Programme. Bei einem mörderischen Schußwechsel zwischen einem Ganoven und einer Polizistin blieb er hängen.

Da klingelte das Telefon. Maren? Hastig griff er zum Hörer.

»Hier ist Adam. Alles klar, ich mache bei deinem Projekt mit.«

Conrad schielte mit halbem Blick auf den Fernsehschirm. »Du hattest doch neulich schon zugesagt.«

»Nun ja. Endgültig nicht. Du weißt ja, wie das ist. Ich hatte gehofft, der Konflikt zwischen Wiltrud und mir könnte bereinigt werden. Aber jetzt ist alles geklärt. Ich will so schnell wie möglich weg.«

»Sagen wir, in zwei, drei Wochen. Bis dahin habe ich einen Umzugswagen besorgt.«

Adam schwieg. Conrad hörte ihn atmen.

Endlich sagte er: »Hör mal, ich hätte da eine Frau, die würde ich gerne mitnehmen.«

»Kommt vorbei, damit man sich kennenlernt.«

»Sie ist unentschlossen. Will sich das Haus erst mal anschauen, ehe sie sich festlegt.«

»Dann soll sie nach Spanien fahren und es besichtigen.«

»Sag mal« – Adam machte eine lange Pause, Conrad hörte,

wie er einen Zug aus seiner Pfeife nahm –, »hast du vielleicht einen Schlafplatz für mich, bis ich losfahre? Chris findet ihre Wohnung zu klein für zwei Personen.«

»Chris?«

»Ja, die Frau, die ich mitnehmen möchte. Sie sagt, ihr kennt euch.«

»Etwa Chris Ackermann?«

»Ja, so heißt sie.«

»Ach, du lieber Gott.«

»Wieso?«

»Schwierige Frau. Hilde hat gerade Krach mit ihr.«

»Unsere zukünftige Gärtnerin?«

»Ja. Sie näht für Chris.«

»Dann könnte sie da unten weiter für sie nähen. Das wär doch praktisch.«

»Hilde sieht das bestimmt anders.«

»Dann sag ihr einfach nichts von Chris. Die Frauen werden sich schon aneinander gewöhnen.«

»Hilde springt mir ins Gesicht, wenn ich sie mit Chris überrasche.«

»Tja, wenn Chris nicht mitdarf, muß ich mir die Sache natürlich noch mal überlegen.«

»Was heißt nicht mitdarf? Ich fürchte nur vorprogrammierte Konflikte.«

»Ich brauche was Warmes im Bett«, schnaufte Adam. »Ohne Frau bin ich nur ein halber Mensch.«

Sie schwiegen beide. Eilends wog Conrad Für und Wider ab. Auf Adam zu verzichten, den er schon für den Umzug eingeplant hatte, wäre höchst ärgerlich. Und warum sollte sich Chris das Haus nicht mal unverbindlich anschauen? Wie er sie einschätzte, würde sie sich ohnehin nicht auf ein Aussteigerprojekt dieser Art einlassen.

Spätnachrichten. Er schaltete den Ton lauter.

»Also gut. Bring Chris mit. Ich kann dir schließlich deine Liebhaberinnen nicht verbieten. Das wird auch Hilde einsehen.« Ich muß ihr Chris geschickt unterjubeln, dachte er. Oder ich weiß von nichts. Nein, das nimmt sie mir nicht ab. Das Beste wird sein, ich stelle sie vor vollendete Tatsachen.

»Was ist mit dem Schlafplatz?« hakte Adam nach. »Mir reicht eine Matratze auf dem Boden.«

»Moment, es hat geklingelt!« Conrad legte den Hörer hin, erhob sich und schlurfte zur Tür. Maren. Sie schaute mit ihren schwarzgerahmten Augen verächtlich an ihm vorbei: »Mußt du eigentlich jeden Abend Fernsehen gucken?«

Ein Parfüm von orientalischer Süße hüllte sie ein

Der Frankfurter Winter lagerte bleiern über den Häusern.

Das Wetter, eine unfreundliche Verkäuferin und die Sorge, dem Finanzamt von nun an auf Gedeih und Verderb ausgeliefert zu sein, gaben den Ausschlag. Schuldbewußt teilte Hilde Maren ihren Entschluß mit. In etwa drei Wochen werde sie nach Andalusien auswandern, um dort, wahrscheinlich zusammen mit Conrad, einen neuen Lebensabschnitt zu beginnen.

Maren war überraschend begeistert und erzählte stolz herum, was für eine unternehmungslustige Mutter sie habe.

Empfand sie denn gar keinen Hauch von Abschiedsschmerz? Nahm sie es wirklich so leicht, daß ihre Mutter fortging? Zusammen mit dem frischentdeckten Vater?

»Maren zieht am besten wieder in die alte Wohnung!« bestimmte Conrad. »Ich übernehme ihre Miete. Die kann ich von der Steuer absetzen. Erst jetzt erlebe ich konkret, wie recht wir damals hatten mit unseren Kapitalismus-Analysen. Die Steuergesetze sind für die Kapitaleigner gemacht. Je vermögender einer ist, um so mehr Steuern spart er.« Er lachte kurz auf. »Es ist pervers, daß ich nun selbst davon profitiere.«

»Und was machst du mit deiner eigenen Wohnung?« fragte Hilde.

Er sog die Wangen nach innen. »Falls ich mich wirklich entschließen sollte, ganz nach Andalusien zu gehen, werde ich sie untervermieten. So was Preiswertes darf man heutzutage nicht mehr aufgeben. Die Mieteinnahmen gehen auf ein Extra-Konto. Davon muß das Finanzamt nichts erfahren.«

»Und dieser Adam ist zuverlässig? Nicht, daß er sich mit meinen Nähsachen davonmacht.«

Conrad grinste, unsicher, ob das als Witz gemeint war. »Er muß aus seiner Wohnung raus und ist heilfroh, daß er dort unten eine Bleibe findet.«

»Auf keinen Fall darf er meine Stoffballen vergessen. Ich will mir da unten einen neuen Kundenkreis aufbauen.«

»Keine Sorge. Ich kümmere mich darum, daß er alles mitnimmt.«

Sie überlegte kurz, ob es sinnvoll war, Adam kennenzulernen, bevor sie mit ihm zusammenzog. Aber vielleicht würde sie schwankend, wenn er ihr mißfiel. Es war besser, sie stürzte sich wie in früheren Jahren ohne Vorbehalte in dieses Abenteuer.

Sie schmuggelte ihre übergewichtigen Koffer und Taschen durch die Kontrolle, indem sie die schwersten Teile – Bücher und Nahrungsvorräte – im Handgepäck trug und sich bemühte, einen leichten Schritt vorzutäuschen, obwohl das Gewicht ihre Arme schwer nach unten zog.

Als sie dann über endlos rote karstige Erde flog, über verlorene weiße Häuschen wie hingestreute Salzkristalle, krampfte sich ihr Herz zusammen. Das also war ihre Zukunft. Irgendwo in einer fremden Einsamkeit würde sie wieder einmal neu anfangen. Mein Leben besteht aus Neuanfängen, dachte sie. Vierzehn Umzüge in zwanzig Jahren. Maren hätte ein stabiles Zuhause gebraucht, dann wäre sie nicht immer so mürrisch. Und jetzt lasse ich sie gänzlich im Stich.

Mit tränenverhangenem Blick schaute sie durch das Bullauge in diesen unwirklichen Himmel, in dieses erbarmungslos klare Blau. Selbstmitleid kann ich jetzt wirklich nicht gebrauchen. Ich hätte Maren fragen sollen, ob sie mitkommen mag.

Ja, es gehe ihr gut, behauptete Maren, als Hilde sie von Malaga aus anrief. Auch wenn Conrad es beleidigend eilig gehabt habe, sie loszuwerden. Direkt nach Hildes Abreise scheuchte er sie schon mit sämtlichen Koffern zurück in die alte Wohnung. Sie sei gerade dabei, die letzten Kosmetika aus Conrads spießig gelecktem Bad zusammenzusuchen. Aber ihr sei es recht. Conrad sei doch ein ziemlicher Langweiler. Außerdem hätte er sie vielleicht zum Kistentragen eingespannt. Ja, es scheine ihm ernst zu sein mit Spanien. Hildes ehemaliges Schlafzimmer wolle er als Lagerraum für seine Bücher verwenden.

Gut, daß ich ihn nicht gedrängt habe, dachte Hilde erleichtert. Wenn er einen Hauch von Druck spürt, wehrt er sich gleich.

Am nächsten Morgen schaukelte Hildes Bus mit donnerndem Fernsehprogramm durch wuchernde Hotelanlagen und blindlings in die Landschaft hineingetürmte Feriensiedlungen.

Der Himmel war grau. Grau wie in Frankfurt. Das sollte Andalusien sein?

Diese scheußliche Küste hat Conrad mir verschwiegen.

»Deutsche Presse«, »Bar Texas«, »Bei Willy«, »Disco-Club Mic-Mac«, »Ärztezentrum deutschsprachig, english spoken«. Für die vielen gestrandeten Alten aus Nordeuropa, dachte sie, die ihr Rheuma, ihre Herzrhythmusstörungen und ihren hohen Cholesterinspiegel mit hergebracht haben. »Beach.« Nicht mal den Strand gibt es noch auf spanisch. »For sale, Deutsche Küche« – alles ist ausländisch, die Spanier sind nur noch Bedienstete für einfallende Touristen. Und ich? Bin ich eine einfallende Touristin? Ich bin Ausländerin mit schlechtem deutschen Gewissen. In Deutschland wegen der Ausländer, hier wegen der Inländer.

Der Felsen von Gibraltar, auf den zu achten ihr Conrad nahegelegt hatte, blieb im Dunst. Irgendwo dort hinten, dieser Schatten, muß Afrika sein. Afrika. So weit weg von zu Hause.

Als sie nach etwa hundert Kilometern Algeciras passiert hatten, hörten schlagartig die Hotelbauten auf, und sie fuhren in eine grüne Hügellandschaft hinein. Inmitten dahinziehender Rinderherden stolzierten elegante weiße Ibisse. Nein, Kuhreiher, hatte Conrad gesagt. Aber Ibisse klingt hübscher.

Nun zogen sich sogar die grauen Wolken zurück, und der Himmel spannte sich wie ein blauer Seidenschirm von Horizont zu Horizont. Schön, dachte sie aufatmend, schön. Nur diese ökologischen Windmühlenwälder auf den Gipfeln stören das Bild. Natürlich bin ich für alternative Energiequellen. Aber das sieht ja aus wie ein texanisches Ölfeld!

Fast hätte Hilde rechter Hand die »Venta Avenida« übersehen, die, wie Conrad beschrieben hatte, fünfhundert Meter nach der Tankstelle, direkt an einer Abzweigung lag. »Halt! Halt! Hier muß ich aussteigen!«

Kurz darauf stand sie, umringt von Gepäck, ganz allein auf der schmalen Landstraße. Sie schulterte ihren Rucksack, ging in die Hocke, um sich die Tragriemen der beiden Reisetaschen über die Schultern zu legen, und faßte, während sie die Knie streckte, die zwei Köfferchen an den Handgriffen.

»Insgesamt läufst du vier Kilometer in die Berge hinein«, hatte Conrad gesagt.

Ich halte das nächstbeste Auto an, dachte sie, während sie energisch ausschritt.

Den brüchigen Asphalt mit den ausgefransten Rändern säumten Büschel von gelben und blauen Blumen. Dahinter breiteten sich grüne Weiden aus, auf denen schwarze Stiere grasten, durch keinen schiefen Staketenzaun eingegrenzt. Ängstlich schlich Hilde an ihnen vorbei. Aber sie wandten nicht einmal die Köpfe. Das Gepäck zog ihr die Arme nach unten. Immer wieder setzte sie Taschen und Koffer auf dem Boden ab und schaute sich schweratmend um.

Was für eine samtig laue Luft. Und ganz windstill. Nur das winterlich müde Zirpen eines Heimchens erhob sich aus dem Gras.

»Direkt hinter dem verfallenen Steintor biegst du rechts in den Feldweg ein«, hatte Conrad erklärt. »Du läufst bis zum Pinienwald. Dort kannst du den kürzeren Weg durch den Wald oder den längeren außenherum nehmen. Am Ende treffen die Wege zusammen. Von da sind es noch zweihundert Meter bis zur Palmenallee, die auf die Cancela zuführt, auf das Eingangstor der Hacienda!«

Es mußten Stunden vergangen sein, als endlich der Pinienwald hinter ihr lag. Nicht ein einziges Auto hatte sie überholt. Sie bog in die Palmenallee ein und schritt andächtig zwischen den faßförmigen Stämmen hindurch. Die üppig gefiederten Kronen kreuzten sich über ihr zu einem wogenden Dach.

Vor dem nägelbeschlagenen Tor setzte sie aufseufzend ihr Gepäck ab.

In die bröckelige Umfassungsmauer waren Buchstaben aus blauweißer Keramik eingelassen, überzogen von einer jahrealten Schmutzschicht und kaum noch lesbar. Hilde nahm ein Papiertaschentuch und wischte die glasierte Oberfläche frei: »Cuatro vientos. Vier Winde«.

Sie drehte den großen Schlüssel, aber das Tor ließ sich nicht aufdrücken. Mit ihrem ganzen Gewicht stemmte sie sich gegen den rechten Flügel. Er rührte sich nicht. Erst als sie ihn ein wenig anhob, ratschte er über die Grasbuckel zwischen den bemoosten Steinplatten hinweg.

Vor ihr öffnete sich ein dämmriger Dschungel, wucherte grün und violett und flammend rot. Eine Wolke von Vögeln stob schreiend aus dem Gebüsch von struppigen Yukkas, verfilzten Rosen, von Hibiskus und Oleander. Ein orientalisch süßes Parfüm hüllte sie ein. Durch das Grün blitzte das weiße Mauerwerk eines klösterlichen Säulenganges. Von jeder Säule stürzte ein roter Wasserfall blühender Bougainvilleas in mächtigem Bogen zur Erde.

Fassungslos stand sie da, überwältigt, hingerissen.

Der Granatapfelbaum trug wirkliche Früchte, man brauchte nur die Hand zu heben, um sie zu pflücken. Sie schob das Tor hinter sich zu und wand sich durch das Dickicht zur Eingangsterrasse hin, die sich unter dem dicken Polster eines rosa blühenden Blätterdaches verbarg. Sie schrak zusammen, als es neben ihr raschelte. Ein Igel, den sie offenbar aufgeschreckt hatte, schleppte sich schwerfällig davon. Halten Igel Winterschlaf? Wie wenig weiß ich Großstadtpflanze von der Natur.

Als sie an die Haustür trat, um aufzuschließen, strichen ihr die am Boden schleifenden Ranken des Blätterdaches über den Körper, daß sie kurz zusammenschauderte.

Sie nahm die Taschenlampe aus dem Gepäck, knipste sie an und stand direkt in der weitläufigen Küche. Der Lichtkegel huschte über den derben Holztisch und folgte dem Muster der blaugrünen Azulejos, der andalusischen Kacheln, die bis in Schulterhöhe die Wände schmückten. Es schienen alte Kacheln zu sein, mit ihren verblaßten Farben, überzogen von einem Netz haarfeiner Risse.

Hilde trat an eines der hohen, mit kunstvollen schmiedeeisernen Gittern versehenen Fenster. Ihre Schritte hallten auf den Steinfliesen.

Conrad hatte die Läden nur leicht angelehnt, sie ließen sich einfach aufdrücken. Als die Flügel gegen die Mauer schlugen, hörte sie, wie der Putz auf den Boden polterte.

Die Fensterscheiben waren blind vor Staub.

Sie schritt durch die dämmrigen Räume, öffnete alle Läden. Was für ein riesiges Haus. Still und kühl wie eine Einsiedelei. Ein Hauch Beklommenheit stieg in ihr auf. Von der großen Wohnküche aus führte eine Steintreppe hinauf in den ersten Stock. Da dort der Säulenvorbau fehlte, flutete das Abendlicht rosig in die Zimmer.

»Nimm dir einen großen Raum oder zwei kleine«, hatte Conrad gesagt. Spontan verliebte sie sich in zwei ineinandergehende Zimmerchen, wie für sie gemacht. Das hintere mit Bett, Kommode und Wandschrank aus dunklem Holz war ihr Schlafzimmer, im vorderen würde sie arbeiten. Ein strenger Schreibtisch aus massiver Eiche und ein steiflehniger Stuhl mit geflochtenem Sitz standen bereits da. Sie öffnete das Fenster und ließ den Blick über das Tor hinweg in die Weite der Landschaft wandern. Sanfte und kräftige Grünschattierungen wellten sich bis zum Horizont, wo ein zartgrauer Streifen Meer schimmerte. Aus einer Baumgruppe erhob sich ein schwarzes Gesprenkel von Vögeln und zog lärmend durch den luftigen Himmel.

Sie schleppte ihr Gepäck nach oben und hängte ihre Kleider in den gemauerten Schrank. Als sie die Lamellentüren zudrückte, rieselte Holzstaub auf den Boden. Vielleicht sollte ich ihn erst saubermachen, überlegte sie, nahm ihre Kleidung wieder heraus und suchte in der Küche nach einem Lappen. Unter der Spüle fand sie halbvermodertes Bettzeug und riß sich ein passendes Stück ab. Dann schaute sie sich den Gasboiler an. Ihr Spanisch reichte nicht, um die Anleitung zu verstehen, die an der Seite angeklebt war. Auf gut Glück öffnete sie den Haupthahn, der die Verbindung zwischen Gasflasche und Boiler herstellte, drehte den Boilerknopf, klappte das Ventil der Gasflasche herunter und zündete ein Streichholz an. Nichts passierte. Schnell schloß sie den Gashahn wieder. Wer weiß, ob die Leitung dicht ist, dachte sie. Was brauche ich warmes Wasser.

Aus dem Wasserhahn blubberte und knallte eine braune Brühe, die nach einer Weile klar und durchsichtig wurde.

Sie füllte einen Eimer, stieg nach oben und säuberte Schrank, Kommode und Schreibtisch.

Dann kehrte sie die beiden Zimmer aus und holte frisches Wasser, um die blinden Fenster zu putzen. Der Ausblick erschien ihr kostbar wie ein Stückchen Paradies. Die Scheiben blieben gleichwohl streifig, da sie weder einen sauberen Lappen, noch ein geeignetes Glasputzmittel fand.

Sie rückte das Bett so zurecht, daß sie liegend aus dem Fenster schauen konnte. Ein schönes Bett, hochbeinig, mit geschnitztem Gitterwerk an Kopf- und Fußteil. Sie fühlte sich wie ein maurisches Burgfräulein, sicher und geborgen.

Die Roßhaarmatratze unter ihr schien feucht zu sein. Sie zerrte sie aus der Umfassung und schleppte sie die Stiege hinunter in den Innenhof.

Dann holte sie sich einen Stuhl und setzte sich neben die Matratze in die Sonne, den Schreibblock auf den Knien: »Liebe Maren …«

Morgen würde sie einen Briefkasten suchen.

Ein Tee wäre nicht schlecht. Hoffentlich kriege ich das verdammte Gas an.

Sie startete einen zweiten Versuch, wartete diesmal ein Weilchen, ehe sie das Streichholz anzündete – und o Wunder –, ein blaues Flämmchen zuckte im Boiler auf.

Mit einer Thermoskanne Tee – Tee und Teesäckchen hatte sie vorsorglich mitgebracht – setzte sie sich zurück in den Sonnenfleck, der immer mehr schrumpfte.

Als die Sonne hinter dem Haus verschwand, wurde es schlagartig kalt. Sie wuchtete die Matratze wieder zurück in den ersten Stock, holte Pullover und Socken aus ihrem Rucksack, schloß alle Fenster und setzte sich in die Wohnküche. Ich sollte vielleicht den Kamin anzünden. Sie sammelte im Hof einen Armvoll kleiner Zweige, fand hinter dem Haus eine Schubkarre und im Schuppen Stapel von Brennholz. Mit ein paar aus ihrem Tagebuch herausgerissenen Seiten versuchte sie, das feuchte Holz zum Glimmen zu bringen. Sie brauchte fast die ganze Streichholzschachtel auf. Beißender Qualm breitete sich in der Küche aus, und ihr fiel ein, daß Conrad von den Vögeln erzählt hatte, die immer im Schornstein nisteten und den Abzug verstopften.

Sie riß die Fenster auf, um den Qualm hinauszulassen. Dann zündete sie den Backofen an, öffnete die Klappe und setzte sich gemütlich davor. Bis irgendwann die Flamme kleiner wurde und verlosch. Die zwei Gasflaschen im Schuppen waren leer. So was Dummes. Jetzt konnte sie nicht mal mehr Tee kochen. Hoffentlich wurden die Flaschen geliefert. Sie waren schon in leerem Zustand so schwer, daß man sie ohne fremde Hilfe gerade mal über den Innenhof zerren konnte. Morgen gehe ich zu Rafael und lasse mir alles erklären.

Wie im tiefsten Schneewinter zog sie sich dicke Strumpfhosen unter den Rock, kroch zusätzlich in ihre Wollsocken und wickelte sich ein Stricktuch um die Schultern. Wie gut, daß sie die Warnungen einer Freundin ernst genommen hatte, die ihr erzählte, niemals im Leben habe sie so gefroren wie im winterlichen Süden. Sie zwängte ihre vermummten Füße in Stoffschlappen und schlurfte in den großen Salon neben der Küche, wo ihr beim ersten Rundgang mehrere hohe Bücherschränke aufgefallen waren: »Feinheiten der Französischen Küche«. Meier-Graefe: »Spanienreise«. »Tier- und Pflanzenwelt des Mittelmeerraumes«. Margret Mitchell: »Vom Winde verweht«. Ach Gott, das hatte sie mit sechzehn verschlungen, ebenso wie Maren letztes Jahr. Sie nahm den Wälzer heraus. Die Feuchtigkeit hatte den Buchdeckel gewellt. Trivialschmöker! würde Conrad sagen. Aber was faszinierte so viele Frauen an diesem Roman? Sie blätterte. Scarlett ist ein eigenwilliges Weib, und Rhett Butler, ein Mann mit allen Macho-Attributen, liebt Scarlett just wegen ihrer Stärke. Das, dachte sie melancholisch, ist trivial. Wenn Trivialität Verfälschung der Wirklichkeit ist. Märchenträume für Emanzen. Selbst die Vergewaltigung gegen Ende hat nichts von Machtlust. Rhett spürt Scarletts gebremste Leidenschaft hinter ihrer aggressiven Sprödheit. Er durchbricht ihre Schranken, »erlöst« sie gewissermaßen. Aber da er kein gewalttätiger Mensch ist, treibt ihn die Scham fort von ihr. Die raffinierte Tragik des Romans: die Rebellin erkennt ihren Märchenprinzen nicht.

Plötzlich verspürte Hilde einen nagenden Hunger. Seit dem Imbiß im Flugzeug hatte sie nichts mehr gegessen. Sie verteilte ein paar Scheiben Vollkornbrot, ein Stück Gouda, zwei Bananen und eine der sechs Rollen Honigplätzchen dekorativ auf einem der blauweiß gemusterten Keramikteller und füllte sich ein Glas mit Leitungswasser. Morgen radele ich in den Ort und kaufe ein. Sie hatte drei Fahrräder im Schuppen entdeckt. Hoffentlich ist wenigstens eins davon fahrtüchtig. Wer weiß, wie lange sie unbenutzt herumgestanden haben.

Nachdenklich schob sie sich ein Plätzchen in den Mund. Das Kaugeräusch knisterte in ihren Ohren.

Die Dunkelheit kam unerwartet schnell. Durchs Küchenfenster sah Hilde, wie sich die spitzen Silhouetten der Yukka-Palmen scharf gegen den Abendhimmel spreizten.

Kurz darauf verschlang mondlose Nacht die Gegenstände des Tages. Sie tastete nach einem Lichtschalter. Alles blieb dunkel. Verdammt, wo ist die Hauptsicherung? Vergeblich suchte sie mit der Taschenlampe den Flur ab. Da muß ich wohl morgen bei Tageslicht schauen. Um Batterie zu sparen, zündete sie mit ihren letzten Streichhölzern einen Kerzenstummel an, der in einem Keramikhalter auf dem Küchentisch stand. Irgendwo zog es, das Kerzenlicht zuckte unruhig.

War da nicht ein Geräusch? Sie nahm die Kerze, schützte das Feuer mit der hohlen Hand und leuchtete beherzt in das Bücherzimmer neben der Küche. Nichts und niemand war zu sehen. Die Kerze flackerte Schatten gegen die hohen Wände. Die schwarzen Löcher der Fenster starrten sie an. Sie zog die Vorhänge vor, eine Staubwolke explodierte, daß sie niesen mußte. Sie nieste noch einmal und noch einmal. Ein Taschentuch vor der Nase, tastete sie sich mit der Kerze ins obere Stockwerk hinauf.

War der Flur, von dem die Zimmer abgingen, wirklich so ein endlos schwarzer Schlauch gewesen? Wie schnell die Kerze niederbrannte. Enthielt zuviel Paraffin. Stearin war härter. Hilde hatte vor Jahren selbst Kerzen hergestellt und sie auf dem Weihnachtsmarkt verkauft.

Sie riß sich ein Blatt Papier aus ihrem Tagebuch und notierte ihre Einkäufe. Kerzen und Streichhölzer darf ich nicht vergessen.

Es mußte etwa neun Uhr sein. Das Licht auf dem Nachttisch flackerte bläulich auf, ehe es verlosch. Im Dunkeln entkleidete sich Hilde, zog ihr langes Sweatshirt an und kroch in den Schlafsack.

Das Gefühl von Geborgenheit, das sie am Nachmittag verspürt hatte, machte einer leichten Unruhe Platz. Sie hatte noch nie allein in einem alten Haus geschlafen, sie wußte nicht, daß so ein Haus eine Seele hat. Angespannt lauschte sie auf sein Gewisper und Gekraspel, als spräche es wie eine müde alte Frau leise mit sich selbst.

Irgendwann mußte Hilde eingeschlafen sein, denn mitten in der schwärzesten Nacht schrak sie auf. Was war das für ein Pochen? Das Herz blieb ihr stehen. Wer schlug da an die Tür?

Es war wohl ein leichter Wind aufgekommen, das Haus erwachte ächzend, es seufzte und knarrte. Wie erstarrt lag sie auf ihrer Matratze, ihre Füße juckten. Flöhe, dachte sie, wie kommen die hinein in meinen Schlafsack, aber vielleicht bin ich auch nur nervös. Da begann es zu regnen. Über sich hörte sie ein zartes gleichmäßiges Nieseln, dann rauschte es streng auf die Dachschindeln, und schließlich schlugen Regenböen gegen die Fensterscheiben, während die Pinienkronen jenseits der Mauer mächtig aufwogten.

In dem Regenkonzert unterschied sie ein einzelnes Tropfgeräusch, das allmählich schneller wurde. Sie brauchte eine Weile, um zu begreifen, daß es durchs Dach regnete. Mit der flachen Hand tastete sie über ihren Schlafsack. Der war trocken. Ihr Bett schien in einem geschützten Winkel zu stehen. Conrad hat doch gesagt, der Dachdecker hätte das Dach repariert, dachte sie noch, ehe sie von neuem einschlief.

Sie erwachte vom Zuschlagen einer Tür und schrak hoch. Aufrecht in ihrem Schlafsack sitzend, lauschte sie.

Der Wind rüttelte an der verschlossenen Haustür, ließ Fensterläden gegen die Wand klappen und zischte pfeifend übers Dach.

Wie spät mochte es sein? Durchs Fenster kam graues Dämmerlicht.

Sie knipste die Taschenlampe an und schaute auf die Uhr: Tatsächlich, es war schon halb acht.

Sie kroch aus dem Schlafsack, zog die Strickjacke an und tappte in ihren Stoffschlappen über die kalten Bodenfliesen.

Sobald sie die knarrende Küchentür öffnete, die zum Innenhof hinausführte, fegte ihr ein Schwall Sprühregen ins Gesicht. Sie trat einen Schritt zurück und hielt die Türklinke fest. Im nebelgrauen Hof bog sich die Krone des Granatapfelbaums unter dem Wind. »Cuatro vientos.« Die Möbel, die sie leichtfertig auf der Terrasse hatte stehen lassen, glänzten vor Nässe. Sie warf ihr Regencape über Nachthemd und Strickjacke und rannte hinaus. In der Zuckerdose schwamm es. Der Brief an Maren war völlig durchgeweicht, der Filzstift zerflossen. Das Stuhlkissen hatte sich mit Wasser vollgesogen.

Sie lief hinaus und wieder hinein, ekelhaft, diese nassen, kalten Fliesen, rettete Tisch und Stuhl zurück in die Küche.

Morgen ist wieder schönes Wetter, tröstete sie sich, die Sonne wird das Kissen im Handumdrehen trocknen.

Aus dem Abfluß der Dachterrasse stieß das Wasser in Schüben hinunter, direkt in ein Rosenbeet, das bereits übergelaufen war. Ein schmutziges Gemisch von Wasser und Erde spritzte bei jedem Schwall die weißgekalkten Hauswände hinauf.

Man sollte das Wasser in einem Rohr nach unten leiten, dachte sie. Obwohl das natürlich nicht so romantisch aussieht wie die Steinrinne. Dieser Adam wird sich darum kümmern müssen. Aber mit dem Dach kann ich nicht auf ihn warten. Das muß dringend abgedichtet werden. Sobald die Sonne wieder scheint, gehe ich zu Rafael hinüber und frage ihn nach der Adresse eines Dachdeckers.

Aber der Regen ließ nicht nach. Auch am zweiten und

dritten Morgen, wenn sie erwachte, hörte sie das inzwischen vertraute Geräusch rieselnden Wassers.

Das kann nicht sein, dachte sie. Hier ist doch nicht England! Das Wasser sickerte durch die Fensterritzen im oberen Stock, tropfte von der Decke, in Rinnsalen lief es die Wände hinab und breitete sich auf dem Boden aus, sie wischte den ganzen Tag und stellte Eimer, Schüsseln und Töpfe unter die undichten Stellen im Dach. Mehrmals am Tag mußte sie die Gefäße ausleeren. Nachts liefen sie über. Wie ein ausgedörrtes Tier sog das Haus alle Feuchtigkeit auf, die Poren der Mauern füllten sich mit Nässe, die klamme Kälte drang allmählich durch Hildes Pulloverschichten, durch ihre Haut bis auf ihre Knochen, bis in ihre Seele.

Doch dann, am vierten Morgen, als sie schon fast schwermütig zu werden drohte, schlug sie die Augen auf und schaute mitten in einen seidenklaren Himmel. Mit einem Schlag war der Regen vergessen. Ein leichter Wind zog durch den pinselartigen Schopf der dünnen hohen Palme im Innenhof.

Sie stellte Tisch und Stuhl in den sonnigen Teil des Hofes und frühstückte halbverhungert, aber glücklich die letzten Honigplätzchen. Hoffentlich gab es ihre Lieblingssorte auch hier zu kaufen. Conrad hatte versichert, dank der EG führe Spanien inzwischen fast dieselben Waren wie Deutschland.

In dem filigranen Blättergespinst neben ihrem Tisch hatten sich über Nacht zarte weiße Blüten geöffnet – war das der spanische Jasmin? – und verströmten einen widerlich betörenden Duft.

Und noch dazu so ein verwahrlostes Findelkind!

»In aller Stille hat sich in diesem Frühjahr eine Revolution auf dem deutschen Automobilmarkt vollzogen.«

Es klingelte Sturm.

»Zu den ganz großen Verlierern gehört die russische Marke Lada.«

Wieder schrillte die Klingel. Conrad ließ die Zeitung sinken und setzte die Lesebrille ab.

Maren. O Gott, diese Nervensäge! Vermutlich hatte sie bei ihrem Auszug irgendeine Puderquaste liegengelassen und störte ihn in seiner Mittagsruhe, die er nun, nach all den andalusischen Vorbereitungen, genießen wollte.

Unwillig erhob er sich von seiner Frankfurter Rundschau und schlurfte an die Tür.

Auf der obersten Treppenstufe stand eine junge Frau, halb weggedreht, als sei sie auf dem Sprung zu gehen. Sie war ungeschminkt und liederlich gekleidet, anders als Maren, die immer modisch wie eine Schaufensterpuppe ausstaffiert und bis zur Abstraktion mit Make-up, Kajal und Lippenfarbe versehen war. Nachlässigkeiten wie die zerrissenen Jeans waren bei Maren bewußt inszeniert und keine Folge längeren Tragens wie offenbar bei der Besucherin.

Erotisch anziehend hatte Conrad immer nur halbintellektuelle Frauen seines Alters gefunden. Im übrigen mußte er in den letzten Jahren feststellen, daß er weniger ansprechbar geworden war. Lächelnd wie ein weiser Alter, konnte er die derbsten Pornos durchblättern, ohne geil zu werden.

Um ehrlich zu sein, seit zwei Jahren hatte er mit keiner Frau mehr geschlafen.

Einerseits fand er diese Befindlichkeit als durchaus entlastend, denn oft, wenn ihn der jugendliche Trieb gepackt hatte, fehlte der passende weibliche Part. Auf der anderen Seite schien ihm ein solcher Zustand von Neutralität arg verfrüht. Doch er hatte nicht den Mut, Männer seines Alters um einen Erfahrungsaustausch zu bitten.

Die Frau, die so unvermittelt vor ihm auf der Treppe stand, entsprach ganz und gar nicht seinen Vorstellungen von Attraktivität: ein rosig-blondes Geschöpf, zerzaust und ein wenig außer Atem. Unter der unschuldig burschikosen Jeanskappe schaute ein rundes Gesicht mit übergroßen babyblauen Augen hervor.

»Ich habe gehört, du suchst noch Leute für dein Haus in Andalusien.«

Sie sprach mit einer klar artikulierten Stimme, wie eine Schulabgängerin, die sich auf eine Stelle bewirbt und den einleitenden Satz auswendig gelernt hat.

Automatisch ging er auf das Spiel ein und musterte sie wie ein Personalchef: die schief zugeknöpfte weiße Bluse, eine über die Schulter geworfene Jeansjacke, zu kurz abgeschnittene Jeans, die die Knöchel freiließen, vergilbte Leinenschuhe.

»Wie heißt du?«

»Bianca.«

»Komm rein.«

Er ließ sie vorgehen. Fast unhörbar vor sich hin summend, mit steifen Schrittchen wie ein ungelenkes Fohlen, bewegte sie sich durch den Flur. Sie trug ein abgeschabtes hartledernes Umhängetäschchen, das ihr mitsamt der Jeansjacke von der Schulter rutschte und auf den Boden polterte. Dabei hätte sie fast sein Telefon vom Flurtisch gestoßen. Hastig raffte sie Jacke und Tasche auf und ließ sich von Conrad in seine kleine Küche schieben. Da stand sie wie abgestellt. Ihre zarte Taille war von einem breiten nietenbeschlagenen Ledergürtel zusammengezurrt. Er nahm ihr die Jacke ab. Sie hielt mit dem Oberarm ihr

Täschchen unter die Achsel geklemmt, während sie sich die Schirmkappe vom Kopf zog und sie über den Knauf einer Stuhllehne hakte. In ihrem feinen, seidig-blonden Haar hatte sich der Kappenrand abgedrückt und bildete eine weiche Welle rund um ihren Kopf.

Er räusperte sich: »Setz dich doch.«

Sie rührte sich nicht. Da blieb auch er stehen.

Ihm schlug das Herz. Verliebt, das war er seit Jahrzehnten nicht mehr gewesen. Er fand diesen lächerlichen Zustand von Herzweh auch keineswegs erstrebenswert, hatte ihn vorwiegend als Quälerei in Erinnerung und hielt mehr von überschaubaren Freuden der Vernunft als von den unberechenbaren der Sinne. Und noch dazu so ein verwahrlostes Findelkind! Er versuchte, sich auf die sachliche Ebene zu konzentrieren, begann, ihr eine Art Vortrag zu halten, und spürte, wie er allmählich wieder an Sicherheit gewann: »Natürlich waren wir damals, nach 68, entsetzlich dogmatisch, idealisierten den real existierenden Sozialismus maoistischer oder den sowjetischer Prägung. Trotzdem haben wir gewaltige gesellschaftliche Veränderungen ins Rollen gebracht. Ohne uns gäbe es keine Bürgerinitiativen, keine ökologische Bewegung, keine Grüne Partei. Leider gehen zur Zeit viele Freiheiten, die wir mühsam erkämpft haben, mit Riesenschritten verloren. Der Leistungsdruck in Schule und Uni, gegen den wir uns erfolgreich erhoben hatten, ist unerträglicher denn je. Mietwucher, Fremdenhaß, Konsumterror nehmen zu, die Privatisierung von ehemals staatlichen Einrichtungen ist gang und gäbe. Sogar die öffentlich-rechtlichen Fernsehsender geraten ins Wackeln. Der Rückzug in die vordem verpönte bürgerliche Kleinfamilie greift um sich. Ich habe unsere damaligen Utopien nicht ganz aus den Augen verloren: Alternativen zur traditionellen Familie zu entwickeln. Lebensgemeinschaften aufzubauen, in der man einander ohne Zwänge respektiert. Wahlverwandtschaft statt Blutsbande. Freiheit statt Einkerkerung. Die alte Wohngemeinschaft wurde leider oft nur als Durchgangsstadium betrachtet. Man fand dort einen geeigneten Partner und tat sich mit ihm zusammen. Ich bin eingefleischter Junggeselle. Oder Single, wie man heute sagt. Dieses andalusische Haus ist eine unglaubliche Chance, die alte Vision eines freien Lebens noch einmal ernsthaft anzugehen. Was im Großen gescheitert ist, muß im Kleinen nicht falsch sein.«

Mit gesenktem Kopf, als ginge sie die Rede nichts an, stand sie vor ihm und betrachtete seine neuen Schnürschuhe aus wasserabweisendem Glattleder. Ein wenig verunsichert fuhr er fort: »Ich bin dabei, eine Gruppe von Gleichgesinnten zusammenzustellen. Im Moment sind wir zu viert. Hilde und ich als Singles. Chris und Adam als Paar. Natürlich habe ich nichts gegen Paare. Auch wenn mir manches Paarverhalten ungesund erscheint. Wir suchen noch einen Mann und eine Frau. Die Geschlechterzusammenstellung sollte zahlenmäßig ausgeglichen sein. Das könnte schon einiges an Konfliktpotential im Vorfeld entschärfen.«

Nun schaute sie ihn groß an, aber er hatte den verwirrenden Eindruck, daß dieses flüssige Blau durch ihn hindurchsah.

Was für ein verkrampftes Geschwafel, dachte er plötzlich und fuhr ein wenig gehetzt fort: »Wir brauchen Leute, die bereit sind, alle Brücken abzubrechen. Die sich ernsthaft auf dieses Experiment einlassen wollen. Ein Lebensexperiment sozusagen. Wir wollen keine Halbherzigkeit, sondern Risikofreude.«

Schweigend spielte sie mit dem herabhängenden Lederriemen ihres Täschchens, das noch immer zwischen Oberarm und Körper klemmte. In so was haben wir als Schulkinder unser Pausenbrot verwahrt, erinnerte sich Conrad.

Um nicht länger hölzern herumzustehen, unschlüssig, was

er mit den Händen anfangen sollte, ließ er sich krachend auf einen Küchenstuhl fallen. Seine weggereckten Beine rührten an ihre Füße. Sie zuckte nicht, trat nicht beiseite, als sei sie unfähig, einen Platz, auf den man sie hingestellt hatte, zu verlassen. Ihre weichen Lippen bewegten sich wie taubstumme Gedanken, während ihr Blick zum Fenster ging. Aus der Öffnung ihrer schiefgeknöpften Bluse blitzte der Ansatz eines weißen Spitzenunterhemdchens, bläulich angeschmuddelt wie seine eigene Unterwäsche, die er unbedachterweise mit den Jeans zusammen gewaschen hatte.

»Ich habe keine Brücken ...«

»Was?«

»... die ich abbrechen müßte.«

Mit konzentriertem Interesse schaute sie aus dem Fenster. Was gab es da zu sehen? Eine blattlose Platane. Schäbige Hinterhauskulisse.

»Um so besser!« sagte er ratlos. »Was arbeitest du?«

»Mal hier, mal da.«

»Dein Lebensunterhalt sollte aber gesichert sein.«

Ihre Miene, die die ganze Zeit unbeweglich geblieben war, verfinsterte sich: »Seit meinem sechzehnten Lebensjahr ernähre ich mich selbst.«

»Oh, entschuldige.« Warum klang seine Stimme so gereizt? Emanzengewäsch, dachte er. Wie Hilde. Natürlich freut es mich, wenn Frauen nicht auf männliche Unterstützung spekulieren. Es klingt nur immer so vorwurfsvoll, wenn sie ihre Selbständigkeit betonen.

»Wie alt bist du?«

Ihre Mundwinkel senkten sich: »Ist das hier ein Verhör?«

»Ein paar Details muß ich von dir erfahren. Schließlich geht es um eine Lebensgemeinschaft.« Wie gestelzt das klang.

Hatte sie gelächelt? Was machte ihn so zornig?

»Was hat mein Alter damit zu tun?«

Er schätzte sie auf Ende zwanzig. Nein, älter. Mitte dreißig. Das kindlich runde Gesicht täuschte.

Frauen unter vierzig langweilten ihn. Unterforderten ihn intellektuell. Waren ihm bildungsmäßig nicht gewachsen. Neigten dazu, sich ihm in Diskussionen zu unterwerfen. Wenn überhaupt, wollte er Gleichberechtigung. Partnerschaft. Kein hirnloses Mäuschen, das zu ihm aufschaute.

»In Andalusien kannst du nicht jobben, mal hier, mal da.«

Ihr praller Mädchenmund stülpte sich trotzig vor, sie hob ihre Schirmkappe vom Stuhlknauf, zog sie sich in die Stirn, schob ihren Zeigefinger durch den Aufhänger der Jeansjacke, drückte den Ellbogen fest gegen ihr Täschchen und wandte sich zum Gehen.

Er sprang auf, fast ein wenig panisch. »Wo willst du hin?«

»Weg.«

»Warum?«

»Ich brauche keine Belehrung.«

Er haschte ihr Handgelenk, zart wie ein Vogelbeinchen, stammelte: »Es tut mir leid.«

Er wunderte sich, wie leicht ihm diese Entschuldigung über die Lippen ging. Hilde hatte jahrzehntelang auf ein »Es tut mir leid« gewartet.

Sie sah ihn fragend an, noch immer zum Gehen gewandt. Es überraschte ihn, wie ängstlich er ihr Gelenk hielt.

»Du hast recht. Es geht mich nichts an, wovon du lebst. Du bist ja alt genug.« Was für ein alberner Satz, dachte er, so hätte ich auch mit Maren sprechen können. »Ich habe nur Angst vor der Verantwortung, weißt du …« Der Rest seiner Gedanken verlor sich ratlos im Raum.

In ihr Gesicht schoß ein Ausdruck von Spannung. Zum erstenmal spürte er, daß ihr Blick ihn berührte, mit einer dunklen Eindringlichkeit, die er kaum aushielt: »Du hast Angst?«

»Eher Sorge«, wiegelte er ab. »Mir liegt natürlich am Gelingen des Lebensmodells.«

Ihre Aufmerksamkeit erlosch. Höflich fragte sie: »Wie ist das Haus?«

»Willst du Bilder sehen?«

Während sie interesselos die Fotos betrachtete, fragte er: »Wer hat dir meine Adresse gegeben?«

»Deine Tochter.«

»Maren? Woher kennst du sie? Ich will dich nicht ausfragen, ich wüßte es nur gern.«

»Wir kennen uns von der Kondomwerbung.«

»Bitte, woher?« Er glaubte nicht recht gehört zu haben.

»Kondomwerbung«, wiederholte sie geduldig. »Wir spielen in einem Werbespot für Kondome. Wird ganz gut bezahlt.«

»Und was müßt ihr da machen?« fragte er irritiert.

Sie zuckte die Achseln: »Nur ein bißchen mit einem Typ schmusen. Dann unterbrechen, in die Kamera lächeln, den Pariser mit zwei Fingern hochhalten und erzählen, wie gefährlich Aids ist.«

Zweiter Teil

Wo bleiben wir heute nacht?

»Auf dem Foto sah das gepflegter aus!« Chris knallte die Tür des gemieteten Ford Fiesta zu und trat durch das weit geöffnete Tor. »Aber wir sind ja gottlob nur zu einem unverbindlichen Besichtigungsbesuch hier.«

Dirk folgte stumm.

»Mein Gott, wie kann man eine Traumvilla derart verwahrlosen lassen!« Sie versuchte sich einen Weg zum Haus hin zu bahnen. »Was stinkt denn hier so?« Dirk sprang neben sie und bog das duftende Gezweig von Oleander, Kamelien, Kletterrosen und Jasmin auseinander, damit es ihr nicht ins Gesicht schlug. »Hallo, ist jemand da?«

In Frankfurt hatte Adam unermüdlich auf Chris eingeredet, um ihr das Haus schmackhaft zu machen: »Hilde ist schon unten. Conrad sagt, sie ist begeistert. Sie könnte dort für dich nähen!«

»Wenn sie vor lauter Psychostreß noch dazu kommt.«

»Wieso?« Adam zog ein gekränktes Gesicht, als habe sie seine beste Freundin kritisiert.

»Schon gut!« wiegelte Chris ab. »Hildes Beziehungsdesaster mit Conrad geht mich ja nichts an. Soll jeder nach seiner Fasson unglücklich werden.«

Trotzdem, ihre Neugierde war geweckt worden. Immerhin war eine gemeinsame Perspektive mit Adam nicht völlig abwegig. Dort unten könnte man sich in aller Ruhe beschnuppern. Wer wußte denn schon, was aus ihrer zarten Liaison mit Dirk würde? Adam für Dirk aufzugeben war noch zu früh. Auch wenn man sich inzwischen einmal die Woche traf, hatte Dirk nie nur andeutungsweise über die Zukunft gesprochen. Aber vielleicht ließ er sich zu einem kleinen gemeinsamen Liebesurlaub animieren?

Zu ihrer freudigen Überraschung war er gleich mit einem andalusischen Abenteuer einverstanden, konnte sich auch ohne weiteres freinehmen. Über seine Arbeit, die ihm diesen Luxus erlaubte, sprach er allerdings nur im geheimnisvollen Scherzton. Irgendwo ist ein Haken, dachte sie, vielleicht ist er frühpensioniert wie ich und schämt sich vor mir. Aber das kann er mir doch sagen. Schließlich habe ich ihm meine Situation auch gestanden. Gut, für einen Mann ist so was peinlicher als für eine Frau. Männer definieren sich stärker über ihren Beruf.

Als Hilde nun aus der Haustür trat, ärmlich, im zipfeligen Rock, mit schiefgetretenen Schuhen, fühlte sich Chris zutiefst in ihrem ästhetischen Empfinden gekränkt. Wenn man über vierzig ist, darf man sich nicht mehr gehenlassen, dachte sie. Was bei der Jugend sexy aussieht, wirkt im Alter schlampig. Sie paßt hierher, ist genauso heruntergekommen wie diese Ruine von Hacienda, wahrscheinlich hat sie keinen Besuch erwartet. Wie eine Bäuerin sieht sie aus, es fehlt nur das Kopftuch.

Dirk trat geschmeidig auf Hilde zu: »Entschuldigen Sie bitte, daß wir so plötzlich in Ihre Idylle einbrechen. Wir hätten uns gerne angemeldet, aber telefonisch waren Sie nicht erreichbar. Chris kennen Sie ja schon« – er machte eine galante Handbewegung zu Chris hin und verbeugte sich anschließend vor Hilde –, »ich selbst bin Dirk Mauser.«

»Tag«, sagte Hilde reserviert und sah Chris an. »Conrad hat am Telefon deine Stippvisite erwähnt. Du kämst mit diesem

Adam im VW-Bus, sagte er. Von einem Dirk war nicht die Rede.«

Sie macht sich breit wie die Hausbesitzerin persönlich, dachte Chris, dabei gehört ihr die Hacienda so wenig wie uns. »Adam ist ein Chaot«, lächelte sie, »wie Künstler so sind. Womöglich hätte er mich unterwegs in diesem verrotteten Bus übernachten lassen!«

Dirk öffnete seine Arme: »Was für ein märchenhaftes Anwesen! In meinen kühnsten Träumen habe ich mir nicht so etwas Wunderbares vorgestellt. Dieser delikate Blumenduft! Spanischer Jasmin, nicht wahr?« Er sog die Lungen voll, daß sein Sportsakko aus englischem Kammgarn über der Brust klaffte. Dummes Zeug! dachte Chris. Er soll mit diesen platten Schmeicheleien aufhören! Er sieht doch, daß dieses Haus nur noch eine Bruchbude ist und der Innenhof ein einziger Urwald!

Sie nestelte ihre Zigarettenpackung aus der Handtasche und zündete sich eine an.

»Willst du uns nicht reinlassen, Hilde!« Sie fügte provozierend hinzu: »Schließlich sind wir deine zukünftigen Mitbewohner.«

»Ach ja?« Hilde trudelte jäh aus ihrer trotzigen Selbstsicherheit hoch, »Conrad sagte, du kämst bloß zur Hausbesichtigung ... Kommt rein. Ich mache einen Tee. Habe mir gerade eine neue Gasflasche aus dem Ort bringen lassen. Mit der ersten bin ich fast drei Wochen ausgekommen. Oder wollt ihr Kaffee? Ich habe keinen Kaffee da. Aber ich kann losradeln und welchen kaufen.«

Was für einen Matronenhintern sie hat, dachte Chris, und dazu diese unförmige Strickjacke. Sie schnipste die Zigarettenasche in einen leeren Blumentopf neben dem Eingang.

Dirk schlenderte mit vorgerecktem Kopf schnüffelnd durch die Küche: »Schau, Chris! Dieser dunkel gewachste Bauerntisch! Herrliches Stück! Alte Eiche! Der hält noch hundert Jahre. Und diese Bank mit den entzückenden Schnitzereien!«

»Sieht unbequem aus«, sagte Chris.

Hilde wedelte den Zigarettenrauch beiseite: »Tee oder Kaffee?«

»Tee«, sagte Chris gnädig und sah sich nach einem Aschenbecher um. Ein wenig begann ihr Hilde leid zu tun, wie sie mit nervösem Eifer anfing, Wasser aufzusetzen, das Gas anzuzünden, Tassen aus dem Regal zu holen. Wir haben sie völlig aus dem Gleichgewicht gebracht, dachte sie.

»Man könnte aus dem Haus ein Schmuckstück machen!« sagte Dirk. »Die Substanz ist nicht schlecht. Der häßliche Schuppen müßte abgerissen werden.«

»Mir gefällt es, wie es ist.« Mit einem Knall stellte Hilde einen Aschenbecher vor Chris auf den Küchentisch.

»Man müßte es ganz behutsam renovieren«, gab Dirk Hilde recht, »daß es den alten Charakter nicht verliert. Man könnte allein für das Haus eine halbe Million Mark bekommen.« Und er fügte fachmännisch hinzu: »Man sollte sich Zeit nehmen, um einen Liebhaber zu finden.«

»Das Gestrüpp im Hof muß weg.« Chris sog an ihrer Zigarette. »Conrad behauptet, er hätte das Haus in Ordnung bringen lassen. Aber hier waren seit Jahrhunderten weder Gärtner noch Handwerker.«

Hilde hob die Schultern. »Nur das Dach hat's wirklich nötig. Aber jetzt scheint die Regenzeit vorbei zu sein.«

»Wenn Conrad nicht bald was machen läßt«, sagte Chris schärfer, als sie wollte, »hat das Anwesen demnächst nur noch Grundstückswert.«

Demütig trotzig trug Hilde das Teetablett hinaus auf die Terrasse und entschuldigte sich aufmüpfig, sie habe den Zukker neulich im Regen stehen lassen und keinen nachgekauft. Sie nehme nur Honig. Honig sei gesünder.

Abgekaute Fingernägel hat sie, dachte Chris, sie ist noch immer eine Pubertierende. Unreif und ohne Persönlichkeit. Kein Wunder, daß es weder Tochter noch Mann auf Dauer mit ihr ausgehalten haben.

»Hier müßte mal gründlich geputzt werden«, sagte sie streng und betrachtete den mit Piniennadeln übersäten Küchenboden.

»Letzte Nacht hat es gestürmt, und ein paar Fenster waren offen.« Hilde wedelte mit beiden Händen den Zigarettenrauch zur Terrassentür hin. »Ich hatte gerade das ganze Haus von oben bis unten saubergemacht.«

Dirk kehrte nach seinem kleinen Rundgang in die Küche zurück. »Im oberen Stockwerk haben entweder die Bediensteten oder die Kinder gewohnt«, sagte er. »Die Zimmer sind recht klein.«

»Ich bevorzuge weitläufige Räume«, sagte Chris.

»In dem Salon neben der Küche«, sagte Hilde rasch, »will Conrad seine Bibliothek einrichten, und das angrenzende Zimmer wird sein Schlafzimmer.«

»Du brauchst sein Terrain nicht zu verteidigen«, sagte Chris. »Das Haus ist ja groß genug. Wir werden schon geeignete Zimmer finden. Aber erst trinken wir unseren Tee, nicht, Dirk?«

»Diese riesige Wohnküche«, sagte Dirk, »ist ja praktisch ein Salon. Hervorragende Idee, zusätzlich eine gemütliche Bibliothek einzurichten. Vielleicht noch mit einem kleinen Fernseher. Man will ja nicht immer nur lesen ...«

»Tut mir leid, daß ich vorhin so abweisend war«, murmelte Hilde, als sie zusammen am wackeligen Terrassentisch saßen. »Ich habe euch wirklich nicht erwartet. Nur Conrad. Und diesen Adam, der meine Nähsachen herbringen soll.«

»Soviel ich weiß«, erklärte Chris und rückte ihren Stuhl in

die Sonne, um sich das Gesicht bräunen zu lassen, »hatte Adam eine Panne. Er ist irgendwo bei Valencia liegengeblieben.«

»Und meine Nähmaschine?« rief Hilde aus. »Meine Stoffe?«

»Hast du ein Stück Pappe«, fragte Chris. »Dieser Tisch wackelt entsetzlich. Ich habe schon die Hälfte von meinem Tee verschüttet.«

Hilde suchte nach einem Lappen und nach Pappe. Pappe gab es nicht. Sie opferte ein paar leere Seiten aus ihrem Tagebuch, Dirk knickte das Papier sorgfältig wieder und wieder, bis der Tisch fest auf seinen vier Beinen stand.

»Jetzt suchen wir unsere Zimmer aus, wenn Sie erlauben«, sagte Dirk, nachdem sie den Tee getrunken hatten.

»Es ist dir doch nicht etwa ernst damit!« zischelte Chris, während sie mit ihm die untere Etage zu durchwandern begann. »Schöne Räume, wenn man mal über den Dreck hinwegsieht«, sagte sie laut und hakte ihn unter. »Conrad hat sich natürlich die zwei besten ausgesucht.«

»In dieser sogenannten Bibliothek wird man sicher auch mal sitzen können.« Dirk zog seinen Arm aus dem ihren, um ans Fenster zu treten und in den Innenhof hinauszuschauen. »Von hier unten sieht man nur den zugewucherten Hof. Die obere Etage hat den herrlicheren Blick.«

»Das Haus hier ist ja wohl nichts für uns«, stellte Chris fest, während sie die Steintreppe hinaufstiegen. »Das können wir abhaken. So primitiv könnte ich nicht leben. Außerdem würde ich krank, wenn ich diese Hilde jeden Morgen in ihren breitgelatschten Schuhen zwischen Frühstückstisch und Herd hin- und herschlappen sähe.«

Sie betraten Hildes Arbeitszimmer. Das hohe Fenster präsentierte einen Ausschnitt hügeliger Landschaft mit einem dünnen Streifen Meer wie ein gerahmtes Bild.

»Ich bleibe!« sagte Dirk. »Ich mag Andalusien. Vor Jahren

habe ich mal in Marbella gelebt.« Er stützte sich mit beiden Händen aufs Fensterbrett und schaute den Spatzen zu, die im Granatapfelbaum herumturnten.

Chris trat an seine Seite, aufgeregter als ihr lieb war. »Aber das ist doch nicht dein Stil! Du wirst dich hier nicht wohl fühlen. Willst du wirklich mit wildfremden Leuten zusammenwohnen? Mit einem Haufen chaotischer Versager? Du hast doch keine Erfahrung mit Wohngemeinschaften. Zu dir paßt das nicht. Du bist viel zu individuell.«

»Man kann ja mal was Neues probieren.«

»Vor fünf Jahren, als ich mich von meinem zweiten Mann getrennt habe« – sie spürte, wie ihre Stimme schärfer und hastiger wurde –, »habe ich den Fehler gemacht, mit drei Hippietrinen zusammenzuziehen. Alles sollte ganz locker laufen, ohne einengende Regeln. Und am Ende war ich die einzige, die kochte und die Wohnung sauber hielt. Dabei ist das weiß Gott nicht meine Leidenschaft. Am liebsten wäre mir ein Haus mit abgeschlossenen Wohnungen, wo jeder seinen eigenen Lebensstil beibehalten kann.«

»Wir haben aber kein Haus mit abgeschlossenen Wohnungen«, sagte Dirk milde, ohne sich zu rühren. »Mir behagt es hier.«

Sie war fassungslos über seine Sturheit. »Und deine Wohnung? Deine Möbel? Deine Bücher?«

»Ich habe nicht viel. Ich werde einem Freund Bescheid geben, daß er meine Sachen auf seinen Speicher trägt. Hier brauche ich ja nichts. Mir scheint, es ist alles da.«

»Du fährst nicht mit mir zurück?«

Er drehte sich zu ihr um, grau lockte sich das Haar um seine Kinderbäckchen, die Augen waren rund und hart wie Glasmurmeln. So hatte sie ihn, der sonst nachgiebig und vermittelnd war, noch nie erlebt.

»Nein.«

Dieses Wort war wie ein Schlag ins Gesicht, sie fühlte sich mit einer Wucht zurückgestoßen, als habe er vor dem Traualtar sein Jawort zurückgenommen. Tränen brannten ihr unter den Lidern. Ich weine nicht, dachte sie. Nein, ich weine nicht.

»Und ich?« konnte sie nur sagen. Wie brüchig ihre Stimme klang.

Er wandte sich wieder dem Granatapfelbaum mit seinen Spatzen zu. »Wußtest du«, sagte er, »daß die Schlange im Paradies Eva einen Granatapfel reichte?«

Chris spürte einen Haß in sich aufwallen, eine scharfe Enttäuschung, sie hätte auf ihn einschlagen mögen, so wie er dastand, reglos in seinem Sportsakko, mit seinen sandfarbenen Leinenhosen. Aber natürlich schlug sie ihn nicht, sondern fragte ruhig: »Und welches Zimmer nimmst du?«

Er stieß sich leicht am Fensterbrett ab, hatte sich wohl längst festgelegt, so wie er jetzt sicher auf das große Schlafzimmer im unteren Geschoß zusteuerte. »Ist das nicht ein wunderbares Zimmer?« schwärmte er. »Geräumig. Nicht zu dunkel, nicht zu hell. Im Sommer werden die oberen Zimmer unerträglich heiß sein. Ich kenne die Gegend hier. Der Levante, dieser Wind, bringt eine unglaubliche Hitze. Im Parterre ist es rund ums Jahr angenehm. Schau dir die Kommode an. Den Schrank. Das geschnitzte Bett. Den hohen Lehnstuhl. Kostbarkeiten. Müßten nur ein wenig restauriert werden.«

»Alles morsch und voller Holzwürmer.« Sie schaute auf die Uhr. »Wo bleiben wir heute nacht? Ich würde lieber in einem Hotel ...«

Dirk prüfte die breite Matratze. »Bißchen feucht. Hilf mir, sie in den Hof zu tragen.«

Was will er mit diesem Doppelbett? dachte sie und näherte sich mit spitzen Fingern dem Matratzenüberzug. Der Geruch von muffig feuchter Baumwolle stieg ihr in die Nase. »Ekelhaft«, sagte sie, »da hat sich bestimmt Ungeziefer eingenistet. Schau, die Stockflecken.«

Aber als Dirk begann, das schwere Ding hochzuhieven, faßte sie doch mit an. »Meine Fingernägel! Mir ist ein Nagel abgebrochen! So ein Mist!«

Sie wuchteten die Matratze hinunter in den besonnten Teil des Hofes. Chris überlegte fieberhaft, was nun zu tun sei. Dabei habe ich Zeit, dachte sie. Warum hetze ich mich, als müßte ich innerhalb der nächsten Viertelstunde grundsätzliche Lebensentscheidungen treffen?

»Ich sehe, du willst tatsächlich hier im Haus schlafen?« fragte sie steif, während sie ihren beschädigten Fingernagel betrachtete. »Du holst dir den Tod in dem feuchten Bett.« Sie umfaßte mit beiden Armen seinen Brustkorb. »Komm, wir suchen uns ein bequemes Hotel. Wenigstens für diese Nacht. Ich lade dich ein.«

Zögernd gab er nach.

»Bitte seien Sie so gut«, sagte er zu Hilde, »und nehmen Sie die Matratze aus dem Hof, sobald die Sonne weg ist. Es reicht, wenn Sie sie in die Küche ziehen. Morgen trage ich sie dann zurück in die Sonne, damit sie richtig durchtrocknet.«

»Wir kaufen eine Heizdecke«, sagte Chris, »das geht schneller.« Hätte sie Dirk doch nie von diesem Haus erzählt!

Im Grunde kann ich froh sein, dachte sie, während sie den Zündschlüssel drehte, daß Hilde keine attraktive Frau ist.

Mein Gott, was für ein Wind!

Pünktlich um halb neun kam Chris aus ihrem Hotel, um Dirk zu wecken und mit ihm, wie jeden Morgen, an den Strand zu fahren, wo sie ihr Sportprogramm – Joggen und Gymnastik – absolvierte. Sie trug ihr Trainingsoutfit: orangefarbene Radlerhosen, weißes Stretchhemd, weiße Schirmmütze.

Sehnsüchtig strich Dirk im blauseidenen Kimono am gedeckten Tisch vorbei: »Hm, wie appetitlich das aussieht. Müssen wir wirklich ans Meer?«

»Ja«, antwortete Chris knapp. Murrend machte Dirk sich strandfertig, während Hilde, wie jeden Morgen, zwei der drei Gedecke entfernte, sich Tee eingoß und in ihr Marmeladenbrot biß.

Die Luft war erfüllt von Vogelgezwitscher. Über ihr, in dem Polster aus verwobenen Ranken und Zweigen, mußten zahllose Nester sitzen.

Kurz nachdem Chris und Dirk fort waren, schwang sie sich aufs Fahrrad, um ein paar Ansichtskarten zur Post zu bringen, nach postlagernden Briefen zu fragen und einen kleinen Strandspaziergang zu machen.

Wie ist Conrad nur auf die hirnverbrannte Idee gekommen, dieses Pseudo-Jet-set-Pärchen einzuladen. Ich hätte ihm schon in Frankfurt sagen können, daß die zwei hier fehl am Platz sind! Sie hatte mehrmals bei Conrad angerufen, ihn aber nie erreicht. Sobald er einen Mieter für seine Wohnung gefunden habe, sagte Maren, wolle er losfahren. Wann Adam kam, war nicht abzusehen, denn die geeigneten Ersatzteile für das uralte Busmodell hatte man noch immer nicht aufgetrieben. Conrad mußte Geld nach Valencia schicken lassen, denn Adams tagelanger Aufenthalt in einem Hotel war nicht eingeplant gewesen.

Ärgerlich, dachte Hilde, daß ich meine Nähsachen noch

nicht habe. Wir brauchen neue Gardinen, Kissen und Bettbezüge. Das Zeug im Wäscheschrank ist ja völlig vermodert.

Nein, es gab wieder keine postlagernden Briefe für sie. Dabei hatte sie bereits an die zwanzig Ansichtskarten verschickt. All ihre langjährigen Freundinnen waren schnell noch vor den Wechseljahren schwanger geworden und plagten sich jetzt, da Hilde endlich wieder unabhängig war und man die Freiheit gemeinsam hätte genießen können, mit greinenden Babys herum, die nachts nicht durchschliefen. Für ein Briefchen war keine Zeit.

Als sie den Schalter verließ, sah sie am schmalen Wandbord ein flüsterndes Pärchen stehen. Deutsche? Er, dürr und ziegenbärtig, in kniehohen, von Sonne und Salz hartgetrockneten Lederstiefeln. Sie, zart wie eine Schaufensterpuppe, im Neo-Hippie-Look aus glänzendem Pannesamt.

Hilde schnappte ein paar Wortfetzen auf. Ja, es waren Deutsche. Mißtrauisch musterte man einander.

Früher hätte ich die beiden gleich angequatscht, dachte sie, während sie durch die engen Gäßchen des alten Ortskerns bis hinunter zum Strand lief. Jetzt denke ich sofort an harte Drogen und halte Abstand. Schade! Natürlich habe ich selbst auch alles mal durchprobiert. Aber süchtig werde ich eher von Käsesahnetorte. Wie naiv wir damals waren. Reines Gift stand für Bewußtseinserweiterung. Diese Heroinscheiße hat die ganze Szene versaut.

Ebbe. Das Meer hatte sich weit zurückgezogen und ließ einen breiten, feucht glänzenden Strand zurück, in dem sich der Himmel spiegelte. Hilde zog Schuhe und Strümpfe aus, krempelte die Hosenbeine über die halbe Wade und stapfte den weißgekräuselten Saum des Meeres entlang, der rhythmisch ihre Knöchel umspülte.

Seit Wochen hatte es nicht mehr geregnet. Unglaublich,

dachte sie, wie der goldglänzende Sonnenball sich allmorgendlich im Osten erhebt und einen schimmernden, lichtdurchfluteten Tag einleitet. Was für ein Luxus, daß man nicht wie in Deutschland jeden Sonnenstrahl nutzen muß. Was für eine mütterlich großzügige Sonne, die ohne Gegenleistung wärmt!

Sie blieb stehen und schaute zum tintenblauen Horizont, der in scharfer Linie das Meer vom Himmel trennte. Ein Schwarm Möwen jagte im Sturzflug hinunter zum Strand und flatterte wild schreiend am Boden umher. Da muß etwas liegen, vielleicht ein toter Fisch. Als sie näherkam, stoben die Möwen auf. Im Sand krümmte sich der dicke Schlangenleib einer Moräne, ein kräftiger Muskel, gelbschwarz gefleckt. Das Köpfchen hatte sein böse gezahntes Maul weit aufgerissen. Phallus dentatus, dachte Hilde, gezahnter Phallus. Dabei gibt es kaum etwas Zarteres, kaum etwas Verletzlicheres als einen Phallus. Was für eine absurde weibliche Angst vor dem männlichen Geschlecht. Was für ein absurder männlicher Mythos, dem wir Weiber aufsitzen. Jede Vergewaltigung ist ein Täuschungsversuch. Uns soll weisgemacht werden, der Phallus sei eine Waffe aus Stahl und nicht dieses empfindsame, schreckhafte Geschöpf, das du nur anzuhauchen brauchst, und schon sinkt es in sich zusammen.

Der Wind blies durch Hildes Jacke, daß sie fröstelte.

Draußen ins Meer hinein zog sich eine endlose Linie rotgelber Schwimmkörper. Seit etwa zwei Wochen war dort ein riesiges Netz ausgelegt. Manchmal sah sie am Horizont Boote fahren. »Die Almadraba«, hatte Pepe gesagt, »der Thunfischfang.«

Hilde wollte nicht zu früh in Pepes Strandbar auftauchen und eventuell noch Chris und Dirk begegnen, die sich dann gezwungen fühlen würden, sie an ihren Tisch zu bitten.

Bestimmt bleiben die beiden nicht lange, so wie Chris immer an allem herrummäkelt und überschwenglich von den kanarischen Inseln schwärmt, wie freundlich die Menschen, wie milde das Wetter und wie preiswert die Häuser dort seien. Und wenn sie nicht von selbst verschwinden, dachte Hilde, wird Conrad ihnen nahelegen, zu gehen. Nach drei Tagen weiß er, was für ein Fehlgriff dieses Pärchen ist. Hoffentlich kommt er bald. Das freudlose Frankfurt war einfach kein guter Nährboden für unsere Liebe. Natürlich ist die Hacienda ein bißchen groß für zwei Personen. Aber wenn wir wieder zueinander gefunden haben, können wir Maren herholen. Sie und ich würden dann im Dorf eine Boutique aufmachen. Ich stelle orientalische Sitzkissen her, und Maren verkauft sie.

Puh, es scheint heute warm zu werden! Der Wind hatte gedreht. Er kam nun vom Land und stemmte sich gegen sie. Sandwolken wirbelten auf und fegten schmerzhaft gegen ihre nackten Unterschenkel. Plötzlich war überall Sand. Er knirschte ihr zwischen den Zähnen, verklebte ihr die Augen, überstaubte ihr Haar, drang in ihre Ohren. Genervt machte sie kehrt. Sofort setzte sich der Wind hinter ihren Rücken und schob sie ungestüm den Strand entlang.

»Levante«, sagte Pepe und wischte gleichmütig mit einem Lappen über die sandige Theke.

Die wenigen Gäste waren ins Innere der Bar geflüchtet, darunter auch das deutsche Pärchen aus der Post. Hilde nickte einen Gruß des Erkennens. Ach Gott, da saßen noch Chris und Dirk. Chris hatte sich umgezogen, strahlte nun in weißen Leinenhosen und weißem Spitzenhemd. Als sie Hilde entdeckten, war es wie immer ein wenig peinlich.

»Du kannst mit uns fahren«, bot Dirk ihr an.

»Nein nein, ich nehme das Rad.«

»Viel Spaß«, sagte Chris spöttisch.

Bis zum Ende des Ortes kam Hilde einigermaßen vorwärts. Aber als sie den Schutz der Häuser verlassen hatte und ins offene Feld hinausfuhr, sprang ihr der Wind mit einer solchen Wucht entgegen, daß sie absteigen und das Rad schieben mußte. Der Wind versuchte sie von der Fahrbahn zu blasen, er drückte sie zur Straßenmitte, zum Straßenrand. Mühsam schob sie das Rad Meter für Meter vorwärts.

Unterwegs drang ihr plötzlich ein süßlich stechender Müllgeruch in die Nase. Die Qualmwolke zwischen Haus und Meer, die sie arglos von ihrem Schlafzimmerfenster aus beobachtet hatte, war in die Gegenrichtung umgeschlagen und zog nun in einem breiten Streifen über die Straße. Im Stacheldraht der Zäune zappelten Fetzen von Plastiktüten wie häßliche weiße Vögel. Hilde hielt den Atem an, bis sie sich durch den stinkenden Nebel gekämpft hatte.

Immer wieder stieg sie aufs Rad, um erneut gegen den Wind anzustrampeln. Immer wieder gab sie auf.

Chris' Ford Fiesta war, wie meistens, der einzige Wagen, der sie unterwegs überholte. Sie sah Dirk auf dem Beifahrersitz zum Gruß die Hand heben.

Naßgeschwitzt und außer Puste erreichte sie die Hacienda. Was für ein Glück, dachte sie, daß unser Haus nicht in der Geruchsschneise der Müllhalde liegt.

Chris hatte den Terrassentisch gedeckt und bot ihr widerwillig eine Tasse Kaffee an. Wie eine Gastgeberin, dachte Hilde, die dem ungebetenen Besucher mit falschem Lächeln zu verstehen gibt, daß er bald wieder verschwinden soll. Sie weiß doch, daß ich keinen Kaffee trinke! Hoffentlich scheißt ihr ein Vogel direkt in die Kaffeetasse.

»Gut, daß es hier im Hof halbwegs windstill ist«, sagte Chris. In diesem Moment stieß eine Böe auf sie herab, sauste über den Tisch, die »Frankfurter Allgemeine« schoß zu Boden, der Wind fetzte die einzelnen Seiten auseinander und trieb sie hoch in die Luft. Barfuß rannte Chris der Zeitung hinterher, um sie für Dirk, der sie noch nicht gelesen hatte, zu retten. »Mein Gott, was für ein Wind!«

Dies war aber erst der Beginn. Der Sturm steigerte sich von Stunde zu Stunde, er brüllte ums Haus, tobte durch die Pinienkronen. Er blies und blies. Nicht einmal in der Nacht hielt er inne. Immer wieder jagte Hilde aus dem Bett, um klappernde Fensterläden festzuhaken oder die Riegel der hin- und herquietschenden Terrassentür in den Boden zu schieben.

Am nächsten Tag stürmte es unentwegt weiter.

»Willst du wirklich hierbleiben?« klagte Chris.

»Selbstverständlich«, erwiderte Dirk.

»Bei diesem Wind kann ich weder joggen noch am Strand spaziergehen.«

»Irgendwann hört er auf zu blasen.«

»Schau, jetzt fängt es auch noch an zu regnen.«

»Das ist gut für die Pflanzen.«

In der Tat hatte sich der Himmel schwarz zugezogen, und die ersten Tropfen fielen. Dann schüttete der Regen los, vom Wind schräg zu Boden gepeitscht.

»Mir ist kalt«, zürnte Chris.

Dirk deutete auf das Thermometer an der Wand: »Wir haben achtzehn Grad. Zieh dir eine Jacke über!«

Zwei Stunden später brachen Wind und Regen ab. Eine köstliche Stille breitete sich aus, in der schüchtern erste kleine Geräusche aufzirpten.

Wie Hilde so am Fenster saß und den Rauch der Müllkippe beobachtete, der jetzt als dünner weißer Faden senkrecht nach oben stieg, hörte sie die Flügel des Eingangstores über den Boden schrappen. Sie sprang vom Stuhl hoch und riß das Fenster auf: Da schob sich die angerostete Schnauze eines alten VW-Busses in den Innenhof. Ein kurzer Schmerz der Enttäuschung wehte durch ihre Brust.

»Adam!« Jubelnd sprang Chris auf den krummbeinigen, verlotterten Fahrer zu und umhalste ihn.

Das also war Adam! Es überraschte Hilde, daß Chris an so einem Zottelbär Gefallen fand. Möglich, daß sie diese Inszenierung eines leidenschaftlichen Wiedersehens sorgfältig für Dirk geplant hatte. Nun sind sie zu dritt, dachte Hilde. Verdammt, wo bleibt Conrad?

Das Künstlerhaar stand Adam wild vom Kopf. Ein buntgescheckter Bart überwucherte sein Gesicht. Hilde mochte keine Bärte.

Heftig drückte er Chris an sich und begann ihr Wangen und Hals abzuküssen, bis sie sich lachend aus seinen Armen wand und zu Dirk hinüberwinkte, der offenbar in der Küchentür auf seinen Einsatz wartete. Hilde schaute von oben zu, wie Chris Dirks Hand faßte, beide einander vorstellte und sie geschickt ermunterte, ein Gespräch miteinander zu beginnen.

Nichts merkt man Adam an, dachte Hilde. Er hat sich bestimmt nach Chris gesehnt, und nun stößt er auf einen unerwarteten Rivalen. Der Bart verdeckt alle Gefühle. Praktisch, so ein Bart. Sie stieg die Treppe hinunter, um Adam zu begrüßen.

Abwesend schüttelte er ihr die Hand, während er, zu Dirk gewandt, weiter ausführlich von seinem Getriebeschaden erzählte, einer Odyssee von Werkstatt zu Werkstatt, vom tagelangen Warten auf die Ersatzteile. Dirk lauschte höflich.

»Was ist mit Conrad?« fragte Hilde gereizt.

»Keine Ahnung.«

»Hast du meine Nähmaschine und die Stoffballen dabei?«

»Aber sicher.« Adam schob die Seitentür des Busses auf, und da sah sie schon hinter Bergen von Maschinenteilen, ausgebauten Motoren und übereinandergestapelten Werkzeugkästen ihren Peddigrohrkorb, den sie bis oben hin vollgestopft hatte mit Resten von Fell, Velourleder, bestickten Bändern, Litze, Schleifen, Häkelborte, Fransen und Spitzenbesatz.

»Wo sind die Stoffballen?«

»Ganz hinten.«

»Das sind ja nur drei!«

»Mehr paßten nicht rein.«

»Ja, wenn du das Auto mit Müll vollpackst ...«

»Hör mal, das ist mein Arbeitsmaterial.«

Er trat hinüber zum Schuppen und öffnete das Tor: »Spitzenmäßige Werkstatt. Müßte nur ausgemistet werden. Das Holz könnte man unter dem Säulengang lagern ...«

»Hast du Hunger?« Chris hängte sich in seinen Arm.

»Was gibt es denn?«

»Laßt uns an den Strand fahren.«

»Die andalusische Küche befriedigt eine Feinschmeckerzunge nicht«, bemerkte Dirk und übersah souverän Adams verwilderte Erscheinung, »aber ›Pepe‹ kann man empfehlen. Seine Frau versucht sich den Touristenbedürfnissen anzupassen.«

»Erst laden wir aus«, forderte Hilde.

»In unserer Ausgehkleidung«, Chris wies auf ihr roséfarbenes Chiffonkleid, »können wir leider nicht mithelfen.«

»Wir ziehen uns wieder um«, schlug Dirk höflich vor.

Hilde schüttelte den Kopf. »Ach was.«

Gemeinsam mit Adam wuchtete sie Stoffballen, Peddigrohrkorb, Nähkasten, drei riesige Plastiktüten mit Stoffresten, sowie die Nähmaschine hinauf in ihr Arbeitszimmer.

»Schön hell hier«, sagte Adam. »Ich nehme das Zimmer neben dir. Ich brauch nicht viel Platz. Hab ja den Schuppen. Gegen die letzten Wochen in Frankfurt ist das hier superkomfortabel. Ich habe auf Conrads Speicher gehaust. Mit einem winzigen Heizöfchen. Trotzdem bin ich fast erfroren.«

Er sprach mit einer kräftigen, gutgelaunten Stimme. Vergeblich forschte Hilde nach einem Zeichen von Enttäuschung, das ihn ihr nähergebracht hätte. Seine Augen waren ein wenig rot verträn t, aber das mochte an Sonne, Wind oder Salzwasser liegen.

Sie half ihm, sein schwergewichtiges, sperriges Arbeitsmaterial in den Schuppen zu tragen. »Es ist nur ein Bruchteil«, versicherte er. »Das meiste habe ich in Conrads Keller untergebracht.«

Als man zusammen im Ford Fiesta saß und Dirk hinauslangte, um die Beifahrertür zu schließen, riß ihm ein Windstoß den Griff aus der Hand. »Nein!« schrie Chris. »Nicht schon wieder!«

»Was für eine Kraft!« staunte Adam. »Bei Rückenwind lief der alte Bus glatt hundertvierzig, bei Gegenwind kam er kaum auf sechzig.«

Obwohl sich die meisten Strandbesucher bereits in die Bars geflüchtet hatten, erwischten die vier noch einen der beliebten Tische am Fenster. Durch die Glasscheibe betrachteten sie die graue Weite des unermüdlich heranrollenden Meeres.

»Grandios, so ein Ozean!« schwärmte Adam. »Ich liebe den Atlantik.«

»Wenn nur der Wind nicht wäre«, sagte Chris.

»Zum Meer gehört Wind.«

»Das hier ist kein Wind, das ist eine Plage.«

Adam amüsierte sich über die farbenprächtige Virgen Carmen, eine der zahllosen heiligen Jungfrauen der Gegend, mit ihrem strahlenden Heiligenschein, Beschützerin der Fischer. Wie selbstverständlich sie an der Wand über der Theke prangte, den Säugling im Arm, zur Linken eingerahmt vom Foto des hiesigen Fußballvereins, zur Rechten von Real Madrid. Er legte den Kopf in den Nacken und begutachtete das Wagenrad, das Pepe mit sechs nackten Glühbirnen zum Kronleuchter umfunktioniert hatte. »Ich war noch nie in Andalusien«, sagte er. »Beeindruckend, dieser unbefangene Hang zum Kitsch. Da kann man noch was lernen.«

»Hola, Pepe!« rief Chris. »Muy buenas tardes. Qué tal?« Er bestellte drei Fino. »Fino ist hier die Spezialität, ein Sherry, der je nach Gegend und Erzeuger anders schmeckt! Jede Bodega hat ihren eigenen Vino Madre, den Mutterwein, der immer wieder mit frischem Wein gemischt wird.«

»Ich nehme ein Wasser«, sagte Hilde.

Chris schob Adam die Speisekarte zu. »Pepe hat die üblichen Tapas da: Ensaladilla, atún encebollado, riñones en salsa de Jerez, boquerones en vinagre ... Pepe!« rief sie quer durch den Raum. »Mach uns eine gemischte Vorspeisenplatte!«

Wie souverän sie spanisch plaudert, dachte Hilde. Jeden Tag paukt sie ihre zwei Stunden Grammatik. Beneidenswert. Ich dagegen radebreche dumm drauflos, ohne Rücksicht auf Fehler. Damals in Nicaragua habe ich mit jedem über jedes Thema gequatscht. Muß ein grauenhaftes Kauderwelsch gewesen sein.

Adam langte über den Tisch, griff Chris' Rechte mit beiden Händen und drückte sie an seine dicken, aufgesprungenen Lippen: »Welches Gericht kannst du mir empfehlen, meine Holde?«

Chris übersetzte ihm die Speisekarte.

»Eine Dorada, ist die gut?«

»Sehr saftig«, sagte Chris, »hat aber viele Gräten.«

»Es gibt frischen Thunfisch«, sagte Hilde.

»Jedes Jahr um diese Zeit treiben die Thunfische in Schwärmen an der Küste vorbei, um im Mittelmeer zu laichen«, erläuterte Chris, durch Reiseführer und Kulturbildbände genauestens informiert, »schon vor dreitausend Jahren haben hier die Phönizier den Thunfisch mit riesigen Netzen ans Ufer gezogen. Monatelang war der Strand rot vom Blut der erschlagenen Tiere.«

»Sehr appetitanregend ist deine Geschichte nicht!« sagte Adam vergnügt. »Trotzdem möchte ich gern mal frischen Thunfisch essen.«

»Ich bevorzuge Rape«, bemerkte Dirk und setzte seine Lesebrille ab. »In Deutschland ist der Rape kaum bezahlbar. Weißt du noch, Chris, neulich beim Italiener? Dieser horrende Preis?«

Chris hob ein Härchen von Dirks Jackett und blies es lachend über den Tisch. »Seit wann achtest du auf Preise?«

Wie graziös sie dasitzt in ihrem Kleid, das ich ihr letzten Sommer genäht habe! Die Schulterpolster lassen ihre Taille unglaublich zart erscheinen! Hilde fühlte die Schwere ihres Hinterns auf der Sitzfläche, fühlte die Plumpheit ihrer Schultern, fühlte, wie ihre Wangen beim Betrachten von Chris' rassigen Gesichtszügen immer mehr an Fülle zunahmen. Ich hätte mich wenigstens umziehen sollen. Statt dessen sitze ich hier in meinen maschinenölverschmierten Jeans.

Chris strich mit dem Handrücken über Adams Bart: »Wen versteckst du eigentlich hinter diesem Gestrüpp«, neckte sie ihn, »einen harmlosen Jungen oder einen boshaften Teufel?«

Wie perfekt ihre Gesten sind, dachte Hilde. Wie ihre Pointen sitzen. Wie ihr Lachen im richtigen Moment losperlt.

»Rate mal«, sagte Adam.

»Einen Möchte-gern-Casanova!« scherzte Chris und ließ ihre silbernen Ohrreifen schwingen.

»Warum soll ich die Frauen nicht lieben?« hörte Hilde Adam schwärmen. »Ich habe nur gute Erfahrungen mit ihnen gemacht.«

»Ob die Frauen dasselbe über dich sagen würden?« gab Chris schmunzelnd zurück.

Dabei will ich keinen von diesen beiden Männern, dachte Hilde. Aber sie sollen mich wenigstens anschauen. Auch wenn ich keine Schönheit bin wie Chris, sollen sie mich anschauen. Tränen stiegen ihr in die Augen. »Ich gehe ein bißchen ans Wasser.« Abrupt stand sie auf.

Die Strandbar im Rücken, stellte sie sich ins Getöse des Meeres. Kurze aufgeregte Wellen sprenkelten die graue Wasserfläche und schäumten, durch den flachen Strand gebremst, gegeneinander hoch. Ich könnte schreien, dachte sie, so wie die Möwen. Ich könnte schreien und nie wieder aufhören. Was zerrt der Wind so an meinem Haar, was flattert der so nervös auf meiner Haut, er soll mich in Ruhe lassen, ihr sollt mich alle in Ruhe lassen, ich stürze mich ins Meer, gleich stürze ich mich ins Meer.

Aber sie stand nur weiterhin bewegungslos da wie eine Fahnenstange und überließ dem Wind ihr Haar.

Da fühlte sie eine sachte Berührung an der Schulter.

»Wollen Sie nicht mitessen?«

Auch wenn es nur Höflichkeit ist, dachte Hilde, das werde ich Dirk nicht vergessen. »Wir können uns duzen«, sagte sie hastig.

»Dirk, wo bleibst du? Dein Rape wird kalt«, hörte sie Chris schreien.

Dirk führte Hilde zurück zum Tisch, verbeugte sich wie ein Tanzstundenherr und setzte sich an seinen Platz. Adam stopfte sich ein Stück Thunfisch in den Mund, haschte nach Hildes Unterarm und drückte, noch kauend, einen Kuß in ihre Handmulde. Dann neigte er den Oberkörper nach links, wo Chris saß, und seufzte: »Ein Mann, der eine Frau liebt, liebt alle Frauen. Lecker, der Thunfisch!«

Dirk teilte ein Stückchen Rape ab, häufte ein wenig gebratenen Knoblauch darüber und schob sich den Bissen zwischen die gespitzten Lippen. »Delikat.«

»Ein Mann, der alle Frauen liebt«, sagte Chris leichthin und blies ihren Zigarettenrauch über Dirks Teller hinweg, »liebt keine Frau.«

Vielleicht sollte man es in die Reinigung geben

Die durchgebogene Teppichstange im Innenhof würde er mit der Stahlsäge abmontieren. Adam machte einen Sprung, umklammerte die Querstange und versuchte einen Klimmzug. Oje! Dabei war er als junger Mann kein schlechter Sportler gewesen. Seine Rudermannschaft hatte sogar mal die Berliner Meisterschaft gewonnen.

Er begann durch den Hof zu wandern, fand im Gestrüpp Keramikscherben, zerborstene Ziegel, Stücke von glasierten, blauweißen Fliesen und häufte seine Schätze auf die zerschlissenen Polster des uralten Opel Kadett, der im Wellblechschuppen vor sich hin rostete. Conrad hatte ihm erlaubt, den Schrottwagen in seine metallenen Einzelheiten zu zerlegen. Er murrte zwar, Adam solle sich vor aller künstlerischen Betätigung zunächst um das undichte Dach kümmern. Ja, schön. Aber wo blieb der angekündigte Dachdecker, dem er zur Hand gehen wollte? Er konnte doch nicht tagelang in Habachtstellung lauern, bis der Kerl endlich kam!

Um Platz zu schaffen, holte Adam die drei Fahrräder aus dem Schuppen und stellte sie unter das Dach des Säulenganges. Oben im ersten Stock hörte er Hildes Nähmaschine rattern. Das Geräusch gab ihm ein gutes Gefühl. Er mochte Maschinen und ihre Sprache. Er mochte Maschinen, weil sie eindeutige Antworten gaben und er immer genau wußte, was richtig und was falsch war. Ein Bett, das er gebaut hatte, ließ sich nicht zusammenfügen, weil er den Abstand der Bohrlöcher für die Holzdübel falsch ausgemessen hatte. Er spachtelte die Löcher mit Holzmasse zu, bohrte sie neu, und schon paßte alles. Ein Fahrrad, das er an die Decke gehängt hatte, polterte herunter, weil er zu schwache Spreizdübel benutzt hatte. Die Sechzig-

Watt-Birne in der geschlossenen Kugellampe erhitzte sich zu stark und brannte immer wieder durch. Mit einer Vierzig-Watt-Birne beseitigte er das Problem.

Die Klarheit des einfachen Handwerks mit seinen Regeln tat ihm gut. Zugleich aber faszinierte ihn der schwankende Boden der Kunst. Dort war die Freiheit. Die Maßlosigkeit. Das ungestüme Leben. Oder gab es etwa doch Regeln, und alle außer ihm durchschauten sie? Manchmal schien es ihm so. Was war ein gelungenes Kunstwerk? Gab es verbindliche Kriterien? Feste Bewertungsmaßstäbe? Ständig pendelte er zwischen dem sicheren Gefühl, ein Genie, und dem Argwohn, ein Scharlatan zu sein. Wenn er in dieses Trudeln geriet, wandte er sich dem reinen Handwerk zu, reparierte Gegensprechanlagen und tropfende Wasserhähne, säuberte verstopfte Waschmaschinenfilter, baute Sicherheitsschlösser in Haustüren ein. Das alles beruhigte ihn und gab ihm wieder festen Stand unter den Füßen.

Es ist genau wie mit den Frauen, dachte er. Ich brauche eine verläßliche Ehefrau ohne Geheimnisse. Dann weiß ich, woran ich bin, weiß, was richtig und was falsch ist. Aber berauscht bin ich von den jungen Mädchen, unberechenbar in ihren Gefühlen. Ihre launenhafte Zärtlichkeit entzückt und schmerzt mich. Selbstzweifel quälen und verwirren mich. Und auf dem Gipfel schwindelerregenden Unglücks finde ich neue Kraft für ein Kunstwerk.

Wie er so in seiner neuen Werkstatt herumräumte, die Motorklappe des Opel hob und begann, verrostete Teile herauszumontieren, da verdunkelte plötzlich jemand den Eingang. Er hatte das Tor aufgelassen, damit Tageslicht hereinfloß, denn die Werkstatt besaß nur zwei winzige Fensterluken.

Er stellte den Elektroschrauber ab und hob den Kopf.

Erst sah er nur das wilde Grün, das die Schattengestalt umgab und formte.

»Du nimmst mir das Licht weg«, sagte er, »wenn du da in der Tür stehst.«

Wie erschrocken trat Bianca einen Schritt zurück ins Helle, plötzlich gleißend überflutet von Sonnenlicht. Ihr feines Mädchenhaar loderte auf wie weißblonde Seide. Ein Windstoß wühlte sich hinein, zog an den zarten Strähnen, blies ihr den leichten Rock über die Schenkel, daß Adam für Sekunden ihr unschuldig-weißes Höschen sah.

»Komm schon rein«, sagte er barsch.

Andächtig betrat sie den Schuppen: »Was machst du da?«

Stolz erläuterte er ihr, an welcher Stelle der Vergaser gesessen hatte, den er nun mit einer alten Reklametafel kombinieren wollte. »Die Schrift soll nicht mehr lesbar sein, weißt du, nur noch einzelne Buchstaben lassen sich ahnen, jedes Detail wird aus seinem alten Zusammenhang genommen und verfremdet ...«

Sie schaute sich das Innere des aufgeklappten Opel genau an. Ließ sich die Nockenwelle zeigen und das Getriebe. Lachte plötzlich laut auf und betrachtete ihre ölschwarzen Handflächen: »Wo habe ich mich so schmutzig gemacht?«

Er nahm ihr Handgelenk zwischen Daumen und Zeigefinger. Eine Libelle, dachte er, die zu mir hereingeschwebt kommt mit durchscheinenden Flügeln. Und er spürte, wie sich das Leben beängstigend in ihm regte. Heftig sehnte er sich nach Wiltrud.

Bianca ließ sich folgsam hinaus und zum Wasserhahn am Brunnen führen. »Mein Kleid ist auch ganz schmierig.«

Sie legte behutsam ihr kleines ledernes Umhängetäschchen auf dem Brunnendeckel ab.

Entzückend, dachte Adam, wie der Rückenausschnitt dieses Dreieck dünner Haut freigibt, die sich kindlich über den Wirbeln spannt.

Vor drei Tagen, als Bianca plötzlich mit Conrad auf dem Hof erschienen war, hatte es Adam einen Schock versetzt.

Er machte gerade eine Tee-Punsch-Pause mit Hilde, die ihm in ihrer anspruchslosen Art angenehm war.

Als sie draußen vorm Eingang ein Auto bremsen und rangieren hörten, dachten sie, es sei Chris, die mit diesem Lackaffen Dirk zurückkam. Offenbar so was wie ihr Lover. Was für eine Geschmacksverirrung!

Aber da ging das Tor auf, und Conrad trat in den Innenhof, gefolgt von einer jungen Frau. Einem Mädchen.

Wie behutsam er ihr die Zweige aus dem Gesicht bog! So fürsorglich hatte Adam Conrad noch nie erlebt. Seine Tochter, dachte er flüchtig. Hatte er nicht diese Tochter mit Hilde?

Aber als er Hilde anschaute, um sich zu vergewissern, saß diese mit versteinertem Gesicht da. Nur ihre Nasenflügel blähten sich bei jedem Atemzug. Sie und Conrad sind doch schon seit Jahren getrennt, dachte er verblüfft. Was hat sie denn? Da soll sich einer mit den Frauen auskennen.

»Tag, Hilde. Tag, Adam. Ich habe Bianca mitgebracht, unsere neue Wohngenossin!« rief Conrad übertrieben fröhlich.

»Wir werden wohl gar nicht vorher gefragt?« sagte Hilde mit ungewohnter Schärfe, ohne Conrad zu begrüßen. »Sehr demokratisch läuft das Auswahlverfahren nicht gerade ab. Du glaubst wohl, als Hausbesitzer hast du Sonderrechte!«

»Bitte, beruhige dich«, sagte Adam, der Auseinandersetzungen dieser Art nicht mochte, und er formte die Lippen zu einem beschwörenden Kuß. Hilde verstummte.

Bianca trat unter dem Duft des Jasminstrauchs hervor, mit makellosen Zähnchen lächelnd. Wohlerzogen streckte sie erst Hilde, dann Adam die Hand hin. Was für ein Blick, dachte Adam. Viel zu lange sieht sie mich an. Viel zu intensiv. Konzentriert und vage zugleich. Sie taucht in mich ein, ohne sich in mir zu verlieren. Die Jeansnaht begann lästig gegen sein Geschlechtsteil zu drücken.

Diese Frau ist mein Schicksal, dachte er. Woher kommt sie? Wer ist sie? Was für ein Körperchen. Elfenhaft unwirklich und zugleich fleischlich süß.

Er drehte ihr den Wasserhahn auf – »Vorsicht! Es spritzt!« –, holte ein Stück Seife und schaute zu, wie sie sich die Hände einschäumte. Kaum hatte sie den schmutzigen Schaum abgespült, zog sie sich flugs das Kleid über den Kopf und stand plötzlich mit nichts als ihrem weißen Slip und ihren rosigen Brustwarzen da. Eifrig begann sie, das Kleid zu rubbeln und zu scheuern. Ihre Brüste schaukelten. Sie zog den Kleiderstoff auseinander und betrachtete ihn bekümmert: »Da bleibt ein Fleck.« Noch einmal tat sie ihr Bestes, den schmalen kindlichen Rücken gespannt vor Anstrengung. Ihr weicher Frauenhintern bebte.

Adam legte ihr den Zeigefinger zwischen die Schulterblätter und zog die Linie ihrer Wirbelsäule bis hinunter zum Schlüpfergummi. Ihr Körper blieb in emsiger Bewegung, als merke sie nicht, was da hinter ihrem Rücken geschah.

Schließlich drehte sie sich zu ihm herum und sagte atemlos: »Es nutzt nichts. Er geht nicht raus.«

Sie hielt ihm den Rock hin, und er hob die Hände. Unvermittelt trat sie einen Schritt zurück und schlug das Kleid aus, um es zu glätten. Die Wassertropfen sprangen ihm ins Gesicht, brennend wie Funken. Sie hängte es eifrig über die Leine, die Hilde von der dünnen Palme bis zum Granatapfelbaum gespannt hatte. Schmerzlich sehnte er sich danach, ihre zierliche Taille zu umfassen, zu spüren, ob sie Kind war oder Weib.

»Vielleicht sollte man es in die Reinigung geben«, sagte sie über die Schulter zu ihm hin, zog das Kleid wieder von der Leine, nahm ihr Täschchen und schritt, nackt wie sie war, zur Küche hinüber.

Als sie nach mehreren Minuten noch nicht wieder aufgetaucht war, ertappte sich Adam, daß er zu warten begann. Und er fühlte mit einer Mischung aus Glück und Pein, wie sein Leben, dieses mühsam strukturierte Gebilde, ins Schlingern geriet.

Ach, Wiltrud.

Er schlüpfte zurück in den Schuppen und hämmerte blindlings drauflos.

Dieser Schmerz, der seine Brust zu dehnen begann! Ein uraltes geliebtes Weh, schrecklich und schön.

Er ließ den Hammer fallen, holte seine Pfeifentasche hervor und stopfte sich den grünmarmorierten Pfeifenkopf. Die einsame Sehnsucht, dachte er, ist das eindringlichste Gefühl, das es gibt. Er spürte sich mit jeder Faser seines Körpers. Bis in die Zehennägel, bis in die Haarspitzen hinein schienen die sensiblen Nervenfasern zu reichen. Bianca! dachte er, seufzte er, Bianca, liebe mich!

Er nahm ein paar kurze Züge.

Ach, Wiltrud, warum hast du mich verlassen? Ich leide an unerwiderter Liebe. Ich sehne mich nach deiner tröstenden Schulter! Ich zerreiße mich in meinem Kummer!

Er bemerkte, daß ihm Tränen aus den Augen auf die rostige Karosserie tropften.

Chris, wo bist du?

Er klopfte die angerauchte Pfeife aus. Ich hätte mich mehr um Chris bemühen sollen. Sie fällt auf diesen Aufschneider rein, diesen Hallodri, von dem man nicht weiß, wer er überhaupt ist, wovon er lebt. Auf diesen Schönling mit seinem Kaschmirschal und den polierten Slippers. Auf diesen Dummschwanz mit seinen hübsch ziselierten Worten. Wie töricht die Frauen sind, dachte er, und seine dicken Tränen tropften und tropften auf das rostige Metall.

Wütend bearbeitete er die Eingeweide des Opel mit Sechskantschlüssel, Kombizange, Kreuzschraubendreher, Hammer und Eisensäge.

Wieder verdunkelte eine Gestalt die Eingangstür. Er drehte sich herum. Eine plötzliche Furcht zog ihm das Herz zusammen, als stünde da jemand, Bianca vor ihm zu schützen. Ein rächender Vater, bei dem sie sich über Adams zärtlichen Zeigefinger beklagt hatte.

»Du machst einen Mordskrach«, hörte er Conrad sagen und ließ den Arm sinken. »Ich bin gerade dabei, Spanischvokabeln zu lernen.«

»Ich arbeite an einem Objekt.«

»Dann mußt du dir Tageszeiten aussuchen, an denen es niemanden stört.«

Wie herausfordernd ihr Schritt klackte!

Zurück aus Bolonia, wo sie die Reste antiker Thunfisch-Salzanlagen besichtigt hatten, bogen Chris und Dirk in die Palmenallee zur Hacienda ein.

Schon von weitem sahen sie, daß sich eine Veränderung anbahnte.

Ihr angestammter Parkplatz, direkt vor Adams VW-Bus, war besetzt von Conrads Mercedes.

Chris hielt in einiger Entfernung, ließ den Sicherheitsgurt aufklicken und kramte ihre Fortuna-Schachtel aus der Handtasche. Dirk zog sich sein Jackett über: »Meinst du, es wird schwierig mit Conrad?«

Sie zuckte die Achseln.

Conrad erhob sich förmlich vom Terrassentisch und gab erst Chris – »Hallo, Chris« –, dann Dirk die Hand: »Tag, ich bin Conrad Cordes. Hilde hat mir schon telefonisch berichtet, daß ihr mehr oder weniger eingezogen seid. Wie weit geht euer Interesse? Wollt ihr wirklich bleiben oder doch lieber auf die Kanaren wechseln?«

»Es gefällt uns über die Maßen gut hier!« rief Dirk aus und hob theatralisch die Arme: »Dieser wunderbare Säulengang! Die maurischen Bögen! Der Innenhof! Phantastisch!«

Ein Hauch von Genugtuung flog über Conrads Gesicht. »Das Haus als Basis ist vorhanden. Jetzt müssen wir es nur noch mit Ideen füllen.«

»Dirk spielt den sentimentalen Schwärmer!« bemerkte Chris, schlug ihre Fortuna-Schachtel kurz gegen den Handrücken und schob sich eine der herausgeflitschten Zigaretten zwischen die Lippen. »Das Haus ist völlig heruntergekommen. Man müßte es von Grund auf renovieren lassen. Das wäre für mich eine Grundbedingung. Schließlich sind wir keine achtzehnjährigen Naturschwärmer, die sich fröhlich mit Holzbock und Ameisen arrangieren. Außerdem« – über die Feuerzeugflamme hinweg schaute sie Dirk an – »bräuchte ich eine sinnvolle Aufgabe, sonst kriege ich Depressionen. Wenn ich die Frauen hier sehe, wie sie glücklich lächelnd ihre Kinderwagen durch die Gegend schieben, wie sie Rezepte austauschen und Kommunionkleidchen nähen –, da frage ich mich, was hab ich hier verloren? Keine meiner Qualitäten ist hier gefragt.«

»Genau darum geht es, Chris«, rief Conrad, »wir brauchen eine Aufgabe, ein gemeinsames Projekt! Ich werde mich in den nächsten Tagen mal umhören, mich anregen lassen. Es gibt sicherlich noch andere Aussteigergruppen in der Gegend. Ich weiß von zwei Leuten, die alte Möbel restaurieren.«

»Was hältst du von einer Sprachenschule?« Chris drehte

den Kopf und blies den Zigarettenrauch direkt an Dirks Wange vorbei. »Ich könnte Englisch und Französisch unterrichten. In einem halben Jahr vielleicht sogar Spanisch.«

»Keine schlechte Idee.« Conrad nahm seine Brille ab, entfaltete ein frisches Papiertaschentuch, hauchte die Gläser von beiden Seiten an und begann sie sorgfältig sauberzureiben. »Wir sollten uns so bald wie möglich zu einem Brainstorming zusammensetzen und Vorschläge sammeln.«

»Tu doch nicht so engagiert, Chris!« entfuhr es Hilde. »Du und dein Lover, ihr macht euch hier einen schönen Urlaub mit deiner fetten Lehrerpension. An einem gemeinsamen Projekt habt ihr doch keinen Funken Interesse!«

»Durch mein vorzeitiges Ausscheiden kriege ich nicht mal fünfzig Prozent!«

»Du guckst doch nicht auf den Pfennig! Du hast bestimmt eine Berufsunfähigkeitsversicherung oder was es da alles so gibt!«

Was ist denn mit Hilde los? dachte Chris, diese harmlose Kuh spuckt plötzlich Gift und Galle. »Und was stört dich daran?« fragte sie scharf. »Soll ich meine Pension der Welthungerhilfe spenden, oder was verlangst du von mir?«

»Sind Sie die ganze Strecke mit dem Auto gefahren?« unterbrach Dirk.

Conrad nickte dankbar, während er einen prüfenden Blick durch die gereinigten Gläser warf, bevor er die Brille aufsetzte. »Wir haben uns abgewechselt.«

»Wer wir?« fragte Chris.

»Dort drüben kommt Bianca«, sagte Conrad stolz. Chris fuhr herum. Der Schock saß. Gut, Conrad hatte angekündigt, er werde sich aus paritätischen Gründen nach einer dritten weiblichen Interessentin umschauen. Aber Chris hatte nicht damit gerechnet, daß sich eine so junge und – nun ja – nicht ganz unansehnliche Frau auf dieses lächerliche Experiment einlassen würde. Offenbar ist sie verliebt. Nein, eher ist er verliebt. Wie nachlässig sie sich kleidet! So was gefällt Dirk nicht. Ein knittriges, kniekurzes Hemdchen, auf dem alberne Mikkymäuse tanzen. Gutgeformte Beine hat sie. Vielleicht etwas zu dünn. Und dann diese hellblauen Kindersöckchen!

Schon hob Dirk Biancas herabhängende Hand ehrfürchtig wie die von Miss World und hauchte einen Kuß über die Fingerknöchelchen hinweg. Hastig trat Chris neben ihn und stellte ihn – es sollte ironisch klingen – als ihren Verlobten vor.

Mit Gepolter schleppte Adam sein soeben fertiggestelltes Kunstwerk auf die Terrasse und begann Bianca einen Vortrag über die italienische »Arte Povera« zu halten, mit ihren ärmlichen Materialien wie Filz, Gras, Stroh und Draht, und wie ihn Luciano Fabro als wichtigster Vertreter berauscht und inspiriert habe. »Hast du meine Autoschlüssel gesehen, Schatz?« rief Chris ein wenig panisch zu Dirk hin, der Adams Kunstwerk stirnrunzelnd betrachtete. »Ich hole noch meine Sachen aus dem Hotel!«

Hätte ich mir doch gleich nach unserer Ankunft das Zimmer neben ihm gesichert! dachte sie verstimmt, während sie die Treppe in den ersten Stock hinaufstieg und Dirk, der ihr schweres Reisegepäck trug, wie einen Butler dirigierte. Nun wohnt da Conrads bläßliches Liebchen mit ihren Mäusezähnen – alles überkront, so was sehe ich auf den ersten Blick – und läßt sich von den drei alten Lüstlingen anschmachten.

Gott, wie Adam, dieser brünstige Waldschrat mit der rotgeäderten Alkoholikernase, um sie herumstreicht! Wie er sie zuschwatzt mit seinem Künstlerphilosophatsch! Jetzt wuchtet er ihr dieses abartige Kunstobjekt auch noch ins Zimmer! »Warten auf die Sehnsucht« nennt er das sperrige Ding, das man nicht mal als Garderobenständer verwenden möchte.

Mißmutig bezog Chris ihre Matratze mit einem der stockfleckigen Laken aus grobem Leinen und legte ein zweites unter die Schlafdecke. Hilde soll mir hübsches Bettzeug nähen. Morgen gehe ich Stoff kaufen.

Wegen Bianca also war Hilde so aufgebracht. Was fährt sie mich an mit meiner Lehrerpension, statt sich bei ihrem Uralt-Lover zu beschweren, daß er sich einen zweiten Bettschatz mitgebracht hat? Es hat sich nichts geändert zwischen den beiden. Das ewige Spiel. Aber offensichtlich brauchen sie das.

Sie trat ans Fenster, öffnete es und schaute hinunter auf die Terrasse, wo Conrad Bianca mit weitausgreifenden Gesten erläuterte, wie er als Schüler den Drachenbaum gepflanzt habe und wie er jedes Jahr dachte, der wächst ja überhaupt nicht! Und nun habe er sich überraschend stattlich entwickelt. »Schau, die fünf armdicken Äste mit den puscheligen Köpfen.«

Da erzählen einem diese Kerle ihren langweiligen Gärtnerkram, dachte Chris, und meinen, ihrer erotischen Ausstrahlung damit Genüge zu tun!

Gegen einen Adam kann sich Conrad natürlich rasant behaupten. Die Erotik eines andalusischen Hauses, eines metallic-grün schimmernden Mercedes ist überzeugender als die Erotik einer Müllskulptur. Aber Dirk ist ihm gewachsen. Berufscharmeur, dachte sie kalt. Erstaunlich, daß er bei aller Routine jeder Frau den Eindruck zu geben vermag, er meine nur sie. Wie er sich über ein Kleid, ein paar häßliche Ohrringe, eine ordinäre Lippenstiftfarbe begeistern kann. Er ist geschult, Details wahrzunehmen. Wo die meisten Männer dumpfe, phantasielose Egomanen sind und bestenfalls etwas diffus Angenehmes unterhalb der Bewußtseinsschwelle beziehungsweise der Gürtellinie empfinden, das kann er benennen: »Was ist das für ein Parfüm? Narcisse? Nein, würziger. Amun? Verrat's mir.« Da jede Frau nach Freundlichkeit und Selbstbestätigung lechzt – wir sind ja alle nicht verwöhnt –, hat Dirk bei einer Bianca natürlich leichtes Spiel. »Nimmst du gar keinen Sonnenschutz?« Wenn ich das schon höre! »Du mußt dich vorsehen bei deiner zarten Haut.« Und streicht ihr sachte über den nackten Unterarm.

Sie holte ein altes Sofakissen aus Conrads Bibliothek und stopfte es in einen zu großen Bezug. Für ein paar Nächte ließ sich damit leben.

Was hatte Dirk eigentlich zu bieten außer einem unerschöpflichen Schatz an Komplimenten?

Um seinen Beruf machte er nach wie vor ein Geheimnis. Als Chris ihn genervt fragte, ob es etwas Kriminelles sei, da hatte er gekränkt die runden Augen aufgerissen und durchblicken lassen, daß er vor Jahren sehr wohlhabend gewesen sei, er habe eine große Firma gemanagt, aber die Arbeit habe ihn nicht befriedigt. Chris vermutete, daß er pleite gegangen war und sich die Niederlage positiv zurechtbog, um vor sich selbst nicht als Versager dazustehen. Oder er hatte sich tatsächlich auf krumme Geschäfte eingelassen. Vielleicht war sogar die Steuerfahndung hinter ihm her, und er hatte Hals über Kopf aus Deutschland abhauen müssen. Das würde erklären, dachte sie, warum er ohne zu zögern bereit war, sich hier in Conrads verlotterter Hacienda häuslich niederzulassen.

Am Frankfurter Flughafen war ihr seine Nervosität aufgefallen, die erst nachließ, als sie im Mietwagen über die Carretera Richtung Aljeciras flitzten.

Warum sprach er nicht ganz offen über seine Probleme? Chris wäre die letzte, ihn für berufliches Pech zu verurteilen. Finanziell schien er zurechtzukommen. Regelmäßig ließ er sich von ihr ins Dorf fahren, um kleinere Beträge von der Bank abzuholen. Fast täglich telefonierte er nach Deutschland. »Geschäfte«, sagte er nur vage, wenn Chris ihn mit hartnäckigen Fragen in die Enge trieb.

Gottlob war Dirk kultiviert genug, Chris nicht allzu sehr zu vernachlässigen, bei aller Verehrung für diese wäßrige Jungfrau mit dem Babyblick. Adam dagegen nahm nichts und niemanden mehr wahr, nur noch seinen Schrott-Opel und Bianca.

Chris nestelte ihre Fortuna-Packung aus der Handtasche und stellte sich ans Fenster, um von neuem in den Hof hinunter zu spionieren. Gerade legte Hilde eine ihrer voluminösen Strickjacken Bianca über die Schultern.

Diese blutleere Traumwandlerin ist keine wirkliche Gefahr! dachte Chris. Dirk braucht eine Frau wie mich, die das Leben in die Hand nimmt. Er selbst ist weltfremd genug, auch wenn er es geschickt zu überspielen versteht.

Nur Conrad mit seinen Mietshäusern und seinem latenten Geschäftssinn kann sich ein Liebchen wie Bianca leisten – sie schnipste die Asche aus dem Fenster –, eine Art kostspieligen Luxus, ein unnützes Schmuckstück.

Unfaßbar töricht, wie sich Hilde mütterlich um die kleine Schlampe kümmert, als handele es sich um ihre Tochter. Jetzt stellt sie ihr auch noch einen Tee hin, fragt, ob sie Zucker und Milch möchte. Dabei springt ihr die Eifersucht aus den Augen. Natürlich hat sie sich das Wiedersehen mit Conrad anders vorgestellt. Oder ist es Raffinesse? Will sie die Rivalin durch Schuldgefühle blockieren? Unglaublich, wie sie ihren vertrockneten Galan immer noch anhimmelt, diesen Langweiler, der keine Ahnung hat, wie man eine Frau umwirbt. Gut, Hilde ist nicht gerade eine Marylin Monroe. Verführerisch wie ein Kartoffelsack. Conrad zieht sich wenigstens ansehnlich an, auch wenn er besserwisserisch daherdoziert und im Bett sicher eine einzige pedantische Standardnummer durchzieht. Bei Hilde kann ich mir allerdings auch nur eine hausbackene Missionarsstellung vorstellen, da passen sie sogar zusammen.

Chris stieg die Treppe hinunter und strich durchs Bücherzimmer, wo sie Dirk vermutete. Tatsächlich stand er dort am Fenstergitter und beobachtete Bianca, Conrad und Hilde, wie sie gemeinsam um den Terrassentisch saßen und ihren Tee tranken.

»Dirk.«

Er fuhr zusammen und drehte sich um. Noch nie hatte sie diesen düsteren Gesichtsausdruck an ihm erlebt.

»Ich brauche Möbel für mein neues Zimmer«, sagte sie hastig und drückte ihre Zigarette auf dem Fenstersims aus. »Schau, dieser entzückende Sekretär! Der große Schreibtisch da vorne müßte Conrad doch reichen. Was meinst du?«

»Frag ihn.«

Spielerisch zog sie eine der Schublädchen auf. »Sieh mal, Dirk!«

»Was ist?« Widerstrebend verließ er seinen Posten am Fenster. Als er in die geöffnete Lade schaute, entfuhr ihm ein überraschter Pfiff.

»Conrad!« schrie sie durchs Fenster.

»Was ist los?«

»Kann ich deinen Sekretär für mein Zimmer haben?«

Sie hörten ihn »Einen Moment!« sagen. Dann kam er herein.

»Was ist mit der Pistole?« fragte Dirk.

»Entschuldige«, sagte Chris. »Ich wußte nicht, daß schon Sachen von dir in den Schubladen liegen.«

»Die Pistole?« Conrad konnte ein stolzes Lächeln nicht verbergen, als er die Waffe behutsam mit beiden Händen aus der Lade hob.

Dirk und Chris traten automatisch einen Schritt zurück.

»Das ist eine Armeepistole, eine 08. Sie stammt noch von meinem Großvater aus dem ersten Weltkrieg. Mein Vater hat sie dann als Offizier im zweiten Weltkrieg verwendet.«

»Schöne Arbeit«, murmelte Dirk, während er mit gerecktem Hals die Waffe betrachtete. »Dieses dunkel eloxierte Metall! Diese Griffschalen aus braunem Bakelit!«

»Conrad, kann ich deinen Sekretär für mein Zimmer haben?« fragte Chris.

»Von mir aus. Er steht hier nur im Weg.«

Die Pistole in beiden Handflächen, schaute er sich nach einem neuen Platz um. Schließlich legte er sie vorsichtig auf der Fläche des wuchtigen Schreibtisches ab, mitten zwischen Bücherstapeln und zusammengehefteten Papieren.

»Hast du auch Munition?« erkundigte sich Dirk.

»Natürlich.«

»Kannst du überhaupt schießen?« fragte Chris.

Er sah sie herablassend an: »Hör mal, ich war achtzehn Monate bei der Bundeswehr. Da lernt man, mit so was umzugehen.«

»Conrad, wo bleibst du?« Hilde tauchte im Türrahmen auf. »Was hast du denn da? Eine Pistole? Wie scheußlich.«

»Ein kostbares Stück!« sagte Conrad beleidigt. »Hat zwei Weltkriege überstanden. Schau sie dir an! Ist sie nicht liebevoll gearbeitet?«

Hilde verzog angewidert das Gesicht.

»Wenn du willst«, sagte Conrad versöhnlich, »zeige ich dir, wie man damit umgeht.«

»Das will ich gar nicht wissen.«

»Vielleicht brauchst du sie eines Tages. Dann bist du froh, daß ich dir das Schießen beigebracht habe.«

»Wenn ich mir vorstelle«, sagte sie, »wie viele Menschen schon damit ermordet worden sind ...«

»Manchmal gibt es Situationen, da muß man sich verteidigen können.«

»Wir sind nicht im Krieg!«

»Stell dir vor, es kommt ein Einbrecher und bedroht dich.«

»Wenn ich mit der Pistole rumfuchtele, provozier ich nur, daß er seinerseits schießt.«

»Diese Waffe«, sagte Conrad verträumt, »gibt dir ein tiefes Gefühl von Geborgenheit. Nichts kann dir zustoßen.«

Er zog die obere rechte Schreibtischschublade auf und legte sie behutsam hinein.

Dann: »Bianca.« Mit schnellem Schritt verließ er das Bücherzimmer. »Bianca, wo steckst du? Bianca?«

Hierbei hilft ihm keine Pistole, dachte Chris spöttisch, er ist wirklich verschossen in die Kleine. Ah, jetzt hat er das Flittchen erwischt! Wie ein besorgter Papa schiebt er sie vor sich her. Irgendwann wird Dirk begreifen, daß seine albernen Avancen sinnlos sind.

Doch nach ein paar Tagen stellte Chris beunruhigt fest, daß Bianca Conrads neu erworbenes, einladend breites Ehebett verschmähte, denn jeden Morgen kam sie ohne Begleitung aus ihrem eigenen Zimmer. Vergnügte sie sich vielleicht heimlich mit Dirk? Oder mit allen drei Männern, ohne sich offiziell auf einen von ihnen einzulassen?

Behutsam versuchte Chris, aus Dirk eine Antwort herauszuschmeicheln. Aber der stellte sich begriffsstutzig.

So selbstverständlich Chris mit ihm Doppelbetten geteilt hatte – ob in ihrer Frankfurter Wohnung, im »Hotel Playa« oder vor Biancas Ankunft in seinem Zimmer –, so gehemmt war sie plötzlich, ihn nachts aufzusuchen und ihn dort vielleicht mit Bianca zu überraschen. Die Rolle der eifersüchtigen Ehefrau spielen zu müssen, noch ehe ihre Beziehung eine gewisse Stabilität erreicht hatte, ging entschieden gegen ihren Stolz.

Ich muß warten, dachte sie, bis die ersten Wogen der Vernarrtheit abflauen. Emanzipation ist nicht gefragt auf dem Heiratsmarkt. Wenn ein Mann die Fünfzig erreicht hat und seiner Abwehr müde geworden ist, erntet eine zwanzigjährige unbedarfte Trine alle Früchte harter Vorarbeit: Zärtlichkeit, Rücksichtnahme, Eindeutigkeit, liebevolle Zuwendung... Unerträglich, wie Dirk dieser faden Bianca hinterherglotzt. Hätte ich ihn doch energischer bekniet! Ich hätte ihn schon auf die Kanaren gelockt! Wozu brauchen wir einen gräflichen Gutshof wie diesen!

Ich muß mir neue Klamotten kaufen, dachte sie nervös. Dirk mag es, wenn eine Frau sich gepflegt kleidet. Lange wird er an einer schlampigen Grinsepuppe wie Bianca keinen Gefallen finden. In zwei Wochen läuft mein Rückflugticket ab. Dann mache ich es mir wieder in meiner Frankfurter Wohnung gemütlich. Die Zeit bis dahin stehe ich irgendwie durch. Dirk wird wohl oder übel mit zurückfliegen. Was will er hier allein in diesem Haufen gescheiterter Existenzen? In Frankfurt können wir uns in Ruhe eine sinnvolle Alternative suchen. Es müssen ja nicht die Kanaren sein.

Ich brauche Schuhe mit Absätzen, dachte sie. All die Jahre hatte sie verächtlich gemeint, hohe Absätze erniedrigten eine Frau. Bis sie auf Dirks Drängen in ein Paar hochhackige Stiefeletten geschlüpft war und im Schuhladen damit herumstolzierte. Wie herausfordernd ihr Schritt klackte! Was für ein selbstbewußtes Bild ihr der große Wandspiegel entgegenwarf!

»Begleite mich ins ›Bahia Sur‹«, bat sie Dirk.

Das Bahia Sur war ein Einkaufs- und Modezentrum bei San Fernando, wo es, wie sie bereits herausgefunden hatte, erschwingliche Imitationen von Designer-Modellen gab.

Dirk, sonst immer bereit, sie modisch zu beraten, zögerte.

»Ich brauche deinen geschulten Blick«, schmeichelte sie.

»Nächste Woche!« versprach er beleidigend zögerlich, als müsse er sie in einem prallgefüllten Terminkalender unterbringen.

An einem windstillen Samstag fuhren sie los. Das »Bahia Sur« war, wie immer am Wochenende, gut besucht. Sie schlenderten unter Rundbögen entlang, über sich maurische Lämpchen aus buntem Glas.

»Schau«, sagte sie und hängte sich bei ihm ein, »abgesehen von den Teenies, die hier wie überall den Vorteil ihrer jugendlichen Frische ausspielen, gibt es einfach keine schönen Frauen. Ich meine, nach Mannequin-Maßstäben. Jede Frau ist irgendwo zu dünn oder zu dick oder hat schlechte Haut oder trägt eine Brille. Hast du je eine makellos schöne Frau gesehen?«

»Dich«, sagte er und preßte sie an sich.

»Blödsinn«, schnaubte sie. Trotzdem tat ihr gut, was er sagte. »Sieh dir diese herausgeputzten Spanierinnen mittleren Alters an«, fuhr sie neidvoll fort, »die noch nicht europageschädigt sind mit Null-Diät und Cellulite-Gymnastik. Die molligsten Damen schmücken sich schamlos selbstverständlich mit großblumigen Stoffen und abscheulichen Goldschnallen. Bei uns in Deutschland muß eine Frau sich schon anstrengen, um weder lächerlich noch nuttig zu wirken. Schwierige Gratwanderung an den Abgründen der Verachtung vorbei. Kein Wunder, daß wir, wenn wir die Dreißig überschritten haben, uns am liebsten geschlechtslos geben: weite Hemden, lockere Pullover, alles dezent in grau und beige, so wie Hilde. Platte Schuhsohlen, freudlose Allwetterjacken aus Mikrofaser. Nur nicht auffallen, bloß nicht versuchen, etwas Besonderes zu sein, womöglich sexy, und dich der öffentlichen Kritik aussetzen ... Hörst du mir überhaupt zu?«

Empört zog er ihre Hand zu sich heran und küßte sie. »Du bist bei aller Intelligenz eine unglaublich weibliche Frau.«

»Meine Nase ist zu groß, mein Mund ist zu schmal, ich habe keinen Busen, keinen Hintern.«

»Du hast hübsche Beine.«

»Steckenbeine. Zu wenig geformt.«

Geduldig hielt er ihre Hand: »Ich habe selten eine Frau erlebt, die sich so geschmackvoll kleidet.«

»Du machst mir immer dasselbe Kompliment.«

»Du glaubst mir nicht. Darum.«

Nach dem Kauf eines zimtfarbenen Tellerrocks mit passenden zimtfarbenen Schnürstiefelchen – die Absätze tackerten frech über das Pflaster – ließen sie sich in der bunt gefliesten Bar nahe der Markthalle nieder.

»Einen Café con leche.«

»Einen Fino.« Dirk trank sein Glas in einem Zug leer und bestellte gleich ein zweites. »Du auch?«

»Um Gottes willen. Du weißt doch, am Tag trinke ich keinen Alkohol. Schon gar nicht Fino.«

Er bestellte ein drittes Glas.

»Fünfzehn Prozent Alkohol«, bemerkte Chris und steckte sich eine Fortuna an. Bisher kannte sie Dirk nur als zurückhaltenden Genießer von Rioja-Weinen. Dieses plötzliche exzessive Trinken hat sicher was mit Conrads Bettliese zu tun, dachte sie.

»Auch Bianca«, tastete sie sich vor, »könnte mehr aus sich machen. Läuft wie eine Vierzehnjährige in verknitterten Blümchenkleidern herum ...«

»... oder in schlechtsitzenden Blue jeans«, ergänzte Dirk lebhaft, »die sie in der Taille zusammenzurrt wie ein Bauarbeiter.«

»Sie sollte einen BH tragen«, fuhr Chris streng fort. »Der weibliche Busen hängt nun mal bei den meisten Frauen. Vor allem, wenn sie nicht mehr blutjung sind. Warum schminkt sie sich nie. Große Augen, aber zu blaß.«

»Schöne Augen«, bekräftigte Dirk, »aber Wimpern und Brauen blond, daß man sie kaum sieht. Das macht Bianca so nackt und wehrlos.« Er kippte seinen Fino und bestellte einen neuen.

»Sie hat den diffusen Blick einer Kurzsichtigen«, bemerkte Chris und drückte ihre halbgerauchte Zigarette aus, »die zu eitel ist, eine Brille aufzusetzen. Raffiniert, wie sie deinen männlichen Beschützerwahn aktiviert.«

»Natürlich gibt es geschickte Frauen«, er blickte versonnen in die Ferne, »die Hilflosigkeit als Mittel der Verführung einsetzen. Doch das hat nichts mit Biancas flaumzarter Nacktheit zu tun!« Er hob sein Glas, einen Anflug von Rührung in der Stimme. »Die Kleine ist ja wie ein Küken, daß mir die Hände zucken, um diesen unschuldigen Nacken vor jedem Luftzug zu bewahren.« Er kippte den Fino. Als er das leere Glas vom Mund nahm, traf ihn Chris' lauernd-verächtlicher Blick. »Mach dich nicht lächerlich!«

Er hielt kurz in der Bewegung inne und setzte das Glas mit einem energischen Knall auf der Tischplatte ab. »Bianca sollte sich nette Seidenwäsche kaufen. Einen rauchgrauen Slip mit hohem Beinausschnitt statt dieser Kinder-Ripp-Schlüpfer, die bis zur Taille reichen. Sie schließt nie das Badezimmer ab, wenn sie sich wäscht. Begreift sie nicht, daß sie damit alle Männer verrückt macht?«

»Ich hätte gerne eine Tortilla«, sagte Chris. »Langsam kriege ich Hunger.«

»Dunkelblaue Stoffturnschuhe mit Sternchen«, sagte er kopfschüttelnd. »Wie alt mag sie sein? Sie ist eine Frau, kein Girlie. Sie sollte Absätze tragen. Nein, keine hohen wie du, das paßt nicht zu ihrem Typ.« Er rief nach einem neuen Glas Fino und begann Bianca anzuziehen: »Ein taubenblaues Kostüm, ich mag blau nicht, aber blau steht ihr, mini natürlich – oder knöchellang, mit seitlichen Schlitzen, damit man ihre hübschen Beine sieht, die zarter Nylon verhüllt, seidig wie echte Haut, nur makelloser. Pumps aus graublauem

Velourleder. Aber was für eine Bluse? Ein bißchen brav darf sie ruhig sein. Vielleicht eine weiße Spitzenweste, tief ausgeschnitten, so daß man einen Hauch ihrer Busenwölbung sieht. Das Haar sollte sie hochstecken. Eine Art Windstoßfrisur, mit Spray gehalten. Als-Ob-Natürlichkeit. Echte Natürlichkeit ist das Langweiligste, das es gibt.«

Chris betrachtete ihn. Wie sein Mündchen vor Aufregung spuckt, dachte sie, nahm ihre Tortilla in Empfang, trennte mit der Gabel eine Ecke ab und spießte sie auf. »Erstaunlich«, sagte sie, »daß Verliebtheit einen Mann so dümmlich daherschwätzen läßt.«

Dirk glotzte sie an mit großen Augen, schien nicht zu verstehen, was sie sagte.

»Du bist besoffen.« Sie kaute und schluckte. »Ich hasse es, wenn Männer sich unappetitlich gehenlassen.«

Sie kutschierte ihn schweigend zurück. Er schlief neben ihr auf dem Beifahrersitz ein, wachte jedesmal auf, wenn sein sinkender Kopf gegen die Seitenscheibe schlug. In der Dunkelheit übersah sie beinahe ein Moped, das ohne Licht fuhr. Im letzten Moment wich sie ihm mit einem Schlenker aus. Das fehlt mir noch, dachte sie mit klopfendem Herzen, ein Autounfall. Diese unbeleuchteten Mopedfahrer sind wirklich eine Plage. Und die meisten fahren ohne Sturzhelm!

Mit Conrads Hilfe – er saß noch am Schreibtisch und grübelte über seinem Manuskript – hievte sie Dirk durch den Innenhof. Er trinkt soviel, dachte sie, damit er nicht mehr mit mir schlafen muß.

Als sie die Steintreppe zu ihrem Zimmer hinaufstieg, hörte sie, wie üblich, Adam durch alle Wände schnarchen. Mit einer dreisten Selbstverständlichkeit, als sei er der einzige Schläfer im Haus. Wecken hatte nichts genutzt. Er pausierte nur kurz und legte dann von neuem los. Daß Hilde sich nie beschwert, dachte Chris. Diese Frau hat wirklich einen beneidenswert plumpen Schlaf.

Sie knipste ihr Tischlämpchen aus Messing an, das sie Diego, einem Bauern aus der Nachbarschaft, für ein paar Peseten abgeknöpft hatte. Sanftes gelbes Licht ließ die Farben des Zimmers zusammenfließen.

Gleich wurde ihr wärmer ums Herz.

Sie schloß die Vorhänge, die Hilde ihr am Vortag genäht und an die rostige Stange gehängt hatte, zog sich aus, schlüpfte in ihren aprikotfarbenen Frotteemantel und ging ins Bad, um sich abzuschminken. Pergamentdünn lag ihre Haut auf den Wangenknochen. Wie Mojama, dachte sie, die getrockneten Thunfisch- und Bonitostreifen. Sorgfältig cremte sie Gesicht, Hals und Décolleté ein.

Als sie dann im Bett lag, der neue Bezugsstoff strich steif und kühl über ihren Körper, und der Wind jaulte durch den Innenhof, da begann plötzlich irgend etwas ihren Brustkorb zusammenzupressen, ein stählernes Korsett, das sich immer enger zog.

Angst, dachte sie, ich habe Angst, aber wovor? Ich muß zu irgendeinem Menschen, aber zu wem? Zu Dirk? O nein, nicht zu Dirk. Der stinkt aus dem Maul, betrunken wie er ist, und wird mich gedankenlos sabbernd in den Arm nehmen. Das kann ich jetzt nicht gebrauchen. Sie richtete sich auf. Gott, ist mir übel. Gleich muß ich kotzen, ich habe doch gar keinen Fino getrunken. Sie schob die Beine über die Bettkante. Wie ist mir schwindelig. Sie stand auf, sofort wurde ihr schwarz vor Augen. Sie ging in die Knie, krallte sich ans Deckbett, das sich, bedruckt wie ein Nachthimmel, vor ihr plusterte. Warum ist mir so elend, ich habe doch nur diese Tortilla gegessen? Sie kroch über die kalten Fliesen. Wo ist das Klo? Adams Schnarchen ächzte ihr ins Ohr. Sie schnappte nach Atem. Mir ist so schlecht. »Hilde!« Nichts.

»Hilde!« Sie glaubte zu schreien, aber ihre Stimme war nur ein dünnes Winseln. »Hilde.«

»Was ist los? Meine Güte, Chris.«

»Ich muß kotzen. Ich krieg' keine Luft. Ich sterbe.«

Sherry wäre mir lieber!

»Es muß doch möglich sein«, sagte Conrad, »mit erwachsenen Menschen ein Leben in Freiheit und Großzügigkeit zu führen. Jenseits aller kleinbürgerlichen Enge.«

Er und Adam waren aus dem Dorf zurückgekommen und begannen auszupacken: Rioja, Bier, Ciento tres, Fino. Außerdem mehrere Brote, einen runden Laib harten Schafskäse, Salat, Obst und reichlich Fleisch und Fisch für den Grill.

Adam verneigte sich wie ein Hausdiener. »Eine Spende von Conrad.«

»Heute trinkst du auch mal einen Schluck Fino«, sagte Conrad aufgeräumt und drückte Hilde kurz an sich. Er und Adam waren schon leicht beschwipst. »Es ist nicht so einfach«, lachte Adam, »den vielen Copas aus dem Weg zu gehen! Überall wirst du eingeladen!«

»Schaut mal, die Fische!« sagte Hilde. Sie hatte sie auf einem Holzbrett ausgelegt: zwei größere Fische mit rosig schimmernden Leibern, mehrere kleine silbrige sowie ein furchteinflößendes Exemplar, platt wie eine Flunder, aber mit breitgezogenem Maul. »Das ist ein Rape«, sagte Dirk, »ein Seeteufel!«

Bianca trat ehrfürchtig hinzu und berührte die Fischhaut mit der Spitze ihres Zeigefingers.

Hilde zog ihr das Brett weg. »Ich muß die jetzt schuppen und ausnehmen!«

Conrad goß sechs Finogläser voll: »Auf unsere gemeinsame Zukunft!«

Die Gläser klirrten gegeneinander.

Während Conrad seinen CD-Player einschaltete und die Boxen ins offene Fenster stellte, kümmerte sich Adam um das Grillfeuer. Neben der Terrasse buddelte er ein Loch, das er mit Backsteinen gegen den Wind schützte, und baute eine kunstvolle Pyramide aus dicken Holzklötzen und dürren Zweigen hinein.

Vorsichtig blies er die Flamme an.

Chris legte das Fleisch in eine Marinade von Öl, Knoblauch, Salz, Paprika und Thymian. »Man hätte es schon gestern kaufen und einlegen sollen«, bemerkte Hilde. Dirk wusch den Lechuga und bereitete eine Salatsoße zu.

Nur Bianca stand ein wenig verloren herum, fröstelnd in ihrem Sommerkleidchen.

»Du könntest Teller und Besteck aus dem Schrank holen«, rief Hilde ihr zu.

Gehorsam öffnete Bianca die Türen der Hängeschränke. Dann hörte man ein Klirren und Scheppern.

»Was machst du denn?« Hilde rannte in die Küche, das Messer zum Ausnehmen der Fische in der Faust. Auf den Terracotta-Fliesen lag eine zersprungene Keramikschüssel, daneben stand Bianca und lächelte trotzig.

»Warum ziehst du auch den Tellerstapel unter der Schüssel weg«, schalt Chris, »da muß ja alles runterfallen. Wie kann man nur so idiotisch sein!«

Schade, dachte Hilde, daß Chris immer die Perfekte spielt. Ich hätte sie mögen können nach der Nacht neulich, als es ihr so schlecht ging. Ich habe ihr den Kopf über die Kloschüssel gehalten und ihre stinkige Kotze weggewischt. Und am nächsten Morgen weicht sie meinem Blick aus und lacht und tut so, als wäre nichts gewesen.

Conrad legte eine CD ein und prüfte die Lautstärke.

»Das Feuer braucht noch eine Weile, bis es Glut bildet«, sagte Adam und rieb die Hände an den Flanken seiner Jeans sauber. »Oh, Flamenco!« Er drückte das Kreuz durch, hob das Kinn und stampfte ein paar ratternde Schritte.

»Das sind Sevillanas«, sagte Chris herablassend, »die hiesige Volksmusik mit festgelegter Schrittfolge. Wir Nordeuropäer verwechseln sie gern mit dem echten Flamenco der Zigeuner.«

Conrad tauschte die CD aus. »Hier hört ihr echten Flamenco. Ich verstehe kein Wort. Consuelo sagt, Manuel Caracol singt von einer unerwiderten Liebe!« Mit schmalem Lächeln fügte er hinzu: »Ein internationales Thema.«

»Beeindruckend«, Hilde hatte nasse Augen, »wie der Sänger seinen Schmerz hinausjault! Wie er schluchzt und klagt mit seiner schönen starken Stimme! Und wirkt überhaupt nicht jämmerlich dabei.«

»Ich weiß, ich weiß«, Conrad zog seinen Mundwinkel hoch, »der postfeministische Mann hat gelernt, auf ganz natürliche Art zu weinen, wie es seiner menschlichen Natur entspricht.«

»Hast du was dagegen?« schnupfte Hilde.

»Schaut mal«, sagte Dirk. »Da oben ist der Große Wagen!«

Alle Gesichter wandten sich dem Himmel zu, um das Sternzeichen mit der abgeknickten Deichsel zu suchen, das jeder von ihnen kannte.

»Wenn ich so in diesen Sternenhimmel gucke«, murmelte Adam, »komme ich mir gräßlich belanglos vor.«

Er wandte sich seinem Feuer zu und legte ein paar Zweige über die glühenden Holzscheite.

»Wir könnten uns in die Materie hineinknien«, schlug Dirk vor, während er eine Rioja-Flasche öffnete, »und Kurse in Sternkunde anbieten. Da gibt es sicher Interessenten.«

»Eher für astrologische Sterndeutelei«, höhnte Chris. »Und

am Ende haben wir die Bude voller weltfremder Spinner, die uns irgendwas vom Aszendenten im dritten Haus erzählen.«

»Astrologie«, sagte Hilde ungestüm, »enthüllt die Sprache des Unbewußten!«

»Da kannst du gleich Aroma-Therapie oder Heilfarben-Seminare anbieten!« sagte Conrad ärgerlich.

»Oder Wildkräuter-Wandern!« ergänzte Chris verächtlich.

»Gute Idee«, sagte Hilde. »Hier gibt es jede Menge wilden Thymian. Wenn du die Steilküste entlangläufst, begleitet dich ein wundervoll intensiver Duft.«

»Warum machen wir nicht ein esoterisches Zentrum auf?« rief Conrad aufgebracht. »Bieten Pyramiden-Energie-Seminare und Fußreflexzonenmassage an.«

»Leider verstehe ich davon nicht viel«, seufzte Hilde.

»Spirituelle Therapiereisen«, spottete Chris, »um die eigene Herzenstüre zu öffnen!«

»Ich hätte nichts dagegen«, sagte Hilde störrisch. »Wir müßten uns nur entsprechende Literatur besorgen.«

»Wir sitzen hier zusammen, um ein gemeinsames Projekt zu entwickeln!« sagte Conrad energisch, während er Bianca eine Wolldecke über die Schultern legte. »Du siehst doch, Hilde, daß an diesem Meditationsquatsch keiner von uns Interesse hat.«

»Ich sagte ja schon«, Chris stupfte ihre Zigarette auf die Tischplatte, ehe sie sie anzündete, »eine Sprachenschule. Die braucht nicht nur Lehrer, sondern auch Organisatoren. Adam übernimmt die Werbung, Conrad den Finanzkram, und Hilde kocht. Wir könnten uns alle an diesem Projekt beteiligen.«

»Und wo finden wir unsere Klientel?« fragte Conrad.

»An den deutschen Unis«, sagte Chris. »Außerdem bieten wir Bildungsurlaub für Lehrer an. Obwohl ich Lehrer nicht ausstehen kann.«

»Deine Sprachbegabung in Ehren«, sagte Conrad, »aber

glaubst du wirklich, du kannst in einem halben Jahr ein Niveau im Spanischen erreichen, das dich befähigt, nicht nur Anfänger zu unterrichten? Ich selber würde mir das nicht zutrauen. Und um Englisch, Französisch oder Deutsch zu lernen, reist kein Mensch nach Andalusien.«

»Man könnte für die Fortgeschrittenen spanische Lehrer einstellen«, schlug Dirk vor.

»Ich würde gern Malkurse geben, wie das in der Provence und auf den Kanaren viele Aussteiger tun«, sagte Hilde. »Du, Adam, könntest ›Werken für Kinder‹ anbieten. Die meisten Eltern wissen nicht, wie sie die Kinder während ihres Sprachunterrichts beschäftigen sollen.«

»Kinder können wir hier nicht gebrauchen!« sagte Conrad streng.

»Pädagogik ist ohnehin nicht meine Stärke«, erklärte Adam.

»Ich könnte zusätzlich als Reiseführerin arbeiten«, sagte Chris. »Du, Adam, würdest mit dem VW-Bus in landschaftlich und kulturell reizvollen Gegenden herumfahren, während ich dem bildungsbeflissenen Mittelstand Vorträge über andalusische Kultur halte.«

»Gerne.« Adam stocherte vorsichtig in der Glut. »Wenn mir dann noch Zeit für meine Kunst bleibt.«

Chris rückte ein Stück vom Feuer ab. »Meine Knie verschmoren in der Hitze.«

»Und am Rücken friert man«, ergänzte Dirk.

Adam erhob sich. »Ich glaube, jetzt können wir mit dem Grillen anfangen.«

Er verteilte ein paar Fleischscheiben auf der einen Seite des Grillgitters, klappte die andere Seite darüber und legte das Ganze über die glühende Kohle. »Das Prinzip des Waffeleisens«, sagte er. »Sehr praktisch.«

»Ich muß endlich was essen«, meinte Chris, »sonst bin ich gleich vollkommen beduselt von diesem Rioja.«

Hilde reichte ihr den Teller mit Käsestreifen.

»Wanderferien«, sagte Chris und schob sich mit spitzen Fingern ein Streifchen in den Mund, »kombiniert mit Sprach- und Kochkursen.«

»Fastenwandern«, sagte Hilde. »Und anschließend ein Kochkurs in andalusischer Küche. Gazpacho. Gambas al Ajillo. Cornejo en salsa de Jerez.«

»Wir sollten das Ackerland nutzen«, sagte Conrad. »Rafael hat mir erzählt, wir haben guten Boden.«

»Wir bauen Bio-Gemüse im großen Stil an«, stimmte Hilde eifrig zu, rotwangig vom ungewohnten Alkohol, »und verwenden es bei unseren Kochkursen.«

»Wir könnten Tiere halten«, sagte Adam, »Ziegen und schwarze Schweine. Oder mit Bio-Mais gefütterte Hühner.«

»Und wer von uns schlachtet die?« fragte Chris.

»Wir machen eine Konditorei auf«, sagte Hilde, »und bieten leckeren deutschen Kuchen an.«

»Sherry wär mir lieber«, sagte Dirk.

»Gute Idee!« rief Conrad. »Wir bauen Bio-Sherry an. Wir pachten Sebastianos brachliegende Felder, wenn unser eigenes Land nicht ausreicht.«

»Bio-Sherry?« Chris rümpfte die Nase. »Den kauft hier doch keiner.«

»Wir exportieren ihn nach Deutschland«, sagte Adam launig. »Ich habe guten Kontakt zu einer spanischen Weinhandlung in Frankfurt.«

»Bei den gesundheitsbewußten Ökofreaks«, sagte Conrad, »wird man spanischen Bio-Wein garantiert los.«

»Wir bauen eine Import-Export-Firma auf«, sagte Dirk eifrig.

»Und was importieren wir?« fragte Chris spöttisch.

»Bücher.« Conrad schenkte eine Runde Rioja nach. »Die nächste gutbestückte deutsche Buchhandlung befindet sich meines Wissens in Madrid. Vielleicht sind die an einer andalusischen Filiale interessiert!«

»Dann müssen wir uns in Marbella niederlassen«, sagte Dirk. »Wer soll denn hier in der Wüste ein deutsches Buch kaufen?«

»Moment!« Chris lief ins Haus und kam mit einem Büchlein zurück.

»›Spaniens Weine‹«, sagte Dirk. »Ein Geschenk von Chris. Bisher war noch keine Zeit, hineinzuschauen.«

Chris blätterte eifrig: »Hier ist ein langes Kapitel über Sherry.« Sie fuhr mit dem Finger die Zeilen entlang. »›Leider sind durch das Auftreten multinationaler Konzerne manche beliebte Sherry-Marken verschwunden, wie Tres Palmas ...‹«

»Tres palmas klingt gut«, sagte Dirk. »Wir greifen einfach auf bewährte Namen zurück.«

»›Es gibt drei Bodentypen‹«, fuhr Chris fort, »›der geschätzte weiße Kreideboden, der die Feuchtigkeit am besten hält, dann der dunkle Boden und schließlich der Sandboden. Auf diesen beiden wird vorwiegend die Moscatel-Rebe angebaut.‹«

Dirk verzog das Gesicht: »Süßer Sherry schmeckt mir nicht. Außerdem verkauft er sich nicht in Deutschland.«

»Da steht ›vorwiegend‹«, sagte Adam, »wir bauen natürlich den trockenen hellen Fino an.«

»Laßt uns jedes einzelne Projekt bis ins Detail durchspielen«, sagte Conrad, »um zu sehen, was für uns in Frage kommt. Sherry, warum nicht? Ich werde Sebastiano fragen, für welchen Preis er uns seine Felder zur Verfügung stellt. Außerdem wäre ich bereit, Kontakt mit einer hiesigen Bodega aufzunehmen, um das Know-how zu erfahren. Es gibt ja nach wie vor eine große Vielfalt von Sherry-Sorten, die in Deutschland keiner kennt.«

Adam klappte den Grill auf, nahm die Teller an und verteilte die heißen Koteletts.

»Bianca, wo ist das Besteck?«

Bianca sprang auf, ließ die Wolldecke auf den Terrassenboden rutschen und rannte in die Küche. Das Ledertäschchen schlug ihr bei jedem Schritt gegen die Hüfte. Mit einem Strauß Messer und Gabeln in jeder Hand kam sie zurück.

»Und was ist mit dir, Bianca?« fragte Dirk. »An welchem Projekt würdest du gern teilnehmen?«

Bianca öffnete die Hände, klirrend fiel das Besteck auf die Tischplatte. Adam stellte einen Teller mit Fleisch auf Biancas Platz und führte sie zu ihrem Stuhl. Als sie sich setzte, blieb er hinter ihr stehen und reckte seine Arme rechts und links an ihr vorbei, um Messer und Gabel neben ihren Teller zu legen. Sein Bart berührte ihren Scheitel.

»Sie hilft, wie wir alle«, sagte Conrad barsch, »bei der Weinernte.«

»Das ist harte Arbeit«, warnte Dirk. »Man kriegt Rückenschmerzen vom vielen Bücken.«

»Dann lassen wir das Rafael und seine Söhne machen.« Conrad nahm sein heißes Kotelett zwischen zwei Finger und riß mit den Zähnen ein Stück ab. »Die sind daran gewöhnt. Und wir konzentrieren uns auf die Vorbereitungen und den Vertrieb ins Ausland.«

»Und was tut Bianca?« wiederholte Dirk und nahm die heruntergerutschte Wolldecke vom Boden auf. Ohne Adam zu beachten, der noch immer hinter ihrem Stuhl stand, erhob sich Bianca und stellte sich in ihrem Streublumenkleid vors Feuer, den Rock gelüpft wie ein Sterntalermädchen, damit die Wärme ihre Beine hinaufschlug.

»Reiten«, sagte Conrad. Seine Stirn war glänzend glatt, nur das Geflecht der Schläfenadern schwoll ein wenig an. »Kannst du reiten, Bianca?«

Sie zog die Schultern spitz zu den Ohren hinauf, während sie ihre Rockzipfel festhielt.

»Sie versteht sich offenbar auf gar nichts«, sagte Chris, »aber ich habe reiten gelernt. Ein bißchen wenigstens. Mit zwanzig Longestunden und Reiten im Gelände.«

»Ich auch«, erklärte Conrad. »Nicht turnierreif. Aber um Reiterferien für Anfänger anzubieten, reicht's.«

Dirk hängte die Wolldecke über Biancas Stuhllehne. Adam trat zu Bianca ans Feuer, hockte sich nieder und blies in die Glut. »Gleich ist der Fisch fertig.«

»Wir könnten Pferde züchten«, sagte Hilde. »Ich hätte Lust, reiten zu lernen.«

Chris schaute sie mitleidig an. »In deinem Alter dauert's ewig. Wenn du überhaupt durchhältst. Gut wirst du nie.«

»Pferde brauchen viel Nahrung und ständige Pflege«, gab Adam zu bedenken. »Ich bin eher für Kaninchen. Und wenn's ans Schlachten geht, bitten wir Rafael.«

Dirk reichte Bianca über das Feuer hinweg die Hand. »Mein Herzblatt, dein Kotelett wird kalt.« Er führte sie wie ein Tanzlehrer an ihren Platz zurück und hüllte sie in ihre Wolldecke. »Warte, ich zerschneide dir das Fleisch. Dann kannst du besser essen.« Ihre linke Hand hielt von innen die Decke zusammen, die rechte ließ sie aus einem Spalt schlüpfen, um die Gabel zu nehmen, die Dirk ihr hinhielt.

»Statt reiten zu lernen«, sagte Hilde, »könnte ich natürlich auch beim Nähen bleiben. Das muß ich nicht erst mühsam lernen. Chris macht eine Boutique auf, Dirk entwirft die Kleider, Adam hilft mir beim Zuschneiden, Conrad kümmert sich um die Werbung, und Bianca ...«, sie lud einen Berg Salat auf ihren Teller und stopfte sich den Mund voll, »... Bianca führt die Modelle vor.«

Chris hob die Stimme. »Ich komme wieder auf die Sprachenschule zurück. Die erscheint mir am realistischsten. Dirk mit seiner verbindlichen Art sitzt am Telefon und stellt die Kontakte her.«

»Ja, wir brauchen Telefon«, stimmte Dirk eifrig zu, »sowie ein Fax und vor allem eine funktionierende Postverbindung.«

»Wenn ich's mir recht überlege«, Chris nagte an ihrem Kotelettknochen, »wäre mir Dirk als Kontaktperson doch nicht so lieb.« Sie grinste ihn kauend von der Seite her an. »Es sind vor allem weibliche Singles unterwegs. Dirk könnte die Kontaktaufnahme übertreiben.« Sie hörte nicht auf zu grinsen. »Ich bin betrunken. Sonst würde ich mir Sprüche dieser Art verkneifen.«

»Wichtig wäre ein Agent, der in Deutschland sitzt und sich um die Werbung kümmert«, sagte Conrad und musterte Bianca, die brav ihre Fleischstückchen aß, »wir müssen Anzeigen schalten, damit die Leute auf uns aufmerksam werden.«

»Schrecklich, wie durchorganisiert das schon wieder klingt!« rief Hilde.

Ein kurzer Windzug ließ das Kohlefeuer aufglühen. Hilde lief zum Tor, um die Müllfahne zu begutachten. »Oje! Levante.«

»Mein Gott, nicht schon wieder!« stöhnte Chris.

Der Wind riß Biancas Decke auseinander, in der sie wie ein Püppchen eingemummelt saß. Ehe Conrad oder Adam reagieren konnten, sprang Dirk hinzu und legte das Wolltuch zärtlich zurück auf ihre Schultern und Schenkel.

Und die Welt ist voll von Männern

»Ich hätte nie gedacht«, sagte Chris gereizt, »daß mir ein Wind so auf die Nerven gehen könnte.«

»Mich stört er nicht«, erwiderte Hilde bockig und betrachtete den vom Fenster eingerahmten Sandsturm.

Pepe schaltete den Fernseher an. Der Bildschirm zeigte die Verwüstungen, die der Sturm angerichtet hatte. Palmen, die sonst prächtig ihre breiten Kronen wiegten, ragten grausig wie kriegsamputierte Stümpfe aus dem Boden. Einigen der Überlebenden hatte man mit Schilfmatten die Blattwedel hochgebunden, um sie vor den Angriffen des Windes zu schützen. Ganze Zypressenhecken waren zur Windseite hin braun verbrannt. Und das im Mai, wo alles üppig grün zu schießen pflegte.

Chris hatte einen ihrer Andalusienführer vor sich auf dem Tisch liegen und zitierte mißgestimmt: »›Der Levante kann Geschwindigkeiten bis zu hundertzwanzig Stundenkilometer erreichen. Er ist am stärksten in der Gegend um Tarifa, wo sich ein Surfer-Paradies etabliert hat.‹« Sie zog spitzlippig an ihrer Fortuna. »Unser liebevoll hochgepäppeltes Bio-Gemüse wäre jetzt ruiniert.«

Pepes Strandbar füllte sich mit Gästen, die gebannt das Naturdrama auf dem Bildschirm verfolgten. Das Pärchen aus der Post – er ziegenbärtig, sie Neo-Hippie – ließen sich am Nebentisch nieder.

»Ich fühle mich«, raunte Adam Hilde zu, während er durch das Bogenfenster auf die vorbeijagenden, hochwirbelnden Sandwolken schaute, »wie in einen Roman des neunzehnten Jahrhunderts versetzt. Das tobende Unwetter spiegelt die Befindlichkeit des Protagonisten wider. Seinen Haß, seine quälende Begierde, seine mörderische Eifersucht. Im technokratischen Heute haben wir ja kaum noch Kontakt zur Natur.«

»Unsinn. Es gibt zahllose wetterabhängige Menschen!« sagte Hilde laut. »Meine Mutter beispielsweise versinkt bei jeder Barometer-Veränderung in grauenhafte Depressionen.«

»Es hat eben nicht jeder so eine robuste Natur wie du«, bemerkte Chris.

»Auch auf Vollmond reagieren die Leute!« fuhr Hilde fort. »In den Kneipen gehen die harmlosesten Leute plötzlich aufeinander los. Was meint ihr, wie oft ich als Bedienung Frieden stiften mußte.«

»Der Föhn«, rief Conrad vom anderen Ende des Tisches, »hat einen ähnlichen Effekt wie der Levante. Als ich die zwei Semester in München studierte, klagten meine Kommilitonen ständig über Migräne und Schlafstörungen.«

»Ich spreche nicht von körperlichen Abwehrsymptomen«, beharrte Adam. »Ich spreche vom Gegenteil. Vom Mitschwingen im Rhythmus der Natur.«

Er schaute in die Runde. Sein Blick verweilte schmerzvoll auf Bianca. Alles schwieg. Er straffte den Oberkörper und breitete die Arme aus wie ein Prediger. »Ich schotte mich nicht ab wie ihr gegen diesen endlosen Sturm. Mein Körper öffnet all seine Poren. Dort draußen spielt sich sozusagen mein Inneres ab. Erst bei Windstille komme ich zur Ruhe.« Wieder warf er einen Blick voller Qual auf Bianca, die dicht neben Conrad saß, und sog mit einem tiefen Stöhnen die Luft durch die Nüstern ein.

Hildes Augen waren seinem Blick gefolgt. »Meine Gefühle«, sagte sie schroff, »entstehen unabhängig vom Wetter.«

»Dann lebst du in einer zivilisierten Kunstwelt«, murmelte Adam, »abgetrennt von den Naturgewalten. Ich dagegen ...«, er hob die Stimme und deklamierte über den Tisch hinweg: »... bin ein Getriebener, ein von Wind und Wetter Gehetzter, meinen Passionen ausgeliefert wie einem Fluch! Aber das ...«, schloß er mit einem Seufzer, »... ist natürlich auch mein kreatives Potential.« Er zog seine Pfeife aus dem ledernen Futteral, das ihm Wiltrud geschenkt hatte.

»Willst du damit andeuten, ich hätte kein kreatives Potential?«

Er lächelte Hilde an: »Nun ja, die Gartenarbeit, das bißchen Kochen ...« Er tätschelte ihr den Handrücken. »Ich denke, du gehörst zum normalen Mittelmaß. Aber das ist nicht schlimm. Das sind ja die meisten. Wir Künstler brauchen euch schließlich als Publikum!«

Hilde riß ihre Hand an sich, sprang auf. Einen Moment lang sah es aus, als wolle sie ihn schlagen. Dann rannte sie zur Toilette, wo sie lange blieb. Adam stopfte seine Pfeife.

»Der Levante beeinflußt offenbar auch kleinere Lichter als dich«, sagte Chris spöttisch. Adam hielt das Streichholz über den Pfeifenkopf und sog, wobei sich seine Lippen bei jedem Zug mit einem kleinen Knall vom Mundstück lösten. Chris holte ihre rotweiße Packung Fortuna hervor. Hilde, zurück von der Toilette, wedelte mit wilden Armbewegungen die Qualmwolken beiseite und setzte sich schließlich demonstrativ an den Nebentisch zu dem deutschen Pärchen aus der Post und plapperte so selbstverständlich drauflos, daß sich die zunächst abweisenden Gesichter entspannten.

»Und wovon lebt ihr?« fragte Hilde.

»Ich ziehe Gemüse für den Eigenbedarf«, erzählte Denise. »Der Wind ist ein großes Problem. Dafür friert es praktisch nie. Paco, unser Nachbar, gibt mir Tips.«

»Ich stelle Halsketten und Ringe her«, sagte Freddy. »Ausgefallene Stücke, keinen billigen Hippieschmuck aus Silberdraht und Lederbändchen. Ein paarmal im Jahr fahren wir rüber nach Marokko und kaufen ein. In der Saison wirst du auf dem Piojito jeden Mist los.«

»Wo?«

»Auf dem Piojito. So nennt sich der Haushaltsmarkt am Strand.«

»Ich würde auch gern was verkaufen.«

»So? Was denn?«

»Ich nähe. Habt ihr Bedarf? Kissen, Gardinen, Bettwäsche.«

Sie winkten lachend ab. »Aber wenn du willst, können wir deine Sachen auf unserem Stand anbieten!«

Hilde strahlte. »Würdet ihr das tun?«

»Käme auf einen Versuch an. Die Einheimischen nähen selber. Aber die Ausländer, die hier wohnen, jammern ständig über den Geschmack der Spanier, über die vielen Blumenmuster, die Schnörkel, das Gold. Willst du 'n Brocken Chocolate?«

»Chocolate?«

»Haschisch. Kommt aus Marokko. Beste Qualität und spottbillig.«

»Ach, vielleicht ein Piece zum Probieren.«

Ungeniert wickelte Freddy ein Silberpapierpäckchen auf und brach Hilde die Hälfte der gepreßten braungrünen Masse ab.

»Ich habe übrigens mit Sebastiano geredet. Er würde uns sein Grundstück billig verpachten«, sagte Conrad, als Hilde an den Tisch zurückkehrte. »Wir können jetzt entscheiden« – er hob sein Fino-Glas –, »ob wir dort Wein oder Bio-Gemüse anbauen wollen.«

»Ehrlich gesagt«, bemerkte Chris, »das Herumwühlen in der Erde liegt mir persönlich nicht so sehr.« Sie schaute flüchtig auf ihre Finger mit den sorgfältig gelackten Nägeln, ehe sie den Zigarettenstummel ausdrückte. »Ich plädiere für die Sprachschule. Die hätte eine realistische Chance.«

»Einer von uns«, schlug Conrad vor, »sollte systematisch die Sprachschulen hier an der Küste abklappern, um herauszufinden, wie man so was am geschicktesten aufzieht und welche Fehler man vermeiden muß. Danach entscheiden wir.« Er schaute Hilde an. »Das wäre was für dich.«

»Alleine habe ich keine Lust!« Hilde holte sich ein Döschen Zahnstocher von der Theke und begann energisch ihre Zahnzwischenräume zu säubern.

»Wer begleitet Hilde?« fragte Conrad.

»Du«, sagte Chris.

»Ich bin gerade erst zweieinhalbtausend Kilometer gefahren. Ich steige nicht gleich wieder ins Auto. Adam, wie ist es mit dir?«

»Wie lange wären wir unterwegs?«

»Na, ich schätze ein bis zwei Wochen.«

»Das geht im Moment nicht.« Adam schüttelte den Kopf. »Ich arbeite gerade intensiv an meiner Skulptur ›Virgen mit Schwertfisch‹. Durch diese Panne in Valencia habe ich viel Zeit verloren.«

»Außerdem bist du als Hausmeister unentbehrlich«, spöttelte Chris. »Wie wär's mit dir, Bianca?«

Biancas Kopf flog zur Seite, als habe ihr jemand einen Schlag versetzt.

»Du und Hilde«, fuhr Chris fort, »ihr wärt das ideale Gespann!«

»Nein«, sagte Conrad streng. Sein glänzend kahler Oberkopf überzog sich mit einer leichten Röte. Dann setzte er hinzu: »Bianca ist von den zweieinhalbtausend Kilometern genauso erledigt wie ich.«

»Sie wirkt aber sehr fit«, sagte Chris.

Jäh, wie der Levante begonnen hatte, brach er ab.

Hilde holte das Putzzeug aus der Abstellkammer.

»Ich fahre demnächst mit zum Fischen raus!« Conrad ließ die Zeitung sinken und lächelte Bianca an. »Christóbal sagt, zwei Personen kann er mitnehmen.«

»Wann geht es los?« fragte Adam eifrig.

»Morgens um fünf.«

»Oje, das ist mir zu früh.«

Bianca spielte versunken mit dem Verschluß ihres Täschchens, klickte ihn auf und wieder zu, auf und zu.

»Ich komme mit.« Hilde lehnte demonstrativ Besen und Kehrschaufel gegen den Terrassentisch.

»Romantikerin!« spottete Chris. »Du gehst doch auch nicht auf den Schlachthof, um zu gucken, wie die Kälber abgemurkst werden.«

»Das ist was anderes!« rief Hilde aus der Küche, ließ Wasser in den Putzeimer laufen und schleppte ihn hinaus auf die Terrasse. »Ein Schlachthof ist eine riesige Fleischfabrik. Gräßlich. Die Fischer dagegen jagen auf urtümliche Art, um sich und ihre Familien zu ernähren.«

»Ich glaube eher«, sagte Chris, »daß du einen Kaltblütler mitleidloser anschaust. Ein Fisch hat nun mal keinen kläglichen Kälberblick, bei dem dir das Herz zittert.«

»Fischen ist nicht besonders aufregend«, sagte Dirk. »Die meiste Zeit stehst du auf dem Boot herum und frierst und wartest, daß was passiert.« Beiläufig wandte er sich an Chris. »Leihst du mir das Auto?« Chris nickte zerstreut und warf ihm den Schlüssel zu. »Ich möchte das schöne Wetter nutzen«, sagte Dirk lässig und haschte Biancas Hand. »Komm, mein Goldsternchen, wir fahren ins ›Bahia Sur‹.«

Eh sich's Chris versah, saßen die zwei in ihrem Ford Fiesta. Ihr Zorn ging im Aufheulen des Motors unter.

»Scheißkerl!« rief sie. »Jetzt drückt er sich vorm Saubermachen!«

Durch jede Ritze, jeden Spalt hatte der Wind feinsten Sand geblasen und alles mit einer grauen Schicht überzogen.

Hilde griff den Reisigbesen, Conrad schnappte sich den Staubsauger, Adam und Chris stritten sich um Eimer und Putzfeudel. Bis in den Nachmittag hinein fegten und saugten und schrubbten und wischten und wienerten sie mit verbissener Emsigkeit.

Nach Stunden hupte es lärmend vor der Hofmauer, wie um Biancas Auftritt anzukündigen. Schon schwebte sie im zarten Glockenkleid durchs Tor, gefolgt von Dirk, der sie am Ellbogen wie ein stolzer Ehemann quer durch den Innenhof führte.

»Danke, Chris!« Mit einer angedeuteten Verbeugung überreichte er ihr den Autoschlüssel.

Grimmig steckte sie ihn ein. »Wir haben die ganze Zeit geputzt!«

Bianca sah den Eimer im Kücheneingang stehen, riß sich von Dirk los und tunkte ihre Arme bis zum Ellbogen hinein, um den Wischlappen herauszuholen. Das Wasser spritzte über ihr Glockenkleid, taubenblau mit weißen Punkten, vom Busenansatz bis zum halben Schenkel geknöpft.

»Was tust du da, Bianca?« schalt Dirk. »Gib mir dein Täschchen. Du wirst ja ganz naß!«

Bianca schlenkerte die taubengrauen Pumps von den Füßen, sie flogen durch die halbe Küche. Kniend zog sie den Lappen über die Fliesen. Das hartlederne Täschchen schleifte und holperte hinter ihr her.

»Wechsel erst mal das Wassser«, rief Hilde, »statt diese Dreckbrühe in der Küche zu verteilen!«

Bianca rappelte sich hoch und stand mit hängenden Armen da, von den Fingerspitzen tropfte es.

»Hat er dir auch Unterwäsche gekauft?« fragte Chris scharf.

Bianca hob den nassen Rock, und jeder konnte sehen, daß sich rauchgraue Seide um ihre Hüften rüschte.

Conrad griff sich die Zeitung, die Dirk mitgebracht hatte, und verzog sich auf die Terrasse.

»Komm raus in die Wärme, mein Liebchen.« Sanft nahm Dirk Biancas Arm. »Sonst holst du dir eine Erkältung!«

Sie stellte sich mitten auf die Terrasse, zog ihren naßverklebten Rock auseinander und hielt ihn an zwei Zipfelchen in die Sonne. Über den Rand seiner Lesebrille hinweg betrachtete Conrad ihre nackten Beine mit schmerzlichem Begehren.

Was ist falsch an mir, dachte Hilde und wuchtete den Staubsauger in den ersten Stock, daß er mich nie so ansieht?

Ich bin ihm zu dick und zu alt und zu bieder – ach, wär ich doch auch so ein kapriziöser Schmetterling wie Bianca!

Sie stöpselte den Stecker ein, drehte die Bürste ab, führte das Rohr an die Fußleisten, wo sie Reste von Sand entdeckt hatte, und drückte den Schaltknopf.

Das Gerät heulte los wie eine Gewehrsalve.

Sie raste den ganzen langen Flur entlang und auf der anderen Seite zurück. Irgendwann hat sich die Sache mit Bianca totgelaufen! Das kleine Flittchen will ihn doch gar nicht, warum begreift er das nicht?

Sie stürmte durch die Zimmer, auf der Suche nach vergessenem Sand, stöpselte um und um, entdeckte unermüdlich immer neuen Schmutz, den es zu beseitigen galt, und schrie plötzlich gellend auf, während der Staubsauger mit einem ersterbenden Jaulen verstummte.

Alles jagte nach oben. Nur Bianca nahm vorsichtig Stufe um Stufe und lauschte dem Klappern ihrer Absätze nach.

Hilde schnappte Conrads Handgelenk. »Leg die Pistole weg! Wir brauchen eine Taschenlampe, sonst nichts.«

Sie senkte die Stimme. »Es saß am Boden. Ein seltsames Insekt. Was ist das? dachte ich. Ein Tausendfüßler.« Sie spreizte Daumen und Zeigefinger: »So groß! Wie ich mich runterbeuge und es genauer ansehen will, diesen durchsichtigen langen Körper, da klappt das Tier plötzlich seinen Schwanz hoch und flitzt unters Bett.«

»Ein Skorpion«, murmelte Conrad, während Adam mit der Stablampe sorgfältig die Ritzen am Boden abtastete. »Am besten, ihr schüttelt abends eure Schlafdecken aus. Und morgens die Schuhe, da sitzen sie auch gern.«

»Hättest du uns das nicht früher sagen können?« zeterte Chris. »So ein Stich ist lebensgefährlich!«

»Man stirbt nicht daran«, sagte Conrad. »Höchstens Kleinkinder. Aber die haben wir hier ja nicht.«

»Ich fliege zurück nach Hause!« rief Chris. »Gräßlich, dieses Ungeziefer! Und jede Nacht Mücken! Ich bin am ganzen Körper zerstochen!«

Adam hob die Pistole von Hildes Nachttisch und wog sie in der Hand. »Ist die geladen?«

»Natürlich«, sagte Conrad gereizt.

»Leg sofort das Ding weg!« schrie Hilde.

»Hör mal, ich kann mit so was umgehen«, sagte Adam gekränkt. Conrad nahm ihm die Pistole ab und schob sie in den Gürtel.

»Ich hab noch was Ekelhaftes entdeckt«, fuhr Chris erregt fort. »Eine Traube Spinnen hing draußen unterm Fenster, Hunderte von Spinnen, die mit den langen Beinen, Weberknechte heißen die wohl. Ich habe Gift gesprüht. Man muß sich ja nicht mit allem Viehzeug arrangieren.«

»Spinnen sind nützliche Tiere«, ereiferte sich Hilde, »die Fliegen und Mücken fressen.«

»Und schlafen kann ich auch nicht«, rief Chris. »Schrecklich, die Vögel mit ihrem lärmenden Gezwitscher! Ich wache jeden Morgen um sechs Uhr auf. Dieser Dschungel im Hof muß weg, der ist voller Nester.«

»Die Vögel bleiben«, sagte Hilde scharf. »Du kannst dich gern wieder dem Frankfurter Straßenlärm aussetzen, wenn der dir lieber ist.«

»Was hier im Hof rumkrakeelt, sind ordinäre Spatzen!« sagte Conrad abfällig. »Die exotischen Vögel haben deine Andalusier längst gekillt und zu Tapas verarbeitet.«

»Wieso meine Andalusier?« fauchte Hilde.

»Du hältst die Gauner hier doch für die besseren Menschen.«

»Zumindest strahlen sie mehr Lebensfreude aus als ihr! Ich hab von euren griesgrämigen Gesichtern wirklich die Nase voll!«

»Und dieses Meer!« schnappte Chris. Ihr sonnenbraunes Gesicht entfärbte sich zu einem fahlen Gelbgrau. »Das Meer hört man nicht ungleichmäßig aufbrausen, Welle um Welle, so wie ich mir das vorgestellt habe. Das Meeresrauschen ist ein unangenehm monotones Geräusch wie eine ferne Autobahn.«

»Nur bei Poniente«, sagte Hilde. »Sonst hörst du das Meer überhaupt nicht.«

»Es stört mich!« schrie Chris. »Alles stört mich. Ich fahre zurück nach Hause.« Sie rang nach Luft, reckte sich auf die Zehenspitzen, ihre Hände angelten schräg nach oben, als wollten sie etwas greifen, und sachte, wie in Zeitlupe, kippte sie nach vorne. Gemeinsam fingen sie ihren fallenden Körper und zogen ihn auf Hildes Bett. Dann standen sie einen Moment lang etwas ratlos verlegen herum, aber da Chris noch sehr lebendig mit den Armen zuckte, verdrückte sich einer nach dem anderen.

Zum Schluß ging Bianca. Sie hielt den Blick fest auf Chris geheftet, während sie mit klackenden Absätzen zur Tür schritt. Hilde hockte sich neben dem Bett nieder, nahm Chris' kalte Hand und sagte freundlich: »Ich mach dir einen Baldriantee, der beruhigt.«

»Baldrian ist was für alte Tanten«, murmelte Chris, während ihr Gesicht allmählich den gesunden Braunton zurückgewann. »Ich werde wohl langsam eine hysterische Alte. Schau dir meine Haut an.« Sie entzog Hilde ihre Hand und richtete den Oberkörper halb auf, um mit zwei Fingern die Haut über den gestreckten Knien zusammenzuschieben. »Mit diesen dürren Krähenbeinen kriegst du nie einen Mann, sagte meine Mutter. Und jetzt werden sie auch noch faltig. Wenn du wenigstens geschieden wärst! sagte meine Mutter. Das bin ich jetzt zweimal. Meinen ersten Mann habe ich freiwillig verlassen, weil ich glaubte, ich hätte was Besseres verdient als einen kleinen Grundschullehrer.« Sie lachte dünn. »Georg hat mich wirklich geliebt. Aber ich hielt ihn für einen Trottel und mußte meinen Professor haben. Den kriegte ich dann ja auch. Zwei Jahre ging es gut. Gut ist übertrieben. Es war eine irrsinnig anstrengende Zeit.«

»Willst du hier oben bleiben«, fragte Hilde und erhob sich aus der Hocke, »oder kommst du mit runter in die Küche?«

Chris reichte ihr gnädig den Arm hin und ließ sich die Treppe hinunterführen. Dabei redete sie und redete wie ein ratterndes Uhrwerk.

»Neben meiner Arbeit als Lehrerin spielte ich die perfekte Ehefrau. Was glaubst du, wie ich Kochbücher gewälzt habe, um meinem kostbaren Professor jeden Tag eine aufregende neue Gaumen-Kreation bieten zu können. Wie ich Nacht für Nacht raffiniertere Verführungsmethoden erfand, die einer Nobel-Kurtisane alle Ehre gemacht hätten. Nur meine Rükkenschmerzen störten ein wenig, wenn ich mich zu seinem edlen – übrigens sehr zierlichen – professoralen Geschlechtsteil niederbeugte, um es zu stimulieren.« Sie ließ sich schwer auf einen der Küchenstühle sinken. »Und eines Tages erwischte ich ihn händchenhaltend wie ein verliebter Konfirmand mit dieser dummen Pute von Studentin, die ich anfangs nicht ernstnahm mit ihren zipfeligen Sweatshirts und den gesunden roten Wangen eines Provinzmädchens. Ich will nicht, daß meine Mutter recht behält! Du mit deinen dürren Krähenbeinen! Wenn Dirk schon nicht mehr mit mir schläft, könnte er wenigstens mit mir spazierengehen. Du mit deinen dürren Krähenbeinen! Wie sie einen verfolgen, diese Eltern! Sie ist fast achtzig, meine Mutter. Eine rasante Frau mit schwarzem Haar, in knalligen Kleidern. Ihre zahllosen Verehrer überschütten sie mit Aufmerksamkeiten. Ich wäre froh, wenn ich nur einen einzigen hätte. Mehr braucht man ja nicht. Und die Welt ist voll von Männern. Gib mir meine Zigaretten!« Hilde reichte ihr die Fortuna-Schachtel.

»Wenn eine Frau zwei- oder gar dreimal verheiratet war«, fuhr Chris fort, während sie den Rauch in tiefen Zügen einatmete, »überschlagen sich gleich die lüsternen Phantasien: ›männerfressendes Weib, unersättlich, ein einziger Mann hat ihr nicht genügt‹, und so weiter und so weiter. Die Wahrheit sieht meist kläglich aus: keiner der drei Männer hatte Zeit für sie. Oder jeder hatte zu viele Frauen nebenher ...«

Warum erzählt sie mir das alles? dachte Hilde, während sie kochendes Wasser auf die zerkleinerte Baldrianwurzel goß. Wahrscheinlich bin ich so was wie eine Telefonseelsorge für sie. Dirk lugte unterwürfig zur Tür herein. »Chris, meine Hübsche, wollen wir einen kleinen Waldspaziergang machen?«

»Diese ewigen Pinien langweilen mich zu Tode!« schnaubte Chris. Conrad reckte den Kopf durch die Tür. »Leihst du mir deinen Andalusienführer?«

Sie lachte verächtlich. »Wozu? Wir sind doch alle nur touristische Kulturbanausen!«

Aber dann bequemte sie sich doch, aufzustehen und sich mit ihrem Prachtband »Maurische Architektur in Andalusien« zu Conrad auf die Terrasse zu setzen.

Immer gelingt es Chris, dachte Hilde, während sie den Eimer mit Schmutzwasser ausgoß, die Männer um sich zu scharen. Sie ist genau wie ihre rasante Mutter. Von ihr hat sie das Kapriziös-Verführerische, das mir so fehlt. Jetzt kommt auch noch Adam mit einem Teepunsch. Den trinkt Chris brav. Aber meinen Baldriantee läßt sie stehen.

Hilde spülte den Wischlappen aus und hängte ihn auf die Wäscheleine. Keiner freut sich an mir. Keiner merkt, um was ich mich alles kümmere. Keiner lobt mich. Abends lassen sie immer die Kissen draußen rumliegen, und am Morgen sind sie voller Vogelscheiße. Conrad nimmt höchstens sein eigenes Kissen mit rein. Sie vergessen die Holzbrettchen im Waschwasser, daß sie aufquellen. Adam legt den Mülleimerdeckel auf dem Küchentisch ab, direkt neben der Käseplatte. Wieso merkt das keiner? Immer bin ich die Verantwortliche. Wie früher zu Hause mit meinem kränkelnden Vater. Mit meiner launischen Mutter, die nicht fähig war, sich ein Spiegelei zu braten. Wie oft habe ich ihr den Kühlschrank abgetaut, den verschimmelten Käse weggeworfen? Immer kaufte sie zuviel ein, aus Angst, verhungern zu müssen. Und beschwerte sich noch, ich risse den Haushalt an mich, ich wolle sie bevormunden. Ach, warum hat meine Mutter mich zum robusten Maultier erzogen statt zur zimperlichen Luxusstute? Als ich von zu Hause wegging, um zu studieren, fühlte sie sich bitter im Stich gelassen. Und jetzt, wenn ich sie besuche, ihre hilflosen, mißlungenen Bemühungen, mütterlich zu sein: »Bist du auch warm angezogen?« Als sei ich ein zehnjähriges Kind. »Mami, ich passe schon auf, daß ich mir keine Blasenentzündung hole.« »Willst du einen Kaffee?« »Mami, du weißt doch, ich trinke nur Tee.« »Ich habe Earl Grey für dich gekauft.« »Mami, du weißt doch, das ist der einzige Tee, den ich nicht mag.«

Ach, hätte sie doch das Tanzen nicht aufgegeben für Kind und Mann. Sie war Tänzerin, keine Mutter. Jetzt, mit der Gicht in den Füßen, kann sie nicht mal mehr langsamen Walzer tanzen.

Hilde trug Eimer, Besen und Schaufel in die Abstellkammer und schleppte den Staubsauger hinunter ins Parterre. Durch die Küchentür hörte sie Chris einen Vortrag über die Zeit der Maurenherrschaft halten. »Erstaunlich, wie sich bis heute das kulturelle maurische Erbe erhalten hat! Schau dir die Architektur an! Man findet dieselben Kachelmosaiken wie damals! Dieselben Hufeisenbögen!«

Jedem geht es bestens, dachte Hilde böse. Nur bei mir läuft alles schief. Damals, vor meiner Schwangerschaft, als ich mir selbst am nächsten war, fühlte ich mich rundum wohl. Ich war finanziell unabhängig und arbeitete mit besessener Freude. Auch wenn mir Conrad vorwarf, die Bilder seien unpolitisch. Schlimmer: systemkonform, kunstgewerblerisch. Darum sei ich auch so erfolgreich. Schade, daß ich im Zorn den größten Teil meiner Werke im Kamin seiner Eltern verbrannt habe.

Auf dem Haushaltsmarkt, dachte sie, besorge ich mir Stoffreste für Textilcollagen. Immer nur praktische Kissen und Vorhänge und Nachthemden herstellen gefällt mir nicht. Ich will wieder Überflüssiges gestalten. Entbehrlichen, unnötigen Luxus. Verrücktheiten, die keinen Nutzen haben. So wie Adam.

Sie zerrte den Staubsauger in den Abstellraum und verließ den Hof, um nach den Kräuterbeeten zu sehen. Die Petersilie war schon in struppigen Büschelchen geschossen. Vereinzelt kam Liebstöckel, der Borretsch tat sich schwer. Wer hatte die Plastiktüten auf den Kompost geworfen? Das war sicher Adam, dieser Hudelfritz.

Als sie sich niederhockte, um die Plastiktüten zu entfernen, drang ihr ein winziges zirpendes Maunzen ins Ohr. Sie erhob sich, folgte dem Geräusch und entdeckte auf einem Erdhügel ein rotes Fellbündelchen, das sich wie ein ausgesetztes Kind die Seele aus dem Leib schrie.

Sie näherte sich behutsam, schnalzte leise mit der Zunge, lockte, maunzte. Kaum saß das Tier winzig in ihren hohlen Handflächen, verstummte das Schreien.

»Adam, bring mir eine Schale warmes Wasser mit einem Schuß Milch!« Als sie das Tierchen niedersetzen wollte, krallte es sich an ihren Jackenärmel und fing von neuem an zu schreien. Adam reichte ihr die Wasserschale hoch. Das Tier schnupperte und begann zu lecken.

»Komm mir nicht zu nahe!« rief Chris und hielt ihren Bildband wie einen Schild vor die Brust. »Ich kann Katzen nicht ausstehen.«

»Nimm sie bloß nicht mit ins Haus!« knurrte Conrad. »Die muß sich sofort dran gewöhnen, daß sie draußen bleibt, sonst scheißt sie uns alles voll.«

Bianca saß unterm Jasminbusch, ein abgegriffenes Schulheft auf den Knien, und beobachtete das Kätzchen aufmerksam. Nach einer Weile verstaute sie Heft und Kugelschreiber in ihrer Umhängetasche, stand auf und näherte sich atemlos. »Darf ich es anfassen?«

»Bitte.«

Was für wohlgeformte Hände sie hat, dachte Hilde. Conrad mochte meine breiten, praktischen Hände nie. »Aber dafür kannst du ja nichts«, sagte er immer.

Ihn hat die Midlife-crisis gepackt, wie soviele Männer in seinem Alter, die sich plötzlich in Teenies vergaffen. Trotzdem – das hätte er mir nicht antun dürfen. Bianca mit hierherzubringen. Das war zuviel.

»Man spürt jedes Knöchelchen«, flüsterte Bianca. »Wie es zittert. Friert es oder hat es Angst?«

»Durchfall hat es«, sagte Hilde. »Es versaut mir meinen Rock!« Sie versuchte das Tier abzusetzen. Sofort klammerte es sich an ihren hochgeschoppten Jackenärmel, während die braune Brühe über ihren Arm floß.

»Bring mir was zum Abwischen!«

Bianca rannte in die Küche, holte einen Lumpen, rieb Hildes Arm sauber, rückte ihr einen Stuhl zurecht und breitete ein altes Handtuch über ihrer Schoßmulde aus, damit Hilde das Kätzchen hineinsetzen konnte. Dann kehrte sie zögernd auf ihren Platz zurück, zog ihr Heft aus der Tasche, legte es auf ihre Knie und fuhr fort zu schreiben.

Hilde beugte sich höflich zu ihr hinüber. »Was schreibst du?«

Aufgestört klappte Bianca das Heft zu, schien sich dann aber über Hildes Interesse zu freuen. »Gedichte.«

»Wie schön. Darf ich mal sehen?«

Nach kleinem Zögern kam sie mit ihrem Heft und stellte sich neben Hildes Stuhl auf wie eine Wächterin. Mit der einen Hand kraulte Hilde die Katze, mit der anderen blätterte sie.

Sie hatte gefühlige Liebeslyrik erwartet, melancholische Enttäuschungen wie abgeknickte Blüten, und war schockiert. Bianca mit ihrem Mädchenlächeln, der die Männer wie hypnotisiert nachliefen, schrieb mörderische Gedichte.

Sie roch süßlich nach Baby

Jerónimo, der Fernsehtechniker, den Conrad endlich in der Bar »El Rincón« auftrieb, war freundlich wie immer. Morgen, morgen käme er bestimmt. Ganz sicher. Hundert Prozent. Conrad könne sich auf ihn verlassen.

Und wieder wartete Conrad einen ganzen Morgen, einen ganzen Tag, eine ganze Woche.

»Mit uns Ausländern können sie's machen!« fluchte er. »Man fühlt sich ganz schön verarscht.«

»Die Leute hier sind so«, sagte Dirk gleichmütig. »Nimm's nicht persönlich.«

»Auch Rafael kommt nicht, wenn man ihn braucht. Letzte Woche habe ich ihn gebeten, das Gestrüpp im Innenhof zu lichten.«

»Laß uns zu ihm rübergehen«, sagte Hilde und kuschelte ihre Wange ins Rückenfell der kleinen Katze, die sie Lolita genannt hatte. »Sicher schenkt er uns wieder Zwiebeln und ein paar Salatköpfe.«

Ausführlich bewunderten sie Rafaels Terrassendach aus Weinlaub. »Gute Trauben«, sagte Isabel und nickte.

»Wenn man Wein anbaut«, fragte Conrad, »wie lange braucht der, bis man die ersten Trauben ernten kann?«

»Drei Jahre.«

»Oh«, sagte Hilde.

Conrad zog die Oberlippe zwischen die Zähne. »Chris hat recht. Wir sollten eine Sprachschule aufziehen. Wir sind Intellektuelle und keine Bauern.«

Sie tasteten sich den schmalen Pfad zwischen den Feldern entlang, Lolita sprang ihnen übermütig nach. Rafael beugte sich nieder, um ein paar Möhren und Zwiebeln aus der Erde zu ziehen. »Schau mal, die Körner!« sagte Hilde irritiert. »Sogar Rafael scheint mit Nitrat zu düngen.« Sie holte tief Atem. »Rafael, Nitrat kann Krebs erzeugen. Wußtest du das? Wir haben in Deutschland große Probleme mit belastetem Grundwasser.«

Rafael lächelte. »Nitrat ist Nahrung. Die Pflanzen müssen essen wie wir auch.«

»Kennt man denn hier keinen Kompost?« rief Hilde.

»Traditionell werden die Felder abgeflämmt«, sagte Conrad. »Die Asche ist hier der Dünger.«

Am Nachmittag kam Rafael und brachte seine Söhne mit. Conrad zeigte ihnen, welche Büsche sie stutzen und welche sie abholzen sollten. Er vermied es, Hilde anzuschauen, während er seine Anweisungen gab. Schon mit einem ersten Blick hatte er festgestellt, daß ihre Wangen naß von Tränen waren.

Natürlich, die kurzen Stümpfe im Boden, die nach der Aktion übrigblieben, waren kein Augenschmaus.

»Ein Kahlschlag wie im tropischen Regenwald«, spöttelte Chris.

»Aber wir haben jetzt mehr Platz«, verteidigte sich Conrad. »Wir können jetzt ein Dutzend Tische und Stühle aufstellen und unseren Sprachunterricht hier draußen abhalten.«

»Die Sprachenschule ist gestorben«, sagte Chris leichthin.

»Wieso?«

»Es gibt bereits eine im Ort. Und die ist hervorragend organisiert. Gegen eine etablierte Schule haben wir keine Chance.«

»Bei uns hier draußen ist es ruhiger.«

»Die andere Schule hat das Meer in Reichweite. Damit können wir nicht konkurrieren.«

Conrads knochiges Gesicht sah plötzlich alt aus. Die kleine beleidigte Krümmung saß wie endgültig in seinem Mundwinkel fest.

Da drang ein entzückter Aufschrei aus dem Badezimmerfenster. Conrad fuhr zusammen und eilte ins Haus. Über die Wanne geneigt, stand Bianca und betrachtete einen kleinen knallgrünen Frosch, der vergeblich versuchte, die glatten Emailwände zu erklimmen.

Conrad langte vorsichtig hinunter auf den Wannenboden, nahm den Frosch in die Handmulde und hielt ihn Bianca hin. Während sie das Tierchen scheu betrachtete, wehte eine Strähne ihres seidigen Haares über seine gekrümmte Hand, die unvermittelt zu zittern begann, als habe sie ein kleiner elektrischer Impuls getroffen. Rasch setzte er das Fröschlein auf den Fliesen ab. Einen Moment lang saß es wie erstarrt, dann hüpfte es in langen Sprüngen davon.

Conrad holte sich eine Tasse Kaffee aus der Küche und ließ sich auf einen der Terrassenstühle fallen. »Ein Projekt nach dem anderen können wir streichen«, sagte er verdrossen.

Hilde legte ihre Hand auf seine: »Aber wir haben doch Zeit.«

Er riß seine Hand unter ihrer hervor, ließ sie auf den Tisch klatschen, daß der Kaffee über den Tassenrand schwappte – »Wir wohnen einfach so vor uns hin, als wäre alles in Ordnung!« –, sprang auf, lief erregt durch den kahlen Innenhof, blieb vor der dünnen Palme stehen, holte aus und trat mit einer solchen Kraft gegen den Stamm, daß die Pinselkrone ins Vibrieren geriet. »Mein Gott, Hilde! Wir brauchen eine Aufgabe, die uns alle verbindet!«

»Was bist du so ungeduldig«, rief Hilde, »warte doch ab, wie sich das Zusammenleben entwickelt und was für neue Pläne entstehen. Du willst alles erzwingen.«

»Manche Dinge brauchen etwas Zwang.«

»Manche Dinge brauchen etwas Zeit.«

»Du bremst meinen Elan!«

»Du drängst und puschst mich.«

Wütend starrten sie einander an.

»Wir könnten uns wenigstens zusammensetzen, um die täglich anfallenden Aufgaben zu verteilen«, sagte Conrad unwirsch und kehrte zu seinem Stuhl zurück.

»Bisher hat sich doch alles wunderbar von selbst ergeben.«

»Fast alles.«

In der Tat hatten sich im Laufe der gemeinsamen Wochen bestimmte Tätigkeiten auf bestimmte Personen konzentriert, ohne daß man sie miteinander abgesprochen hatte. Hilde war für Garten und Pflanzen zuständig, assistiert von Dirk. Chris, die den Rückflug verschoben hatte, weil in Frankfurt zur Zeit gräßlich graues Regenwetter sei, kaufte mit Dirk zusammen ein. Hilde kochte. Meist eine Mischung aus Gemüsekost und handfester andalusischer Fischküche. »Die gesündesten Menschen«, bemerkte sie, »sind die inkonsequenten Vegetarier.«

Den Abwasch übernahm jeder im Wechsel. Alle vierzehn Tage kam Consuelo, Rafaels Tochter, für einen gründlichen Hausputz. Sie sang bei der Arbeit. Seltsam klagende Melodien, eintönig wie arabische Lieder, aus alten Zeiten geerbt. Wenn jemand hereinkam, unterbrach sie sich lachend, als wolle sie ein Geheimnis überspielen.

Conrad kümmerte sich um die Handwerker.

Nur Adams kleinere Repaturarbeiten ließen auf sich warten. Conrad hatte ihm nach einer ersten Mahnung zwei Wochen gegeben, ohne zu drängen. Nun platzte er heraus: »Statt auf deinen schwachsinnigen Autoblechen herumzulärmen, könntest du endlich mal was Sinnvolles für die Gemeinschaft tun! Zum Beispiel die gesprungene Scheibe im Bad ersetzen. Die Fensterläden hast du auch noch nicht abgehobelt! Alle außer dir machen sich nützlich! Schau, Hilde pflanzt Geranien, damit unser Hof nicht mehr so trostlos aussieht!«

Adam nickte wie ein gescholtener Sohn und verkrümelte sich in seine Werkstatt.

Wie Conrad so dasaß, die Zeitung über die Knie gebreitet, Hildes ausladenden Hintern und die häßlichen Reste des gestutzten Dschungels im Blick, vernahm er einen gedämpften Schreckenslaut aus dem Bücherzimmer. Er fuhr von seinem Stuhl hoch. »Bianca, bist du's? Was ist passiert?«

Sie stand neben seinem Schreibtisch und deutete fassungslos mit dem gereckten Zeigefinger auf den Boden, wo etwas lag. Was hat sie denn, dachte er, das ist doch nur ein Schmutzknäuel. Als er sich hinunterbeugte, um das wollige Knäuel genauer zu betrachten, erkannte er den kleinen Frosch, eingestaubt wie eine Mumie.

»Wir hätten den armen Kerl raus ins Grüne setzen sollen!« seufzte er und streichelte täppisch Biancas Wange. »Aber wir wußten ja nicht, daß die Staubflusen an seiner feuchten Haut kleben bleiben. Er sieht aus wie geteert und gefedert.«

Mit zwei Fingern faßte er das leblose Tier an einem Beinchen – sieht aus wie ein winziges Kind, dachte er mit leichtem Grausen – und warf es in die Mülltonne.

Neben Adam war Bianca ein nicht ganz einfacher Fall. Mangelnden Einsatz konnte ihr allerdings niemand vorwerfen, so wie Adam, diesem asozialen Egomanen.

Sie bemühte sich ohne Frage, war aber ausgesprochen ungeschickt. Man überließ ihr nur leichteste Hilfsarbeiten, nachdem sie beim Abwasch einige Cognacgläser zerbrochen und Dirks weißen Frottéemantel mit Adams Jeansjacke zusammen in der Waschmaschine gewaschen hatte. Als sie einen Abend allein das Haus hütete, wollte sie sich nützlich machen und goß die Pflanzen. Leider vergaß sie, die Wasserhähne abzudrehen. Der halbe Garten war überschwemmt, und die Pumpe, die im leeren Brunnen weiterarbeitete, gab schließlich den Geist auf. Vergeblich versuchte Adam, sie wieder in Gang zu bringen. Es mußte ein teurer Spezialist geholt werden.

»Das war Biancas Fehler!« murrte Adam, als Conrad die Kosten auf alle verteilen wollte. »Dafür will ich nicht bezahlen.«

Bianca griff in ihr Täschchen und zückte die Geldbörse.

Conrad hielt ärgerlich ihre Hand fest. »Laß. Ich zahle.«

»Reparaturen über hundert Mark«, bemerkte Chris, »trägt ohnehin der Hausbesitzer. Das steht in jedem Mietvertrag.«

Warum will man mir unbedingt die Rolle des Kapitalisten und Feindes aufzwingen? dachte Conrad ungehalten. Warum äußert sich niemand lobend über meine Großzügigkeit? Immerhin stelle ich eine riesige, wunderbar gelegene Finca zur Verfügung und verlange eben nicht, wie andere Hausbesitzer, eine angemessene Miete, sondern erwarte nur, daß man sich ein wenig verantwortlich fühlt und das Anwesen für ein sinnvolles Gemeinschaftsprojekt nutzt. Erschreckend unengagiert geht man an die Sache heran! Offenbar begreift keiner wirklich seine Chance! Er beneidete Leute wie Rafael, dessen Söhne ihm bei der Feldarbeit zur Hand gingen. Oder Pepe mit seiner Familie. Pepes Frau kochte, Pepe selbst stand hinter der Theke, die Söhne bedienten an den Tischen, die Töchter kümmerten sich um die Vermietung der Apartments. Wie natürlich die familiäre Zusammenarbeit klappt, dachte er, die wir krampfhaft in unserem Wahlverwandtschaftsmodell zu entwickeln suchen.

Er blätterte in der FAZ. Ärgerlich, daß man deutsche Zeitungen im Ort erst drei Tage nach Erscheinen kaufen konnte. Manchmal wurden sie gar nicht geliefert. Der Zeitungshändler staunte jedesmal über Conrads überraschende Zornesausbrüche. »Diese harmlosen Hinterwäldler, Bewohner eines Entwicklungslandes«, schäumte Conrad, »haben natürlich keine Ahnung von der Notwendigkeit täglicher Information!«

Jahrzehntelang war Conrad politisch und kulturell auf dem laufenden gewesen und fühlte mit schmerzlicher Nervosität diesen plötzlichen Entzug. Ein paarmal war er die 150 Kilometer nach Marbella geflitzt, um an eine aktuelle Zeitung zu kommen. Sicher, er las »El Pais«, aber dort fehlten einfach die täglichen detaillierten Nachrichten aus Deutschland.

Er blieb an der Wirtschaftsseite hängen. Die Pesete war um vier Pfennig gesunken. Zum Sommer hin würde sie sicher wieder anziehen. Er sollte seinen Vermögensverwalter anrufen, damit er ihm noch mal ein paar tausend Mark auf sein Pesetenkonto überwies.

Die unterschiedliche finanzielle Ausgangsbasis war natürlich – wie er befürchtet hatte – Konfliktfeld Nummer eins. Hilde beschwerte sich, daß Chris vom Gemeinschaftsbudget teuren Jabugo-Schinken gekauft hatte. Chris bestand darauf, ihren gehobenen Eßstil beizubehalten.

Man einigte sich darauf, daß Grundnahrungsmittel und Putzmaterial gemeinsam bezahlt wurden und daß für Extras jeder einzelne aufkam. Ein wenig unbehaglich war Conrad, wenn nur er und Chris beim Frühstück nach dem teuren Schinken griffen, während die anderen vorgaben, keinen zu mögen. Noch peinlicher wurde es, als er eines Tages Adam am Kühlschrank erwischte, wie er sich hastig drei Scheiben

Cinco jotas in den Mund stopfte. Um nicht den strafenden Papa spielen zu müssen, tat er, als habe er nichts bemerkt, und Adam verdrückte sich kauend.

Seltsam, daß er mit Chris, die er bislang nur halbherzig in seine Pläne einbezogen hatte, plötzlich auf einer Seite stand. »Die Deutsche Pfandbrief- und Hypothekenbank erhöht erneut ihre Zinsen ...« Er überflog den Artikel. Soso, Baugeld wird teurer. Er knickte die Zeitungsseite als Lesezeichen in seine spanische Grammatik.

Hatte sich sein Verhältnis zu Chris einigermaßen entspannt, so wurde ihm Hilde immer mehr zum Problem.

Ständig strich sie in seiner Nähe herum, bot ihm Kaffee und Tapas an, beschenkte ihn mit selbstgestrickten Baumwollsocken und hängte sich an ihn, wenn er in den Ort fahren wollte, um seine Bankangelegenheiten zu regeln.

Neulich nachts kam sie einfach ohne anzuklopfen in sein Zimmer, flüsterte: »Conrad, ich fühle mich so einsam«, kroch zu ihm unter die Decke und schmiegte sich an ihn. Im ersten Schrecken stellte er sich schlafend. Nach einer Weile – sie hörten einander atmen – begann sie sich an ihm herumzudrücken, das Alter hatte sie offenbar nicht eine Spur gelassener gemacht. Als er unbeirrt dalag und sich nicht rührte, rutschte ihre Hand über seinen Bauch hinweg und näherte sich frech seiner intimsten Körperstelle. Abrupt schoß er hoch, knipste das Licht an und sagte: »Merkst du eigentlich nicht, wie du dich lächerlich machst?« Stumm vor Scham, sprang sie aus dem Bett und verließ sein Zimmer.

Er zog die zusammengefaltete Zeitungsseite wieder unter dem Lehrbuch hervor: »Trotz guter Auftragslage gibt es mehr Pleiten in der Bauindustrie ...«

Natürlich würde er mit Adam und Dirk, diesen albernen Weiberhelden, niemals um die Gunst einer Frau kämpfen. So wichtig waren die Frauen nicht.

»... die Reform des jahrzehntealten Stützungsunwesens zugunsten der Weingärtner, der Obst- und Gemüsebauern, steckt derzeit in unterschiedlichen Phasen der Verwirklichung. Für Obst und Gemüse hat die Kommission erst einmal ein Diskussionspapier vorgelegt ...«

Anfangs hatte er geglaubt, Bianca laufe halbnackt durchs Haus, um ihn zu reizen. Aber galt ihre Koketterie nicht ebenso Dirk und Adam? Sie schlief direkt neben Dirks Zimmer. Wußte er, ob sie nicht die eine oder andere Nacht bei ihm verbrachte, diesem süßholzraspelnden Heiratsschwindler mit seinen ondulierten Locken? Sie ließ sich beschenken wie eine Hure. Schauerlich, dieses metallene Ungetüm, das Adam ungefragt in ihrem Zimmer abgestellt hatte. Der Steuerknüppel stand bedrohlich aufrecht wie ein riesiger Phallus.

So geschmacklos konnte sie doch nicht sein, sich sowohl diesem öligen Charmeur wie dem Hungerleider Adam hinzugeben.

Als habe er Conrads böse Gedanken gespürt, kam Adam eilfertig aus dem Schuppen gelaufen, um ihm mitzuteilen, er werde sich jetzt aufmachen und einen Hobel für die Fensterläden besorgen, wenn es hier in dieser Einöde überhaupt so was gab. »Bring Fugenmasse mit. Für die abgefallenen Kacheln im Bad«, erinnerte ihn Conrad.

»Adam, ich begleite dich!« rief Hilde aus der Küche. »Ich will noch auf den Markt! Freddy und Denise haben versprochen, meine Kissen auf ihrem Stand anzubieten. Außerdem möchte ich Maren ein Paar Ohrringe kaufen.«

Chris rümpfte die Nase: »Auf dem Piojito gibt's doch nur Ramsch. Billigen Hippieplunder. Woolworth für Alternative. Da ist ja sogar der Frankfurter Flohmarkt besser bestückt.« Sie hakte sich bei Dirk ein. »Komm, laß uns nach Marbella fahren. Du hast gesagt, dort kennst du Boutiquen mit ausgefallenen

Klamotten.« Dirk sträubte sich: »Ich möchte meine Vergangenheit hinter mir lassen.«

»Wer weiß«, scherzte Chris und quetschte ihm den Oberarm, »was für eine fragwürdige Vergangenheit das ist.«

»Kennst du so was nicht«, fragte er barsch und entzog ihr seinen Arm, »daß du bestimmte Dinge vergessen möchtest?«

»Wir könnten dort nach magenmildem Filterkaffee fragen«, lockte sie, »den verträgst du doch besser als diesen schwarzgebrannten Expresso.«

»Ich sollte auch von Zeit zu Zeit Schonkaffee trinken«, rief Conrad. »Bringt am besten gleich ein paar Pakete auf Vorrat mit. Und alles, was ihr an Zeitungen von dieser Woche findet!«

Fast gleichzeitig jaulten Bus und Ford Fiesta vor dem Hoftor auf. Sturmfreie Bude, dachte Conrad peinlich berührt.

»Das noch gültige Ladenschlußgesetz spaltet die Bevölkerung in zwei Lager ...« Er spreizte die Handfläche über die rechte Zeitungsseite, damit sie der Wind nicht umschlug, während er las.

Bezaubernd backfischhaft, wie Bianca fünf Meter von ihm entfernt im Duft des Jasminbusches saß und in ihr Heft schrieb. Das getupfte Kleid gab ihre rundlichen Knie frei, ihre rosige Haut. Er schaute auf die Uhr. Ab acht Uhr pflegten sie das Abendessen vorzubereiten. Vorher würde wohl keiner zurücksein.

Ich lebe in Andalusien, diesem Land ohne Zeit, und fühle mich unter Druck, dachte er. Ich hätte ein paar Wochen länger in Frankfurt bleiben sollen, um Bianca näherzukommen. Jetzt muß ich wie ein Narr auf heimliche Momente mit ihr lauern.

»Buenas tardes!« Im Tor stand Jerónimo, der Fernsehtechniker. Endlich! Conrad faltete die Zeitung zusammen, legte sein spanisches Lehrbuch darüber, damit sie nicht fortwehte, und erhob sich, um mit dem Mann gemeinsam zu prüfen, an welcher Stelle man die Antenne am besten anbrachte. Einen Moment lang schwankte er, ob er nicht doch eine Satellitenschüssel kaufen sollte.

Aber womöglich würde man dann Abend für Abend gemeinsam vor SAT 1 oder RTL sitzen, eine Untugend, die er schon bei seinem Vater gehaßt hatte. Nein, er blieb dabei. Drei spanische Programme, basta!

Jerónimo montierte die Antenne aufs Dach, stellte die Programme ein und überreichte Conrad die Fernbedienung.

Die hiesigen Politiker läßt man endlos schwätzen, dachte Conrad, unglaublich, wieviel Zeit die hier haben. Und dann die Werbung! Beinahe wie in der dritten Welt, wo die Werbung Hauptprogramm ist, unterbrochen von Spielfilmsequenzen.

Wie er so im Sessel vor dem Gerät saß und versuchte, die Nachrichtensprecherin zu verstehen, schwenkte die Kamera auf eine Menschenmenge und dann auf das Hochhaus, von dem soeben ein Selbstmörder springen wollte. Atemlos verfolgten Zuschauer und Kamera, wie er zögerte, wie er auf Zurufe lauschte und wie er schließlich doch sprang. Die Kamera begleitete ihn bis zum blutigen Aufprall.

Dann lief der Film rückwärts, der Tote rappelte sich auf, flog zum Fenstersims im elften Stock hinauf und sprang von neuem.

Conrad schaltete aus. Das Gerät summte in seinem Kopf nach.

Noch immer saß Bianca dekorativ vor dem duftenden Blütenschaum des Jasmin. Ein sanfter Wind spielte in ihrem Haar.

Er räusperte sich. »Was schreibst du da, kleine Meerjungfrau?«

»Gedichte.«

Zeitlebens hatte Conrad es mühelos verstanden, die Frauen dazu zu bringen, ihm nachzulaufen. Wie aber machte man eine Frau, die einem mit knisternder Neutralität begegnete, auf sich als Mann aufmerksam?

Er sah sie an, sie erschien ihm traurig. Er trat neben sie und berührte ihre Hand, die den Kugelschreiber hielt. Bevor er einen Blick ins Heft werfen konnte, hatte sie es schon energisch zugeklappt.

Er schwitzte. Er spürte die Nässe über Brust und Rücken rinnen. Bianca drückte die Heftdeckel mit beiden Händen fest zusammen und schaute ihn an. Er mußte den Mund zum Atmen öffnen, fühlte sich überhitzt, fiebrig. Bestimmt der erste Anflug einer Grippe, dachte er. Seine Stimme klang ihm fremd, als es ihm endlich gelang, holprige drei Worte zu formulieren: »Bianca, komm. Bitte.« Er hielt ihr seine Hand hin.

Er hatte Widerstand erwartet. Er hatte geglaubt, nur der raffinierteste Verführer werde sie gewinnen, und nun stand sie einfach auf, steckte ihr Heft in das abgewetzte Umhängetäschchen, ergriff seine Hand wie ein kleines Mädchen und folgte ihm ins Haus.

Ein Hauch verwirrter Enttäuschung mischte sich in seine glückliche Erregung. Ob sie Adam und Dirk auch einfach so nachgab?

Ohne zu überlegen, was er tat, führte er sie in sein Zimmer und vergewisserte sich, daß die Tür richtig geschlossen war.

Sie stand wie damals in der Frankfurter Küche, abgestellt und ein wenig verloren.

Was sollte er jetzt mit ihr anfangen? Ehe ihn die aufkommende Panik in seinen Handlungen bremsen konnte, trat er vor sie und umfing sie mit seinen beiden Armen. Ihre Körperwärme drang unmittelbar in sein – ja – in sein Herz.

Wieder öffnete er den Mund, um diesem Ansturm an verworrenstem Gefühl einen Ausgang zu verschaffen, und hörte sich aufstöhnen. Er betrachtete die zarte Haut über ihren geschlossenen Augäpfeln, die blonden Wimpern, die weißblonden Brauen.

Jetzt muß ich sie küssen, dachte er, nahm die Brille ab und legte sie auf seinen Nachttisch. Gottlob reagierten Biancas Lippen, ließen ihn ein, ließen ihn herumsuchen nach ihrer Seele, sie roch süßlich nach Baby. Behutsam hob er ihr den Taschenriemen von der Schulter. Sie öffnete die Augen und verfolgte mit ihrem Blick, wohin er das Täschchen warf.

Er knöpfte ihr Kleid auf, Dirks Geschenk. Sie trug den rauchgrauen Büstenhalter, Dirks Geschenk, und den gerüschten Slip, Dirks Geschenk. Das Kleid fiel rund um ihre Füße zu Boden wie ein Ring verknautschter Blütenblätter.

Atemlos griff Conrad nach ihren weichen Brüsten, die sie ihm mit freundlich geschlossenen Augen überließ, und beunruhigt spürte er, wie seine Begierde sich verflüchtigte. Er knetete und walkte die Brüste mit bänglicher Betriebsamkeit, die Leidenschaft vortäuschen sollte.

Ein Lächeln lag in ihren Mundwinkeln, das er nicht zu deuten wußte. War sie glücklich?

Ratlos machte er sich über ihre Hinterbacken her und stellte beklommen fest, daß sein Geschlecht nicht mal mehr mit einem Zucken reagierte.

Sanft lag sie ihm im Arm. Wie ein schlafender Nachtfalter mit samtenen Flügeln, dachte er und strich ihr die Haarsträhnen aus dem Gesicht, hielt es bloßgelegt zwischen seinen warmen Händen, küßte die Haut an den Schläfen, wo sich dünne blaue Adern schlängelten. Warum reagierte sie nicht? Noch immer waren ihre Augen geschlossen, noch immer lag dieses abwesende Lächeln in ihren Mundwinkeln. Einen Moment lang hatte er die schreckliche Vorstellung, sie langweile sich. Aber nein, dann würde sie nicht lächeln. Oder sie langweilte sich auf eine freundlich tolerante Art. Er fühlte sich plötzlich plump und trottelig. Ich mache mich hier lächerlich, dachte er. Sie will austesten, was ich mit ihr anstelle, sie will gevögelt werden, und ich zärtele an ihr herum wie ein verliebter Hampelmann. Dieses sentimentale Geschmuse ödet sie an. Sie ist zu höflich, mir das direkt zu zeigen.

Er spürte seine Erregung wachsen, eine böse gewalttätige Erregung, glücklich warf er sich über sie. Sie wehrte sich nicht. Sie umschlang sogar auf eine schulmädchenbrave Art seinen Oberkörper – offenbar war es richtig, was er getan hatte – prüfend schaute er ihr ins Gesicht, die Augen waren noch immer geschlossen, der Mund hatte nicht aufgehört zu lächeln. Sie wippte, während er sich bewegte, im gleichen Rhythmus mit. Als er in ihr schlaff wurde und hinausglitt, stopfte sie ihn routiniert wieder in sich hinein und begann von neuem zu schaukeln. Hure, dachte er, Hure. Und war doch dankbar, daß sie ihn unkompliziert mit ihrem Becken anfeuerte.

Doch mitten in seine höchste Lust hinein passierte etwas Grausiges.

Ihr Mund, der direkt unter seinem Gesicht lag, begann zu zucken, verzog sich nach rechts oben, legte die Eckzähnchen frei, das Zucken übertrug sich auf das ganze Gesicht, die Lider zuckten, Wangen und Kinn zuckten, als habe jeder Gesichtsteil einen eigenen Tick, und schließlich blieb ihr Mund zu einer häßlich starren Fratze verzerrt. Zugleich fühlte er, wie ihre Arme von seinem Rücken abfielen, sich seitlich wegstreckten wie zwei Pfähle. An beiden Enden saßen verkrampft die Hände mit starr nach innen gekrümmten Fingern wie zwei fremde geduckte Tiere.

Auf ihrem Unterleib sitzend, richtete er sich auf. Sein Schweiß tröpfelte auf ihre Brüste und ihren Bauch, er schaute auf sie hinunter, in die verkrampfte Fratze mit den zugekniffenen Augen, als wollte sie niemanden sehen, nicht einmal sich selbst.

Und da kam es ganz ruhig von ihren zuckenden Lippen: »Keine Angst, Conrad. Das geht vorbei.«

Er saß wie festgewachsen vor Grauen, stammelte nach einem Arzt, sah, wie der zuckende Mund zu lächeln versuchte. »Hyperventilation«, sagte sie. »Ich habe das öfter.«

Wie durch Zauberei beruhigte ihn dieses Wort. Hyperventilation. Plötzlich fühlte er sich wie befreit, konnte sich von ihrem Körper lösen und aus dem Bett springen. Flüchtig sah er sie dort liegen, Arme und Beine steif ausgestreckt. Wie ein gekreuzigter Christus, dachte er. Nein, eher wie ein Raubtier, das nicht zupacken kann, diese krallenhaft gekrümmten Hände und Füße.

»Soll ich dir einen Baldriantee machen?« fragte er hastig. Hilde kam immer mit Baldriantee, wenn er unter Verspannungen und Schlaflosigkeit litt.

Erleichterten Herzens, daß er fort konnte, zog er Hemd und Hose über, setzte die Brille auf und schlüpfte in seine Hausschlappen. Dann eilte er in die Küche, setzte Wasser auf und ärgerte sich kurz über das verschimmelte Teesäckchen, das vermutlich Adam, wie immer, vergessen hatte auszuleeren. Alles schimmelte hier mit erschreckender Geschwindigkeit.

Er zog das Säckchen durch kochendes Wasser, um die Bakterien abzutöten, spülte es vorsichtig aus, hängte es in die Teekanne und schüttete die zermahlene Baldrianwurzel hinein.

Da öffnete sich die Tür, und Dirk reckte den Kopf in die Küche. Was machte der denn im Haus? Wieso war er schon zurück?

Dirks Augen rundeten sich neugierig, als er sah, daß Conrad zwei Tassen auf ein Tablett stellte. »Oh, du hast Besuch?«

Fehlt nur noch, daß mir dieser parfümierte Hohlkopf nachkommt, dachte Conrad gereizt. »Ich denke, du bist mit Chris in Marbella!« Er balancierte das Tablett eilig durch die Bibliothek. Dirk heftete sich an seine Seite. »Ich brauche neue

Lektüre für meine Nachmittagssiesta. Was kannst du mir empfehlen?«

Die Tür zu Conrads Schlafzimmer war angelehnt. Wenn er sie gleich mit dem Ellbogen aufstieß, hätte Dirk einen prachtvollen Blick über die ganze Breite des neu gekauften Ehebettes hinweg, mitsamt einer nackten Bianca und dem zerwühlten Bettzeug.

»Später«, versuchte Conrad ihn freundlich abzuwimmeln. Aber Dirk blieb unbeirrt neben ihm. »Ich suche einen packend geschriebenen historischen Roman.«

»Laß mich erst meinen Tee trinken.«

»Ich will wirklich nicht lange stören.«

Unglaublich, dachte Conrad zitternd vor Zorn, als Dirk unbefangen wartete. Alles geschah wie in Zeitlupe: Er hob das Tablett und ließ es ohne jede Kraftanstrengung nach vorne segeln.

Dirk brüllte auf, bedeckte das Gesicht mit den Armen, der heiße Tee lief ihm über die Schulter. Mein Gott, dachte Conrad, was habe ich getan? Doch bevor er sich Dirk zuwandte, trat er an seine Zimmertür, sein Blick schoß durch den Spalt, überflog das Bett. Das Bett war leer.

Nun kamen sie von überallher angerannt, offenbar längst zurück von ihren Unternehmungen, ohne daß er es bemerkt hatte. Adam, mit um den Hals baumelnder Schutzbrille, Chris, den Zeigefinger zwischen den Seiten ihres Spanischlehrbuches. »Was ist passiert?« Hilde, das rote Kätzchen im Arm. »Dirk hat sich verbrüht.« »Da hilft Mehl.« »Nein, um Gottes willen. Kein Mehl.« Hilde setzte das protestierende Kätzchen ab und holte eine Schüssel mit kaltem Wasser.

Sie und Chris führten den wimmernden Dirk in Conrads Schlafzimmer und legten ihn rücklings aufs Bett, das noch warm war von Bianca. Aber das wußte ja keiner.

Biancas Kleider waren fort, ebenso ihre Unterwäsche und ihr abgewetztes Ledertäschchen.

Chris setzte sich auf die Bettkante und hielt Dirks Hand, während Hilde feuchte Lappen auf Hals und Schulter ausbreitete. Alle paar Minuten nahm sie die Lappen ab, warf sie in die Schüssel mit dem Wasser, wrang sie aus und legte sie erneut auf die verbrühten Hautstellen.

Conrad holte Besen und Schaufel aus der Abstellkammer, fegte das zerbrochene Geschirr zusammen und kippte alles in die Mülltonne. Er dachte nichts. Fühlte nichts. Empfand nur eine Art Betäubung, als sei er es, der die Kanne samt Inhalt an den Kopf bekommen hatte. Mit dem spanischen Putzfeudel wischte er mechanisch die Teepfütze vom Boden auf.

Bianca, wo bist du hin? Er lief in ihr Zimmer, dort war sie nicht. Er lief in den Schuppen, wo Adam, die Schutzbrille wieder vorm Gesicht, rostige Metallplatten zusammenschweißte. »Hast du Bianca gesehen?«

Adam nahm die Brille ab und warf ihm einen wachsamen Blick zu. »Bianca? Nein.«

Er jagte zurück, er lief durchs Haus, er lief ums Haus. Er fand sie nicht.

Der Wind plusterte durch sein Haar. Hoffentlich war ihr nichts passiert. Noch nie hatte er sich solche Sorgen um einen Menschen gemacht, stellte er mit Erstaunen fest. Ob er sie liebte? Hoffentlich hatte sie kein Aids. So was Dummes, da haben wir ohne Kondom gevögelt.

Er starrte durchs offene Hoftor auf die Palmen, diese seltsamen urweltlichen Gewächse mit ihren Stämmen wie Elefantenbeine und diesen Bärten von trockenen Blättern, die im Wind knatterten.

Und plötzlich erinnerte er sich, wie er genau hier mit seinem Vater gestanden hatte, den Blick durch das offene Tor auf die Palmenstämme gerichtet. Und wie der Vater jäh und rauh hervorstieß: »Die Liebe zerreißt einem das Herz.« Und Conrad, siebzehn Jahre alt und scheu mit Mädchen, wußte, daß er nicht von seiner Frau sprach. Es hatte ihn ein wenig gegraust, wie der Vater mit dieser fremden, heiseren Stimme fortfuhr zu flüstern, dem Sohn ein Geheimnis offenbarte von einer verwirrend süßen Nachbarstochter, die am Ende diesen stutzerhaften Fabrikantensohn geheiratet hatte.

»Ich stürzte ins Bodenlose!« Ja, das waren seine atemlosen Worte gewesen.

Und Conrad hatte tiefe Scham empfunden für diesen ersten und einzigen Gefühlsausbruch seines Vaters.

Erstaunlich, wie verschieden Sonnenuntergänge sein konnten

»Ich kann dieses Sexgeschnaufe von den Weibern nicht leiden«, sagte Bianca.

Es war früher Abend, der Wind hatte sich gelegt. Die Sonne, eine blaßrote, wie von einer grauen Transparenthaut überzogene Scheibe, senkte sich dem Meer entgegen.

Bianca, Chris und Hilde saßen in Pepes Strandbar. Die drei Männer waren in Sevilla, um sich einen Stierkampf anzuschauen. Adam schwärmte von dem mittelalterlichen Ritual, das die Computer-Moderne überdauert hatte. Dirk nahm das Ganze als ästhetisches Vergnügen, diese Schrittfolgen, dieses Tänzerische, dieser Mut! Conrad war unentschieden, ob es sich um eine grausame Metzelei handelte oder um einen schützenswerten archaischen Volksbrauch, sozusagen ein Stück andalusische Identität wie der Flamenco.

»Von welchen Weibern redest du?« fragte Chris argwöhnisch. Sie trug ein schwarz-beige gemustertes Kimonokleid, hochgeschoppt von einer schwarzen Schärpe. Dazu japanische Sandalen. Sie wirkte auf eine strenge Art zerbrechlich.

Bianca nippte an ihrem frischgepreßten Orangensaft. »Uuu, ist der kalt.« Sie fischte mit zwei Fingern die Eisstückchen heraus und warf sie in den Sand.

Hilde räusperte sich. »Ich finde stummen Sex gräßlich.«

Bianca umfaßte ihr Glas mit beiden Händen, um es anzuwärmen.

Chris zog eine Zigarette aus der Packung. »Das Gestöhne ist doch meistens Theater.«

»Mit dem richtigen Mann nicht«, sagte Hilde.

»Oh.« Chris verzog spöttisch den Mund und stupfte ihre Zigarette auf die Tischplatte, bevor sie sie anzündete. »Du glaubst wohl noch treuherzig an den Richtigen.«

»Ich habe viele Jahre und zahllose Männer gebraucht«, gestand Hilde, »bis ich meinen Körper und seine Wünsche kennenlernte.«

»Und dann hast du dagesessen mit deinen Wünschen!« höhnte Chris, sog den Rauch ihrer Fortuna tief in sich hinein und ließ ihn in kurzen Stößen wieder entweichen. »Meine Wünsche sind gestutzt und dressiert, und trotzdem wittern die Männer in mir das zuschnappende Krokodil.«

»Das klingt aber resigniert«, sagte Hilde.

»Ich bin einfach Realistin.«

»Und? Bist du glücklich?«

»Und du? Bist du glücklich?« Sie schauten einander feindselig an.

Der Himmel war grau wie ein schmutziges Hemd. Die Sonne mit ihrem kraftlosen Rot berührte nun fast das Meer.

»Plötzlich sieht man, wie die Sonne auf die Erde zurast«, sagte Hilde. »Normalerweise scheint sie ganz still am Himmel zu stehen und sich nicht zu rühren.«

Chris winkte Bartolo, Pepes wohlgestalten Sohn herbei, einen hübschen Zigeuner mit Hakennase und langem schwarzen Haar, das er hinter die Ohren strich. »Una ración de calamares fritos y otro Campo Viejo.« Rotgolden klingelte es um ihren Hals, um ihre Handgelenke. Bartolo betrachtete Chris wie ein erlesenes Geschenk.

Dann beugte er sich hinunter zu Bianca. »Was möchtest du, meine Schöne?«

»Una pajita.«

Er verstand ihr Spanisch nicht. Sie hielt mit den Fingern einen imaginären Strohhalm, schob die Lippen vor und sog die Wangen ein, als sauge sie. Er wiederholte ihre Geste, sie nickte.

»Schade, daß man noch nicht schwimmen kann«, sagte Hilde und schwenkte ihr Teebeutelchen in der Tasse, damit sich der Geschmack besser verteilte. »Entweder ist es zu windig oder zu kühl.«

»Ich kann Schwimmen nicht ausstehen.« Bianca öffnete ihre schäbige Umhängetasche, von der sie sich trotz Dirks Mißbilligung nicht trennen wollte, und begann zu wühlen. Schließlich brachte sie ein altmodisch umhäkeltes Batist-Taschentuch zum Vorschein, mit dem sie sich sorgfältig die Lippen abrieb. »Ich hasse Sportarten wie Skilaufen und Schwimmen, die mir den Boden unter den Füßen wegziehen.«

Chris drückte die angerauchte Zigarette aus. »Skilaufen ist herrlich. Jeden Winter bin ich mindestens drei Wochen in den Alpen.«

»Ich wandere lieber«, sagte Bianca. »Ich bin durch ganz Europa gewandert, von Schweden bis Sizilien.«

»Allein?« fragte Hilde.

»Natürlich allein. Nur am Anfang bin ich ein paarmal vergewaltigt worden. Später hatte ich alle Tricks drauf, den Männern die Lust zu vermiesen.«

»Du bist vergewaltigt worden?« Hilde nahm einen zu großen Schluck Pfefferminztee und prustete ihn in den Sand. »Mehrmals?«

»Ach, weißt du, wer ist denn heutzutage nicht vergewaltigt worden?« sagte Bianca freundlich. »Einer band mir die Handgelenke mit einer dünnen Nylonschnur zusammen. Ich war ganz überrascht wegen der dünnen Schnur. Ich habe gedacht, zum Festbinden nimmt man einen dicken Strick.«

Bartolo kam und reichte Bianca den Strohhalm mit einer so übertrieben ehrfürchtigen Verbeugung, daß Bianca lachen mußte.

Hilde hängte den Teebeutel zurück in ihre Tasse, da der Pfefferminzgeschmack noch zu fad war. »O Gott, das ist ja furchtbar. Hat die Polizei den Mann erwischt?«

Bianca rührte mit dem Strohhalm in ihrem Glas. »Ich saß rücklings zwischen seinen Schenkeln, und das Komische war, erst hatte er gar keine Erektion. Auch das Vergewaltigen klappte nicht richtig. Zwischendurch schlaffte er immer wieder ab.«

»Das sind doch Räuberpistolen«, sagte Chris unwirsch und nahm sich eine neue Zigarette. »Das hat sie irgendwo gelesen. Sie will sich interessant machen.«

»Solche Geschichten muß man ernst nehmen!« fuhr Hilde auf. »Eine Vergewaltigung hat schreckliche Auswirkungen auf das Opfer!«

Bianca schaute versonnen zu, wie das flockige Orangenfleisch in ihrem Glas nach oben stieg und sich wieder vom dünnflüssigen Saft trennte. »Seit meiner ersten Vergewaltigung habe ich Verstopfung, so wie die meisten Frauen. Aber sonst hat es mir nicht geschadet.«

»Du mußt morgens auf nüchternen Magen eine Tasse Brennesseltee trinken«, riet Hilde und legte ihr die Hand auf den Unterarm. »Das hilft gegen Verdauungsprobleme.«

»Schaut mal, die Sonne!« sagte Chris.

Erstaunlich, wie verschieden Sonnenuntergänge sein konnten. Manchmal schien sie auszubluten, schwamm in einer roten Flut, bevor sie vom Horizont verschluckt wurde. Jetzt war sie ein fahlgelber Zitronenschnitz, der kurz aufglühte und dann versank. Übrig blieb ein seltsam farbloser Strand mit farblosen Gestalten.

»Gehen wir rein?« fragte Chris und warf sich ihr schwarzes Cape um die Schultern.

»Wartet, bis es dunkel wird«, bat Hilde. »Ich möchte so lange wie möglich aufs Meer schauen.«

»Als ich gerade sechzehn war«, fuhr Bianca versonnen fort, »bin ich nach London gegangen und habe als Kindermädchen in einer englischen Familie gearbeitet. Mrs. Brook jobbte jeden Freitag in einem Frisiersalon. Ihr Mann kam dann in der Mittagspause immer zum Ficken vorbei.« Sie wirbelte mit dem Strohhalm von neuem die flockige Schicht auf, die sich immer wieder in der unteren Hälfte des Glases absetzte. Dann nippte sie. Nun schien ihr die Temperatur zu behagen. Zügig trank sie das Glas leer. »Wir rannten durchs ganze Haus, Mr. Brook und ich. Die beiden Kinder, zwei und drei Jahre, hinter uns her. Leider konnte man keins der Zimmer abschließen, nicht mal das Klo. Wir rannten die Treppe hoch und wieder runter und wieder hoch. Rannten rund ums Ehebett. Irgendwann erwischte er mich. Er hatte eine bessere Kondition als ich. Er trieb ja viel Sport, joggte am Wochenende und ging jeden Morgen vor der Arbeit ins Schwimmbad. Er war ziemlich schwer.« Sie winkte nach einem neuen Orangensaft. »Bitte ohne Eis.«

Sie tunkte den Strohhalm in die letzten Tropfen und blies Geräusche wie mit einer Kindertröte. Bartolo wartete lächelnd mit seinem Tablett, bis sie ihm das leere Glas reichte. Er ließ es wie ein Jongleur durch die Luft wirbeln, fing es lässig mit einer Hand und setzte es auf dem Tablett ab.

»Beim erstenmal hatte ich meine Regel. Ich blutete wie abgestochen. Er schimpfte: ›Warum hast du mir verschwiegen, daß du noch Jungfrau bist? Ich hätte eine Gummimatte untergelegt!‹ Fluchend zog er die blutige Tagesdecke vom Ehebett ab, und wir haben den Fleck ausgewaschen. Bei frischem Blut geht das ja ganz einfach. Man darf es nur nicht antrocknen lassen.«

»Hallo, Conrad!«

Conrad kam barfuß durch den Sand gestapft, reckte suchend den Kopf. Hilde winkte ihm heftig mit beiden Händen zu. »Ich denke, du bist beim Stierkampf?«

»Ich war plötzlich nicht mehr in der Stimmung, mir ein blutiges Schauspiel anzusehen«, sagte Conrad und zog sich die Sandalen von den Füßen. Ein schneller Blick flog hinüber zu Bianca, die von neuem den Verschluß ihres Umhängetäschchens aufgefingert hatte, um das Batist-Taschentuch herauszuholen, sich sorgfältig den Mund zu reiben und es wieder zurückzustopfen.

»Ich habe lieber die Pflanzen gegossen und aufgeräumt.« Verbittert fügte er hinzu: »Jeder läßt seine Zeitungen in der Bibliothek herumfliegen. Dabei wäre es kein Problem, die Seiten ordentlich zu falten und aufeinanderzulegen!«

»Ja, du sanftmütiger Engel«, höhnte Chris. »Statt zu sublimieren wie die zwei anderen mit ihrem Stierkampf, lebst du deine blutrünstigen Gelüste lieber direkt aus. Du bist zu Hause geblieben, weil du den Tag nicht mit dem armen Dirk und seinen Brandblasen verbringen wolltest, die dich die ganze Zeit vorwurfsvoll angeglotzt hätten.«

»Wir haben das längst geregelt«, murmelte Conrad.

»Ich weiß. Du hast ihm eine Copa ausgegeben. Männerabend. Deshalb hatte er für mich keine Zeit.«

»Ich hatte plötzlich keine Lust mehr auf Stierkampf. Man darf doch wohl einfach keine Lust haben, oder?«

»Schrecklich, diese Tierquälerei«, brach es aus Hilde heraus, die sich sonst für die kuriosesten spanischen Eigenarten begeistern konnte. »Da berauschen sich Tausende sensationslüsterner Menschen am sadistischen Abschlachten einer armen Kreatur ...«

»Merkwürdig«, sagte Conrad, »daß wir Deutsche uns immer über fremde Untaten ereifern! Statt vor unserer eigenen Haustür zu kehren. Soviel Empörung wie hier gegen den Stierkampf gab es im Dritten Reich gegen die KZs nicht.«

»Hör mal!« Hilde hob die Stimme. »Was soll dieser absurde Vorwurf? Im Dritten Reich habe ich noch nicht gelebt.«

Conrad ließ seine Sandalen an den Riemen hin und her schlenkern. »Können wir nicht mal ein anderes Thema diskutieren? Wir haben schon genügend fruchtlose Zeit damit vertan, uns über das Für und Wider des Stierkampfes zu erregen.«

»Wir sprechen gerade über Vergewaltigung«, sagte Chris lässig. »Du kannst gleich deine männliche Meinung dazu beitragen.« Und sie schlug ihre Zähne in einen Calamares-Ring.

»Eine Meinung gegen drei«, erwiderte Conrad verlegen. »Da ziehe ich bestimmt den kürzeren.«

»Wir haben keine gemeinsame Frauenmeinung« – Chris kaute energisch –, »Bianca behauptet, es hätte ihr nicht geschadet.«

Hilde verzog unwillig das Gesicht und machte eine abwehrende Handbewegung.

»Dann wird sie wohl recht haben«, sagte Conrad, setzte sich vorsichtig zwischen Hilde und Chris und fuhr schuldbewußt fort: »Vielleicht hat es ihr sogar ein bißchen Spaß gemacht.«

»Nein«, stöhnte Hilde auf. »Jetzt kommst du auch noch mit diesem Macho-Klischee!«

Obwohl Bartolo den Orangensaft wie gewünscht ohne Eis serviert hatte, schien er doch wieder zu kalt zu sein. Bianca wälzte jeden Schluck eine Weile im Mund, um ihn anzuwärmen. »Ja. Einmal war es lustig mit Mr. Brook. Als wir so rumrangelten und er mich zwischen den Knien festhielt, rutschte ihm plötzlich sein Toupet vom Kopf. Er hatte eine Halbglatze, sah plötzlich zwanzig Jahre älter aus und genierte sich furchtbar. Ich hab mich gekugelt vor Lachen. Von da an kriegte er keinen mehr hoch.«

Bianca gurgelte mit ihrem Saft, verschluckte sich, kicherte, hustete.

»Ich habe gelesen, etwa ein Viertel aller Frauen sind als Kinder oder Jugendliche mißbraucht worden.« Hilde zerrte ihre Strickjacke aus dem selbstgenähten bunten Samtbeutel und schlüpfte in die Ärmel. »Langsam wird es kühl.«

»Na na«, meinte Chris genervt, »dieser Prozentsatz ist ja wohl übertrieben!«

»Das wäre beinahe soviel wie der Ausländeranteil der Frankfurter Bevölkerung«, sagte Conrad zerstreut.

»Warum muß eigentlich immer gefickt werden?« murmelte Bianca.

»Das fragte sich meine Tante Irmgard auch immer«, spöttelte Chris, »und verbrachte in aller Konsequenz ein Leben ohne Mann.«

»Bianca, du solltest dir einen impotenten oder schwulen Freund suchen«, sagte Hilde sanft.

»Ach, eigentlich brauche ich gar keinen Freund. Ich bin nur diese ewigen Vergewaltigungen leid.«

»Schneid dir die Haare ab«, sagte Chris. »Laß deinen Rock nicht so verschämt schlampig hochrutschen. Zieh dich neutral an!«

»Du glaubst doch nicht etwa an das Märchen«, sagte Hilde empört, »daß eine Frau, die sich sexy anzieht, selber schuld ist, wenn sie vergewaltigt wird.«

»Bist du schon mal vergewaltigt worden?«

»Nein.«

»Siehst du.« Chris wandte sich wieder Bianca zu. »Zieh dich so an wie Hilde, dann vergewaltigt dich keiner.«

»Das hilft nichts«, sagte Bianca.

»Dann ändere die Laufrichtung«, sagte Chris.

»Wie meinst du das?« fragte Hilde.

»Mach einen Schritt auf die Männer zu«, sagte Chris. »Du wirst sehen, wie sie rennen.«

»Nicht alle«, sagte Hilde.

Chris musterte sie herablassend. »Sogar hier in Südeuropa sitzen die Frauen, die sich weigern, einen Mann anzuhimmeln, einsam in den Bars herum.«

»Das sind in erster Linie ältere Witwen«, sagte Hilde ärgerlich, »Ausländerinnen, die hier unten ihre Männer überlebt haben.«

»Die Kerle rennen vor uns davon«, sagte Chris mit erhobener Stimme. »Notfalls ins Grab, da haben sie endlich ihre Ruhe.«

»Oiga!« rief Conrad Bartolo zu. »Ich möchte einen Cognac, einen Ciento tres, por favor.«

»Die Calamares waren zäh!« rügte Chris und ließ die halbe Portion zurückgehen. Bartolo verzog keine Miene.

»Die Männer sind so schnell mit ein bißchen Theater zufriedenzustellen«, sagte Chris verdrossen, während sie nach ihren Zigaretten kramte. »Neulich las ich eine kleine Geschichte, ich weiß nicht mehr, von wem. Ein Mann liebt eine Hure. Er bedichtet und besingt sie, er ist entzückt, vernarrt, besessen von ihr. Und am Schluß bekennt er: Ich liebte sie so sehr. Mich störte nicht einmal, daß ihre Liebe nur Theater war.« Sie ließ ihr Feuerzeug schnappen und blies den Zigarettenrauch in den Himmel. »Natürlich störte es ihn nicht. Im Gegenteil, es war genau das, was er brauchte: Die Hure paßte sich perfekt seiner Phantasie an. Sie irritierte ihn nicht mit unerwarteten eigenen Wünschen. Er war auf seinem Egotrip glücklich mit sich selbst. Um Liebe, Nähe, Begegnung ging es ihm nicht. Versteht ihr, was ich meine?«

Conrad drehte versonnen sein Cognacglas in den Händen: »Der Magno ist viel teurer. Aber mir schmeckt der Ciento tres besser. Er ist weicher. Schaut nur, was für eine sanfte Farbe er hat.«

Jede Nacht träume ich von dir, jede Nacht …

Eine Nacht voller Unruhe zitterte durchs Haus.

Chris warf eine Wolldecke nach der anderen beiseite, ehe sie endlich einschlafen konnte, Conrad zerrte sich sein warmes Flanellhemd vom Körper und fand dennoch keinen Schlaf, Hilde stand nach langen schlaflosen Stunden auf und verbrachte die halbe Nacht in der Küche, um ein Frühstücksbüffet zuzubereiten. Dirk wälzte sich und wälzte sich, trank eine ganze Fino-Flasche leer, fiel aber nur in eine dumpfe Betäubung. Adam führte seine Schlafstörung auf den Spätnachmittagskaffee zurück, setzte sich ans Fenster und beobachtete die Müllkippe, die feurig aufglühte und wieder schrumpfte und wieder aufflammte, ein prächtiges Schauspiel in der Dunkelheit.

Am Spätvormittag erhoben sie sich aus den Betten, mit verschwollenen Gesichtern und wie zerschlagen. Die Luft stand heiß und reglos. Kein Windzug war zu spüren. Nur die Blattspitzen vibrierten vor nervöser Spannung.

Hatten sie bislang in der Sonne oder im Halbschatten gefrühstückt, zogen sie sich heute unter den dichtgeflochtenen Teil des Blätterdaches zurück.

Scharen von Fliegen umtorkelten gereizt ihre Beine, piekten kurz und schmerzhaft und flogen blitzschnell auf, wenn man versuchte, sie zu erschlagen.

»Schade um unsere Gemüsesuppe!« rief Hilde aus der Küche und trug den Topf auf die Terrasse, damit alle sehen konnten, wie die Oberfläche geisterhafte Blasen sprudelte.

»Ja, wißt ihr denn nicht«, sagte Consuelo, die Conrads gewaschene und gebügelte Bettwäsche brachte, »der Levante macht die Suppen sauer.«

Sie nahm Conrads Plastiktüten mit Schmutzwäsche in Empfang. »Es wird Sommer«, fügte sie lächelnd hinzu.

»Jetzt können wir endlich mit den Fischern rausfahren, ohne zu frieren.« Conrad warf einen kurzen Blick zu Biancas Fenstergitter hinüber, zog seine Brille ab und begann die Gläser mit seinem Hemdzipfel zu säubern.

Chris scheuchte gereizt die Fliegen von den nackten Unterschenkeln. »Bei Levante fahren die Fischer nicht raus, sagt Pepe. Die Wellen draußen auf dem Meer sind gefährlich hoch. In Küstennähe merkt man nichts davon.«

»Dann schauen wir uns halt die Almadraba an«, meinte Conrad. »Thunfische gehen nur bei Levante in die Falle, sagt Christobal. Sie mögen klares Wasser und den Kontakt zur Küste.«

»Die Almadraba?« Chris klatschte nach einer Fliege, ohne zu treffen. »Pepe sagt, man rammt den Thunfischen einen Haken ins Auge, um sie so aufs Schiff zu wuchten.« Sie schaute zu Hilde hinüber. »Genau das Richtige für dein vegetarisches Gemüt!«

Hilde füllte eine flache Schale mit Wasser und ließ zwei rote Hibiskusblüten auf der Oberfläche schwimmen. »Genau das Richtige für Bianca.«

Bianca lag noch in ihrem Bett, umrauscht von Stimmen und Frühstücksgeklapper. Ihr Körper hatte eine Schwere, daß er wie ans Bett geschweißt, vielleicht sogar ein Teil des Bettes war. Es war unmöglich, sich zu erheben. Nur ihre Seele oder ihr Geist oder was immer das war, etwas Flüchtiges, Luftiges, schwang sich leichthin empor, um sie von oben zu betrachten, wie sie dort lag im verknautschten Nachthemd, schwarzweiß-gestreift, und das Flüchtige, Luftige hatte eine zwar nylonfadendünne, aber unzerreißbare Verbindung mit ihrem Körper und zog an ihr und zog, bis sie schwerfällig ihren Kopf hob, dann ihre Schultern und schließlich dastand an diesem dünnen Faden, der sie hielt, schwankend dastand wie eine Gliederpuppe. Mühsam war das Ankleiden. Sie griff, was über der Stuhllehne hing: den rauchgrauen Slip, das gepunktete Kleid. Die Haare kitzelten ihr im Nacken und auf den Schultern. Sie raffte sie nach hinten und steckte sie mit ein paar Haarklemmen fest.

Die Helligkeit draußen schlug ihr ins Gesicht.

»Wir haben Levante«, sagte Hilde.

»Was für Levante?« sagte Bianca. »Es ist doch ganz ruhig.«

»Schau, die Müllkippe.«

Der Rauch pendelte unentschlossen um die Senkrechte, bis ihn der Südostwind für einen Moment zu Boden drückte, ihn atemholend steil aufsteigen ließ, um ihn von neuem flach über die Felder zu jagen.

»Der Levante treibt die Gluthitze der Sahara zu uns herüber«, lächelte Conrad und holte einen freien Stuhl, damit sich Bianca neben ihn setzen konnte. »Im Hochsommer steigt die Quecksilbersäule über fünfzig Grad.«

Die Kühe in der Ferne hörten nicht auf zu muhen. Die Ziege, die Rafael auf dem Feld jenseits der Hofmauer angepflockt hatte, meckerte klagend.

Conrad goß Bianca einen Kaffee ein, Dirk reichte ihr Zukker und Milch.

Ein Windstoß schoß über die Hofmauer und wühlte sich in das filigrane Gespinst des Jasmin.

Hilde ließ den Blick über den Tisch hinwegschweifen, ob noch irgend etwas fehlte. Sorgsam verteilte sie ein paar rosa Geranienblüten zwischen die Tellerchen mit Tintenfischsalat, Linsen-Champignon-Ragout, Melvascheiben auf Gurkengemüse, Cazón in Sherryteig, Thunfisch in Meerettichsoße, Krabben in Avocadocreme, Tortilla mit Spargel und Schinken. »Was möchtest du, Conrad?«

»Fisch.« Conrads Unterhemd gab große Flächen grauer Stubenhaut frei.

»Cazón oder Atún oder Melva?«

»Egal.«

Sie warf ihm ein Stück Thunfisch auf den Teller.

»Das ist ja wieder mal ein kulinarisches Kunstwerk geworden!« rühmte Dirk. »Du könntest in einem Feinschmeckerlokal arbeiten.«

»Und dabei war es ganz preiswert«, sagte Hilde errötend. »Das Gute muß nicht immer teuer sein ...«

»Als Mutter entwickelt man wohl zwangsläufig diese Hausfrauenmentalität« – Chris löffelte verschiedene Häppchen auf ihren Teller –, »ich empfinde die Kocherei immer als Zeitvergeudung. Da lese ich doch lieber einen anspruchsvollen Roman ...«

»Oder läufst stundenlang durch Modeboutiquen«, erwiderte Hilde.

»So hat jeder seine kreativen Vorlieben und Talente«, sagte Dirk besänftigend.

»Bei Männern wirkt das Interesse an modischem Firlefanz einigermaßen stutzerhaft.« Conrad musterte Dirks Strohhut mit dem flatternden Band aus schieferfarbenem Seidengeorgette. »Oft soll es einen Mangel an geistiger Substanz verdecken.«

Hilde hatte die Papiertischdecke an den vier Seiten des Tisches mit Metallspangen festgesteckt, raschelnd fuhr der Wind in die losen Eckzipfel.

»Was möchtest du, Bianca?« Conrad legte seinen Unterarm auf ihre Rückenlehne. Durch das Gewebe von Zweigen und Blattwerk funkelte die Sonne und übersprühte Biancas Haar mit goldenen Sternchen.

Dirk langte über den Tisch und nahm Biancas Teller, um ihr wie ein vornehmer Kellner behilflich zu sein. »Der Tintenfisch ist wundervoll zart ...«

Eine Ecke der Tischplatte ragte in die pralle Sonne. Dieses grellweiße Papier. Dieser stechend weiße Himmel.

»Bianca«, sagte Adam.

Sie fuhr herum, als habe sie ein Schuß in den Rücken getroffen. Adam stand im Schuppeneingang, umrahmt von der Toröffnung wie von einem schwarzen Passepartout.

»Willst du nicht mitessen?« fragte Hilde.

Er schüttelte den Kopf, langsam und schwer wie ein kranker Hund. »Bianca. Komm.«

Folgsam wie ein Echo stand sie auf, riß dabei ihre Tasse um, eine schwarze Lake ergoß sich über das weiße Papiertuch.

»Macht nichts«, sagte Hilde.

Wie von einem unsichtbaren Faden gezogen schritt sie quer über den Hof, alle schauten ihr nach.

Er streckte seine Hände aus und zog sie hinein in die warme Dunkelheit des Schuppens, ein krankes Seufzen und Stöhnen umhüllte sie. »Bianca.« Feuchte Haut und stumpftrockener Stoff strichen um ihren Körper. »Ich verzehre mich nach dir.« Eine Metallkante ratschte ihr die Wade entlang, ihre Zehen stießen gegen herumliegende Klötze, das Pfeifen seines Atems umkreiste sie. Seine heißen Finger suchten nach irgend etwas, fanden ihre Hüftknochen und dirigierten ihre Beine über Maschendraht und Stangen und Metallplatten hinweg bis in den hintersten Winkel.

Ihre Augen begannen die Dunkelheit zu entziffern. Wie ein Foto in der Entwicklerflüssigkeit, so entstand allmählich ein

Matratzenlager vor ihren Füßen, rundum geschützt von gepanzerten Skulpturen wie von einer Leibgarde eiserner Engel.

»Mein Gott, du machst mich wahnsinnig. Jede Nacht träume ich von dir, jede Nacht ...«

Er ließ sich rücklings fallen, ohne sie loszulassen, sog die Luft mit einem Stöhnen durch die Nase. Sie streifte brav die Schuhe von den Füßen. Ein Geruch von Cognac, ungewaschenen Kleidern und Tier umhüllte sie beide.

»Hier, zwischen meinen Kunstwerken, halte ich Siesta«, flüsterte er. »Nun kennst du meinen intimsten Ort!«

Er umtastete sie. »Meine Schöne, meine Zarte, meine Elfenkönigin.« Sein Atem rauschte ihr im Ohr, die Pinien draußen stöhnten auf, Geschirr klirrte, Stimmen wogten.

»Oh, wie ich an dir leide ...«

Seine dickfleischige Zunge bohrte sich in sie hinein, öffnete die Barriere ihrer Zähne, und all sein feuchtes Inneres breitete sich in ihr aus, füllte sie, daß sie sich dehnen mußte, um ihn aufzunehmen, ohne zu platzen, und er wurde immer mehr, sein ganzes Ich leerte er in sie hinein, und sie dehnte sich und dehnte sich, und ihre Haut spannte wie die Haut eines prallgeblasenen Luftballons, gleich zerbarst sie, ihre Arme standen wie Stummel von diesem riesigen Ballon ab, der sie war, gefüllt mit ihm, nichts blieb mehr übrig von ihr, nur straffe Gummihaut mit Ärmchen wie prall gefüllte Zipfel von Präservativen. Und dann, als sie ihn kaum noch aushielt, zog er sich plötzlich mit einem jaulenden Aufschluchzen aus ihr zurück, und sie fiel in sich zusammen, eine schlaffe Hülle, nutzlos jetzt und viel zu groß für sich selbst.

»Bianca«, sagte er, »ich liebe dich.«

Als er leise schnarchend schlief, wand sie sich aus den Schlingen seiner Arme, schlüpfte in Kleid und Slip und Schuhe und trat an den Eingang, dieses gleißend helle Rechteck, dieses Tor ins Leben.

Sie setzte vorsichtig Fuß vor Fuß wie eine Seiltänzerin. Ihre Augen brannten vor Licht. Die Palmfächer über ihr spreizten sich zitternd.

Der Tisch war nun abgeräumt und kahl, alles hatte sich wieder vor der Hitze in die Zimmer zurückgezogen.

Sie durchschritt die Küche, von den Steinplatten strömte es angenehm kühl ihre Waden hoch, und mit dieser Kühle zog sich ihr Körper zusammen, bis er seine gewöhnliche Kontur wieder erreichte.

Sie legte sich aufs Bett. Stunden lag sie und lauschte auf den Wind, wie er nun gewalttätig durch die Pinienkronen brandete, um das Haus johlte, die Palmblätter knattern ließ. – Komm, Bianca! Komm her, mein Püppelchen!

Sie schaltete das Horchen ab, um sich aufs Schauen zu konzentrieren.

Sie betrachtete das quergestreifte Hochformat der geschlossenen Fensterläden, die dunklen Holzstäbe, die hellen Schlitze. Sie ließ den Blick zickzack von oben ein Stück hinunterwandern, dort fand sie einen Punkt, den hielt sie fest. Als habe sie einen Strauß Schlangen in der Körpermitte gepackt, begannen die Lamellenstreifen sich um den Punkt herum zu regen, sich zu krümmen.

In diesem Moment klopfte es an die Tür.

Sie ließ den Punkt fahren, und die Streifen strafften sich wieder zu ihrem ruhigen Schwarzweißmuster.

Conrad stellte sich vor ihr Bett mit schmerzhaft verzogenem Lächelmund. »Störe ich?«

Sie war noch zu sehr mit dem gestreiften Fenster beschäftigt, um gleich zu antworten. Er setzte sich zu ihr auf die Bettkante, zog ihre Hand an seine schmächtige Brust und stammelte halb hilflos, halb theatralisch: »Bianca. Wie kannst du nur mit diesem … diesem Pseudokünstler … ich verstehe dich nicht. Was gefällt dir an ihm?«

Sie betrachtete ihn aufmerksam, die schwarzen Schatten der Bartstoppeln, die weißen Schulterkugeln, die mageren Finger, die ihre Hand kneteten.

Wieder klopfte es. Conrad sprang hoch, riß die Tür auf und versperrte den Spalt mit seinem Körper.

»Ach, du bist hier, Conrad ... ich wußte nicht ... ich wollte ...« Er trat beiseite, und mit hochrotem Kopf stand Hilde im Türrahmen, einen Teller mit frischgebackenem Quarkkuchen in den Händen. »Für Bianca ...«

Der Teller, den sie Conrad hinhielt, fiel fast zu Boden, so schnell flüchtete sie. Conrad rannte ihr nach.

Kurz darauf klopfte es von neuem.

Diesmal war es Dirk.

»Verzeih, daß ich so einfach bei dir einbreche ...« Schon hatte er ihre über die Bettkante hängende Hand aufgehoben und sie an seine Lippen geführt. »Wir wollten ins Terrassenrestaurant am Meer, den Sonnenuntergang bewundern. Vielleicht magst du mitkommen?«

Sie richtete sich umständlich auf. »So spät ist es schon?«

Er ging nicht. »Hübsch, dein Kleid. Wir müssen demnächst ein anderes kaufen. Du trägst ja jeden Tag dasselbe. Du hast wohl sonst nichts, armes Waisenkind?«

Sein Mund wellte sich zu einem Lächeln, der Duft seines Nino-Cerruti-After-shave füllte den Raum.

»Dirk!« schrie es von draußen. Er fuhr zusammen, aber ehe er die Tür erreichte, wurde sie schon aufgerissen, und Chris stand im Rahmen, streng und aufrecht in ihrem schwarzen bodenlangen Kleid. »Wir wollen los.«

»Bianca kommt mit.«

»Wenn du meinst.«

Mit einer eckigen Bewegung ihrer gepolsterten Schultern drehte Chris ihnen den Rücken zu und klapperte über den Flur. Eilig folgte Dirk. Die Füße waren schon aus der Tür, während er das Gesicht noch immer Bianca zuwandte: »Nimm dir eine Jacke mit. Vielleicht schlägt der Wind um, und es wird wieder kühl.«

Adam schlief noch. »Wir wecken ihn nicht«, sagte Bianca.

»Er hat den Durchlauferhitzer im Bad noch immer nicht repariert«, wütete Conrad plötzlich los. »Vor Monaten habe ich ihm Geld für neue Flurlampen gegeben. Er sollte diese rostigen, häßlichen Dinger abhängen. Statt sich nützlich zu machen wie geplant, verplempert er die Zeit mit seinem Kunstquatsch, den sowieso keiner kauft. Ich möchte wissen, wie er auf Dauer finanziell zurechtkommen will.«

»Bislang hat er hier noch niemanden angepumpt«, wandte Hilde ein.

»Er kriegt keinen Vorschuß mehr von mir«, schimpfte Conrad. »Ich bezahle ihn erst, wenn die vereinbarten Reparaturen ausgeführt sind. Er soll sich einen richtigen Job suchen. Oder auf dem Freitagsmarkt Perlenketten verscherbeln wie dein deutsches Hippiepärchen.«

»Das ist unter seiner Würde«, sagte Hilde. »Er ist Künstler und kein Marktschreier.«

»In seiner Situation kann man sich keinen Stolz erlauben. Ich bin jahrelang Taxi gefahren und hätte auch lieber Bücher geschrieben und mich von anderen aushalten lassen.«

»Aber du hältst ihn doch gar nicht aus«, widersprach Hilde. »Er hat die versprochenen Arbeiten nur noch nicht erledigt, weil ihm die Kunst wichtiger ist.«

»Ich schmeiß ihn raus«, schäumte Conrad.

»Willst du jetzt etwa von deinem Hausrecht Gebrauch machen?« stichelte Chris und steckte sich eine Fortuna an. »Ich denke, es war ausgemacht, daß wir hier gleichberechtigt wohnen. Du hast sogar behauptet, es sei dir peinlich, Hausbesitzer zu sein, du wolltest auf keinen Fall Sonderrechte für dich in Anspruch nehmen.«

»Im Grunde«, sagte Dirk, »müßten wir eine Art Vertrag aufsetzen über Rechte und Pflichten. Sonst sind wir ja weniger geschützt als jeder normale Mieter. Ich tue etwas, was Conrad nicht paßt« – er warf einen flüchtigen Blick auf Bianca –, »und schon stehe ich auf der Straße.«

»Dich hat keiner eingeladen, hier zu wohnen«, sagte Conrad barsch.

»Doch«, erwiderte Chris. »Ich. Und du warst einverstanden, Conrad. Zumindest hast du mit keinem einzigen Wort gesagt, daß Dirk hier unerwünscht ist. Er hat recht. Es geht nicht an, daß du uns nach Laune raussetzt. Wir müssen eine Regelung treffen.«

»Ich beantrage eine Sitzung«, sagte Dirk.

»Laßt uns endlich losfahren«, sagte Hilde, »sonst versäumen wir den Sonnenuntergang.«

Chris und Dirk wollten gerade in ihren Ford Fiesta einsteigen, da rief Conrad ihnen über das Mercedes-Dach hinweg zu: »Ihr könnt gerne bei mir mitfahren. Ist genug Platz für alle!«

Sie wechselten einen Blick. »Warum nicht«, sagte Dirk.

Hilde stellte schnell noch ein Tellerchen mit Quarkkuchen vor Adams Schuppen. Als sie zum Wagen rannte, um einzusteigen, und das Innere mit zwei Paaren besetzt sah, stockte sie, rief: »Ich bleibe hier!« und schmetterte die Autotür zu.

»Dann können wir uns ja gemütlich ausbreiten!« Chris kuschelte sich an Dirk, bis er seinen Arm um sie legte.

Als Conrad anfuhr, staubte der Sand hinter ihnen wolkig auf und beschlug die Heckscheibe, so daß man Hilde nur noch als formlose Gestalt in der Toreinfahrt stehen sah.

Chris schnipste die halbgerauchte Zigarette aus dem Fenster.

»Bist du verrückt, Chris?« schnaubte Dirk. »Willst du einen Brand entfachen? Was meinst du, wie viele Brände hier schon aus Nachlässigkeit entstanden sind? Ich habe ein verheerendes Feuer in den Bergen erlebt, alles war staubtrocken, und dann stürmte der Levante eine ganze Woche. Sie kamen mit Feuerwehrwagen und Löschflugzeugen, aber es war lächerlich. Ein Riesenwaldgebiet brannte nieder.«

Die Bar »La Terraza« saß wie ein Nest über dem Meer, ein kleiner Nutzgarten hoch oben auf einer gemauerten Steilwand. Hölzerne Klappstühle und Tischchen verwitterten zwischen Tomatenstauden und Bananengewächsen. Vom Laubdach herab hingen unreife Weintrauben.

»Ich hab ja nichts gegen Romantik«, murrte Chris, »aber die Stühle könnten bequemer sein.«

»Schaut mal!« sagte Dirk und deutete in die Krone des Pfirsichbaumes.

»José-Maria, warum hast du die Steine in die Astgabeln gebunden?« fragte Chris aufgekratzt.

»Damit der Baum«, erklärte der Wirt, »viele Früchte trägt!«

Direkt unter ihnen jagten Sandböen über die breite Ebene des Strandes. Die wenigen Spaziergänger stemmten sich gegen den Wind und hielten die Arme schützend vor die Augen. Die unruhige Fläche des Meeres war weißgesprenkelt von nervösen kleinen Wellen.

»Was möchtest du trinken, Bianca?« fragte Conrad. Sein Mund war ein grämlicher Strich.

Chris räkelte ihren sonnenbraunen Körper zwischen den beiden Männern, entschlossen, sich einen vergnüglichen Abend zu erzwingen.

»Deine gelichtete Stirn macht dich enorm seriös«, neckte sie den mißgelaunten Conrad zu ihrer Rechten. »Das mögen Frauen.« Sie streifte sein Ohrläppchen mit einem flüchtigen Kuß, bog sich nach links, um ihre Wange an Dirks Kinn zu schmiegen, imitierte ihn gurrend: »Wie verführerisch du duftest! Calvin Klein? Nino Cerruti?«

»Einen Orangensaft«, sagte Bianca. »Frischgepreßt.«

José-Maria nickte lächelnd und wischte die Sandschicht vom Tisch.

Chris beugt sich über Eck zu Conrad hinüber, nimmt ihm die Brille ab und haucht ihm eine Schmeichelei ins Ohr, daß sein verdrossenes Gesicht aufstrahlt. Wie gut es ihm tut, von einer reizvollen Frau beflirtet zu werden! Wie er mit Dirk zu wetteifern beginnt um die Gunst der Herzogin in ihrem krähenschwarzen Kleid! Wie sie die zwei anfeuert, wie sie balzt und jubelt, mal nach Conrad pickt, mal nach Dirk, immer über Bianca hinweg, als sei sie nicht da. Ihr Kinn reckt sich spitz zum Eingang, wo neue Gäste erscheinen, reckt sich zum Wirt hin, der die Getränke bringt. Sie sprüht, sie funkelt, immer über Bianca hinweg, sie läßt Dirk und Conrad keine Zeit, woanders hinzuschauen als zu ihr, da flitzen die Blicke, die Sätze, und ihr Mund lacht so rot. Ihr Mund lacht die ganze Welt an, nur nicht Bianca, und ihre Augen funkeln so schwarz, funkeln Conrad an und Dirk, aber streifen erloschen an Bianca vorbei, als sei sie nicht da. Wie ihr rotes Glas flimmert, sich Dirks rotem Glas zuneigt, Conrads rotem Glas, wie der Wind ihr schwarzes Haar zärtlich zu Dirk hinüberzieht, zärtlich zu Conrad, wie ihr Mund dem Haar folgt, wie die Worte aufzischen, Leuchtkugeln, die ins Meer stürzen und einen Feuerschweif hinter sich herziehen. Wie die Sätze, die Blicke sich zu einem knisternden Netz weben, in Sekundenschnelle, von Dirk zu Chris zu Conrad zu Chris, wie es glitzert und raschelt und lebt. Nur sie, nur Bianca, sitzt taubstumm da, ein gestrandeter Tintenfisch. Selbst der Wind fegt an ihr vorbei, selbst der Wind berührt sie nicht, sondern streicht dicht an ihrer Oberfläche entlang, um mit ConradChrisDirk zu spielen. Sie scheuchen ihn fort, den Wind, mit fröhlich ärgerlichen Händen, aber er zaust weiter, er läßt sich nicht stören, er krault die Köpfe, er zurrt an den Ärmeln, er klappt Revers nach vorne, er bringt Röcke zum Flattern, er zupft an Halstüchern, er nimmt die Worte vom Mund und treibt sie von Chris zu Dirk zu Conrad zu Chris, und Bianca sitzt da, ein toter Tintenfisch mit glotzenden Augen. Wie es wirbelt zwischen DirkConradChris, der Strudel des Lebens, wie er schäumt und zischt und staubt und brodelt, nur sie, nur Bianca trägt eine Tarnkappe, das Leben findet sie nicht, der Strudel dreht sich an ihr vorbei, wie leicht sie wird, ein löchriges Blatt, wie der Wind durch sie hindurchweht, wie sie in der Luft liegt zwischen Wolke und Meer, sie ist Luft, sie ist stille windlose Luft, lau, ist keine Luft zum Atmen, keine, die man in die Nase saugen kann, vielleicht ist sie gar keine Luft, vielleicht ist sie nichts, ist sie nichts. Oh, wie sie schreien möchte. Aber ein Nichts kann nicht schreien, ein Nichts hat keinen Mund zum Schreien, hat keine Lunge zum Schreien. Sie ist nichts, sie ist nichts ...

»Bianca«, sagt Dirk, »schläfst du?«

Es tut einen kleinen Ruck, und sie sitzt wieder auf ihrem Klappstuhl in der Terrassenbar, die Bananenblüten neben ihr hängen schwer von den Stämmen, und die Steine, die Wackersteine, sitzen zwischen den Astgabeln, damit die Bäume Früchte tragen, und die Plastikflaschen pendeln klappernd in den Zweigen, um die Ratten zu erschrecken, da vorne läuft eine, balanciert über einen Ast. Wie sie neugierig schnuppert mit diesem spitzen behaarten Mäulchen, gegen die zitternde Plastikflasche stößt, erschrickt, dann den Baum runterflitzt und wieder hinauf, und plötzlich hört man Chris kreischen: »Da sind ja Ratten! Wie gräßlich!«

Sie springt auf, der Tisch wackelt, alle Gläser schwanken, sie schwankt, sie schreit »Ratten!«, ist außer sich, »Ratten!«, schnappt nach Luft, alles stürzt herbei, knäult sich hilfsbereit um sie herum, führt sie zurück zum Stuhl. Schluß mit dem Feuerwerk.

»Den wievielten haben wir?« würgt Chris.

Dirk schaut auf die Uhr. »Den einundzwanzigsten.«

»Dann ist heute mein Rückticket verfallen.«

Sie würgt, das Essen quillt ihr aus dem Mund, Dirk und Conrad halten ihr den Kopf, der Quarkkuchenbrei spritzt nach den Seiten, ihr schwarzes Kleid ist voller weißer Sternchen, Bianca fühlt die Spritzer warm an ihrem Bein.

»Geh weg, Bianca«, schnauzt Dirk. »Dein neues Kleid wird schmutzig.«

Und folgsam steht Bianca auf, drückt ihr Umhängetäschchen wie einen Schild vor die Brust und geht.

»Bianca!« schreit Conrad ihr nach, springt fort von Chris, wirft einen Schein auf die Theke. »Stimmt so!«

»Nehmt ein Taxi!« brüllt er über die Schulter zurück. »Ich bezahl's!«

Er schnappt Biancas Hand, dirigiert sie zum Wagen hin, läßt sie einsteigen und kutschiert sie den Schotterweg durch die Dünen hinunter bis zum Strand.

Direkt vorm Meer halten sie. Minutenlang ruhen sie schweigend in ihren Sitzen.

Es scheint kein Mond. Das Wasser ist eine dickflüssige schwarze Fläche.

»Da!« Bianca stieß den Zeigefinger nach vorn in die Dunkelheit, wo ein Licht geisterhaft über dem Wasser glitzerte.

»Das kann kein Fischerboot sein«, sagte Conrad. »Komisch. Die fahren nie abends raus. Immer früh am Morgen.«

Aufmerksam beobachtete er das matt flimmernde Licht am Horizont.

Da klopfte jemand ans Seitenfenster. Er schrak zur Seite. Zwei Schatten erschienen vor der Scheibe. Conrad erkannte die Uniform der Guardia Civil. Eine Hand machte die Geste des Herunterkurbelns. Er drückte auf den Automatikknopf, und die Fensterscheibe senkte sich nach unten.

»Qué hacen aquí?« Der Lichtkegel einer Taschenlampe blendete ihn und leuchtete dann über sie beide hinweg nach hinten.

»Sie sehen doch ...«, sagte er furchtsam, »meine Freundin und ich ... wir schauen aufs Meer ...«

»Pasaporte!«

Gottlob lag sein Jackett auf dem Rücksitz, in der Innentasche steckte sein Paß.

Lange studierten die Uniformierten jede Seite.

Dann reichten sie den Ausweis unwillig zurück. »Aussteigen!«

Das war ja wie zu Francos Zeiten. Was wollten die von ihm?

Der Sturm riß mit ungebremster Gewalt an ihren Kleidern, als sie sich beide wie Kriegsgefangene mit den Armen gegen das Autodach stützten. Routiniert klopfte man sie – nach Waffen? – ab.

Dann wurden die Rücksitze hochgeklappt und die Gummimatten herausgenommen. Mit der Taschenlampe leuchtete man sorgfältig über den Boden.

»Qué buscan?« fragte Conrad schließlich. »Was suchen Sie?«

Er erhielt keine Antwort. Aber sie durften wieder einsteigen. Der eine Polizist winkte energisch, sie sollten weiterfahren.

Sie passierten den Guardia-Civil-Jeep, der wenige Meter entfernt am Strand parkte.

»Die suchen Schmuggler«, sagte Conrad böse, »Drogenschmuggler, Menschenschmuggler. Europas brisante südliche Grenze wird sorgfältig bewacht, damit die afrikanischen Armen nicht zu Tausenden in unseren reichen Kontinent einfallen.« Vorsichtig lenkte er den Wagen über den Schotterweg zurück zur Straße. »Gestern stand im ›El Pais‹, daß wieder vierundzwanzig Leichen angeschwemmt wurden. Wahrscheinlich illegale Einwanderer, deren Boot auf dem Weg nach Tarifa gekentert ist. Es sind zwar nur dreizehn Kilometer an der schmalsten Stelle zwischen Afrika und Europa, aber die Meeresströmungen und der Wind sind unberechenbar.«

Während er langsam die Küstenstraße entlang rollte, beobachtete er das Licht, wie es geisterhaft über das Wasser zuckte. »Außerdem will die Polizei den Drogenschmuggel in den Griff kriegen. Zumindest den Schmuggel von Haschisch drüben aus dem Rifgebirge. Das Heroin kommt wohl eher aus Lateinamerika. Jahrelang wurde niemand, der aus Kolumbien oder Ecuador oder Peru kam, kontrolliert. Die Großdealer konnten sich hier in aller Ruhe ihr Imperium aufbauen.«

»Ich muß jetzt gehen«, sagte Bianca und ließ den Sicherheitsgurt aufklicken.

Conrad bremste erschrocken. »Wieso?«

Sie zog ihr hartledernes Täschchen an ihre Brust und öffnete die Tür.

»Was ist los? Wo willst du hin?«

»Nach Hause.«

»Aber dorthin fahre ich doch jetzt.«

Sie stieg aus.

»Bianca, es ist weit. Willst du wirklich zu Fuß gehen?«

Sie antwortete nicht und marschierte entschlossen die Straße entlang.

Der Wind fuhr ihr unters Kleid, blähte es hoch, schlug es wieder nach unten, ihre Beine liefen ungerührt weiter, sie liefen und liefen.

Er ließ den Wagen stehen und rannte ihr nach. Der Wind klatschte den Hosenstoff gegen seine Waden. »Bianca, was ist los? Habe ich dich gekränkt?«

Er konnte kaum Schritt halten mit ihr. Dabei waren seine Beine viel länger als ihre.

»Bianca!« flehte er. Sie schritt energisch aus, als sei sie auf dem Weg zu einer wichtigen Verabredung. Er fühlte sich wie ein Hündchen, wie er so bettelnd neben ihr her hechelte. »Bianca, die Autotür steht weit offen! Das Licht brennt noch! Meine Batterie!«

Unbeirrt eilte sie weiter.

Er schnappte ihr Handgelenk. »Bianca, mein Geschwätz hat dich genervt, nicht?« Da blieb sie stehen.

»Bitte warte hier«, bat er. »Ich komme mit dem Auto.«

Er rannte zurück, warf den Motor an, suchte mit den Scheinwerfern die Straße ab.

Gott sei Dank, dort stand sie noch und wartete tatsächlich auf ihn.

Er hielt an, öffnete ihr die Tür.

Kaum war Bianca eingestiegen, raste er davon, als müsse er eine kostbare Beute in Sicherheit bringen.

Komm mit, meine Schöne!

Ein Taxi brachte einen angetrunkenen, bekifften Adam aus dem Dorf zurück, sein VW-Bus war liegengeblieben, morgen werde er nachsehen, was kaputt sei.

Er hatte Bartolo, Pepes zigeunerschwarzen Sohn, mitgebracht sowie zwei gickernde Mädchen, die Hilde nur wenig älter als Maren schienen.

»Wir haben doch sicher genug Essen übrig für Bartolo und die jungen Damen!« meinte Adam und legte Andrea aus Gelsenkirchen den Arm um die Hüften. Das Mädchen zierte sich lachend.

Bartolo sagte: »Ich habe keinen Hunger.«

Andrea lachte. »Dem schmeckt das deutsche Essen nicht.

Ich hab auch schon versucht, ihm was Gutes zu kochen. Keine Chance!«

Bartolo stellte sich als Novio, als Freund von Louisa, der jungen Engländerin aus Leeds, vor und erging sich in Vermutungen über die Paarverhältnisse. Seltsam, dachte Hilde, daß einen Mann so etwas interessiert. Aber hier in Andalusien sieht man den einzelnen wohl nur im Familienzusammenhang. Chris und Dirk, fand er, Conrad und Bianca, Hilde und Adam gehörten sichtlich zusammen.

»So einfach ist das nicht bei uns«, lächelte Conrad mißmutig. »No es tan simple.«

Adam warf einen schmerzerfüllten Blick auf Bianca und führte Andrea in den Schuppen, um ihr seine Objekte zu zeigen.

Die Mädchen vertilgten zwei große Teller Bratkartoffeln mit Rührei, von Hilde rasch in der großen Pfanne zubereitet.

Bartolo erzählte von seinem Großvater, der noch als Fischer aufs Meer fuhr. »Sein Foto hängt groß eingerahmt über unserer Theke.« Hilde erinnerte sich an das ausgedörrte Gesicht eines alten Mannes.

»Die Thunfischzeit geht zu Ende«, sagte Conrad. »Morgen frage ich Christóbal, wann ich mitfahren kann.«

»Mañana, mañana«, spöttelte Chris. »Du wirst immer andalusischer!«

»Wenn ein Deutscher allein unter Spaniern ist«, sagte Bartolo, »dann schweigt er den ganzen Abend. Wenn ein Spanier allein unter Deutschen ist, dann schwätzt er den ganzen Abend.«

»So wie du«, lachte Louisa. Sie hatte ein strahlend großes Gebiß und schlitzige Raubtieraugen. »Er spricht außerordentlich artikuliert«, lobte ihn Chris, »normalerweise versteht man dieses andalusische Genuschel nicht.«

Seine Novia Louisa prustete los: »Das kommt von den vielen Rubias, den blonden Schwedinnen und Deutschen. Er mußte lernen, deutlich zu sprechen, damit er bei ihnen landen konnte.«

Sie lachte mit geschlossenen Zähnen, die ganze Breite ihres schönen Gebisses glänzte auf.

Sie packte ihre Gitarre aus. »Sollen wir was spielen? Als Dank für die Bratkartoffeln? What do you like?«

Adam baute ihnen eine provisorische Bühne auf. »Ich habe die zwei im ›El Duende‹ entdeckt!« sagte er und füllte Andreas Rotweinglas auf. »Sie tingeln durch Andalusien, um sich ihren Lebensunterhalt zu verdienen. Louisa spielt fast professionell.«

»Wir brauchen nicht viel«, sagte Andrea. »No necesitamos mucho.«

So wie sie sah ich früher aus, dachte Hilde, Jeans, Sweatshirt, rotbackig, blond. So wie sie war ich früher. Unbekümmert fröhlich, voll guten Mutes. Pralle Gesundheit, pralles Leben, auch ohne Novio. Was ist aus mir geworden?

Andrea klappte den Notenständer auf und stellte das Textheft hinein. »Wir haben noch kein richtiges abendfüllendes Programm entwickelt«, sagte sie entschuldigend und steckte ihre Flöte zusammen. »We are still beginners.«

Louisa stimmte ihre Gitarre. Horchte dem Klang der Saiten nach. Eine Frau, strotzend vor Jugend, die dicken Schenkel wie gestopfte Blutwürste in schwarze Strumpfhosen eingezwängt, die Jeans knapp unterhalb der Pobacken zu fransigen Shorts abgeschnitten, an den Füßen schwere Schnürstiefel. Das hatte Hilde in England immer gefallen. Jeder lebte seine normale Verrücktheit. Louisa ist die mit den schweren Stiefeln, da wird nicht gemäkelt: Ihre Schenkel sind zu dick. Sie trägt keinen langen Rock, der alles Dicke verdecken soll, so wie ich. Und sie hat trotzdem einen Novio, der sie begehrlich betrachtet. Wie sie ihn über die Gitarrensaiten hinweg anblitzt! Wie ihr großes Gebiß auflacht. So möchte ich sein. Ich will einen Macho wie Bartolo, der meine starken Hände bewundert, meine dicken Schenkel, mein kräftiges Lachen.

»Ich verstehe die deutschen Frauen nicht«, sagte Bartolo, als könne er Gedanken lesen. »Warum lassen sie sich von ihren Männern soviel gefallen?«

Louisa blickte Andrea an, sie nickten sich zu. »Unchain my heart, baby set me free ...« – »I never died said he ...« – »Donna donna donna dohonna ...« – »The answer, my friend, is blowin' in the wind ...«

Hilde sitzt ein Kloß im Hals, eine Träne läuft ihr kühl übers Kinn, tropft aufs Schlüsselbein. »... Donna donna dohonna ...« Alles habe ich verloren, denkt sie, alle Sehnsüchte, alle Illusionen. Wie arglos habe ich damals mit Abigail und Helen und Laurie auf dem teppichbelegten Podest gehockt, umweht von Sandelholz- und Currygeruch. Wie begeistert ahnungslos haben wir über das Leben und die Liebe diskutiert, fest entschlossen, frei und glücklich zu sein, anders als unsere verhärmten Eltern, die sich ein Leben lang an ein falsches Glück klammerten. Loslassen können war unsere Formel. Alles habe ich losgelassen. Auch das Glück. Eine zweite dünne Träne rinnt ihr über die Wange. Verdammt, was habe ich mir damals angetan? Alles wollte ich besser machen als meine moralischen Eltern. Ich wollte kein spießiges Nachttischchen, kein schwerfälliges Ehebett, sondern eine bewegliche Matratze auf dem Boden, die mich überallhin begleitet. Zahllose Männer wälzten sich mit mir auf dieser Matratze, zahllose Männer, die ich nicht liebte. Und wenn mir das Herz zu beben begann vor ängstlicher Sehnsucht, dann nahm ich mir den nächstbesten und vögelte mir die Sehnsucht aus dem Leib. Sehnsucht hieß Fixierung, hieß Klammern, hieß Unfreiheit, war der Ehesarg der Eltern. »Die Liebe ist ein Kind der Freiheit ...« – welch ein grandioser Irrtum. Nein, welch eine grausame Lüge, der wir Frauen aufgesessen sind. Diese 68er Freiheit war Männerfreiheit und hatte nichts mit Liebe zu tun. Das Perfide war, wir durften uns nicht mal beschweren, wenn der Liebste mit einer anderen schlief. Die Männer dagegen beschwerten sich ständig. »Du machst mich unfrei mit deiner Eifersucht. Du setzt mich mit deinen Tränen unter Druck! Sei doch nicht so entsetzlich fixiert auf mich! Nimm dir endlich auch die Freiheit, mit anderen Männern zu schlafen.« Leider begriff ich damals nicht, daß dies nicht meine Freiheit war, sondern männliche Näheangst, die sich als Freiheit tarnte. Ich fiel drauf rein. Wir alle fielen drauf rein. »Donna Donna Dohonna ...« Die Liebe ist ein Kind der Bindung. Und sie beginnt lautlos zu weinen. Wie meine Mutter, denkt sie, wenn sie Schlager aus ihrer Jugend hört.

Ein wenig steif saßen sie um den Tisch, ließen andächtig das Geschirr stehen, um die Sängerinnen nicht zu stören. Adam war der einzige, der sich traute, die alten Melodien laut mitzubrummen. Hilde wiegte sich so heftig im Takt, daß ihr die Katze vom Schoß sprang. Conrad klopfte zaghaft mit dem Kaffeelöffelchen gegen sein Schnapsgläschen.

»A qué os dedicáis? Was arbeitet ihr?« wollte Bartolo wissen. Sie drucksten herum.

»Wir sind noch nicht ganz schlüssig«, murmelte Conrad, »welche der vielen Möglichkeiten wir angehen sollen.« Er lächelte steif. »Entscheidungen sind besonders schwierig, wenn einem die ganze Welt offensteht.«

»Wir möchten eine Sprachschule aufmachen«, sagte Chris lahm.

»Mit Extra-Kursen für Aquarellmalerei«, warf Dirk geschmeidig ein, »und Tontöpfern mit original andalusischer Glasur.«

»Ich nähe Kissen und Gardinen«, gestand Hilde. »Ein deutsches Pärchen bietet meine Sachen auf dem Piojito an. Viel sind sie noch nicht losgeworden. Demnächst, wenn die Touristen kommen, muß ich selbst auf den Markt gehen und das Zeug verkaufen.«

»Du kannst mal meine Lederjacke reparieren, der Kragen ist halb abgerissen«, sagte Bartolo lässig.

»Du mit deinen vier Schwestern!« fuhr Louisa lachend dazwischen, »die sollen dir das Nähen beibringen. Que te enseñen a coser!«

»Schöne Haare hast du.« Bartolo berührte Hildes Locken mit den Fingerspitzen. »Wir Südländer mögen blonde Haare.« Er schaute keck hoch zu Louisa auf ihrer Bühne. »Aber am liebsten mag ich braunblonde wie die von meiner Novia.«

Louisa schüttelte sich vor Lachen. »Was gibt's da zu lachen«, sagte Hilde, »meine Haare sind nicht mehr blond, sondern grau.« Ihre Kopfhaut kribbelte von Bartolos Berührung.

»Das hat Louisa ihm beigebracht«, erläuterte Andrea, »daß er so was zu ihr sagt.«

Er schaute mißtrauisch, als sie deutsch sprachen.

»Er ist im Dorf nicht beliebt«, sagte Andrea, »man mag die Männer nicht, die nur nach Ausländerinnen gucken. Da heißt es gleich, der läßt sich aushalten.« Sie machte eine Pause. »Oft ist es natürlich so. Warum auch nicht? Wer mehr Geld hat, zahlt halt mehr. Was ist dabei?«

»Ihr redet über mich«, sagte Bartolo mit gerunzelter Stirn. »Ihr redet schlecht über mich.« Er hatte einen breitgewellten üppigen Mund.

»Nein, nur Gutes«, lachte Louisa. »Über dich gibt es doch nichts Schlechtes zu sagen.«

»Ich möchte auch mal nach Deutschland und nach England«, sagte Bartolo. »Ihr reist alle soviel. Überall wart ihr schon. Ich kenne nur mein Dorf und Madrid.«

Provozierend schaute er zu Louisa hoch. »Gibst du mir einen Duro, einen Fünfer? Nein, veinte duros.«

»Wofür?« Sie lachte und lachte mit ihrem schönen großen selbstbewußten Gebiß.

»Für ...« Er zögerte. »Einen Fino. Später, wenn ihr im Bett seid.«

Louisa hob eine Pobacke an, kramte in ihrer Gesäßtasche und rollte ein Hundertpesetenstück über die Tischplatte, das er flink einsteckte.

»Wir haben Sorge«, lächelte Andrea, »daß uns unsere Wirtin rausschmeißt. Eine nette Frau. Aber sie mag Bartolo nicht. Sie lästert über ihn. Nun kann er nicht mehr bei uns übernachten.«

»Ich will weg von hier«, murrte Bartolo, »hier wird zuviel beobachtet und getratscht. Jeder weiß alles. Und dann diese Moral. Ich habe ein uneheliches Kind von einer Schwedin. Das gehört sich nicht. Ich will nach Deutschland oder England.«

»Glaub nur nicht, daß es in Deutschland auf dem Dorf besser ist«, sagte Hilde.

»Oder nach England.«

»Das Wetter wird dich krank machen, mein Schatz«, lachte Louisa. »Stell dir vor: jeden Tag Regen.«

»Ich brauche die Sonne nicht.«

»Was meinst du, warum hier so viele Engländer siedeln?« sagte Andrea.

Er schwieg. Dann, trotzig: »Aber in England gibt es mehr Rubias, mehr blonde Mädchen als hier.«

Die beiden Sängerinnen schauten sich an und prusteten los.

Dope, dachte Hilde, sie sind vollgedröhnt, darum amüsiert sie alles so. Hier ist Haschisch billig, jeder raucht. Hab noch immer dieses Piece von Denise und Freddy im Schreibtisch rumliegen. Komisch, das wär mir früher nie passiert.

Mit einem energischen Ruck stand Chris auf und schichtete die Teller übereinander. Dirk half ihr raustragen. Auf dem Weg in die Küche zischte sie: »Paß nur auf, daß die drei kleinen Schmarotzer nicht eines Nachts bei uns einbrechen.«

Die beiden Mädchen sprangen auf und trugen die leeren Weinflaschen in die Küche. »Habt ihr es schön hier!«

Bianca holte den letzten Rioja aus der Speisekammer und reichte ihn Dirk.

»Die wollen die Lage checken«, flüsterte Dirk.

»Aber wir besitzen doch nichts«, sagte Conrad, während sich die Mädchen von Bianca das Haus zeigen ließen. »Was sollen sie mitnehmen.«

»Meinen Schmuck zum Beispiel«, sagte Chris. »Ich habe doch diesen alten Granatschmuck von meiner Großtante.«

»Die können alles gebrauchen«, sagte Dirk. »Die klauen sogar Handtücher und Unterwäsche, um sie zu verkaufen. Damals, als ich in Marbella wohnte, habe ich so meine Erfahrungen gemacht.« Er drehte routiniert den Korkenzieher ein, klemmte die Rioja-Flasche zwischen die Knie und zog.

»Das sind die Heroinsüchtigen«, sagte Hilde. »Die Haschischraucher klauen nicht.«

»Wo ist der Unterschied«, sagte Chris.

»Was für ein Blödsinn«, murrte Adam, »Louisa und Andrea sind nette harmlose Mädels.«

Da kamen die drei von ihrem Rundgang zurück, beladen mit Mineralwasserflaschen. »Wir haben überall gesucht«, sagte Bianca. »Es gibt keinen Wein mehr im Haus.«

»Ich will Englisch lernen«, sagte Bartolo.

»Das war Deutsch«, sagte Hilde.

»Ich will Deutsch und Englisch lernen.«

Dirk goß die Gläser voll.

»Du kannst ja nicht mal richtig Spanisch«, lachte Louisa und hielt Dirk ihr Glas hin.

»Er ist halber Analphabet«, erläuterte Andrea. »Wie so viele hier.«

»Ich mußte arbeiten«, brummte Bartolo. »Schon als Kind. Kellnern und Bohnen pflücken und auf dem Feld hacken. Da hatte ich wenig Zeit, um in die Schule zu gehen.«

»Er ist sehr begabt«, sagte Andrea. »Und aufgeschlossen. Mit der richtigen Bildung könnte aus ihm was werden.«

»Er sollte dich managen, Louisa«, riet Hilde. »Er kennt doch die Kneipenszene hier.«

Bartolo winkte ab. »Louisa ist ihr eigener Chef. Sie managt sich selbst.« Bewunderung schwang in seinen Worten mit.

Ich will auch einen Mann, dachte Hilde, der mich bewundert, daß ich mich so tapfer durchs Leben beiße. Conrad bewundert mich nicht, er genießt, daß ich bequem bin.

»Por qué estás triste?« Bartolo ließ eine von Biancas weißblonden Strähnen durch seine Hand gleiten. Bianca schaute ihn fragend an.

»Warum du so traurig guckst«, übersetzte Andrea.

»Die kann Spanisch«, sagte Hilde.

»Ich gehe.« Chris wechselte einen Blick mit Dirk und stand auf. »Ehe sie wieder von ihren Vergewaltigungstragödien anfängt.«

»Sei nicht so gemein!« rief Hilde.

Dirk leerte sein Glas, erhob sich und folgte Chris. »Wir fahren noch auf einen Drink ins Dorf.«

»Welche Vergewaltigungstragödien?« fragte Andrea.

Bianca krauste die Stirn. »Nichts Besonderes.« Sie nippte an ihrem Wasser.

»Sie hat schreckliche Erlebnisse mit Männern gehabt!« erklärte Hilde und warf einen Blick auf Conrad, der mit zusammengekniffenen Lippen dasaß. Adam an seiner Seite schaute ein wenig ratlos.

»Erzähle«, sagte Andrea.

Bianca schien sich zu freuen, daß man etwas von ihr wollte. »Ich hatte eine Eierstockoperation«, sagte sie eifrig, »und war gerade aus dem Krankenhaus gekommen. Ich dürfte auf keinen Fall ficken, hatte der Arzt gesagt, bis die Wunde verheilt ist.«

Ungestüm hob sie die Rioja-Flasche und färbte mit dem letzten Tropfen ihr Wasser rosig. »Aber Victor aus Manchester wollte mich unbedingt ficken. ›Ich darf nicht ficken!‹ rief ich immer nur. ›Hör auf!‹ Aber Victor rief: ›Ich liebe dich. Ich will ein Kind von dir.‹ Und er hat mich gefickt. ›Geh weg!‹ habe ich gesagt. ›Ich will dich nicht mehr sehen!‹ Aber er verfolgte mich mit seinen feuerroten Haaren. Überall sah ich seine Haare. Einmal stand er vor der Tür, es regnete in Strömen, und er war ganz naß, seine roten Haare hingen ihm traurig auf die Schulter. Er sagte, er müßte mit mir reden, und ich ließ ihn rein. Da wollte er doch wieder nur ficken und rief: ›Ich liebe dich, lonely girl, du kommst mit mir nach Neuseeland.‹ Aber was soll ich denn in Neuseeland?«

»Und was war mit der Operationswunde?« fragte Andrea.

»Die hat sich entzündet«, sagte Bianca. »War aber nicht so schlimm. Mit Penicillin ging das gleich wieder in Ordnung.«

Bartolo drängelte, er wollte noch in die »Kaspah«, Billard spielen. »Kommt ihr mit?«

»Morgen abend wäre es mir lieber«, sagte Conrad, »ist schon ein bißchen spät.«

»Kommst du mit?« Bartolo strich mit seinem Handrücken über Biancas Wange. Bianca schaute fragend Conrad an.

»Nein«, sagte der scharf.

Adam versuchte seinen Arm um Andreas Hüften zu legen, während sie Notenständer und Flöte einpackte. Sie wehrte ihn lächelnd ab.

Sie nehmen ihre Musik so wenig ernst wie ich damals meine Textilcollagen, dachte Hilde bitter. Ich hätte jemanden gebraucht, der sich um die Finanzen kümmert. Mit Zahlen hatte ich schon immer Schwierigkeiten. Meiner Natur widerstrebt es zutiefst, Zettelchen und Belege zu sammeln, um den Gewinn für die Steuer zu reduzieren. Mir liegt es nicht, Überweisungen zu kontrollieren und mir immer wieder einen Überblick über Einnahmen und Ausgaben zu verschaffen. Ich verheddere mich ja schon beim Ausrechnen der Mehrwertsteuer. Warum hat Conrad mir damals nicht geholfen. Der wäre der Richtige für so was gewesen. Der hat Buchhalterqualitäten. Wir wären ein gutes Team geworden. Statt als Künstlerin gefeiert zu werden, muß ich mich demnächst auf den Flohmarkt stellen und Strandtücher verscherbeln. Zornige Tränen brannten ihr in den Augen. Was für eine Karriere!

Man verabredete sich für den nächsten Abend in der »Kaspah«.

Adam, Conrad, Hilde und Bianca kamen pünktlich um neun Uhr. Sie warteten bis ein Uhr nachts.

Weder Andrea noch Louisa erschienen.

Nur Bartolo tauchte gegen elf Uhr auf. Er erzählte, die Mädchen seien nach Almería weitergereist.

»Alles geht nach dem Lustprinzip«, sagte Conrad unwirsch.

»Die Freaks von heute sind keinen Deut anders als wir damals«, bemerkte Hilde nachsichtig.

Bartolo bestellte einen frischgepreßten Orangensaft für Bianca. »Komm mit, meine Schöne!« sagte er. »Zum Tanzen in die Disco.«

»Ich kann nicht tanzen.«

»Ich zeig's dir.« Er nahm sie bei der Hand, zog sie von ihrem Barhocker und führte sie durch den Raum. »Einfach von einem Fuß auf den anderen. Genauso wie du gehst. Das kannst du doch auch.«

Bianca nickte. Bartolo warf ein paar Münzen auf die Theke. »Und das Ganze nach Musik. Das ist alles. Kommst du mit?«

Sie schaute zögernd zu Conrad hin. Der reichte ihr die Jeansjacke. »Wir wollen los. Es ist schon spät.«

»Ich möchte noch bleiben«, murrte Adam.

»Dann bleib doch.«

»Und wie komme ich zurück?«

»Nimm ein Taxi.«

»Ist zu teuer.« Er zahlte seinen Cuba Libre, zog mürrisch seine buntgeringelte Wolljacke über, die Wiltrud vor Jahren für ihn gestrickt hatte, und trottete hinter den drei anderen her. Conrad hatte den Arm um Bianca gelegt.

»Hasta luego. Bis dann«, rief Bartolo ihnen nach.

»Wir fahren zum ›Rompeolas‹, wo die Fischer immer sitzen«, sagte Conrad entschlossen, »ich will endlich meinen Termin für die Almadraba festmachen.«

»Die Thunfischzeit ist für dieses Jahr vorbei«, lächelte Christobal und lud sie auf eine Copa ein.

»So kann man auch Probleme lösen«, bemerkte Chris. »Man wartet und wartet, und irgendwann hat sich das Leben von selbst erledigt.«

Worüber willst du mit mir reden?

Was für ein Blödsinn, dachte Dirk, nur weil ich nicht mehr mit Chris schlafe, glaubt sie gleich, ich sei latent schwul.

Dann müßten ja unzählige Männer, vielleicht der größte Teil der männlichen Bevölkerung Deutschlands, latent schwul sein.

Er hatte es sich, wie stets zur Siesta, im halbdunklen Bücherzimmer vorm Fernseher bequem gemacht. Im Canal Sur lief ein US-Kindercomic. Albern, dachte Dirk, daß diese Ami-Kids mit ihren Baseballschlägern spanisch sprechen.

Trotzdem – es tat ihm gut, anspruchsloses Fernsehgeflimmer an sich vorbeirauschen zu lassen, nach endlosen Wochen angestrengter Kulturbeflissenheit. Natürlich würdigte er die architektonischen Wunder Andalusiens. Aber mußte man denn, wie Chris, von Sehenswürdigkeit zu Sehenswürdigkeit hasten und jeden Arkadenaufbau, jedes Stuckrelief mit historischen Fakten befrachten? Die unhandlichsten Bildbände schleppte sie mit sich herum und hielt ihm endlose Vorträge über steingehauene Koranverse, arabische Bäder, römische Bewässerungssysteme. Ich ersetze ihr eine ganze Schulklasse, dachte er. Sie hält verbissen an ihrem Beruf fest, den sie doch längst aufgegeben hat. Dieser Mangel an Anmut, diese scharfe Stimme, dieser schneidende Geist! Die Durchdringung des Alters durch den Intellekt schmückt den Mann und entstellt die Frau.

Wenn sie einen Hauch liebenswürdiger wäre, ein bißchen mehr Geisha und etwas weniger Emanze, dachte er, dann könnte ich mich vielleicht wieder für sie erwärmen. Auch wenn sie mit ihrem sportlich harten Körper nicht gerade meinen heimlichen Begierden entspricht. Ich bin nun mal Ästhet, begeistere mich für die liebreizenden Seiten des Lebens, für Mozarts Kleine Nachtmusik, für exquisite Düfte von Nina Ricci, Joop, Jil Sander, für köstliche Zanderfilets, die auf der Zunge zergehen, für duftige Haut, sonnenfarbenes Haar.

Bianca, meine Sehnsucht!

Schwul. Lächerlich! Chris weiß doch, wie sehr ich die meisten Männer verachte. Conrad, diesen papiertrockenen humorlosen Möchte-gern-Intellektuellen, verstaubt wie seine Bücher und ohne den geringsten Hauch Charisma. Adam, diesen knoblauchstinkenden Gnom, mit seinem schnaufenden Egoismus, seiner plumpen Lüsternheit.

Chris und ich, wir haben doch beide so oft gemeinsam und herzlich gelacht über diese zwei Macho-Karikaturen.

Liegt Conrads Pistole eigentlich noch in seinem Schreibtisch?

Dirk richtete sich träge auf, schlurfte hinüber zum Schreibtisch und zog die rechte obere Lade auf. Ja, da lag sie, ruhig und dunkel.

Der einzig schmucke Mann ist Bartolo. Der könnte mir, wenn ich schwul wäre, gefallen. Er müßte aber diese gräßlichen Haarzotteln abschneiden, wie kann ein Hübschling wie er sich nur so verunstalten!

Dirk ließ sich wieder in den Sessel fallen und drückte auf die Fernbedienung. ›Wichtigste Nachrichten der letzten Wochen …‹«

»Hey, Dirk!« Das war Hildes Stimme, die ihn aus seiner meditativen Ruhe aufstörte. Er schaute auf die Uhr. Zum Pflanzengießen war es noch zu früh.

Hübsche Sprecherin. Aber zu selbstbewußt. Wie alle diese Andalusierinnen. Oje, da bringen sie wieder den armen Kerl, der sich vom Hochhaus stürzte. Zweimal stellen sie ihn zurück aufs Fenstersims, zweimal lassen sie ihn springen.

»Dirk, wo bist du?« Sie ließ einfach nicht locker. Widerwillig erhob sich Dirk von seinem Lager, um zu hören, was es so Wichtiges gab.

Hilde saß unter dem Schattendach der Terrasse und besserte einen Rocksaum aus.

»Dirk, vergiß nicht die Pflanzen.«

Also doch. »Tut mir leid, aber mein Abend ist bereits verplant.«

»Ich weiß«, grinste sie. »Deshalb möchte ich ja, daß du dich vorher um die Bewässerung kümmerst.«

»Ist es nicht ein bißchen früh? Die Sonne steht noch sehr hoch.«

»Wenn du die Füße der Pflanzen gießt, passiert nichts, sagt Rafael. Die Blätter dürfen nur kein Spritzwasser abkriegen. Sonst verbrennt sie die Sonne. Den Rasen sprenge ich dann nach Sonnenuntergang.«

Sie war ein zähes Weib. Keine Chance, ihr zu entkommen. Wortlos entledigte er sich seiner Sommerweste aus feinstem ungarischen Ziegenvelours, die er bereits für seine Abendunternehmung übergeworfen hatte, zog Gummilatschen an, um seine leichten Sommerstiefeletten aus softigem Känguruhleder zu schonen, trat an den großen Brunnen außerhalb der Hausumfriedung und drehte die Wasserhähne auf.

Die Zypressenhecke, die den Obst- und Blumengarten umgab, und die locker in einer Reihe stehenden Siempre-Verde-Büsche hatte Conrad mit einem dünnen Tropfschlauch versehen lassen, es reichten drei Handgriffe, um sie zu wässern. Nur die einzeln stehenden Pflanzen brauchten individuelle Betreuung. Dirk lief mit dem Schlauch über die Rasenfläche und legte ihn vorsichtig an den Lorbeerbaum, an die neu gesetzten Palmen, den Oleander, die Magnolie, das Mandelbäumchen. Wenn er ehrlich war: so ungern übernahm er diese Arbeit gar nicht. Daß er sich jeden Abend vor ihr zu drücken suchte, war einfach ein natürlicher Automatismus. Wenn er dann dabei war, fühlte er sich ausgesprochen entspannt. Diese einfache Tätigkeit, die sich quasi von selbst erledigte, während er stand oder umherging, eingehüllt in Vogelgezwitscher, laue Luft und süße Tagträume – war das nicht die ideale Lebensaufgabe? War das nicht das Glück?

Lolita, das rote Kätzchen, begleitete ihn. Sie war inzwischen kräftig und eigenwillig geworden, sprang keck auf den gelben Schlauch, der sich durchs Gras schlängelte, schrak aber gleich zurück vor dem Wasserstrahl, der sie einmal, als sie spielerisch zupacken wollte, mit Wucht durchnäßt hatte.

Hilde mochte nicht, wenn das Kätzchen Dirk nachlief. Als er den Innenhof betrat, um auch dort die Pflanzen zu versorgen, pfiff sie das Tier zu sich. Lolita bezog den Pfiff keineswegs auf sich, sondern schmiegte sich schnurrend an Dirks Hosenbeine aus ungebleichter Rohseide.

Da packte Hilde tatsächlich ihr Nähzeug beiseite und kam herbeigeeilt, um das maunzende Tierchen hochzunehmen und mit energischem Streicheln auf ihrem Schoß zu halten.

Doch kaum griff sie wieder zu ihrem Nähzeug, flitzte Lolita davon und strich von neuem um Dirks Beine.

»Was sind die drei Lieblingstiere einer Frau?« scherzte Dirk, um die Stimmung, die er als unfreundlich empfand, zu entkrampfen.

Hilde hob die Schultern, ohne von ihrer Näharbeit aufzusehen.

»Erstens Nerz, zweitens Jaguar und drittens der blöde Affe, der alles bezahlt.«

Hilde verzog verächtlich den Mund. Wie humorlos sie war!

Man müßte die Pflanzen professionell beschneiden und das Gartengelände gestalten, statt alles dahin zu setzen, wo gerade Platz war. Was die künstlerische Seite angeht, hätte ich eine Begabung, dachte Dirk. Die Aufgabe eines professionellen Gärtners war doch, in das wilde Chaos der Natur eine bequeme und für das Auge erfreuliche Ordnung zu bringen. Hier in Andalusien stehen das Schöne und das Häßliche erstaunlich brüsk nebeneinander! Gepflegte Chalets neben stinkenden Müllkippen. Blühende Parkanlagen neben vertrockneter Wildnis.

Er war keiner von den romantischen Schwärmern wie

Hilde, die fand, am herrlichsten und heilsamsten sei die Welt in ihrem naturbelassenen Zustand.

Natur – das waren Brennessel, Stechfliegen und Schlammboden, der die frischgewienerten Schuhe verdreckte, das waren verwurmte Himbeeren, dornige Brombeerbüsche, Ameisen im Brotkasten, Läuse an den Rosenstauden. Natur, das waren Wanzen in marokkanischen Hotelbetten, das waren trockene Lippen bei Bruthitze, Sand zwischen den Zähnen. Natur, das war ein plötzlicher Regenguß, wenn man keinen Schirm zur Hand hatte, man fror und konnte sich Ischias zuziehen. Natur, das waren Sonnenbrand, Knollenblätterpilz, Steinschlag, das war die riesige Welle, die einen auf die Felsküste schlug, das waren Viren, die einem Halsentzündungen und Darmgrippe verursachten oder schlimmer, Hepatitis und Typhus. Natur, das waren Wirbelstürme, Erdbeben, Brände, Überschwemmungen, das waren Hunderte von Ertrunkenen, Erfrorenen, Verbrannten, Erstickten, Verdursteten. Natur, das war das Sterben.

Er haßte die Natur.

Er dirigierte den Schlauch dicht an Bianca vorbei, die, ein paar Meter von Hilde entfernt, auf der Terrasse saß und in ihr Schulheft schrieb. Wohl ihr Jungmädchen-Tagebuch, dachte er gerührt und hüstelte vernehmlich. Aber sie schaute nicht auf.

Warum vernachlässigt sie sich so? dachte er. Mein Gott, sie könnte eine Schönheit sein. Sie weiß gar nicht, was für ein Kapital sie da besitzt. Eine schöne Frau kriegt alles im Leben, mühelos, allein durch die Existenz ihrer süßen, sanften Muschi. Sie bräuchte nur dazusitzen, lässig zurückgelehnt, und den Finger zu heben.

Wie muß man sich als Mann quälen um jeden Hauch Bestätigung, die einem im nächsten Moment entzogen wird.

Was habe ich für Klimmzüge unternommen, damit ich meiner Mutter gefalle, meiner inzwischen siebenundachtzigjährigen Mutter, die ihren ganzen Ehrgeiz in mich legte, ihren jüngsten, ihren Lieblingssohn. Wie viele Firmen habe ich gegründet und wieder verloren, wie viele Unternehmen aufgebaut, nur für sie. Welche Kraft es kostete, ihr all diese Pleiten zu verschweigen. Ihr Prinz hatte nur Erfolge. Wie sie verbissen an mich glauben wollte, obwohl alles gegen mich sprach.

Wenn ich Bianca wäre, mit diesem Gesicht, mit diesem Körper, ich besäße das Paradies. Die Männer lägen mir zu Füßen, küßten mir meine pedikürten Zehen, legten mir ihr Vermögen in den reizenden Schoß, und ich suchte mir aus der Menge unterwürfiger, vernarrter Kerle den appetitlichsten aus. Ich könnte jeden haben. Männer aus allen Kreisen, mit jeder Bildung, vermögende und kreative, und alle wären bereit, die Welt für mich aus den Angeln zu heben.

Ich kaufe dir einen Swinger aus nachtblauem sibirischen Zobel, Bianca, meine Göttin, ein verführerisches Collier mit walnußgroßem platingefaßten Aquamarin, leuchtend wie ein glücklicher Himmel.

Du weißt gar nicht, welche Macht du hast, du wonniges Kind. O doch, du weißt es, was läßt du mich so leiden? Was soll ich noch für dich tun, damit du mich endlich erhörst? Vor dir niederknien? Wäre ich ein Fotograf, ich könnte dich berühmt machen. Als strahlende Titelschönheit auf der »Vogue« zu erscheinen, würde dir das gefallen? Aber für ein Mannequin bist du nicht mager genug, nicht mehr jung genug. Warum drehst du dein trotziges Kinn weg, wenn ich mich deinem Gesicht nähere? Was soll das? denkst du. Was will dieser verknitterte Alte? Bartolo gefällt dir wohl besser, ein straffer Junge mit glatten starken Armen. Du spielst mit mir, Bianca, verkriechst dich sogar mit Adam in seiner Rumpelkammer, um mich zu provozieren. Neulich hast du mir den Kopf vollends verdreht, meine kleine Mona Lisa, wie du mich zutraulich anschautest, als wir im Bahia Sur Kleider kaufen gingen. Wie du dich beim Gehen in meinen Arm hängtest, wie du schelmisch lachtest, als ich dir erzählte, wie reizvoll die Rundung deiner Wange sei, wie süß der Schatten deiner Wimpern, wie makellos die Kontur deiner Lippen. Und dann in dem Wäschegeschäft, wo jeder meinte, du seist meine Geliebte. Wie ich mit in die Kabine durfte, um zu schauen, ob der Büstenhalter richtig saß. Wie du die beiden Körbchen festhieltest und ich dir den Rückenverschluß einhaken durfte. Ich möchte dein Diener sein und dein Beschützer.

Ja, sie braucht jemanden, der sich um sie kümmert, dachte Dirk, sie ist mit den falschen Leuten zusammen. Sie lebt in der falschen Gegend. Was soll sie hier in diesem winddurchtosten, feuchtkühlen oder glühend heißen Zipfel? Hier ist ja schon Afrika.

Er führte den Schlauch an den rankenden Jasmin, dessen faulig-süßer Duft ihm penetrant ins Gesicht schlug.

Er erinnerte sich, daß ihn Bernhard, sein großer Bruder, zwang, in den kratzigen Gartensträuchern des elterlichen Grundstücks Dschungel zu spielen. Bernhard war ein sportlicher Kerl, der sich über Dirks ängstliche Kränklichkeit lustig machte und noch heute ein tägliches Fitneßprogramm absolvierte. Auf seinen vielen Reisen, die ihn zu Tochterniederlassungen seiner Firma führten, erlebte Bernhard den wirklichen Dschungel: keine Bären, Jaguare, Riesenschlangen wie in den Abenteuerbüchern. Statt dessen endlose Regengüsse, Schlamm und Blutegel.

Inzwischen bevorzugte Bernhard bequeme Zimmer in internationalen Hotelketten. Trotzdem waren sie sich nicht nähergekommen. Dirk verachtete Bernhards robustes Gemüt, das keinen Unterschied machte zwischen einem Nullachtfünfzehn-Hilton und einem individuell gestalteten Fünf-Sterne-Hotel im geschmackvollen Kolonialstil.

Ein einziges Mal reiste Dirk ins exotische Marokko, das war ihm Wildnis genug. Dort peinigten ihn die vulgären Naturgerüche auf dem Souk. Gewürzwolken von Kardamom, Minze und Kreuzkümmel, gemischt mit fauligem Fleischgestank, nahmen ihm den Atem, machten ihn krank.

Wie erleichterte ihn die Rückkehr in die sterile Geruchlosigkeit der modernen Zivilisation, an deren Auspuffgase man sich längst gewöhnt hatte. Wo ihn höchstens mal ein Hauch synthetischen Parfüms anwehte.

Er schnupperte. Ließ die Blumen im Stich und eilte zum Eingangstor. Tatsächlich, der Wind kam ganz ungewohnt von Süden und trug süßlichen Müllgeruch herüber. Ekelhaft, dachte er, es wird Zeit, daß ich verschwinde.

Ich nehme Bianca mit, vielleicht nach Südfrankreich. Da sind die Häuser billig, und trotzdem ist es kein Dritte-Welt-Land wie Andalusien mit all dem unbewältigten Abfall, den fehlenden Kläranlagen, den schludrigen Handwerkern. Dort hat die Zivilisation schon vor längerer Zeit Einzug gehalten.

Irgendwann mache ich das Geschäft meines Lebens, irgendwann habe ich genügend Geld beisammen und kann mir ein Nobel-Chalet leisten, mit allem Komfort, selbstverständlich Fußbodenheizung, Pool, Marmorbad, runder Luxuswanne mit Blick aufs Meer.

Er stellte sich vor, wie er am Steuer seines Porsche Cabrio saß und die palmengesäumte Strandstraße von Nizza entlangfuhr, den gebräunten Arm aufs heruntergekurbelte Fenster gelegt, eine Baume-Mercier-Uhr am Gelenk mit gewölbtem Saphirglas, und Bianca neben sich, in schimmernder Schönheit, und jeder neidete ihm dieses Auto und diese Frau.

Wehmütig erinnerte er sich an die ersten Jahre mit Siglinde. Was für ein rasantes Paar sie waren! Wie sie es genoß, mit ihm aufzutreten!

»Leihst du mir den Wagen?« fragte er Chris, und sie nickte zögernd, fragte wieder nicht, wofür er ihn brauchte. Erstaunlich, wie dumm sie manchmal war. Erst als sie Bianca neben ihm sitzen sah, begriff sie. Schnell drehte er den Zündschlüssel. Ihr Geschrei ging im Dröhnen des Motors unter.

Er lenkte den Ford Fiesta behutsam den sandigen Weg entlang, denn er pflegte die Frauen fahren zu lassen und war in all den Jahren ein wenig aus der Übung gekommen.

Bianca rümpfte die Nase. »Man riecht die Müllkippe.«

Natürlich war ihm klar, daß der Sieg über die Natur, daß die Zivilisation ihren Preis hatte. Die Abfallbewältigung war ein Riesenproblem. Jedes Zeitalter hat seine Plagen, pflegte er zu bemerken, früher waren es Pest und Syphilis. Heute sind es Umweltverschmutzung und Überbevölkerung.

Aber gottlob ging es ihm gut. Gesundheitlich war er vollkommen auf der Höhe, abgesehen von lächerlichen Zipperlein wie Arthritis im kleinen Zeh des linken Fußes und Magenschleimhautentzündung bei beruflichem Streß. Sein Arzt sagte, dieser Gesundheitszustand erlaube ihm, hundert Jahre alt zu werden.

»Wo fahren wir hin?« fragte Bianca, deren nackte Knie er beim Schalten jedesmal um wenige Zentimeter verfehlte.

»Ins ›Ventarillo del Chato‹, das beste und schönste Restaurant hier in der Gegend. Es wird dir gefallen. Schnall dich an.«

Sie gehorchte.

»Ich will mit dir reden«, sagte er. »Allein, ohne die anderen.«

»Worüber?«

»Warte ab.«

Er begann ein wenig zügiger zu fahren, Bianca sollte nicht meinen, daß er ein greisenhafter Sonntagsfahrer sei. Chris hätte ein flotteres Modell mieten sollen. Diese betagte Karre beschleunigte nur träge, so daß jedes Überholmanöver ein Abenteuer wurde.

Die Sorge um sterbende Wälder hielt er für Hysterie. Wurden die Bäume nicht jedes Jahr wieder grün? Gut, einige Sorten überlebten nicht im Kampf gegen Stickstoffoxyd und sauren Regen. Aber war es nicht der Lauf der Welt, daß Pflanzen- und Tierarten ausstarben, so wie die Saurier damals, um neuen Arten Platz zu machen?

Nie überkam ihn, wie andere Leute, die Lust, zwischen Bäumen spazierenzugehen. Oder gar zu wandern, wozu ihn Chris immer wieder zu nötigen versuchte.

Am liebsten saß er unter Weinranken in einem sommerlichen Café oder Restaurant, aß, trank, las Zeitung, um grob informiert zu sein, und betrachtete die vorbeischlendernden jungen Mädchen, die erfreulicherweise immer neu nachwuchsen und sich heutzutage raffinierter zu geben wußten als in seiner prüden Jugend. Diese rundherum geschlitzten Röcke, die für Sekundenbruchteile ein Stück helle Haut aufblitzen ließen! Diese aufklappenden Einschnitte, die sich von oben und unten entgegenkamen, daß es einen zuckte, das kurze Stück geschlossene Naht zwischen Busen und Scham mit den Fingern aufzureißen. Trotzdem – er hielt nichts von wildwuchernder Wollust, lehnte das zerstörerische Chaos der Liebe ab. Wieviel unnütze Morde gab es aus Leidenschaft! Er schätzte die Spielregeln der Erotik, die Kunst der Verführung, die Strategie der Gefühle. Erziehung galt ihm als notwendige Zähmung der gestaltlosen Emotionen.

Deutschland mochte er nicht. Als verwöhnter Sohn eines reichen Bauunternehmers hatte er es sich viele Jahre leisten können, genießend durchs Leben zu flanieren. Doch sein tändelnder Müßiggang war stets eine Provokation gewesen für all die arbeitssamen, redlichen Pünktlichkeitsfanatiker um ihn herum. Bereits in der Schule eckte er an, wenn er, von der Mutter wie ein kleiner Gentleman ausstaffiert, lässig kundgab, die Liebe interessiere ihn mehr als das Abitur.

Er haßte die deutsche Arbeitswut, den gehetzten, unhöflichen Umgang miteinander – selten wurde gegrüßt oder zurückgegrüßt, wenn man ein Amt oder ein größeres Geschäft betrat oder verließ. Auf Festen versäumten es selbst die gebildetsten, kultiviertesten Gastgeber, ihre Gäste einander bekannt zu machen. Jeder Gast hielt sich verzweifelt an die Personen, die er bereits kannte, oder stand töricht herum und mußte lernen, sich in Gespräche zu drängen oder andere verlegen Herumstehende anzusprechen.

Barbarisch. Da hatten die Südländer ein ausgeprägteres Sozialverhalten, fand er. Man wurde selbstverständlich mit einbezogen. Wenn man die Sprache nicht beherrschte, vermittelten einem Blicke oder ein Lächeln das Gefühl, dazuzugehören.

Irgend etwas stimmte mit der Kupplung nicht. Chris sollte sich ein eigenes Auto kaufen, das war auf Dauer billiger und angenehmer als ein Mietwagen.

Die Sonne macht die Menschen freundlicher, dachte er. Aber sie gibt auch gnadenlos jede Hautfalte preis.

Ja, die Kupplung schleifte. Einmal war er mit einem Getriebeschaden auf der Autobahn liegengeblieben. Seitdem hatte er seine Autos immer nur ein, zwei Jahre gefahren und sie abgestoßen, bevor der Ärger anfing.

»Schau, Bianca. Das Chalet dort drüben steht zum Verkauf. Siehst du das Schild ›Se Vende‹? Notier mir die Telefonnummer. Ist es nicht entzückend? Wenn es nicht so nah an der Straße läge, würde ich es dir kaufen. Reizend, der zierliche Bogengang, der blauweiße Treppenfries, der sich motivisch unter den Fenstersimsen wiederholt! Ich liebe dieses verspielt Andalusische, solange es nicht allzu überladen ist!«

Hinter San Fernando kamen sie auf die Schnellstraße nach Cadiz, die rechts und links vom Meer flankiert war. Das linke Meer brandete in hohen Wellen gegen die Dünen, das rechte war ruhig und flach wie ein See und erinnerte an das deutsche Wattenmeer. »Bei Ebbe stehen die Muschelsucher bis zu den Knien im Matsch«, bemerkte Dirk, »trotzen mühselig der Natur ihre Schätze ab. Was für ein Leben!«

Es war kurz nach neun, das Restaurant hatte gerade geöffnet.

Er legte seine Hand auf Biancas Schulter, ließ sie dann ihren Nacken hinaufgleiten. Was für ein Hälschen! Wenn ich wollte, könnte ich es ihr mit dieser einen Hand abdrücken.

Sie waren die einzigen Gäste, denn die spanische Essenszeit begann erst gegen halb zehn.

Die weißgekalkten Wände schmückten vergilbte Fotos, Zeitungsausschnitte und alte Haushaltsgeräte. Die rissigen Deckenbalken waren braun gestrichen.

»Uralte Eiche«, sagte Dirk. »Das Holz ist hart wie Eisen.«

»Worüber willst du mit mir reden?«

»Laß uns erst bestellen.«

Zwei Kellner beugten sich zu ihnen auf das Tischtuch hinunter und reichten ihnen die Karten. »Para beber?«

»Was magst du als Aperitif? Fino?«

Sie krauste die Stirn, während sie mit dem Zeigefinger, vertieft wie ein kleines Mädchen, die Speisekarte entlangfuhr.

Er nahm ihre freie Hand, drückte sie an die Lippen und bestellte zwei Fino.

»Such dir was Schönes aus. Du bist eingeladen. Erst eine Vorspeise. Nur nicht zu bescheiden. Ich nehme Langusten.«

Sie hob zögernd die Schultern.

»Für die Señora eine gemischte Vorspeisenplatte.«

»Worüber willst du mit mir reden?«

Er zierte sich, spitzte die Lippen, nippte an seinem Fino. »Du wirst schockiert sein.«

Ihr sonst eher diffuser Blick schien sich zusammenzuziehen zu einer konzentriert bläulichen Schwärze.

Sie nimmt Drogen, dachte er mit einem plötzlichen Anflug von Furcht und widerstand dem Drang, aufzuspringen und zu gehen.

»Als Hauptgericht für mich ›Bonito blanco encebollado al Jerez fino‹. Und für die Señora ›Merluza con pisto al vino de Rioja tinto‹. Bist du einverstanden?«

Sie schaute ihn an: »Worüber willst du mit mir reden?«

»Über den Tod.«

Etwas Sanftes flutete über ihr Gesicht, der Blick entspannte sich, sie lächelte ein wenig.

Unsinn, dachte er, keine Drogen. Woher soll sie das Zeug haben? Sie ist ja immer mit uns zusammen.

»Ich bin nicht religiös«, fuhr er ein wenig hastig fort, denn ihr Blick ließ ihn nicht los, »aber ich frage mich seit Wochen, was passiert mit meiner Seele, wenn ich sterbe. Die kann sich doch nicht einfach in Nichts auflösen.«

Sie betrachtete ihn aufmerksam, ohne zu antworten.

Er näherte sich ihrem Gesicht, während er die Luft scharf durch die Nase einsog, als müsse er mühsam sein heißes Blut zügeln. »Ich glaube nicht an ein Jenseits, nicht an ein Paradies. Aber ich will auch nicht glauben, daß meine Seele einfach ausgelöscht wird, wenn ich sterbe. Wozu habe ich sonst meine Erfahrungen gemacht, wozu habe ich achtzehn Semester Volkswirtschaft studiert, wozu soviel Wissen angesammelt ...«

Der Kellner brachte die Vorspeisen.

»Hast du Kinder?« fragte sie unvermittelt.

Er schob irritiert den Mund vor. »Nein.«

»Vielleicht steckt in jedem Kind ein Stückchen von der Seele der Eltern.«

»Hast du noch Eltern?«

Sie schüttelte streng den Kopf.

»Steckt in dir ein Stückchen Seele von deinen Eltern?«

Sie zog die Mundwinkel herab, während sie ihre Gabel unschlüssig in einen grünen Spargel piekte. »Meine Eltern sind nicht meine Eltern.«

»Wie meinst du das?«

»So sind Eltern nicht. So gehen Eltern nicht mit ihren Kindern um.«

»Was haben sie dir denn getan?«

Sie lehnte sich nach hinten, Sherrysoße lief ihr übers Kinn, sie rieb die Tunke mit dem Handrücken fort und legte die Gabel auf den Teller.

Er sprach schnell weiter. »Gut, bleiben wir bei den Kindern. Ich frage dich, wie kommt die Seele in das Kind hinein? Nehmen wir ein ganz konkretes Beispiel.«

Da sie so weit zurückgelehnt saß und er nicht lauter sprechen wollte, schob er seinen Oberkörper über den halben Tisch: »Entschuldige, aber mir fällt kein besseres Beispiel ein. Stell dir vor, meine Samenzellen treffen auf dein Ei. Es gibt einen Zellhaufen mit deinen und mit meinen Eigenschaften.« Er begann ein bißchen schwer zu atmen, denn die Tischkante schnürte ihm den Leib ein. »Daraus entwickelt sich unser Kind. In deinem Bauch, aber von mir gezeugt.«

Er schaute sie an und wartete auf eine Reaktion. Sie stocherte auf ihrem Teller herum. Das Porzellan quietschte.

Als keine Antwort von ihr kam, fuhr er fort zu reden. Seine Stimme vibrierte vor gezügelter Erregung, so wie es die Frauen mochten. »Du verkörperst die feminine Schönheit und die sanfte Hingabe, ich das virile Verlangen und die männliche Fürsorge.« Er machte eine Pause, lächelte schmerzlich. »Das könnten ideale Kinder werden. Was meinst du?« Wieder ließ er eine kleine Pause vergehen. Dann: »Wir Männer sind ja noch bis ins hohe Alter zeugungsfähig.«

Plötzlich wechselte sie die Gabel in die linke Hand, nahm mit der rechten das Messer und begann emsig, ihre Vorspeisen zu verzehren. Grünen Spargel, Champignons mit Roquefort gefüllt, gebackene Seeanemone, Austern mit Zitrone und Sherry.

»Du vergißt deinen Fino.« Er drückte ihr das Glas in die Hand und bestellte ein neues für sich.

»Salud!« Er stieß an ihr Glas. Sie nippte.

Wieder duckte er sich über den Tisch, um ihr näher zu sein. »Du brauchst einen Beschützer. Du irrst durch die Welt wie ein verlorenes Kind.«

Sie ließ das Besteck fallen, Tränen flossen ihr plötzlich wie Wasser aus den Augen.

»Ich wollte dich nicht verletzen.« Er streichelte ihr den Handrücken. »Hier, probier mal eine von meinen Langusten, warte, ich öffne sie dir.«

Er gab ihre Hand frei, nahm eines der rotweißen Tiere mit Beinen und Fühlern wie große Heuschrecken, zog den Kopf ab, knickte den Schwanz, drehte die Beine weg und schälte den weißen Leib aus dem Bauchpanzer. »Nimm.« Schon hatte er ihr das Langustenfleisch zwischen die Lippen geschoben.

»Schmeckt's?«

Sie nickte. Er machte sich daran, eine Languste nach der anderen aufzupuhlen und ihr in den Mund zu stecken.

Das Hauptgericht kam, und eine Weile kauten sie stumm. Sie ließ die Hälfte übrig.

»Möchtest du einen Nachtisch?«

Sie schüttelte den Kopf.

»Hier gibt es köstlichen Flan de albaricoques.«

Sie schüttelte den Kopf.

»Jamon serrano? Espuma de Chirimoya? Pasas al aguardiente? Kaffee?«

Sie schüttelte immer wieder den Kopf.

Inzwischen hatte sich das Restaurant gefüllt mit lachenden, schwatzenden spanischen Familien.

»Es wird ungemütlich«, sagte Dirk. »Südliches Temperament schön und gut, aber heute abend bevorzuge ich gepflegte Gespräche in mäßiger Lautstärke, wie sie in nördlichen Breiten üblich sind.«

Er rief den Kellner, um zu bezahlen.

»Ist dir kalt, kleine Braut?«

»Ja.«

Er legte ihr sein Jackett über die Schultern.

Als sie nebeneinander im Auto saßen, wandte er ihr sein Gesicht zu, anstatt den Anlasser zu bedienen.

Ihr Gesicht schimmerte matt, wie von der Dunkelheit gepudert. Was für ebenmäßige Züge, dieses zarte Näschen, das runde Kinn, wirklich schade, daß ich kein Fotograf bin, dachte er, man kann doch diese Schönheit nicht einfach bei diesen Hippies verwelken lassen.

Er zog ihren Arm, der reglos über dem Sitzpolster hing, auf seine Knie, umrundete ihn, streichelte die Innenseite, tastete sich hinauf bis in die Achselhöhle, gefüllt mit seidigem Haar, kehrte zu ihrer Hand zurück, hob sie an und begann die Innenseite des Gelenks zu küssen. Dort, in den Adern, die sich die Selbstmörderinnen aufzuschlitzen pflegen, suchte er das Pochen ihres Pulses. Und während seine warmen Lippen über ihre kühle Haut strichen, begann sich allmählich ein Frösteln in ihm auszubreiten. War dieses stumme Etwas wirklich ein Frauenarm? War es nicht vielmehr ein gräßlicher nackter Gummischlauch, den er wie ein übergeschnappter Dornröschenprinz unentwegt küßte, um ihn zum Leben zu erwecken? Wie schwer er ihm auf den Knien lag! Er lechzte danach, daß sich die glatt-elastische Fläche zu einer Gänsehaut zusammenzog. Er fuhr wie besessen fort mit seinen Liebkosungen. Doch keine noch so ängstliche Antwort zuckte ihm entgegen. Und ganz allmählich breitete sich eine summende Stille in seinem Kopf aus. Ihm war, als öffneten sich seine Schädelwände, um das, was man so Seele nennt, hinausschlüpfen zu lassen wie einen gefangenen Sperling, und übrig blieb ein armseliges leeres Gehäuse. Panisch ließ er Biancas Arm fahren, drückte die Handballen an die Schläfen und starrte durch das Seitenfenster auf die Straße, wo die Welt mit ihren weißen und roten Lichtern gleichmütig vorbeizog. Ich bin ja betrunken, dachte er.

Das war seine altmodische Spezialität gewesen: schwierige Frauen verführen. Ich bin Berufsliebhaber, hatte er immer gedacht, ich habe eine Marktlücke entdeckt. Das Gerede von der emanzipierten, zupackenden Frau widerspricht jeder Erfahrung. Alle Frauen sind traurig, weil sie sich bei ihren Trampeln von Männern nicht entfalten können. Die meisten Kerle verstehen es nicht, sinnliches Begehren zu wecken. Ich bin der Prinz, dachte er bescheiden, der alle Frauen erlöst. Ja, das hatte ihm Freude gemacht, Frauen den Weg zu ihrem Körper zu weisen. Eine Frechheit von Chris, ihn einen Heiratsschwindler zu nennen. Er verführte Frauen ohne jeden Egoismus. Ihm lag nichts daran, Frauen sexuell auszubeuten. Er liebte Frauen, das war alles. Er wollte ihnen Gutes tun. Besonders, wenn sie schön waren. So wie Bianca.

Er wußte, Liebe brauchte Zeit. Keine Frau ist frigide. Er konnte weinende, abweisend kühle Frauen mit unendlicher Geduld umwerben, er war nicht, wie die anderen Männer, auf schnelle Erfolgserlebnisse angewiesen. Um so glücklicher machte es ihn, wenn eine dieser verschlossenen Knospen endlich aufblühte unter seinen Händen. Gab es eine schönere Bestätigung?

Was war es nur, das ihn plötzlich so frieren ließ?

Ich habe die Einsamkeit angerührt, dachte er. Nicht die schlichte sehnsüchtige Einsamkeit des Mangels. Nicht das kranke, seufzende Sich-Verzehren. Ich habe das gleißende Weiß des Todes gespürt, das macht dieser Fino. Das Grauen des Nichts. Ich sollte wieder auf Rotwein umsteigen, Chris hat schon recht. Verflucht, Bianca, warum sagst du nichts? Frage mich was. Warum ich so schnaufend dasitze? Ich bin ein alter Mann. Aber du bist noch jung, meine Schöne. Dein Leben liegt vor dir.

»Bianca«, sagte er hastig, »Bianca, gib mir dein Höschen.«

Gehorsam griff sie im Sitzen unter ihr gepunktetes Kleid und riß sich mit kurzen, ruckartigen Bewegungen den Slip von den Schenkeln.

Er drückte das rüschig-seidene Etwas, das sie ihm reichte, gegen die Nase und sog den Duft ein. Ja, hier war sie, hier in ihrem Slip, den er ihr gekauft hatte, spürte er sie.

Er stopfte den Slip in seine Jackettasche – ohne Jackett ging er abends auch bei größter Hitze nicht aus – und drehte den Zündschlüssel. Das waren mindestens fünf Gläser Fino zuviel. Und dann noch der Cognac. Die Flasche Vega Sicilia nicht mitgerechnet.

Langsam rollte er auf die Fahrbahn. Dann gab er Gas. Er fuhr sechzig, nicht schneller. Jedes Auto überholte ihn. Er starrte auf die Leitlinie wie auf einen weißen Blindenstock. »Bist du angeschnallt?«

Bianca ließ den Sicherheitsgurt einschnappen.

Ich fahre nie wieder Auto, dachte er, wenn ich betrunken bin.

Die entgegenkommenden Lichter stachen aus der Dunkelheit. Sie könnten ruhig mal abblenden, fluchte er. Bis er begriff, daß er mit Fernlicht fuhr und sie ihn darauf aufmerksam machten. Hinter ihm bildete sich eine Schlange. Er widerstand der Versuchung, schneller zu fahren.

Spät erreichten sie das Haus. Keine Lampe brannte. Alles schien zu schlafen.

Sie hätten uns wenigstens eine Außenleuchte anknipsen können! Mit Unbehagen spürte er die subtile Aggression. Alle waren gegen ihn. Selbst Hilde, die eigentlich keinen Grund hatte. Im Gegenteil! Schließlich ging Bianca mit ihm aus und nicht mit ihrem verdrucksten Stubenhocker von Freund.

Als sie ausstiegen, bemühte er sich um einen leichten Ton. »Schlaf gut, kleine Nachtfee.«

Vergeblich tastete er die Wand nach einem Lichtschalter ab. Als erwarte sie noch etwas von ihm, stand Bianca lautlos in der dichten Schwärze des Flures. Er raffte sich auf, fand ihren Kopf, legte seine Handflächen an ihre Wangen. Ihr Gesicht konnte er nicht sehen in der Dunkelheit. Energisch unternahm er einen letzten Anlauf, sie zu küssen. Vielleicht braucht sie ein zielstrebigeres Vorgehen, dachte er, vielleicht war ich zu vorsichtig.

Nur kurz berührte er ihre Lippen, drang dann plötzlich in sie ein und durchwühlte ihre aufgesperrte Mundhöhle. Hinter einem Zaun von Zähnen verkroch sich ihre Zunge.

Nein, er war kein Mann, der den Widerstand einer Frau mit Gewalt brach. Erleichtert zog er sich aus ihr zurück.

Gräßlich, wie mir diese Katze dauernd um die Beine streicht, dachte Chris, riß sich die Lesebrille von der Nase, warf Théophile Gautiers »Reise in Andalusien« auf den Terrassentisch und scheuchte Lolita aus der Küche. Jetzt kreischt sie auch noch los, weil ich ihr nichts von meinem Schinken abgebe. Und Hilde springt natürlich gleich auf, um sie zu mästen. Dabei sieht das Vieh schon aus wie gestopft. Wenn ich bedenke, was für ein armseliges Bündel Haut und Knochen es war. Hildes unermüdlicher Muttertrieb verwechselt Katzengemaunze mit Kindergeschrei. Fehlt nur noch, daß ihr Kleid an den Brustwarzen feucht wird vor lauter Stilldrang. Trotzdem – lieber fünf Katzen als ein Säugling! Dieses unartikulierte Brabbeln, dieses Entgleisen der Mimik, dieser Klammergriff, dieses unbeherrschte Quäken! Gräßlich! Der Himmel sei gepriesen, daß ich damals Georgs Kinderwunsch nicht nachgegeben habe. Natürlich hätte der Winzling zwischen uns im Ehebett schlafen müssen, damit er sich nicht einsam fühlt. Georg war entsetzlich mütterlich. Neben ihm wäre ich mir wie eine Rabenmutter vorgekommen. So wie meine eigene Mutter, die mir noch Jahrzehnte später vorwarf, wie ungemütlich ich ihr die Liebe mit meinem Vater machte. Wie ich, ein dünnes Fröschlein, mich nachts an sie drängte. Wie sie mich jedesmal wegschob ... Das Bett war viel zu klein für drei, aber sie hatten nur das eine, es war ja Nachkriegszeit. Wie ich unermüdlich nachrückte, sie nicht schlafen ließ, sie nicht vögeln ließ, schließlich loskreischte, weil sie mich nicht in ihre Arme nahm.

Aber um meine zwei jüngeren Brüder machte sie dann einen Wind, daß es nicht auszuhalten war.

Sie stauchte ihr Fortuna-Päckchen gegen den Handballen und nahm eine der herausflitschenden Zigaretten zwischen die Finger.

Ich könnte mich nicht kümmern wie diese pusselige Hilde. Bei mir würden die Blagen stockneurotisch. Als Mutter braucht man dieses Gluckenverhalten, dieses plustrige, eifrige Zupfen und Picken und Sorgen.

Sie strich durch die Küche, auf der Suche nach Streichhölzern, fand eine Schachtel neben dem Gasherd und zündete sich die Zigarette an.

Merkwürdig, daß Hilde ihre Tochter allein in Frankfurt läßt. Hat sie keine Angst, daß die Kleine angefixt, überfallen, vergewaltigt wird? Man kann doch so ein junges Ding nicht einfach einer Großstadt wie Frankfurt überlassen. Gut, sie ruft Maren alle paar Tage an. Woher sie das Geld hat, frage ich mich. Sonst reicht es ja nicht mal für guten Schinken. Wahrscheinlich bezahlt Conrad ihr die Telefonkosten. Immerhin ist er ja der Vater.

Vielleicht hat sie einen Babywahn, und wenn die Gören größer werden, verliert sie das Interesse. So was gibt es ja.

Sie nahm Gautiers »Reise in Andalusien« vom Terrassentisch auf, ließ sich zurück auf den Gartenstuhl fallen und schoß hoch: Verdammt, meine Brille!

Sie betrachtete die geknickten Bügel – hoffentlich brechen sie nicht, wenn man sie wieder gerade biegt.

Auf dem Weg zum Brillengeschäft begegnete ihr Consuelo mit Laurenza, der sechsjährigen Nichte, die sich im rüschigen Flamencokleid wiegte.

»Heute abend tritt sie mit ihren Freundinnen zusammen auf«, sagte Consuelo. »Die Mädchen sind ganz aus dem Häuschen vor Aufregung, seit Tagen reden sie von nichts anderem als der Feria.«

Die Feria fand zwei Nachbarorte weiter statt und schien eines der wichtigsten Jahresereignisse zu sein. Die meisten Geschäfte waren geschlossen, die Ärzte bemühten sich um Vertretungen. Pepe, der zum erstenmal im Leben für eine

Woche Deutschland besuchte, kam extra einen Tag früher als geplant zurück, um die Feria nicht zu verpassen.

»Wir fahren mit dem Bus«, sagte Conrad. »Da haben wir alle sechs Platz.«

Als Chris zögerte, ereiferte er sich: »Wir wohnen im selben Haus, aber jeder geht seiner Wege. Von Zusammenarbeit ist längst keine Rede mehr! In den ersten Wochen klappte wenigstens noch ein gemeinsamer Restaurantbesuch! Sämtliche Besichtigungstouren in die Umgebung haben wir getrennt unternommen. Können wir denn nicht ein einziges Mal als Gemeinschaft auftreten?«

»Gerade auf der Feria«, gab Dirk ihm recht, »schließen sich Familien, Gruppen und Vereine zusammen, um miteinander zu feiern.«

»Um elf Uhr nachts fängt der Flamenco an«, sagte Hilde, »laßt uns früh fahren, damit wir einen guten Platz kriegen, sonst sieht man wieder nichts von den Zapateados, von den rhythmischen Figuren der Füße.«

Hilde, diese kulturlose Nähmamsell, plustert sich auf, dachte Chris, seit sie in ihren mittelmäßigen Reiseführern ein bißchen was über Flamenco aufgepickt hat. Stolz erzählt sie uns vom Cante jondo, als hätte sie ihn erfunden. Wie leicht sie sich mit oberflächlichem Polyglott-Wissen zufrieden gibt, statt sich in der Fachliteratur ein umfassendes Bild zu erarbeiten!

Schon aus großer Entfernung hörten sie das mächtige Brausen der Feria, das in der Nähe in viele einzelne Lärmquellen zerfiel. Jede Musik versuchte die Nachbarmusik zu übertröhnen.

Chris hielt sich die Ohren zu. »Grauenhaft, dieser Lärm. Lange halte ich das nicht aus. Dies also soll die berühmte Feria sein, von der seit Wochen geredet wird? Ist ja nichts als Kirmes. Dazu noch ausgesprochen primitiv. Da wird bei uns in Deutschland aber mehr geboten!«

»Ich finde es beeindruckend«, erwiderte Hilde, »daß man hier an solch bescheidenen Vergnügungen noch Gefallen findet. In Deutschland überschlagen sich die Spektakel. Trotzdem sind die Leute gelangweilt.«

»Na, die Begeisterung hält sich hier aber auch in Grenzen«, stellte Chris fest. »Es ist gähnend leer! Und dabei haben wir Freitag abend.«

»Man kommt später«, sagte Dirk. »Vor Mitternacht ist hier nichts los. Das müßtest du doch inzwischen begriffen haben.«

»Die wenigen Spanier schaffen es aber wieder mal, sich bemerkbar zu machen«, lästerte Chris, »alles schreit herum.«

»Die Spanier sind temperamentvoll!« verteidigte Hilde ihr Gastland. Dabei, dachte Chris, kennt sie außer Rafael, Pepe und dem Fernsehtechniker kaum einen Spanier aus der Nähe. Da kann man sich natürlich seine Illusionen erhalten!

Wie verzückt sie diese kleinen dreijährigen Dämchen betrachtet, die geschminkt und aufgeputzt an Mamas Hand daherstolzieren! Wie sie gleich wieder diesen gerührten Mutterblick bekommt, Tränen in den Augen hat, wohl an sich selbst denkt mit ihrer Tochter!

Wahrscheinlich hat Hildes Galan was gegen die Kleine, dieser trockene Bücherfresser, dem jede unkontrollierte Lebendigkeit auf die Nerven geht. Der alles übersichtlich und geordnet braucht. Bloß kein überraschendes Gefühl. Bloß keine Tochter, die alles durcheinanderbringt.

Wie Dirk vorhergesagt hatte, füllten sich allmählich die Casetas, die Girlanden-geschmückten Familiencasetas und die größeren Buden der politischen Parteien und der Hermandades, der religiösen Bruderschaften. Im Familienpulk schlenderte man durch die Gäßchen zwischen den Zelten, um zu schauen, wer gekommen war. »Qué tal? Como estas? Hola Juan, Paquita, Manuel, Ana. Hola, Pepa ...«

Und immer wieder diese Mädchen, diese jungen Frauen in rüschensprühenden Flamencokleidern, bunten Wasserfällen gleich, das schwarze Haar straff hochgesteckt und mit Kämmchen und Blumen verziert. Wie sie sich zeigen! Aufrecht, kokett, selbstsicher. Wie sie Lust an ihrer Wirkung haben! Da, die Pummelige genauso selbstbewußt wie die Gertenschlanke. Bewegt sich keinen Deut weniger anmutig. Wie macht sie das? Und dort, die hagere busenlose mit der großen Hakennase: selbstsicher, frech, fröhlich. Es ist nicht zu glauben.

Chris spürte, wie gallegelber Neid in ihr aufstieg: Mit diesen dürren Krähenbeinen findest du nie einen Mann!

Hätte wenigstens mein Vater mich angehimmelt, dachte sie. Aber der war ja nur immer ängstlich bedacht, Mutti bei Laune zu halten.

Die Caseta, wo der Flamenco stattfinden sollte, war vollgestopft mit den Familienangehörigen der Mädchen. Alle, vom Urgroßopa bis zur Enkelin, schienen gekommen zu sein, um ihre kleine Diva zu sehen. Sollten diese Vierjährigen etwa auch schon tanzen?

Tatsächlich schlängelten sich die Allerkleinsten nach vorne bis zur Bühne, wo die Flamencolehrerin, eine strenge füllige Frau im schwarzen Minirüschenrock, auf sie wartete. Wie kann man nur so was anziehen mit diesen Kartoffelstampfern von Beinen! Und noch dazu auf der Bühne! Sie steht dort, selbstbewußt wie ein Denkmal. Daneben la cantante, die in der Gegend bekannte und beliebte Sängerin, das Krusselhaar blondgefärbt und mit Glitzerkämmchen aus dem Gesicht gehalten, eine stämmige Hausfrau, in eine dralle Strickweste gezwängt. Sie schnarrt ins Mikrofon, völlig übersteuert, aber keinen stört's, na, das wird ein Ohrenschmaus! Begrüßt das Publikum, geschmeidig wie eine Bürgermeisterin, als habe sie ihr Leben lang nichts anderes gemacht. Auf dem braven Stuhl, ihr zu Füßen, dieser grüne Junge, schmächtig mit abstehenden Ohren und ordentlich gekämmt wie ein Meßdiener, der soll Gitarre spielen?

»Er ist berühmt«, flüstert Consuelo.

Gegen Mitternacht geht es endlich los.

Die Sängerin tritt vor, ihre Dauerkrause wippt, ihr Busen bebt, und sie singt mit inbrünstiger Fülle in das übersteuerte Mikro hinein. Wenn sie wenigstens ein Stück zurücktreten könnte, denkt Chris, aber nein, sie preßt diesen technischen Phallus so leidenschaftlich an die Lippen, daß ihre Stimme blechern scheppert. Und wie die Mädchen, keine älter als fünf, wie sie die Rüschenröcke mit konzentriertem Eifer raffen, wie ihre Füßchen stampfen, wie sie auf der Stelle kreiseln, und keine von ihnen kommt aus dem Takt. Wie sie die Händchen sorgfältig um die dünnen Gelenke schrauben, ohne zu schauen, was die Füße derweil machen, wie sie die Röcke nach rechts und nach links schlagen, ordinär die Hüften schwenken wie routinierte Kokotten! Jetzt drehen sie uns auch noch den Rücken zu und werfen die Röcke über den Hintern, daß lauter weiße Kinderhöschen aufblitzen! Das kann doch nicht wahr sein, denkt Chris. Das ist ja Aufforderung zur Kinderschändung! Sind die Leute hier so unschuldig, oder wissen sie mehr als ich? Bin ich spießig evangelisch? Es heißt, die Katholiken seien sinnlicher als wir. Aber das hier ist wildes Heidentum. Bin ich spießig deutsch? Zu kopflastig analytisch?

Und die Omas und Tanten freuen sich und klatschen Beifall, und übermorgen schmücken sie die Kleinen zu koketten Bräuten Christi, ganz in Weiß.

Schon geht es weiter, schon kommt die nächste Gruppe. War die erste rot mit weiß, ist diese grün mit schwarz.

Consuelo klatscht wie besessen. Schreit. Jubelt. Denn dort ist Lorenza, ihre Nichte, kokett wie die andern, die Augen schwarz umrahmt wie die andern, Kämmchen im Haar wie die andern, Flamencoschuhe mit kräftigem Absatz wie die andern, das Gesicht finster vor Anstrengung, beim Flamenco lächelt man nicht, das hatte Chris in ihrem Wälzer über andalusische Kultur gelesen, das gefiel ihr schon damals. Kein weiblich demütiges Buhlen um Anerkennung, sondern ein dreistes Sich-zur-Schau-stellen: Seht her! Ich bin eine Frau!

Wie steif und ungelenk sie selbst dastand mit diesem Körper, den sie nie mochte. Ihr war plötzlich, als kröche ihr die Gicht in die Gelenke. Als könne sie sich nur marionettenhaft fortbewegen. »Pinocchio!« hänselten mich die Mitschüler, weil ich so dürr war, und dann meine große Nase »Pinocchio, Pinocchio!« Und ich wollte eine richtige Frau sein, so wie die andern. Aber ich habe es nie geschafft. Hatte immer nur diese kleinen Schwellungen, diese vergrößerten Brustwarzen, wo den anderen richtige Frauenbrüste wuchsen, und jetzt hängen die Dinger auch noch, daß ich einen Halter tragen muß.

»Tanzt du auch Flamenco?« fragt sie gegen den Musiklärm an.

Lächelnd schüttelt Consuelo den Kopf. »Meine Eltern tanzen nicht. So habe ich es nie gelernt.«

»Aber du singst«, sagt Chris.

»Wir singen alle.«

»Qué tal? Ole las caras bonitas!« Bartolo drängelt sich durchs Publikum, grüßt stolz nach allen Seiten. »Cómo estás? Qué hay?« Dieser eitle kleine Macho! Dieser Dorf-Romeo, denkt Chris und lächelt ihm zu.

Consuelo reckt sich zu Chris hinauf. »Die deutschen Männer sind ungeheuer anziehend! Das Komische ist nur, sie merken nichts! Eine Frau muß schon überdeutlich werden. Das ist bei uns anders.«

Nun kommen die großen Mädchen, Pubertätsmädchen, in all ihrer drallen Frische, und schwenken die Hüften und biegen die Hände in den beweglichen Gelenken. Jede hat ihren Auftritt, jede einzelne wird bejubelt und beklatscht, und jede tanzt ihren Part – Anda! Anda!, tanzt mit herabgezogenen Mundwinkeln, fast verächtlich, konzentrierte Anstrengung, wie sie breitbeinig, die Röcke hochgehoben, in die Knie geht, wie sie mit eingeknickten Beinen stampft, eine zeternde Ehefrau über dem Putzeimer. Sie kultivieren die Häßlichkeit, dachte Chris. Unglaublich, wie diese uneleganten Bewegungen, in den Rhythmus eingebunden, plötzlich reizvoll werden.

Und wieder packte sie eine Welle von Neid. Diese Mädchen, vom Publikum gehätschelt und bejubelt, dürfen all ihre häßlichen Seiten austoben, während ich im Turnunterricht lernen mußte, mich weiblich-graziös zu bewegen. Und ich wurde immer steifer dabei.

Hier geht es nicht um falsche Grazie, dachte sie, nicht um angeblich weibliche Sanftmut. Hier geht es um Ausdruck. Um zeterndes, stampfendes Aufbegehren, um freches Sich-zeigen, lüstern und schroff, wild und vulgär. Und man feuert dich an! Und du schäumst, du wütest, braust auf, du rast, du fährst aus der Haut, explodierst, speist Gift und Galle, bist völlig außer dir! Anda! Anda! Deine eigene Sippe feuert dich an! Du bist liebestoll, genußsüchtig, liederlich, wollüstig, unersättlich, du läßt die Zügel fahren, bist wie berauscht, stürmisch begeistert, leidenschaftlich entbrannt! Und deine eigene Sippe feuert dich an! Das ist das Paradies!

Aber später, dachte sie, sitzt sie dann doch zu Hause mit ihren verhätschelten Gören, und der Alte, arbeitslos, läßt sich mit seinen Kumpels vollaufen in der Bar. Und sie kriegt ein

Balg nach dem andern, frißt sich fett, läuft nur noch in diesen schrecklichen Kittelschürzen herum, und alles war umsonst. War alles umsonst?

Auch mit ihren Kittelschürzen, dachte Chris, bewegen sie sich selbstverständlicher als ich mit meiner ansehnlichen Figur, mit meiner aparten Kleidung. Ich möchte aus mir herausschlüpfen, möchte meine sonnengegerbte, meine faltige Haut abstreifen wie ein falsches Leben, möchte strahlend und prächtig und farbenfroh heraustreten und noch einmal von vorn anfangen.

Sie schaute zu Hilde hinüber, die verzückt, wie in Trance, das Geschehen auf der Bühne betrachtete. Gräßlich, dachte sie, wenn Frauen sich mit ihrem Schicksal abfinden wie Hilde. Dabei steht ihr Galan direkt vor ihr und fingert an Biancas Nacken herum. Warum guckt Hilde geradeaus statt auf ihren Kerl? Warum schnappt sie ihn nicht und macht ihm klar: Du gehörst zu mir. Wir haben ein Kind zusammen.

Sie will ihn nicht bedrängen, dachte sie, damit er nicht endgültig geht. Aber nur weil sie ihn ein wenig bedrängt, ist er noch ein wenig da. Der ironische, gleichwohl ernstgemeinte Buchtitel »Laßt endlich die Männer in Ruh« hat etwas Tragisches. Denn wenn du sie in Ruh läßt, gehen sie. Und wenn du sie nicht in Ruh läßt, gehen sie auch. Das ist die Falle. Das ist die Freiheit. Da tust du am besten gleich, was du willst.

Und demonstrativ stellte sie sich neben Dirk und nahm seine Hand, die er ihr überrascht ließ.

Consuelo deutete auf Lorenza, die ihr müde im Arm hing. Sie werde mit der Kleinen die Nachbar-Caseta besuchen, wo ihre Familie versammelt war.

»Nicht auszuhalten, dieser Lärm!« brüllte es hinter ihr. Chris fuhr herum. Ach Gott, die deutschen Spießer aus Pepes Bar! Zu diesen Primitiv-Touristen, die sicherlich von

Flamenco noch weniger Ahnung hatten als Hilde, wollte sie sich nicht zählen lassen. Alle krebsrot im Gesicht. Haben wahrscheinlich den ganzen Tag unterm Ozonloch gebraten. Und dann diese albernen Indienhemden vom Piojito, mit denen sie ihre Urlaubslässigkeit demonstrieren wollen! Sie machte Dirk Zeichen mit den Augen. Der nickte, tippte Conrad an und bedeutete ihm, man wolle gehen. Kaum hatte Conrad die Touristen erblickt, verständigte er sich gleich mit den drei anderen. Gemeinsam drängelten sie sich durchs Gewühl. »Die Touristen stören mich nicht«, sagte Dirk, »aber der Lärm!«

»Ich muß was essen«, stöhnte Adam. »Ich bin halb verhungert.«

Unterwegs zum Auto wurden sie immer wieder angebettelt von schmierigen kleinen Zigeunermädchen, ebenso alt und ebenso niedlich wie die Kleinsten auf der Bühne und auf verschämt-verschlagene Art selbstbewußt. Ab und zu drückte man ihnen etwas in die Hand.

Die hätschelt und bejubelt keiner, dachte Chris. Auch hier gibt es solche und solche.

In einer Venta an der Straße machten sie Rast.

Der Fernseher lief, wieder einmal sprang der arme Selbstmörder vom Hochhaus.

Adam umschlang Bianca mit seinen Blicken. Lächerlich, dachte Chris. So hat er mich damals auch angeschaut, aber ich hatte wohl zu schnell Feuer gefangen. Das hielt er nicht aus. Er muß aus der Ferne schmachten können. Kommt eine Antwort, erlischt sein Verlangen.

Wie viele attraktive Frauen gibt es in Frankfurt, engagiert im Beruf, Mitte vierzig, und alle ohne Mann. Unsere Männer sind allesamt Schißhasen. Eine Frau darf nicht zu stark sein, nicht zu klug, nicht zu schön. Sie könnten neben einer solchen

Frau an Glanz verlieren. Ach Gott, wie spießig. Es hat sich nichts, aber auch gar nichts geändert!

Sie zündete sich eine Fortuna an.

Wie Adam nach Knoblauch stinkt! Jeden Tag frißt er eine ganze Knolle gegen den Herzinfarkt. Wenn ich so stinken würde, ich würde mich nicht mehr trauen, herumzuflirten! Unerhört, dieses Männer-Selbstbewußtsein! Sie können im ausgebeulten Jogginganzug herumlaufen und finden immer noch eine, die sie bekocht und anhimmelt.

Conrad bestellte frischgepreßten Orangensaft und Calamares für Bianca. »Ich bezahle.«

Geizkragen! dachte Chris. Da lädt er nur Bianca ein, statt uns allen einen auszugeben.

Sie suchte Dirks Hand unter dem Tisch, und sie hakten ihre Finger ineinander.

Vielleicht ist Dirk doch eine Ausnahme. Seit dieser Fahrt mit Bianca ins »Chato« bemüht er sich wieder sehr um mich. Immerhin scheint er begriffen zu haben, wie langweilig dieses rosige Albino ist und was für einen abartigen Geschmack sie hat! Knielanges Sweatshirt zu Slingpumps! Man merkt, daß Dirk sie in Modefragen nicht mehr berät.

Wohlgefällig schaute Chris an sich herunter, auf ihren vanilleweißen, transparenten Rock, der, vorne geschlitzt, Satinshorts im selben Farbton freigab.

»Dieses eklige Zeug schlägt mir langsam auf den Magen!« brach es plötzlich aus Hilde hervor, während sie ihre vier Tapas-Tellerchen von sich stieß. »Alles schwimmt in Öl, trieft in Fett! Ich kann's nicht mehr sehen! Kriegt man hier denn nirgends einen schlichten Gemüseeintopf?«

Man starrte sie entgeistert an, denn von der anspruchslosen Hilde war man keine Mäkelei gewöhnt.

»Schau auf die Karte!« sagte Conrad betreten. »Sicher ist da irgend etwas, das deinem Magen nicht schadet.«

Wie verklemmt Conrad zwischen Hilde und Bianca sitzt, dachte Chris. Wie er sich bemüht, Bianca nicht zu berühren, weil Hilde sonst Magenkrämpfe kriegt. Wie er Hilde zur klammernden Ehefrau macht, die sie nicht sein will. Wie sie ihre Enttäuschung immer mehr tarnt, immer mehr schrumpfen läßt, um Conrad nicht zu belästigen, bis nur noch ein winziges Kügelchen von konzentriertem Kummer übrig ist, fast unsichtbar, so klein. Aber er spürt, wie es bleiern durch ihren Körper rollt und Geräusche macht, dumpf wie auf einer Prozession, und er fühlt sich gräßlich schuldig und schreit ihr mit seinen verhaltenen Blicken zu: Du bist schuld, daß ich mich schuldig fühle. Und sie fühlt sich schuldig.

Als Chris ihre Fortuna im Aschenbecher ausdrückte, streifte plötzlich Dirks Atem über ihre Schulter, ein Hauch von Kuß berührte ihren Hals, und eine Welle von Lebensfreude schoß durch ihren Körper.

Bin ich leichtsinnig, dachte sie, mich einfach so zu freuen? Wunderbar gewürzt diese Pulpos a la gallega, Hilde spinnt.

Die Xanthippen zetern, weil keiner kommt, um sie zu küssen. Keiner küßt sie, weil sie zetern. Ja, dachte sie, diese wunschlosen Biancas, diese Schattenmädchen, die will jeder küssen.

Da greift doch tatsächlich Adam nach Biancas Hand, direkt vor Conrads Augen, drückt sie inbrünstig, preßt sie mit verzücktem Pathos an seine dicken Lippen, als befände er sich mitten in einem antiken Drama. Exhibitionistischer Selbstdarsteller! Und Conrad schaut konzentriert auf sein Tellerchen mit den drei Oliven, versucht, eine davon auf einen Zahnstocher zu pieken, immer witscht sie weg. Hilde winkt den Kellner herbei. »Bitte einen Lindenblütentee!«

»Du magst wirklich nichts mehr essen?« Schon hat Adam Biancas Hand fahren lassen, Hildes Tapas zu sich herangezogen: Fischsuppe, öltriefende Paprikaschoten, gambas al ajillo.

Wie er schmatzt und schlürft, dachte Chris, seine zwei Ehefrauen hätten ihm ruhig ein bißchen Benimm beibringen können.

»Meine unangenehmste Vergewaltigung«, begann Bianca versonnen in die Stille hinein, »war in Paris, wo die Männer den ganzen Tag in den Cafés herumsitzen und warten, ob was zum Ficken vorbeikommt. Und da kam ich vorbei. Ich hatte einen kleinen Werbejob beim Fernsehen. Ich mußte Skiunterwäsche vorführen und ging immer erst spät abends nach Hause. An einem Freitagabend war's, da hörte ich hinter mir Schritte, den ganzen langen Boul' Mich entlang, wo nachts noch alles voller Lichter und Menschen ist. Und ich dachte, der Mann hat was vor, daß er mich nicht anspricht. Daß er endlos hinter mir her läuft.«

Adam ließ eine triefende Paprika nach der anderen, den Kopf im Nacken, den dicken Stil zwischen zwei Fingern, in seinen geöffneten Schlund gleiten.

»Dann mußte ich in eine kleine Seitengasse, und ich hörte wieder diese Schritte hinter mir und dachte, gleich passiert was. Und da passierte es schon.«

Jetzt hat das kleine Biest wieder die gesamte Aufmerksamkeit, dachte Chris. Immer muß sie sich im Mittelpunkt fühlen. Mit ihren Vergewaltigungsstorys kann natürlich keiner konkurrieren. Bianca rührte mit dem Löffel in ihrem Café con leche, Metall klirrte gegen Porzellan.

»Er sprang mich von hinten an. Ich hatte darauf gewartet und wehrte mich. Ich habe mal einen Jiu-Jitsu-Kurs mitgemacht, und mir schoß durch den Kopf: Handkantenschlag gegen die Halsschlagader. Aber er trug einen dicken rotschwarzkarierten Schal um den Hals gewickelt. Handkantenschlag gegen die Leber. Aber er trug einen dicken Wintermantel. Mit dem Knie in die Geschlechtsteile stoßen. Aber sein Mantel war bis untenhin zugeknöpft. Nun blieb nur noch: mit zwei Fingern in die Augen stechen. Aber sein Gesicht war so dicht vor mir. Das tut doch weh, dachte ich. Vielleicht wird er dann blind. So ein junger Kerl, hübsch, mit dunklen Locken. Und da ließ er mich los. Einen Moment lang standen wir voreinander. Er atmete laut. Auf einmal drehte er sich um und ging weg.«

Adam hatte die letzte Paprika verzehrt, säuberte den Teller mit einem Stückchen Weißbrot und bestellte einen Cognac und ein Bier.

»Ich mußte in dieselbe Richtung wie er und wartete, bis er ein Stück entfernt war. Dann ging ich ihm nach. Er sah sich um, entdeckte, daß ich ihm folgte, und verlangsamte seinen Schritt. Auch ich ging langsamer. Da ging er noch langsamer. Meine Wohnung war nicht weit, und ich dachte: Ach, ich überhole ihn schnell, ich bin ja fast zu Hause.

Als wir auf gleicher Höhe waren, ging er auch wieder schneller, so daß wir ein Weilchen nebeneinander marschierten.

Die ganze Zeit grübelte ich, warum so ein attraktiver junger Mann eine Frau überfällt. Und ich fragte ihn: ›Warum tust du das? Was hast du davon?‹ Ich hatte nicht damit gerechnet, daß meine Stimme zitterte. Er ließ mich nicht ausreden, so sehr törnte ihn das Gezitter an. Diesmal beeindruckte ich ihn nicht mit meiner Gegenwehr. Er war schnell und hart. Alle meine Mantelknöpfe spritzten nach den Seiten. Ratsch, mein schöner weißer Rock riß bis zur Taille auf, ich konnte gar nicht so schnell denken, wie alles passierte.«

Sie spitzte den Mund, um ein Schlückchen Kaffee zu nehmen, schüttelte sich plötzlich und wischte mit der Hand über ihre Zunge. »Iiii, Milchhaut. Ich habe doch die ganze Zeit gerührt. Wie kommt diese Milchhaut auf den Kaffee?«

Sorgfältig hob sie die Reste der zerrissenen Haut mit dem Löffelchen ab.

»Wir waren direkt vor meinem Haus. Ich riß mich los und hämmerte gegen die Haustür. Da kam der Mann der Concierge im Bademantel heraus, und der Typ lief weg. Ich bin dann die sieben Stockwerke hinaufgerannt, bis in mein Zimmer, und dachte: Naja. Hätte schlimmer sein können. Aber als ich auf meinem Bett saß, fingen plötzlich meine Arme und Beine an zu schlottern, ganz von selbst, ich konnte gar nichts machen. Komisch, nicht? Und dann habe ich mich eine Woche lang nicht aus dem Haus getraut. Bei der Werbefirma habe ich angerufen und behauptet, ich hätte die Grippe.«

»Und dann, nach dieser Woche?« fragte Hilde.

»Dann war alles wieder in Ordnung.«

»Ich verstehe nicht«, sagte Adam, »warum Männer Frauen vergewaltigen. Mir würde dabei die Lust vergehen. Ich kann nur vögeln, wenn die Frau auch will.«

Der Fernseher zeigte die Wetterkarte. Alle wandten die Köpfe zum Bildschirm hin. Ganz Deutschland schien ein einziges kaltes Regengebiet zu sein.

»Ich warte ab, bis in Deutschland richtiger Sommer ist«, sagte Chris und schaute Dirk an, »dann fliege ich zurück.«

Wer geht mit mir zum Strand?

Bianca lag auf dem Bett und betrachtete die Buchseiten in ihren Händen. Conrad hatte ihr Gedichte von Garcia Lorca geliehen. Schwarz stachen die Zeilen von dem weißen Papier ab. Sie ließ ihren Blick auf dem Anfang der ersten Zeile nieder, folgte dem schwarzen Buchstabenmuster bis zum Ende. Vergeblich bemühte sie sich, den weißen Zwischenraum zur nächsten Zeile zu überspringen. Die Zeile krümmte sich wie ein Wurm mit festgenageltem Schwanz.

Sie klappte das Buch zu, erhob sich und ging hinaus in die Küche, wo alle um den Kaffeetisch versammelt waren.

Conrad nahm das Buch zurück. »Gefällt es dir nicht?«

Sie hob die Schultern.

»Kannst du dich nicht konzentrieren?«

Sie schüttelte den Kopf.

»Das geht mir auch so«, sagte Dirk. »Bei dieser Bruthitze verkrafte ich gerade mal ein stumpfsinniges Fernsehprogramm.«

Conrad nahm das Buch vom Tisch, schlug es auf, tauschte die Fernbrille mit der Lesebrille und las:

»›Romance de la Guardia Civil Española.

Los caballos negros son. / Las herraduras son negras. / Sobre las Capas relucen / manchas de tinta y de cera. /

Kein Wunder, daß ihn die Faschisten ermordet haben. Wir Kinder hatten immer Angst vor der Guardia Civil, damals während der Franco-Zeit, wenn sie – immer zu zweit – mit ihren Motorrädern an der Straße standen wie die Wegelagerer. Einmal hielten sie uns an und behaupteten, wir hätten die durchgezogene Mittellinie überfahren. Das war eine Lüge, und meine Mutter regte sich furchtbar auf.

›Sei still!‹ fuhr mein Vater sie an. Das hatte er noch nie getan. Dann wandte er sich freundlich an die zwei Guardia-Leute: ›Tut mir leid. Das war ein Versehen.‹ Grimmig forderten sie eine Strafgebühr von zweihunderttausend Peseten.

Mein Vater sagte höflich: ›Das ist aber eine sehr hohe Summe. Bei uns in Deutschland würde das etwa zweitausend Peseten kosten.‹

Die beiden redeten miteinander. Schließlich sagte der eine: ›Zwanzigtausend Peseten.‹

›Ich glaube, ich habe nur zehntausend in bar‹, sagte mein Vater, entnahm seiner Brieftasche zwei Fünftausend-Pesetenscheine und überreichte jedem der beiden einen Schein. Sie diskutierten murrend, und schließlich gaben sie ein gnädiges Handzeichen, wir könnten weiterfahren.

›Warum hast du dir keine Quittung geben lassen?‹ fragte meine Mutter aufgebracht. ›Die stecken sich das Geld doch ein!‹ ›Begreifst du nicht‹, sagte mein Vater, ›daß du hier keine Forderungen stellen kannst?‹

Noch heute fühle ich mich unwohl, wenn ich diese Kerle irgendwo stehen sehe.‹«

Er setzte die Lesebrille ab, knickte die Bügel und schob die Brille ins Etui.

Wie Bianca so den Kaffeetisch betrachtete, den Hilde mit Blumen und Muscheln geschmückt hatte, begannen die Heizrippen des elektrischen Radiators, der unbenutzt an der Wand stand, im äußersten rechten Augenwinkel leise zu flackern. Die Fensterrahmen darüber krümmten sich. Aber wenn sie den Kopf wandte, um genauer zu schauen, standen die eisernen Rippen ruhig und aufrecht an ihrem Platz. Gleichzeitig begannen in ihrem rechten Augenwinkel die Bilderrahmen zu züngeln, sich wellenartig zu schlängeln. Sie drehte den Kopf zurück zum Tisch. Alles stand reglos da. Die Teekanne. Die Tasse. Das Milchtöpfchen. Der Kuchenteller. Die Körperteile dahinter bewegten sich zwar, aber mit klaren Konturen: Ein Gesicht und eine Hand näherten sich, die Hand spreizte sich in fünf Finger, aus dem Gesicht schnellte eine Zunge hervor, um sich an jeder einzelnen Fingerspitze zu reiben. Zwei Hände schoben sich der Kaffeekanne entgegen, eine Hand umfaßte den Henkel, die andere legte sich auf den Deckel, die Kanne schwebte nach oben, neigte die Nase und blies einen Strahl Kaffee in eine Tasse.

Nun hob ein Getuschel an, verebbte und begann von neuem. Als drehte jemand die Lautstärke höher, verstärkte es sich drohend wie das Rauschen des Meeres, wenn es sich mit dem Rauschen des Windes verbündet. Einzelne heftige

Stimmen überrollten andere kleine, überschlugen sich, wirbelten durcheinander und beruhigten sich wieder. Das Gemurmel versandete.

Und plötzlich in die summende Stille hinein ein Ruf wie eine herabzischende Axt. »Bianca?«

Das ruhige Bild von sich hebenden Tee- und Kaffeetassen und grabenden Kuchenlöffeln geriet ins Wanken. Die Außenlinien der Dinge wellten sich, flackerten so lange, bis sie brachen, bis sie zerstäubten, zu Asche zerfielen, ein flimmernder Fernsehschirm ohne Bild, und mitten aus diesem Schneegestöber stachen zwei Augen wie Austernmesser. »Bianca?«

»Ja.« Ihre Antwort hallte fremd in dieser Kirche, groß wie das Weltall.

»Gibst du mir bitte den Zucker?«

Den Zucker? Nichts weiter?

Das Weltall schrumpfte auf Zimmergröße zurück, Bianca sah, wie ihre eigene Hand sich ganz normal über die Tischplatte schob, bis hin zur Zuckerdose, wie ihre Hand, dieses seltsame, gut dressierte Haustier, die Rundung umschloß, wie es die Porzellandose der Stimme entgegenhielt.

»Danke.« Dirk nickte freundlich.

Bianca schaute in die Runde.

Alle kauten und schluckten. Keiner hatte etwas gemerkt. Das war doch nicht möglich. Man konnte doch nicht einfach so dasitzen und kauen, während die Welt ins Wanken geriet.

O doch, man kann, dachte Bianca, und sah sich zappeln und schreien, eine spröde Jungfrau, die von einer Mama in die weichen Arme genommen werden will, aber da ist keine Mama, die aufhorcht bei ihrem Geschrei, da sitzt nur diese wattierte Familie beim Abendessen, gedämpftes Stimmengewirr, gedämpftes Geschirrgeklapper, der Vater fährt jedes Wochenende ins Institut. Komm, Püppelchen, komm! Überall liegen die nackten Hochglanzmädchen herum, auch Bianca, auch Bianca. Und er baut an seinem schalltoten Raum, der Raum soll ihr Geschrei schlucken, das er nicht mehr erträgt, was schreit Bianca denn so, und ihre Kehle ist wund, und ihre Knochen schmerzen vor Geschrei, das nirgends anstößt, das ins Leere schießt, in Mineralwolle verläppert, als habe es nie ein Geschrei gegeben, der Vater kehrt zurück aus dem Krieg, das Geschrei der Amputierten im Ohr. Ganz weit schob die Mutter den schreienden Kinderwagen ins Kornfeld, damit kein Vater an die Verwundeten im Lazarett erinnert wurde.

Das Wogen der Ähren hüllte sie ein wie eine gute Mama, der warme Duft, der sonnige Himmel. Darum, dachte sie, liebe ich den Sommer. Und als Conrad sagte: »Der Wind hat nachgelassen. Wer geht mit mir zum Strand?«, rief sie: »Ich.«

Sie häuften ihre Handtücher zu einem weithin leuchtenden blauroten Berg, Conrad zog sie zum Wasser. »Mein schönes Handtuch«, sagte Bianca. »Nicht, daß es geklaut wird.« Conrad zog sie, immer wieder schaute sie sich um. »Mein schönes Handtuch.«

Im seichten Wasser blieb sie stehen, während er vorausplatschte. »Komm.«

Die Sonne stach in ihre Augen. Vor ihr wuchs eine glasgrüne Wasserwand, der Kamm kräuselte sich unentschlossen, bis er schäumend brach.

Conrad warf sich in jede heranrollende Welle. Sobald sie zerbarst und das Wasser sich glättete, tauchte sein Kopf empor – plop – seine Arme winkten. Aber Bianca reckte nur die Zehen vor und ließ sich die Knöchel bespritzen. Der sandige Boden unter ihren Füßen gab sachte nach. Ihr war, als beginne die Erde unter ihr kaum merklich zu wanken. Sie trat zurück, bis auch dort der Boden unter ihren Füßen zu Sand zerfiel, sie sank und sank, der Sand kroch ihre Knöchel hinauf, erreichte die Waden, sie sank tiefer, sie hob die Arme, sie rang nach Luft, der Sand umschloß ihren Körper, eng wie eine Gipsform. In der Kunsthochschule, wo sie Modell stand, hatte man einen Abdruck ihres Kopfes angefertigt. Man gab ihr Strohhalme für Mund und Nasenlöcher und pappte Ton um ihre Konturen. Die fertige Form wurde aufgeschnitten, abgenommen und mit dünnflüssigem Gips gefüllt. Der erstarrte Gips war ihre Totenmaske.

»Komm«, rief Conrad, »das Wasser ist nicht kalt.«

Er bemerkte gar nicht, daß sie nun bis zu den Hüften im Sand versunken war. Er sprang wieder in die glasigen Wellen. Jedesmal dachte sie, jetzt werde er nicht mehr auftauchen, aber jedesmal – plop – schwamm sein Kopf wieder wie ein Ball auf der Wasseroberfläche.

Sie steckte nun bis zum Hals im Sand. Er lachte ihr fröhlich zu und winkte arglos.

Ich muß diesen Sand loswerden, dachte sie, und nahm all ihre Kräfte zusammen. Sie räkelte die Schultern, rollte den Oberkörper, und tatsächlich: Der Sand um sie herum sackte ab, während sie sich wie im Paternoster auf der Plattform ihrer beiden nackten Fußsohlen hob, bis sie und der Strand wieder dieselbe Höhe erreicht hatten.

»Ich trinke ein Bier, kleine Meerjungfrau«, sagte er. »Du auch?« Conrad hatte ihr die Hand auf die Hüftknochen gelegt, die Finger hakten sich in ihrer Gürtelschlaufe fest.

Sie versuchte, seinen Schrittrhythmus zu stören. Es war doch zu albern, wie er sie mit diesem Gürtelschlaufengriff zwang, ihre Schritte den seinen anzugleichen.

»Was gehst du so komisch?« sagte er. »Mal schnell, mal langsam. Geh doch mal normal wie immer.«

Da hatten sie aber schon die Strandbar erreicht.

Bianca sah der Sonne zu, wie sie dem Horizont entgegensank, ein roter Ball, dessen Bauch immer platter wurde, schließlich nur noch ein dünnes Halbrund war und mit der Horizontlinie verschmolz.

Conrads Beine ragten mager aus seinen karierten Shorts und knickten an den kantigen Knien nach unten. Die Zehen krallten sich wie spastisch zusammengezogen in den Sand. Auf jedem Zehknöchel saß ein kleines schwarzes Haarsträußchen.

Bartolo brachte frischgepreßten Orangensaft: »Hola, guapa. Wann gehst du mit mir tanzen?«

»So reden die immer, die Andalusier«, sagte Conrad und schaute Bartolo grimmig hinterher. »Jede Frau nennen sie: du Hübsche.« Die blasse Haut auf seinen Oberschenkeln zog sich fröstelig zusammen.

Er hob seine knochigen Finger und legte sie über ihren Handrücken. Wie groß die Ausdehnung seiner Hand war! Fast war von ihrer eigenen nichts mehr zu sehen. »Bianca«, sagte er und begann die Finger auf ihrem Handrücken feierlich verlegen hin- und herzuschieben, daß sie meinte, jetzt müsse sie etwas Besonderes empfinden, und sie sah, wie kleine Wörter aus seinen Lippen hervorkrochen, so ängstlich, als wollten sie gleich wieder zurückschlüpfen. »Bianca, bin ich dir zu alt? Nicht schön genug? Wie muß ich sein, damit du mich liebst?«

Sie spürte, wie wichtig ihm ihre Antwort war. Sie versuchte sich anzustrengen, sie bemühte sich wirklich, ihn zufriedenzustellen, aber je mehr sie sich anstrengte, um so brüchiger wurden seine Wörter, zerfielen zu einzelnen Silben, deren Sinn sie nicht mehr verstand, dann zu Buchstaben. Ein Pfropf sprang aus seiner Mundöffnung und ließ plötzlich ganze Schwärme schwarzer Buchstaben frei, die der Wind spielerisch durch die Luft stäubte. Bianca sah ihnen nach, wie sie fröhlichen Funken gleich aufsprühten, um zu verlöschen.

Und zwischendurch immer wieder »Bianca – Bianca« wie blitzende Wurfmesser, sie stand an der runden Zielscheibe mit ausgestreckten Armen und Beinen, und die Messer zischten an ihr vorbei – »Bianca« –, formten ihren Umriß an die Scheibe – »Bianca« –, schlugen neben ihrem Ohr ins Holz, und sie durfte sich nicht rühren, denn sonst träfe ein fliegendes Messer direkt in ihr Herz.

Noch nie hat sie eine Pistole angefaßt

Ob Maren beleidigt war?

»Nein«, schrieb sie, »ich brauche keinen Urlaub, danke. Nett von Conrad, daß er mir das Hotel bezahlen will. Vielleicht ein anderes Mal. Tschüs.«

Was für eine erbarmungslose Hitze! Hilde ließ sich auf einen Terrassenstuhl plumpsen und reckte die Beine von sich. Sie fühlte sich wie in einer schlechtbelüfteten Großraumküche. »Ihr habt Pech«, sagte Consuelo »Wir hatten oft wunderbar frische Sommer ohne einen einzigen Levante-Tag!«

Ich hätte Maren im Februar nicht vor vollendete Tatsachen stellen dürfen, dachte Hilde. Sie hatte ja gar keine Chance, eigene Wünsche zu äußern. Sie mußte sich in die Situation fügen. Klingt ihre muntere Telefonstimme nicht schrecklich forciert? Sicher glaubt sie, mir weismachen zu müssen, wie wunderbar sie mit dem Alleinsein zurechtkommt.

Heimtückisch, diese Fliegen! Wie sie die nackten Waden umsirren, um kurz zuzustechen und in nervösem Zickzack vor meinen fuchtelnden Händen zu flüchten.

Sie redet so wie ich früher mit meiner Mutter. Alles ist

super! Keine Probleme! Nicht mit der Arbeit, nicht mit der Liebe! Das kann doch nicht wahr sein! Conrad muffelte nur: »Was regst du dich auf? Wir leben hier nicht am Ende der Welt. Du kannst dir jederzeit ein Flugticket kaufen und bist umgehend in Frankfurt.«

Wie nüchtern er mit ihren Ängsten umging. Sie fühlte den Impuls, ihn zu schütteln, um einen Hauch elterlicher Sorge aus ihm herauszuzwingen.

Sie pflückte ein paar zartviolette Geranien, steckte sie in ein Trinkglas und stellte es als Vase in die Mitte des Tisches. Ein Windzug hechelte durch die Blüten. Soll er doch endlich losstürmen! dachte Hilde. Dieser gebremste Wind macht einen ja völlig bekloppt!

Zwei Wochen lang hatte sie Maren nicht erwähnt, um Conrad zu testen, ob er aus eigenem Interesse nach ihrem Befinden fragte. Aber es kam nichts.

Sie raffte sich auf, um in der Küche nach der Uhrzeit zu sehen. Noch immer weigerte sie sich, eine Armbanduhr zu tragen. Conrads Geschenk zu ihrem vierzigsten Geburtstag, eine wasserdichte Sportuhr, hatte sie gleich an Maren weitergereicht, die naserümpfend kommentierte: »Nicht billig, aber häßlich!«

Halb elf. Wo Conrad nur blieb? Sonst saß er spätestens um neun Uhr mit ihr beim Frühstück.

Ihr Blick fiel neben die Spüle. Nanu, wer hat denn diese Nacht noch Wein getrunken?

Sie füllte Wasser ins Spülbecken und tunkte die zwei Gläser mit den Rotweinresten hinein.

In kurzen Stößen fuhr der Wind durch die Baumkronen. Wie ein ungeheures Tier, das von einer straffgespannten Leine gehindert wird, loszupreschen.

Sie holte den Notizblock, um aufzuschreiben, was sie auf

dem Piojito kaufen würde. Oliven, von jeder Sorte ein Beutelchen. Einen frischen Zweig Rosmarin. Getrocknete Kamille aus der Sierra. Tee gegen Unterleibskrämpfe. Neue Kaffeelöffel, denn ein Teil des Bestecks war aus billigem Metall, das sich bei jedem Druck verbog. Vorhangstoff für die Küche. Die Fensterläden hielten zwar die Sonne ab, aber zusätzliche Vorhänge machten die Küche wohnlicher.

Merkwürdig, daß Conrad nicht kam. Ob ihn die Hitze nicht hatte einschlafen lassen?

Oder etwa Bianca?

Wir brauchen Rosinen. Die hiesigen haben lästige Kerne und Stile. Da muß ich doch kalifornische nehmen. So ein Schwachsinn! Knoblauch fehlt schon wieder. Adam verputzt jeden Tag seine gesunde Knoblauchzehe, aber um Nachschub kümmert er sich nicht.

Der Wind stieß keuchend in das lockere Gewebe des Jasmin, der sich um die Säule des Bogenganges bauschte. Ein Duft von wilder Süße schäumte auf und dehnte sich bis zur Terrasse hin.

Conrad mit seinen Lorca-Gedichten. Mir sollte er sie leihen statt Bianca, ich könnte mich konzentrieren, auch bei Levante.

Täglich fahren sie zusammen ans Meer. Bianca wartet immer, bis er fertig ist mit Schwimmen. Dann gehen sie zusammen zu Pepe.

Aber weiter ist nichts, da bin ich ganz sicher. Bis gestern abend war ich ganz sicher. Bis sie mit ihm im Bücherzimmer verschwand. Und Stunde um Stunde blieb. Stunde um Stunde. Bei geschlossener Tür, daß sich keiner traute, anzuklopfen. Und sie kam nicht wieder heraus. Grabesstill war es da drinnen.

Stunde um Stunde grabesstill.

Erst hatte Hilde noch mit den anderen in der Küche gesessen und gescherzt, übermütig wie selten. Dann war einer nach dem anderen schlafen gegangen, sie allein blieb übrig, und es war schon zwei Uhr nachts, und Bianca kam nicht wieder heraus.

Da begann Hilde, aufzuräumen, Geschirr abzuwaschen, Tapas fürs Frühstück vorzubereiten. Aber Bianca kam nicht wieder heraus.

Als Hilde schließlich in ihrem Bett lag, und ihr Leben zog an ihr vorbei, und die Hunde heulten in der Ferne, und eine Zikade sägte ihr ins Ohr, da ballte sich irgend etwas in ihrer Brust, etwas Schwarzes, Dichtes wie ein düsteres Tier.

Gleich schreie ich, dachte sie, gleich kotze ich, gleich brülle ich alles heraus, aber ein Grauen versperrte ihr die Kehle. Sie wollte aufspringen, wenigstens das, rennen, aber zu wem, die Gardine flackerte am offenen Fenster, zu Conrad, nein, nicht zu Conrad, dann erschlage ich ihn, zu Bianca, nein, nicht zu Bianca, dann erschlage ich sie, und wenn sie in einem Bett liegen, zünde ich ihnen das Bett an, wie es züngelt, wie sie beide hustend aus dem Zimmer stürmen, brennend wie Paulinchen im Struwwelpeter, mit flammenden Haaren.

Reglos lag sie auf der Matratze, und die Gardine zuckte, und die Zikade kreischte in ihrem Ohr, und ihr Körper war schwer wie ein nutzloses Gewicht, nicht einmal den kleinen Zeh konnte sie rühren.

Sorgfältig rückte sie die Frühstücksbrettchen gerade, Zucker habe ich vergessen, ging an den Kühlschrank, wo sie alle Lebensmittel aufbewahrten, die für die Ameisen von Interesse sein konnten. Einmal hatte Adam, dieser Tolpatsch, ein geöffnetes Zuckerpaket einfach so auf dem Küchenbord stehen lassen. Dieses schwarze Gewimmel! Angeekelt hatte sie das ganze Paket fortgeworfen.

Elf Uhr.

Der frühe Morgen, allein mit Conrad, war für sie die schönste Zeit am Tag. Noch nie hatte er verschlafen.

Die zwei Rotweingläser waren sicherlich von Chris und Dirk. Seit der Feria spielten sie das glückliche Liebespaar und schäkerten demonstrativ vor aller Augen herum.

Hilde drehte eine Runde durch den Innenhof. Bei jedem Schritt klappten die Sohlen ihrer Gummischlappen auf die Steinfliesen. Die geschlossenen Fensterläden zu Conrads Schlafzimmer lagen ruhig und abweisend unter der Höhlung des Bogenganges.

Hoch oben in der pinseligen Palmenkrone winselte der Wind, noch immer zurückgehalten von einer unsichtbaren Kraft. Das rosa Geranienmeer wogte.

Hilde nahm Lolita auf den Arm.

Hoffentlich verscherbeln Freddy und Denise heute ein paar Kissenhüllen. Bald ist die Hauptsaison vorbei. Das Gesparte schrumpft.

Während sie so vor Conrads Schlafzimmerfenster stand und das Katzenfell kraulte und Rafaels Ziegen kläglich meckern hörte, da spürte sie die nervösen Phantasien der Nacht bis in die Fingerspitzen zurückkehren. Ihr fahriges Gestreichel mißfiel Lolita. Mit einem unwirschen Aufmaunzen sprang sie hoch.

Natürlich haben sie gevögelt. Oder nicht? Erst trinken sie Rotwein, dann wird gevögelt. Sie vögelt mit jedem, warum nicht mit ihm?

Neben ihr im Blätterdach erhob sich ein lautes Schnattern.

Ein Meisenpärchen schoß aus dem Geäst, stieß lärmend zu Boden, wo ein kaum flügger Vogel herumtorkelte, ein hilflos flaumiges Knäuel, der blendenden Welt ausgeliefert. Erregt umtanzten es die Eltern, versuchten es hinter den Liegestuhl zu scheuchen, der an der Wand lehnte. Das Kleine machte einen ungeschickten Versuch, aufzuflattern, stürzte ab auf die Fliesen, blieb einen Moment liegen, erhob sich wieder in die Luft, knallte herunter und trippelte schließlich in das Versteck hinter dem Liegestuhl.

Entschlossen zieht Hilde die lärmenden Gummischlappen von den Füßen, durchquert die Küche, erreicht den kleinen Flur und drückt die Tür zum Bücherzimmer auf.

Die Fenster stehen noch offen, durch die Lamellenschlitze zieht die warme Luft.

Rummms! Hilde fährt zusammen, als die Tür hinter ihr zuschlägt. Angespannt lauscht sie.

Totenstille. Nur der Wind faucht durchs Blätterwerk draußen vorm Fenster, hält inne und stößt von neuem zu.

Durch die Tür zu Conrads Zimmer dringt kein Laut.

Wie düster der Raum daliegt! Sie schleicht über die abgetretenen, rotbraun gebrannten Bodenfliesen, vorbei an den hohen Bücherwänden aus dunkel gewachstem Holz, erreicht Conrads Tür, diese massive Kassettentür. Was mache ich hier? Was will ich denn?

Wenn ich einfach nur ganz kurz hineinluge, ob Bianca drinnen ist? Ganz leise, daß Conrad nicht wach wird?

Sie legt das Auge ans Schlüsselloch. Sie sieht nur Dunkelheit.

Sie erschrickt vor ihrer eigenen Waghalsigkeit. Und wenn er nun plötzlich aus der Tür tritt und sie entdeckt in dieser jämmerlichen Position der Lauscherin?

So wollte ich nie sein, denkt sie. Lauschen, kontrollieren – was für eine demütigende Rolle.

Was ist, wenn er die Tür öffnet, und ich sehe in seinem Bett Bianca liegen?

Peinlich, denkt sie. Es wäre nur peinlich. Und er wird mich ein Leben lang hassen, wenn ich so eindringe in seine Privatsphäre. Ich weiß ja, daß er in Bianca verliebt ist. Ich weiß ja, daß er mich nie wirklich wollte. Ich weiß doch alles. Was suche ich in seinem Schlafzimmer? Den Schmerz?

Ja, vielleicht den Schmerz.

Was für eine Energie plötzlich freiwird, denkt sie, wenn du nicht zurückgeliebt wirst. Da stehst du, bis obenhin angefüllt mit Wünschen, die keine Antwort finden. Berstend vor Energie, die sich nicht entladen kann. Wohin mit dieser ungeheuerlichen Kraft? Wohin? Tennis spielen? Amok laufen? Vom Hochhaus springen? Unsere ganze weltzerstörende Zivilisation baut sich auf frustrierter Liebe auf. Sublimation nennt das Freud. Alle Kriege leben von dieser Kraft. Alle Olympiaden. Alle trickreichen Geschäfte.

Wie eine Gefangene rennt sie im Bücherzimmer umher, sie spürt den Wind draußen im Hof lauern, und ohne Absicht steht sie plötzlich vor Conrads Schreibtisch.

Ruhig zieht sie am Griff der oberen rechten Schublade. Da liegt die Pistole auf einem grauwollenen Tuch. Sie nimmt sie vorsichtig mit beiden Händen auf. Wie kühl und schwer sie ist. Noch nie hat sie eine Pistole angefaßt. »Sie ist geladen!« hat Conrad gesagt. »Hier, sie hat ein Kniegelenk. Damit muß man sie spannen.«

Sie legt die Pistole zurück, schiebt hastig die Lade zu und verläßt auf Zehenspitzen den Raum.

Als sie die Terrasse betritt, sind die Fliesen gesprenkelt von Blutflecken, in denen Federchen kleben. Und oben im Schlingpflanzendach sitzt Lolita, die kleine Katze, und faucht.

Da poltert jemand die Steinstiege hinunter.

»Pscht, nicht so laut, du weckst ja das ganze Haus auf.«

Adam fuhr sich mit gespreizten Fingern durch sein Zottelhaar, gähnte, daß Hilde die Amalgamfüllungen seiner Backenzähne sehen konnte, und schlurfte zu ihr an den Tisch.

»Ist schon Kaffee fertig?«

Sie sprang auf und in die Küche, um die für Conrad vorbereitete Espresso-Kanne aufs Gas zu setzen. Zum erstenmal war sie froh, von Adam gestört zu werden. Normalerweise hatte sie morgens, wenn sie mit Conrad über die Liebe sprach und daß es Paare gebe, die Verletzungen und Konflikte miteinander durchstehen, ohne daß die Beziehung daran zerbreche, Adam als lästigen Störenfried empfunden, weil er sich so selbstverständlich breitmachte und das Gespräch übernahm: Wie wirken sich die finanziellen Streichungen im kulturellen Bereich auf die Frankfurter Kunstschaffenden aus? Ist eine Rückkehr in die konservativen fünfziger Jahre unvermeidlich? Haben die Aktionen des Verpackungskünstlers Christo, der öffentliche Gebäude mit weißem Stoff verhängt, politischen Einfluß?

Besonders kränkte sie, daß Conrad immer so rasch, beinahe erleichtert, auf Adams Themen überwechselte.

»Hab ich einen Brummschädel«, stöhnte Adam und hielt sich die Schläfen, »ich vertrage diesen Cuba libre nicht. Immer nehme ich mir vor, bei Bier zu bleiben. Aber ich schaffe es einfach nicht.«

»Soll ich dir die Schläfen massieren? Das ist gut bei Kopfschmerzen.«

Überrascht sah er sie an. Das Weiße in seinen Augen hatte einen tierhaft gelblichen Ton, etwas blitzte auf zwischen seinen kurzen struppigen Wimpern.

Sie stellte sich hinter seine Stuhllehne, er legte den Kopf zurück und schloß die Augen.

Wie wohltuend, daß sich ein Mann so entspannt ihren Händen überließ. Sie fühlte, wie ruhige Energieströme aus seinen Haaren in ihre Finger flossen, sie drückte und knetete und rieb mit Hingabe und Dankbarkeit, und er grunzte wohlig.

Plötzlich versteifte sich sein Nacken, und er knurrte mit geschlossenen Augen: »Manchmal könnte ich sie erwürgen.«

Sie hielt inne. »Wen?«

Er richtete sich auf und funkelte sie an. »Na, wen wohl? Bianca. Diese raffinierte Unschuld, die uns allen den Kopf verdreht.«

Ihre Fingerspitzen zitterten. »Euch allen?«

»Wir drei Männer sind doch völlig vernarrt in sie, und wer weiß, wen sie sonst noch verrückt macht.«

»Dirk hat sich von ihr zurückgezogen«, sagte sie steif.

Er machte eine abfällige Handbewegung. »Dirk ist ein Feigling. Der scheut die Leidenschaft. Das heftige Gefühl. Die höllischen Liebeswunden. Der macht es sich lieber mit Chris bequem, statt sein Leben zu riskieren. Aber aus der Ferne himmelt er Bianca nach wie vor an. Siehst du nicht seine verzückten Blicke, wenn sie den Rock über ihre Knie rafft?«

Wieder legte sie ihre Hände an seine Schläfen, er sank zurück und schloß die Augen. Während ihre Fingerkuppen seine Kopfhaut sachte hin- und herschoben, schaute sie in das zittrige Gewölk des Jasmin und fragte so beiläufig wie möglich: »Und Conrad?«

Mit schlaffen Lippen blies er den Atem in die Luft. »Noch schlimmer als Dirk. Der heiße Levante läßt ihn bei lebendigem Leibe vertrocknen.«

»Was willst du damit sagen?«

Mit einem Ruck flog sein Kopf zu ihr herum. »Bist du blind? Er gesteht sich ja nicht einmal ein, daß er in sie verschossen ist. Er streicht um sie herum wie ein angestaubter Gelehrter um eine lebenspralle Studentin. Er diskutiert mit ihr Verse von Garcia Lorca, statt sie zu packen und zu küssen.«

»Den ganzen Abend war er mit ihr im Bücherzimmer.«

»Ich weiß, ich weiß«, sagte Adam zerstreut. »Schon möglich, daß er mit ihr gevögelt hat. Gott, wie das schmerzt!« Er stöhnte auf. »Mich will sie nicht. Ich habe heftig um sie geworben, aber ich scheine nicht ihr Typ zu sein. Wenn ich an sie denke, ist es wie ein Messer, das sich in meinem Herzen dreht.« Er goß sich einen Kaffee ein und blies mit vollen Backen in die Kaffeetasse, bevor er trank.

»Guten Morgen, ihr zwei. Der Kaffeeduft hat uns aus dem Bett getrieben.« Dirk und Chris erschienen gemeinsam in der Tür, seine Hand lag auf ihrer Schulter. Er hatte sich seinen cremeweißen Burnus aus glänzendem Satin übergeworfen, den eine bunt bestickte Schärpe um die dickliche Körpermitte zusammenhielt. Seine Füße steckten in zierlichen orientalischen Pantöffelchen. Chris trug ihr sportlich geschnittenes Seidennachthemd mit den abgerundeten Schlitzen, das Hilde ihr letztes Jahr genäht hatte. Unter dem Hemd schauten ihre muskulösen, ledernen Beine hervor.

Seit sie in Dirks Zimmer übernachtete, hatte ihr sportlicher Eifer nachgelassen. Nur dienstags und freitags, wenn Dirk seine Telefonate erledigte, lief sie in ihren Radlerhosen den Strand entlang. Ein schönes Paar, dachte Hilde, wie die zwei so eingerahmt dastanden.

Aber wo bleibt nur Conrad? Vielleicht ist alles ganz anders, und er ist einfach nur krank? Hoffentlich ist er krank.

»Hübsch, die Geranien«, sagte Dirk und berührte zärtlich die zartlila Blüten. »Wo ist das Brot her? Sieht appetitlich aus.«

Hilde erzählte, wie sie auf der Suche nach selbstgebackenem Brot aus ungespritztem Vollkorn immer wieder auf den Namen Heiko traf. »Gestern nachmittag bin ich losgeradelt, um Heiko zu finden. Er wohnt nicht weit von hier, mitten im Pinienwald. Kommt aus einer wohlhabenden Familie, hab ich von Freddy und Denise gehört. Er war total muffelig. Seine

Freundin sagte, er kann Deutsche nicht leiden. Aber es sind nur Deutsche, die ihm sein Brot abkaufen. Er wollte sich auf keinen Termin festlegen lassen. ›Ich arbeite, wenn ich Lust habe‹, sagte er. Dieses eine Brot durfte ich mitnehmen.«

Sie schnitt sich den Kanten ab und bestrich ihn dick mit Butter. »Komisches Gefühl«, sagte sie, »bei den Junghippies plötzlich nur noch eine Deutsche zu sein, mit der man nichts zu tun haben will. Früher gehörte ich dazu, und die anderen waren die Deutschen, die man nicht wollte.«

Mit einem überlauten verlegenen Gähnen trat Conrad aus der Küchentür und fuhr sich mit dem Arm über die Schulter, um sich den Rücken zu kratzen. »Ich bin total zerstochen. Hab dummerweise nicht bemerkt, daß das Fenster einen Spalt offenstand, als ich gestern abend noch Zeitung las. Die halbe Nacht habe ich nicht geschlafen, immer wieder sirrte es um meinen Kopf, und ich mußte Licht machen, um auf Mückenjagd zu gehen.«

»Du kannst Zedernöl von mir bekommen«, sagte Hilde eifrig. Durfte sie erleichtert sein? Oder waren die Mücken nur eine sorgfältig geplante Vernebelungsstrategie?

»Dieser Biokram hilft doch nicht«, warf Chris ein. »Ich habe Autan dabei.«

»Das habe ich auch früher benutzt«, sagte Hilde. »Einmal hatte ich den Deckel nicht richtig zugedreht und es ist ausgelaufen. Stellt euch vor, es hat meinen ganzen Kulturbeutel zerfressen. Jetzt nehme ich das Zeug nicht mehr. Was Plastik zerfrißt, kann für meine Haut nicht gut sein.«

»Gib mir dein Zedernöl«, sagte Conrad.

Eilfertig sprang Hilde auf, erstarrte aber mitten in der Bewegung, als sie in der Küchentür Bianca stehen sah, rosig lächelnd, mit zerzaustem Haar, Lolita im Arm. Mit beiden Händen griff sie nach der Katze und nahm sie ihr ab.

Was lächelt Bianca so? Es scheint ihr ja gutzugehen. Wieso kommt sie fünf Minuten nach Conrad?

Die aufmaunzende Katze unter den Arm geklemmt, hielt Hilde Conrad das Zedernöl hin.

Conrad nahm die Espressokanne und füllte Biancas Tasse. »Ich auch!« sagte Adam. Es waren nur noch ein paar Tröpfchen für ihn übrig.

Hilde warf Lolita auf den Boden, knallte die Flasche mit dem Zedernöl auf den Terrassentisch und ging in die Küche, um frischen Kaffee zuzubereiten.

»Welcher Idiot hat wieder mal die heiße Espressokanne auf dem Tisch abgestellt?« schrie sie durch die offene Tür und wies anklagend auf den schwarzen Ring, der in die Tischplatte eingebrannt war.

»Ich«, sagte Bianca leise.

»Macht nichts.« Conrad legte ihr den Arm um die Hüfte.

»Der schöne alte Bauerntisch!« rief Hilde. »Es ist ein Jammer!«

»Sicher kann man ihn abschleifen«, sagte Dirk.

»Aber wer von uns kümmert sich drum?« zeterte Hilde.

»Ich«, murmelte Adam und warf einen sehnsüchtig flehenden Blick auf Bianca.

»Du?« höhnte Conrad. »Ich warte seit Wochen darauf, daß du das wackelige Bidet fest einzementierst.«

»Da kannst du noch Monate warten«, sagte Chris gutgelaunt. Sie schaute Dirk an. »Wir zwei warten nicht so lange. Oder?«

»Wie meinst du das?« fragte Dirk.

»Mich zieht es nach Frankfurt.«

»Nach Frankfurt? In den verregneten Sommer? Hast du nicht den Wetterbericht gesehen?«

»Im Herbst fliege ich zurück.«

Er antwortete nicht.

Sie griff spielerisch nach seiner Hand. »Und? Kommst du mit?«

Er lächelte sanft. »Du weißt, mir gefällt ein Leben im Süden.«

Chris drehte seine Hand, betrachtete die Innenfläche, fuhr mit dem Finger die Linien entlang und scherzte betont vergnügt: »Deine Lebenslinie ist mehrfach gebrochen. Du hast einige Krisen hinter dir. Und ebensoviele vor dir. Die Herzlinie ist ausgeprägt, du solltest dich mehr an deinem Gefühl orientieren. Das Materielle spielt eine problematische Rolle.«

Dirk legte seine Hand beiseite. Bianca sagte: »Oh, Vollkornbrot. Wie schön!«

Adam stand auf, so abrupt, daß er alle Blicke auf sich zog. Er griff zum langen Brotmesser, das in der Sonne aufblitzte, drückte den Brotlaib gegen seine Brust und begann, eine Scheibe abzusäbeln.

»Wie schneidest du denn?« rief Hilde. »Leg das Brot auf ein Brettchen. Das sieht ja lebensgefährlich aus.«

Sie schob ihm ein Küchenbrett hin. Er gehorchte, legte das Brot ab, stemmte die Hand auf den gekerbten Brotrücken und schnitt eine dicke Scheibe nach der andern ab.

»Laß mich das machen.« Hilde übernahm routiniert Messer und Brot. »Man muß kaum drücken«, sagte sie. »Zieh die Schneide einfach hin und her.«

»Was sind die drei wichtigsten Dinge in deinem Leben?« fragte Adam und betrachtete ihre kräftigen gebräunten Hände, die so gut massieren konnten. »Ganz spontan. Nicht überlegen.«

Hilde ließ das Messer sinken. »Dinge, die ich schon habe oder die ich mir wünsche?«

»Egal. Was ist dir wichtig?«

»Meine Tochter.«

»Weiter?«

»Eine Arbeit, die mir Freude macht. Gesundheit.«

»Und du?« Er drehte sich zu Chris herum. Die wiegte angestrengt lächelnd den Kopf. »Ein gemütliches Zuhause.«

»Und zweitens?«

Ein schneller Blick zu Dirk. »Ein Mann, der sensibel mit meinen Vorlieben und Empfindlichkeiten umgeht. Ein vielseitig gebildeter Mann, mit dem anregende Gespräche möglich sind. Ein Mann, der bereit ist, sein Leben mit mir zu teilen.«

»Das sind schon drei Männer und fünf Wünsche«, lachte Adam.

Chris boxte Dirk in die Seite. »Jetzt bist du dran. Wie sind deine drei Wünsche?«

Dirk schob das Mündchen vor und drehte die runden Augen gegen den Himmel. »Auch wenn du mir wieder meinen Hang zum Materiellen vorwirfst: ein Lottogewinn von mindestens sechs Millionen.« Er schaute sie an. »Mehr brauche ich nicht.«

»Drei Wünsche«, beharrte sie.

»Alles andere habe ich bereits.«

»Und was ist dir davon am wichtigsten?«

»Hm.« Wieder hob er den Blick. Schließlich sagte er mit einer theatralischen Geste: »Sonne. Meer. Die Liebe.«

»Drei Wünsche«, grinste Adam. »Das waren vier.«

»Dann lasse ich das Meer weg.«

»Und du?« fragte Hilde mit Herzklopfen. Conrad biß erst mal in seine Brotscheibe.

»Ganz spontan«, sagte Hilde.

»Freiheit.« Er kaute ausgiebig. »Finanzielle Unabhängigkeit.«

»Drei Dinge.«

»Sonst fällt mir nichts ein.«

»Überlege.«

»Ach, laß mich in Ruhe.«

»Also als drittes willst du deine Ruhe«, sagte Hilde übermütig und drehte sich zu Adam herum. »Und du?«

Adam lehnte sich zurück, holte seine Pfeife aus der Tasche, stopfte sie bedächtig, zündete sie an, nahm einen ersten Zug und sagte: »Meine künstlerische Tätigkeit. Leidenschaft. Erfolg.«

Nun wandten sich alle Gesichter Bianca zu. »Was ist dir wichtig, Bianca?«

Sie schrak zusammen wie ein Schulmädchen, das vor der Klasse ein Gedicht aufsagen muß, und hob die Schultern.

»Irgend etwas wird dir doch wohl einfallen«, sagte Adam.

Ihre Miene verfinsterte sich.

»Sind es die Männer?« fragte Adam.

Sie starrte in die Ferne, als wolle sie eine Gefahr bannen, indem sie ihr nicht ins Auge schaute.

»Das Spiel mit dem Feuer?« ergänzte Conrad. »Der Flirt? Der Kitzel des Möglichen? Der Sieg?«

Sie rührte sich nicht.

»Laßt sie doch«, sagte Dirk.

Hilde erhob sich, um den Frühstückstisch abzuräumen. »Fahren wir zum Piojito?« Sie schaute Conrad an.

Adam klopfte seine Pfeife aus und stand auf. »Ja, laß uns fahren.«

»Macht einen Termin mit Consuelo aus«, sagte Chris, wischte mit dem Handballen über die Tischfläche und begutachtete den Sandfilm auf ihrer Haut. »Bei Levante muß öfter geputzt werden.«

»Das geht ins Geld«, murrte Adam.

»Dann putz doch selbst, wenn es dir zu teuer ist.«

»Komm, Hilde, wir nehmen die Mülleimer mit.«

»Was meinst du«, fragte Hilde, als sie zusammen im Bus saßen, »hat Conrad heute nacht mit Bianca geschlafen oder nicht?«

Er schaute wortlos gequält übers Lenkrad.

»Sie wirkte so fröhlich«, sagte Hilde heftig.

»Conrad sah mürrisch aus«, knurrte er.

»Der ist immer so.«

»Was willst du eigentlich von Conrad?« fragte Adam.

»Was willst du eigentlich von Bianca?« fragte Hilde.

Beide lachten kurz und angestrengt auf.

Adam bog von der asphaltierten Straße ab. Sie rochen den süßlichen Verwesungsgestank der Müllkippe, den die Gluthitze des Sommers verstärkte. Wegen der Brandgefahr hatte man Anfang Juli das Feuer gelöscht.

»Hier brodelt ein chemisches Labor«, sagte Adam.

»Unerträglich!« Hilde raffte ihren Rocksaum vor die Nase.

In den Hecken rechts und links zappelten Plastiktüten.

Sie erreichten das von der Regierung aufgestellte neue Häuschen. Der Pförtner kam heraus und wies sie an, ihre Eimer ganz am Ende der Halde auszukippen.

Kreischende Möwenschwärme zogen über die frisch planierte Müllfläche.

»Was für ein grauenhafter Job«, sagte Hilde.

»Und immer Dyoxinschwaden in der Nase«, sagte Adam.

»Laß uns fahren«, sagte Hilde.

Aber Adam mußte noch kurz seinen Blick schweifen lassen. Tatsächlich entdeckte er zu seiner Freude einen ausgeleierten Metallschlauch mit Duschkopf sowie ein paar sanitäre Verbindungsrohre.

»Komm!« rief Hilde. »Ich halte diesen Gestank nicht aus.«

Er lächelte dem Pförtner triumphierend zu und ließ seine Schätze in einen der leeren Mülleimer poltern.

»Mir gefallen deine Skulpturen«, sagte Hilde. »Du hast Mut.«

Adam drehte den Zündschlüssel.

»Ich habe bisher nur schlechte Kritiken bekommen«, murmelte er, während er in den zweiten Gang schaltete und konzentriert durch die Windschutzscheibe auf den buckeligen Feldweg schaute. »Es kostet Kraft, an sich selbst zu glauben, wenn keiner an einen glaubt.«

Sie stellten den Bus am Dorfrand ab, es war zu mühselig, ihn durch die engen, verwinkelten Gäßchen zu dirigieren.

»Auch der Geschmack ist Moden unterworfen«, bemerkte Hilde. »Der scharfzüngige Kritiker Gautier zum Beispiel hatte keine Hemmungen, den kitschigen Murillo ›einen der größten Maler Spaniens und der Welt‹ zu nennen.«

Der Piojito war gut besucht. Noch immer hielt sich der Wind zurück, zerrte nur ein wenig an den Plastikplanen und scheuchte ein paar Tüten über den Sand. Einmal hatte Hilde erlebt, wie der Wind mit einer solchen Kraft durch die Gänge schoß, daß die Buden zusammenklappten und die Kleider durch die Luft wirbelten.

Adam im Schlepptau, eilte Hilde die Stände entlang: »Dort drüben sind Freddy und Denise!«

Mit einem Blick sah sie, daß ihre Kissen ungünstig im Hintergrund lagen.

»Wir haben zwei Kissenhüllen verkauft.«

»Das ist aber wenig. In Frankfurt sind die ein Renner.«

»Dann mach selber einen Stand auf«, erwiderte Denise beleidigt.

»Willst du Chocolate?« fragte Freddy.

Weil es so unglaublich preiswert war, kaufte Hilde ihnen ein Stückchen Haschisch ab, so wie jeden Freitag.

»Es liegt nur bei mir rum«, gestand sie Adam. »Bald kann ich damit dealen. Das bringt sicher mehr als das Nähen.«

»Du hast Humor«, erwiderte Adam.

Nachdem sie ihre Einkäufe erledigt hatten, setzten sie sich in die Bar »La Fuente«, um ein Mineralwasser zu trinken.

Die Hitze staute sich zwischen den weißen Mauern. »Wieviel heißer es hier im Ort ist«, sagte Hilde, »als bei uns im Wald.«

»Und du rauchst das Zeug wirklich nicht?« fragte Adam.

»Nee, komisch. Hab keine Lust mehr drauf.« Sie schob ihm das in Alufolie eingewickelte Päckchen rüber. »Du kannst es haben!«

Frauen mit ihren Kinderwagen zogen an ihnen vorbei. »Hier hätte ich Mutter sein mögen«, sagte Hilde. »Schau, wie stolz sie ihre Kleinen vorführen, geschmückt mit Bändern und Rüschchen. Wie man von allen Seiten heranströmt: Que bonito! Que graciosa! Wie stürmisch die Kinder aus ihren Spitzenkissen hochgerissen und abgeknutscht werden, Küßchen rechts, Küßchen links. Wie alles jubelt, wenn eins das Mündchen zu einem Kuß spitzt!«

»Ich weiß nicht, ob es mir gefallen würde«, bemerkte Adam, »wie eine Puppe herumgereicht zu werden.«

»Mir persönlich machen die Kinder keinen vergewaltigten Eindruck«, sagte Hilde heftig. »Auch den Müttern widmet man wohlwollende Aufmerksamkeit. Beneidenswert! Hier führst du stolz ein halbes Dutzend Kinder vor. In Deutschland bist du mit dreien schon asozial.«

Adam nippte an seinem Mineralwasser. »Im ›El Pais‹ stand, Spanien hat heute die geringste Geburtenrate in ganz Europa.«

»Die hiesigen Männer«, fuhr Hilde sehnsüchtig fort, »haben eine herrlich unbefangene Art, mit Kindern zu schäkern. Hier gibt's nicht diesen aufgeklärten Zuwendungskrampf wie bei uns.«

»Dann such dir doch einen netten Spanier!« Das kam so plötzlich und so ernsthaft gekränkt, daß sie Adam überrascht musterte. Hastig setzte er sein Glas Mineralwasser an den Mund und trank es in einem Zug leer.

»Vielleicht hätte ich damals mit meinem Kind nach Andalusien gehen sollen statt nach England«, sagte sie wehmütig. »Aber in der Franco-Zeit kam Spanien für mich natürlich nicht in Frage.«

»Kannst du mir Geld leihen?« Adam schob sein Wasserglas weit von sich und schaute sinnend in die Ferne. »Ich hab gestern meine letzte Mark abgehoben. Andrea und Louisa haben sich noch nicht gemeldet. Die wollten sich um Ausstellungsmöglichkeiten für meine Skulpturen kümmern.«

»Wir haben August«, sagte Hilde. »Du weißt ja, nur in der Hauptsaison hat man hier eine Chance, Geld zu verdienen. Du mußt dich beeilen.«

»Jetzt im Sommer sind vorwiegend spanische Touristen hier. Die wollen meine Objekte nicht. Im Frühjahr und Herbst kommen die Ausländer, sagt Pepe. Das sind meine potentiellen Kunden.«

»Und du glaubst, sie kaufen eins von deinen Riesenobjekten, um es dann im Flugzeug nach Deutschland zu transportieren?«

Er sackte ein bißchen in sich zusammen und bestellte einen Magno.

»Sag mal«, eifrig faßte Hilde nach seinem Oberarm. »Was hältst du davon, wenn wir zusammen einen Stand aufmachen? Ich biete meine Stoffsachen an, und du stellst etwas kleinere Objekte her, die sich besser transportieren lassen.«

»Kleinere Objekte?« sagte Adam stirnrunzelnd. »Du meinst, Skulpturen, die man auf dem Fernseher plaziert?«

»Warum nicht? Das ist doch nicht ehrenrührig.«

»Und ich soll mich mit dir auf den Markt stellen?«

»Zu zweit macht es mehr Spaß.«

»Von dir habe ich mehr Verständnis erwartet!« brauste er gekränkt auf. »Meine Objekte gehören ins Museum of Modern Art in New York, aber nicht auf einen Haushaltsmarkt!«

»Na gut. Wenn du nicht auf den Markt gehen willst«, sagte

Hilde nachsichtig, »sehe ich nur zwei Wege. Der erste ist der systematische, der zweite der improvisierte. Der systematische Weg heißt: Du mußt Geld für Werbeprospekte investieren und die Dinger gezielt verteilen. Hänge keine fotokopierten Zettelchen in den Bars aus wie bisher, das wirkt unprofessionell. Mir persönlich liegt eher das Improvisieren. Über Gespräche und persönliche Kontakte habe ich damals eine Menge Bilder verkauft und Ausstellungen arrangiert. Begabte Künstler gibt es wie Sand am Meer. Eine Chance hat nur jemand, der sich zu managen versteht.«

»Ich hatte gehofft«, murmelte er, »daß Conrad mich großzügig für meine Reparaturen bezahlt. Aber er ist ein schäbiger Geizhals.«

»Ich frage mich, von welchem Geld Bianca lebt.« Versonnen betrachtete Hilde Adams fülligen Mund, umkränzt von sprödem Barthaar. »Ich traue Conrad zu, daß er sie aushält.«

»Das wäre aber ungerecht!« Aufseufzend bestellte Adam einen zweiten Magno.

Ein Hund schlich herbei, ein plumper, kurzbeiniger Bastard, und rollte sich wie selbstverständlich unter ihrem Tisch zusammen. Adam stupfte ihn mit der Fußspitze in die Seite, er tat so, als merke er nichts.

»Laß das arme Tier in Ruhe!« rief Hilde.

»Ich kann diese herumstreunenden Viecher nicht leiden«, brach es aus Adam heraus. »Schrecklich, wie ihr Instinkt sie zwingt, sich anzubiedern, nur um irgendwo dazuzugehören.«

Hilde langte unter den Tisch und kraulte dem Tier das Nackenfell.

»Der hat sicher Flöhe!« brummte Adam.

»Und Zecken!« sagte Hilde freundlich. Als sie arglos den Kopf hob, traf sie Adams Blick. Ganz kurz nur, aber funkelnd intensiv. Unwirsch rief sie den Kellner und verlangte die Rechnung.

»Entschuldigen Sie!« kam es vom Nebentisch.

Widerstrebend schauten sie sich um. Ein älteres deutsches Paar, jeder eine weiße Baseballmütze auf dem Kopf, lächelte sie an. »Sie wohnen doch auch hier, nicht wahr?«

»Worum geht's?« fragte Hilde reserviert.

»Kennen Sie vielleicht einen deutschen Klempner? Unsere Badezimmerwand ist feucht, und der spanische Fontanero kann nichts finden.«

»Ich bin zufällig Klempner«, sagte Adam beherzt.

Der alte Mann beugte sich vertraulich zu ihm hinüber. »Sie wissen ja, wie das ist mit den Handwerkern. Jeder macht alles. Und alles ist Pfusch. Ich sage Ihnen, was wir erlebt haben, ist so unglaublich ...«

»Und warum sind Sie noch hier?« fragte Hilde streng.

»Nun ja, die Ruhe hält uns immer wieder fest. Die Leute sind nicht so gehetzt wie bei uns. Wir wohnen hier seit sechs Jahren und waren nur ein einziges Mal zu Besuch in Deutschland. Die Unzufriedenheit dort hat uns sehr erschreckt. Die Andalusier sind so herzlich und so offen ...«

»Wenn Sie möchten, schau ich mir den Schaden mal an.« Adam warf Hilde einen triumphierenden Blick zu. »Ist es weit bis zu Ihnen?«

Zu Fuß, in Begleitung des kurzbeinigen Köters, erreichten sie das bescheidene Häuschen.

»Sie trinken doch eine Copa mit uns?«

Adam nickte freudig.

Hilde schaute ihn mahnend an.

Man zeigte ihm den feuchten Streifen, der sich die ganze Wand entlangzog.

»Da ist ein Rohr undicht«, sagte Adam fachmännisch.

»Der Fontanero hat schon die Mauer aufgerissen. Aber er hat kein Leck im Rohr gefunden.«

Adam stellte den Hauptwasserhahn ab und schraubte an

den Armaturen herum. »Der Hahn tropft. Ich vermute, daß das Wasser an der Unterseite des Rohres entlang läuft und dann in die Wand eindringt.«

»Können Sie das in Ordnung bringen?«

»Ich muß mein Werkzeug holen.«

Der Schatten war gewandert, der Bus mußte schon eine geraume Zeit in der Sonne gestanden haben, das Blech war glühend heiß. Sie kurbelten die Fenster herunter, denn man konnte drinnen kaum atmen vor Hitze.

Sie vergaßen nicht, bei Consuelo vorbeizufahren. Die sah erschöpft aus. Ihre Großmutter war mit akuten Herzproblemen ins Krankenhaus eingeliefert worden, und sie verbrachte im Wechsel mit anderen Verwandten Tage und Nächte dort. Man hatte, wie allgemein üblich, neben dem Krankenbett eine Liege aufgeschlagen, damit sich die alte Frau keinen Moment alleingelassen fühlte.

»Da hast du aber ein anstrengendes Leben«, sagte Hilde. »Und jetzt noch putzen!«

Consuelo lachte. »Ja, ich bin sehr eingespannt. Für die Disco ist keine Zeit. Abends, wenn die Jungen auf Brautschau gehen, muß ich bei der Abuela sein. Alle Jungen in meinem Alter sind inzwischen vergeben. Und ich habe noch immer keinen Novio!«

Das klingt gar nicht bitter, dachte Hilde, sondern wie eine bedauerliche Tatsache, die nicht zu ändern ist.

»Ich hätte gerne Kinder«, sagte Consuelo fröhlich, »ich freue mich immer über Besuche von meinen Nichten und Neffen!«

Plötzlich senkte sie die Stimme. »Ist es wahr, daß die deutschen Urlauber nachts ihre Kinder schreien lassen? Daß sie abends ausgehen, und die Babys bleiben allein im Hotelzimmer?«

»Schon möglich!« sagte Hilde und erinnerte sich widerwillig, wie sie ein paarmal nachts fortgegangen war und morgens ihr völlig aufgelöstes Kind antraf, ermattet von ohnmächtigem Geschrei.

Als sie in die Palmenallee einbogen, sahen sie etwas auf dem Schotter liegen.

»Halt!« schrie Hilde, und Adam bremste.

Sie sprang aus dem Auto.

Da lag im flirrenden Schatten der Palmwedel eine flachgequetschte Masse von rotem Fell und rotem Fleisch.

Schreiend lief Hilde durchs Tor: »Mörder! Mörder!«

Als sie Chris steif mit ihrem Spanisch-Lehrbuch unter dem Terrassendach sitzen sah, stürzte sie auf sie zu. »Du hast meine Katze umgebracht!«

Chris zuckte auf, trat einen Schritt zurück, das Buch vor die Brust gepreßt, und sagte streng: »Dein Vorwurf ist ungeheuerlich!«

»Du hast meine Katze überfahren!«

»Ich war heute noch gar nicht mit dem Auto weg.«

Hilde hielt inne, schüttelte wie benommen den Kopf und fragte langsam: »Wer ist denn weggefahren?«

»Conrad. Mit Bianca. Vor etwa einer Stunde.«

Jeder kennt sie, auch die Polizei

»Wir bleiben ein paar Tage in Sevilla«, sagte Chris, »um endlich den berühmten Alcazar zu besichtigen, die Burg der Maurenherrscher.«

»Von König Pedro wieder aufgebaut«, ergänzte Dirk, während er zwei Reisetaschen in den Kofferraum lud.

»Ich bin bei der Hitze lieber am Meer«, sagte Conrad. »Komm, Bianca!«

Er nahm Bianca bei der Hand und öffnete ihr die Autotür.

Mitten auf der Palmenallee stand Hilde und starrte auf die Stelle, wo der Sand noch immer dunkel von getrocknetem Blut war. Wie ertappt ließ Conrad die Autotür und Biancas Hand los.

»Möchtest du uns begleiten?« druckste Conrad. »Ich lade dich zum Essen ein.«

»Nein, nein, nein!« wehrte sie ab, die Augen voller Tränen. »Ich lege mich ins Bett und lese Garcia Lorca.«

Hupend schoß der Ford Fiesta an ihnen vorbei.

»Ich besorge dir ein neues Kätzchen«, murmelte Conrad, und man spürte seinen Widerwillen gegen Hildes verpfuschtes Leben, an dem er allein schuld hatte. Wie wohltuend war Bianca in ihrem anspruchslosen Selbstverständnis, in ihrem Mangel an Erwartung. Kein weiblicher Wunsch bedrängte ihn, kein Schuldgefühl drückte ihm die Seele ab. Die Liebe ist ein Kind der Freiheit. Ihm fiel plötzlich ein schwuler Taxikollege ein, der von den prall mit halbnackten Leibern gefüllten Dunkelräumen in den Gay-Bars schwärmte. Dort hatte er vor der Aids-Zeit exzessive Leidenschaft mit anonymen Körpern gelebt. »Ich war glücklich«, sagte er. Er gebrauchte tatsächlich das Wort »glücklich« und erläuterte: »Im Dunkelraum taucht nach dem Erguß kein Gesicht mit liebenden Erwartungen vor mir auf.«

»Conrad, fahrt ihr ins Dorf?«

Atemlos erschien Adam in der Toreinfahrt und stellte sein neuestes blechernes Kunstwerk in den Sand, etwas handlicher als seine anderen Arbeiten. »Das ist ›Micro-Tornado‹«, sagte er.

Conrad ließ Bianca einsteigen, setzte sich auf die Fahrerseite und schlug die Tür zu. Dann drückte er den Automatik-

Knopf, und die Fensterscheibe sank hinunter. »Warum fährst du nicht mit dem Bus?«

Adam druckste: »Ich habe kein Benzin mehr.«

»Bis zur nächsten Tankstelle wird's schon noch reichen.«

Er senkte den Kopf. »Ich komme nicht mehr an mein Konto ran. Wiltrud hat es sperren lassen. Eigentlich ist es ja ihr Konto.«

»Mit anderen Worten: Du bist pleite. Es langt nicht mal mehr für Benzin.«

Adam nickte zerknirscht.

»Was ist mit deinen deutschen Auftraggebern?«

»Die Reparatur brachte nur ein paar Peseten. Außerdem leckt dieses blöde Bidet schon wieder. Weiß nicht, warum die so sauer auf mich sind. Ich kann schließlich nichts dafür, wenn sie sich ein verrottetes Haus haben andrehen lassen, in dem nichts funktioniert.«

Conrad zog die Stirn in Falten. »Dann fang endlich an, deinen Kunstplunder zu verkaufen! Laß dir was einfallen! Denk nur nicht, daß wir dich hier Ewigkeiten mit durchziehen, so wie es Wiltrud offenbar getan hat.«

»Du siehst doch«, sagte Adam kläglich, »ich habe mich schon auf Wohnzimmergröße umgestellt.«

Conrad drückte den Automatikknopf, und die Fensterscheibe schob sich lautlos nach oben.

Bianca kniete sich auf ihren Sitz, um Adam die hintere Tür zu öffnen.

»Schlitz mir bloß nicht meine Polster mit dem Ding auf«, warnte Conrad.

»Ich nehme ›Micro-Tornado‹ auf den Schoß«, sagte Adam unterwürfig.

Als sie die Palmenallee verließen und auf den Feldweg hinausfuhren, sprang ihnen gleich die endlose Reihe rotweißer Stäbe ins Auge. Conrad bremste scharf. »Was ist denn hier los? Sieht aus, als wollte jemand das Gelände abstecken. Wir fahren bei Rafael vorbei.«

Isabel trocknete ihre Hände an der Schürze ab. »Ja, Sebastiano will das ganze Terreno loswerden. Es liegt seit Jahren brach. Er ist inzwischen alt und wohnt mit seiner Frau im Ort. Seine Kinder möchten nicht mehr als Landwirte arbeiten. Denen gefällt es im Dorf besser.«

»Das Grundstück kauft doch keiner«, murmelte Conrad, während er Gas gab. »Wer will denn schon hier draußen wohnen.«

»Sieht aus, als wäre es bereits verkauft«, meinte Adam.

»Und wenn. Heute ist es nicht mehr so einfach, eine Baugenehmigung zu kriegen.«

An der Plaza España stieg Conrad aus und hievte »Micro-Tornado« aus dem Auto, damit der Lack nicht durch Adams Tollpatschigkeit zerkratzt wurde.

»Du nicht«, wies er Bianca zurecht, die ebenfalls mit anfassen wollte. Als sie sah, wie Adam sich abmühte, das schwere Stück fortzuschleppen, sprang sie eilfertig hinzu.

»Halt!« rief Conrad. »Wo wollt ihr hin?«

»Zur ›Terraza‹«, sagte Adam. »Wir fragen José-Maria, ob wir das gute Stück dort ausstellen können.«

»Wartet auf mich!« Conrad ließ hastig den Motor wieder an. »Ich suche nur einen Parkplatz. Glaubst du wirklich, auf diese Weise Kunden zu finden?«

Nervös kurvte er herum. Schließlich quetschte er den Wagen schräg auf den engen Bürgersteig – hoffentlich schleppen sie mich nicht ab – und rannte Adam und Bianca nach. »Laß mich tragen, Bianca.«

Sie übergab ihm ihre Seite der sperrigen Skulptur, ließ die Hände leer an ihrem hübschen Körperchen herabschlenkern und begann vor sich hin zu summen »hm – hm – hm«, eine neutrale Melodie, nein, nicht mal eine Melodie, irgend etwas schmerzlos Einsames wie das Gebrabbel einer uralten Frau.

Ja, José-Maria, der Wirt, war einverstanden, daß man das Miniatur-Ungetüm unter die Bananenstauden stellte, wo es sich bizarr spreizte wie eine kultische Eingeborenenfigur.

»Bin gespannt, ob dein Blechding hier jemals einen Liebhaber findet«, knurrte Conrad. »Geld fürs Abendessen hast du auch nicht mehr, oder?«

Ehe Adam antworten konnte, wühlte Bianca ihr Portemonnaie aus dem Umhängetäschchen und blätterte ihm ein paar Tausendpesetenscheine hin.

Conrad hielt ihr Handgelenk fest.

»Laß nur, Bianca«, sagte Adam. »Conrad hat schon recht, ich muß zusehen, wie ich Geld verdiene.« Er lachte ein wenig mühsam. »Vielleicht sollte ich mit Haschisch handeln. Lohnt sich aber kaum. Das Zeug ist viel zu billig.«

Conrad sog die Backen nach innen. »Ist eine Ewigkeit her, daß ich gekifft habe. Weißt du, wo man hier was kaufen kann?«

Adam nickte eifrig. »Ich kann dir sofort einen Brocken besorgen. Und ich sage dir, der Stoff ist gut. Ganz rein. Kein überteuertes, mit getrockneter Kuhscheiße verlängertes Zeug wie in Frankfurt.«

»Hier.« Conrad zog einen Schein aus seiner Brieftasche. »Fünftausend Peseten. Wenn du mir was mitbringst, bist du zum Essen eingeladen.«

Adam strahlte, rollte den Schein zusammen und verschwand. Eine Viertelstunde später war er wieder da und legte das Wechselgeld sowie ein mit Aluminiumfolie umwickeltes Päckchen auf den Tisch. Conrad schob ihm mit der Handkante die Münzen rüber, zögerte, ließ schließlich auch die

Scheine liegen und verbarg das Päckchen hastig in seiner Hosentasche.

»Keine Angst«, lachte Adam. »Haschisch zu konsumieren ist nicht verboten. Du darfst nur nicht dealen. Aber auch den Dealern passiert in der Regel nichts. Nicht mal den Heroin-Dealern. Jeder kennt sie, auch die Polizei. Ab und zu wandern sie für eine Woche in den Knast, das ist alles.«

»Du meinst, ich kann mir hier in aller Öffentlichkeit einen Joint drehen?«

»Na ja, zu auffällig würde ich's nicht machen.«

»Hast du Tabak dabei?«

Adam holte seinen Pfeifentabak heraus. »Ich glaube, der ist zu stark. Außerdem hab ich kein Papier.«

»Hier ist Geld für Zigaretten«, sagte Conrad. »Hol uns 'ne Schachtel Fortuna und Papers.«

Adam verschwand. Wie vorher schob Conrad das Wechselgeld mit der Handkante beiläufig auf Adams Seite.

»Bau uns einen Joint«, befahl er und holte das in Alufolie gewickelte Päckchen wieder hervor.

Routiniert faltete Adam eine Zigarette auseinander, zerbröselte ein Eckchen der grünlichen, festgepreßten Masse, mischte die Krümel mit dem Tabak und drehte eine tütenartige Zigarette.

Conrad nahm sie zwischen die Lippen, ließ sich von Adam Feuer geben, tat einen Zug und reichte den Joint an Bianca weiter.

»Nein«, sagte Bianca. »Oder doch.« Sie schob die Knie zusammen, denn plötzlich blies ein kühler Windzug vom Meer und ließ sie frösteln. »Ich habe erst ein paarmal gekifft«, sie sog energisch, »und jedesmal kam ich auf einen Horrortrip.«

»Sind ja nur ein paar Krümel«, sagte Adam. »Davon spürst du kaum was.«

»Ich will aber was spüren«, sagte Bianca. »Ich will endlich

auch mal was Schönes spüren wie ihr alle.« Und sie sog wieder und wieder, und die Männer lachten.

Ihr Blick sank auf den Boden aus gestampfter Erde, folgte dem Strom schwarzer Ameisen, der sich emsig zwischen die Bananenstauden schlängelte, heftete sich an das metallene Untier mit seiner spitzigen Aura, stachelig gespreizt, zahnbewehrt.

»Was guckst du, Bianca?«

»Die Zähne.« Ihr Blick schwenkte zu Conrad hinüber mit seinem winzig weißen Mardergebiß, dann zu Adams gelben Hauern inmitten von Bart. So viele Zähne, weiß und gelb. Und wie sie so aufmerksam schaut, verrutschen sie plötzlich, schieben sich ineinander, übereinander, zerfallen zu einem wirren Zahnhaufen, weißundgelb. Aber sie läßt nicht los. Unter ihrem konzentrierten Blick klickern sie sich wieder zurecht, weiß trennt sich von gelb, reihen sich hübsch ordentlich nebeneinander, wölben sich tierhaft nach vorn – Komm, Püppelchen, komm! – schnappen nach ihr, weiß und gelb, lachen und schnappen nach ihr.

Sie zieht ihre Hände an sich, umfaßt den Riemen ihres Täschchens, springt auf.

»Bianca!« hallt es in diesem riesigen Gewölbe, das die Welt ist, »Bianca!«, und sie rennt.

Aber ihre Schuhsohlen kleben am Boden fest, sie kommt kaum vorwärts, so sehr sie sich auch müht. Wenn sie den Fuß zu heben versucht, vergehen Minuten, ehe sie ihn vom Untergrund losreißt, und Minuten, bis sie mit den freischwebenden Zehen wieder auf festen Boden stößt und die flache Sohle absetzen kann.

Sie gibt nicht auf. Sie rennt in Zeitlupe, hebt den zähen Fuß, läßt ihn minutenlang schweben, rennt, rennt.

»Wo willst du hin?«

Jemand spricht sie anscheinend an. Sie versucht, so zu tun, als könne sie antworten. »Nach Hause.«

»Wo ist das?«

»Ich weiß nicht.«

Dabei rennt sie weiter, in Zeitlupe, und die zwei – offenbar ein Mann und eine Frau, wie sie mit Anstrengung bemerkt – schreiten im selben Tempo neben ihr her.

»Wohnst du nicht da draußen hinter dem Pinienwald?«

»Ich weiß nicht.«

»Sollen wir dich hinfahren?«

»Ich weiß nicht.«

»Komm, da vorne steht unser Wagen.«

Sie kurven durch endloses Hügelland, Jahre sind sie unterwegs, halten schließlich an, helfen ihr beim Aussteigen und führen sie in ein dunkles Haus.

Eine schwitzende Frau nimmt sie bei der Hand, drückt sie rücklings auf ein bleiches Bett und läßt sich auf der Kante nieder.

Die Fläche ihres Gesichts schaut auf sie herab wie ein runder Mond und schaut und schaut. Und während der Schoß sich breit auf der Kante festsaugt, weichen allmählich die Konturen der Wangen auf, das Gesicht geht auseinander wie Kuchenteig, die Augen verengen sich zu kohlschwarzen Strichen, der Mund zerfließt, verschwindet ganz und gar. Verrückt, so ein Gesicht ohne jeden Mund. Mond. Mondgesicht. Mundloses Mondgesicht. Es schielt auf Bianca hinunter, eine boshafte Fee, eine lauernde Mutter, es schwebt nach oben hinweg, wird zum Luftballon, zur Seifenblase, wird kleiner und kleiner. Und plötzlich spürt Bianca, daß sie sinkt. Nicht das Gesicht schwebt nach oben fort, nein, sie selbst ist es, die nach unten sinkt, in einen schwarzen, grundlosen Brunnen sinkt, tiefer und tiefer, und sie weiß, nun stirbt sie, und dies war ihr einziges Leben, und sie hat nicht gewußt, wie es zu nutzen war. Die bunte Welt trudelt hinweg, ist nur noch ein heller Kreis, schließlich ein Pünktchen, immer kleiner, immer ferner, wie grauenhaft endgültig ist der Tod, und nichts und niemanden kann ich mitnehmen, nicht mein Umhängetäschchen, gar nichts.

Mit einer höllischen Kraftanstrengung stemmt sie sich gegen die Schwärze, die grundlose Tiefe des Brunnens, und siehe da, das Pünktchen Welt taucht wieder auf, ganz weit oben wie ein funkelndes Sternchen, nähert sich, wird größer, wird zur hellen Scheibe, die über ihr schwebt, und noch einmal stemmt sie sich mit aller Kraft nach oben, und plötzlich – schwupp – ist sie wieder da in dieser lichten Welt. Möbel umstehen sie, flackernd beleuchtet von einer Wandlampe. Und neben ihr sitzt diese Hilde auf der Bettkante und sagt: »Hast du mir einen Schrecken eingejagt. Du hast die Augen verdreht, daß man nur noch das Weiße sah.«

Dann, mit strenger Stimme: »Wo ist Conrad?«

»Ich weiß nicht.«

»Was ist passiert?«

Conrad, dachte Bianca, der ist doch weit weg, aber sie spürte das Zittern in Hildes Stimme.

Sie bemühte sich, eine vernünftige Antwort zu geben, mit der Hilde etwas anfangen konnte. Aber was war eine vernünftige Antwort? »Keine Angst«, sagte sie. »Keine Angst.«

»Ist er noch im Dorf?«

Sie versuchte sich zu erinnern. »Ja, ich glaube.«

»Liebst du ihn?«

Was für eine Antwort erwartete sie?

Aber Hilde wartete auf keine Antwort, sie sprach gleich selbst weiter, kräftige Ströme von Worten fluteten aus ihrem Mund, unterbrochen von wirren Gewirbeln, von stammelnden Kaskaden, von abgebrochenen Sätzen, die einzeln herausbröckelten und durch die Luft taumelten, und immer wieder: »Liebst du? Liebst du?«

Bis endlich Bianca, zornig von all diesen Worten, die ihr

um die Ohren rauschten, vom Bett sprang und mit raschen Schritten, die sich wunderbar leicht vom Boden lösten, das Zimmer verließ.

Adam und Conrad kamen spät. Beide reichlich bekifft und betrunken und in übermütiger Stimmung. Sie hatten unterwegs Louisa und Andrea aufgegabelt, jeder hielt eine der Frauen im Arm. Lachend wehrten sich die zwei, als Hilde auf der Terrasse erschien.

»Ich könnte in Almería ausstellen!« sagte Adam. »Aber ich weiß nicht, ob das was bringt!«

Die Mädchen packten ihre Instrumente aus.

»Der Wind hat gedreht«, sagte Hilde. »Spürt ihr den Poniente? Wollt ihr Jacken haben?«

Andrea und Louisa schauten sich an und winkten lachend ab. »Wir frieren nie.«

Dann erzählten sie von Almería, wo sie in einem großen Hotel aufgetreten waren.

»In Almería ist alles anders«, sagte Andrea fröhlich. »Dort ist der Poniente heiß und der Levante frisch.«

»Das kann nicht sein«, sagte Hilde, »der Levante kommt aus der Sahara!«

»Richtig«, lachte Andrea. »Aber um Almería zu erreichen, muß er ein gutes Stück übers Mittelmeer, dabei kühlt er ab. Hier bei euch weht er ja nur über die schmale Straße von Gibraltar. Der Poniente dagegen bläst zwar vom Atlantik, treibt aber über die lange heiße Küste und kommt am Ende als heißer Wind in Almería an.«

Und sie spielten »Blowin' in the wind«.

»Die andalusischen Männer sind sehr zärtlich«, sagte Andrea verträumt.

Ich hatte ganz vergessen, daß es so viele Sterne gibt

»Hey, es ist schon Viertel nach zwei!« Conrad stand in der Toröffnung des Schuppens und tippte auf seine Uhr. Adam ließ die Elektrosäge sinken und zog die Schutzhaube vom Gesicht. Der Schweiß rann ihm über Kopf und Oberkörper. Jetzt hatte er gerade zwei Stunden gearbeitet und sollte schon wieder Pause machen. Gut, man hatte sich geeinigt, daß sich seine Arbeitszeit an den spanischen Zeiten orientierte. Daß er also nach dem Frühstück bis zwei Uhr mittags hämmern und sägen und schweißen durfte, und dann wieder ab fünf Uhr bis in die Nacht hinein, je nachdem wie lange die anderen durch die Bars zogen.

Aber war es nicht eine Zumutung, daß er seine kreativen Bedürfnisse derart an fremden Wünschen ausrichten sollte? Wie entspannt hatte er sich damals bei Wiltrud gefühlt! Im Keller ihres von den Eltern geerbten freistehenden Einfamilienhauses durfte er lärmen, soviel er mochte. Zwar hatten sie nach Protesten der Nachbarn die Kellerfenster doppelt verglasen lassen, aber danach gab es keine Probleme mehr. Der Keller war massiv gebaut, und Wiltrud selbst konnte sich einigermaßen mit der unterirdischen Geräuschkulisse arrangieren.

Es erboste ihn, daß er ausgerechnet abends, wenn man loszog, um noch einen trinken zu gehen, allein in seinem Schuppen herumhämmern sollte. Conrad sagte sarkastisch: »Sei doch froh. Wer nicht ausgeht, spart Geld.« Damit spielte er auf ein noch größeres Problem an.

Bislang hatte Hilde immer unauffällig für Adam bezahlt. Aber ewig würde sie ihn nicht mit durchziehen können. Sie hatte ja selbst finanzielle Probleme. Spätestens in einer Woche, wenn der neue Monatsbeitrag in die Gemeinschaftskasse eingezahlt wurde, brauchte er Bargeld.

Auf »Micro-Tornado«, das Objekt unter der Bananenstaude der »Terradea« hatte den Wirt noch niemand angesprochen.

Trotz Hildes Einwand, es wirke unprofessionell, versah Adam einen DIN-A4-Bogen mit seinen Daten, kopierte darauf das Foto von »Micro-Tornado« vervielfältigte das Papier und klebte die Zettel an Wände oder Säulen in diversen Bars. Als Kontaktadresse gab er Pepes Strandbar an.

Andrea und Louisa waren mit einem Stapel Werbezettel abgezogen und hatten versprochen, sie während ihrer Andalusien-Tournee überall auszulegen, wo ausländische Gäste verkehrten.

Hilde schüttelte den Kopf. »Du verkaufst dich unter Wert«, sagte sie. »Du sprichst Kunden an, die als Käufer nicht in Frage kommen. Die Touristen wollen höchstens ein kleines Andenken mitnehmen. Die legen keine fünftausend Mark für ein obskures Kunstwerk hin. Ich sage dir, diese Aktion bringt nichts.«

Daß Hilde so besserwisserisch auf ihn einredete, ärgerte ihn. Und am meisten fuchste ihn, daß sie vermutlich recht hatte.

»Jaja. Ich bin gleich soweit«, sagte er zu Conrad, damit der endlich ging. Kaum war er wieder allein, griff er zur Metallsäge, schnitt rasch ein Stück dünnes Blech in breite Streifen, drehte sie zu Schillerlocken und nagelte die Enden an den Kopf eines alten Schrubbers. So was verkauft sich, dachte er verächtlich. So was gefällt den Leuten. Soll ich tatsächlich anfangen, mit diesen Mätzchen den Publikumsgeschmack zu bedienen? Wütend schlug er mit dem Hammer die Schillerlocken platt.

In einem Anflug von Schwermut radelte er in den Ort und warf seine letzten Peseten in einen Münzapparat, um Wiltrud anzurufen. Sie freute sich überrascht und erzählte ihm gleich, daß sie sich längst von ihrem Schauspieler getrennt habe. Er machte eine kleine Andeutung, daß seine Mitbewohner wenig Verständnis für seine künstlerischen Belange hätten. Was sie davon hielte, wenn er zurückkäme. Er sagte das scherzhaft, und es war gut so. Denn ihre Stimme, die eben noch freundlich geklungen hatte, wurde schneidend barsch. Wahrscheinlich hatte sie längst einen neuen Lover.

Fast war er froh, daß ihm die Entscheidung, ob er zurückfahren sollte, abgenommen wurde.

Denn war nicht das spanische Leben, allen Geldproblemen zum Trotz, leichter als das deutsche?

»Adam!« Atemlos stürzte Hilde in der schmalen Gasse auf ihn zu. »Stell dir vor, die Polizei hat mir verboten, meine Kissen auf dem Markt anzubieten. Sie kamen zu zweit und fragten nach meiner Genehmigung. Ich wußte gar nicht, daß man so was braucht. Warum haben mir Freddy und Denise nichts gesagt? Ich dachte, hier wäre alles viel lockerer als in Deutschland. Jemand muß mich angeschwärzt haben. Woher wissen die sonst, daß ich ohne Permiso arbeite?«

Adam hatte am frühen Morgen Hildes bunten Kissenberg im Bus zum Strand geschafft und ihr geholfen, mit ein paar Stangen und einem Bettuch einen Stand aufzubauen. »Das Geschäft lief phantastisch«, rief sie. »Es ist ein Jammer! Aber ohne Residencia kriege ich keine Permiso. Und eine Residencia kriege ich nur, wenn ich einen Nachweis bringe, daß ich hier regelmäßige Einnahmen habe. Entweder eine Rente, so wie Chris, oder einen spanischen Ehemann. Ich habe gesagt: Und was ist mit der EG? Mit den offenen Grenzen? Sie haben gar nicht begriffen, was ich meinte. Die Strandtücher gingen weg wie nichts. Die Herstellung macht überhaupt keine Arbeit. Vier lange Nähte, das ist alles. Ich könnte mich totverdienen an dem Zeug. Jetzt muß ich die Sachen wohl wieder Denise und Freddy in Kommission geben! Oder ich frage in den beiden Boutiquen nach. Dort nehmen sie zwar fünfzig Prozent, machen aber höhere Preise.«

»Vielleicht könnte ich in den Boutiquen meine Skulpturen aufstellen.«

Gemeinsam radelten sie zurück.

Hilde begutachtete kritisch Adams Werke, empfahl ihm, der einen Boutique die »Gehörnte Lorelei« anzubieten und der anderen die »Janusköpfige Hausfrau«.

Gemeinsam wuchteten sie die Figuren in den Bus.

»Du fährst auf Reserve, weißt du das?«

»Ja«, druckste Adam, »wir müssen tanken.«

»Ich bezahl's. Dafür fahren wir bei Manolo vorbei. Ich hab ihm meinen Kissenkrempel in Verwahrung gegeben!«

Der Tag der Beitragszahlungen in die Gemeinschaftskasse nahte, und Adam trat zerknirscht auf Conrad zu. »Es tut mir leid. Ich habe bisher nichts verkaufen können, auch nicht in den Boutiquen. Die Reparaturarbeiten im Haus sind, wie du weißt, inzwischen alle erledigt. Was hältst du davon, wenn ich dir hier und da zur Hand gehe? Gegen ein kleines Gehalt deine alltäglichen Einkäufe übernehme? Du hättest dann Zeit für wichtigere Dinge!«

Conrad gab sich überraschend großmütig. »Okay. Probieren wir's.«

Schnell spielte es sich ein, daß Adam für Conrad deutsche Zeitungen besorgte sowie »Chocolate«, Magentabletten und eine neue Batterie für seine Armbanduhr. Er brachte den Mercedes in die Waschanlage und kaufte einen Schreibcomputer mit deutscher Tastatur.

Nun, da ihm der tägliche Kleinkram abgenommen war, fühlte sich Conrad genötigt, endlich mit seinem Roman zu beginnen. Adam arbeitete sich in die PC-Materie ein – erst widerwillig, doch dann mit wachsendem Vergnügen – und gab Conrad einen kleinen Schreibkurs mit den wichtigsten Befehlen. Immer wenn Conrad in Katastrophenstimmung geriet, weil er eine falsche Taste gedrückt hatte, sprang Adam, der Spezialist, ein und regelte das Problem.

Außerdem fuhr er nach Cadiz oder Sevilla, um für Conrad in Buchhandlungen und Antiquariaten zu stöbern. So erstand er den dritten Band einer sechsbändigen Geschichte Spaniens, der ein ausführliches Kapitel über das Verhältnis von Moslems zu Christen während der Maurenherrschaft enthielt.

»Das leih ich mir«, sagte Chris. »Goytisolo schwärmt in seinem ›Spanien und die Spanier‹ von der Liberalität der Mauren während ihrer siebenhundert Jahre währenden Herrschaft, nicht nur in religiöser, sondern auch in erotischer Hinsicht. Ich frage mich, ob diese Liberalität auch die Frauen betrifft. Seine Zitate befriedigen mich nicht, denn alle Frauen, die er als Beispiele für freie Liebe aufführt, sind Sklavinnen. Habt ihr gehört? Sklavinnen! Erstaunlich, wie wenig selbstverständlich sogar einem kritischen, aufgeschlossenen Autor wie Goytisolo die erotische Freiheit der Frau ist.«

»Glaub doch nur nicht«, sagte Conrad grämlich, »daß wir Männer uns in unserer ach so liberalen Zeit sonderlich frei fühlen.«

»Ja, der Leistungsdruck!« sagte Chris milde. »Jede Zeitschrift behandelt das leidige Thema ›Impotenz‹. Männer haben offenbar kein entspanntes Verhältnis zu ihrem Körper. Entweder sind sie impotent oder Vergewaltiger.«

»Ja.« Über Biancas Gesicht huschte ein freudiges Lächeln. »In Barcelona habe ich einfach nur einen Platz zum Schlafen gesucht, so wie alle.«

»Und dann kam doch wieder ein Vergewaltiger vorbei«, spottete Chris.

Bianca nickte, noch immer einen Rest Lächeln im Mundwinkel, nestelte ihr umhäkeltes Batisttaschentuch aus dem Umhängetäschchen und rieb sich die Lippen.

So froh Adam über den neuen Job war, es ärgerte ihn, wenn Conrad ihn wie seinen persönlichen Hausdiener herumkommandierte und ihn wegen lächerlicher Gefälligkeiten jederzeit in seiner künstlerischen Arbeit unterbrach. Zumindest so viel Taktgefühl hätte er aufbringen können, Bianca aus dem Spiel zu lassen. Aber nein. Täglich mußte er die zwei an den Strand chauffieren. Dabei ging sie nie ins Wasser, um zu schwimmen, selbst bei größter Hitze nicht, sondern plätscherte mit geschürztem Rock wie eine alte spanische Mama am Saum des Meeres entlang.

Er, Adam, setzte sich derweil zu Pepe, die Pfeife im Mund, und ließ sich mit Cognac vollaufen.

Vielleicht imponiert ihr Conrads Gehabe mit seinem Roman, dachte er. Sie ist ja wohl selber eine verkappte Lyrikerin. Da kommen sie marschiert, die zwei! Conrad stakst mit seinen bleichen Beinen gegen den Wind an und zerrt die Kleine hinter sich her. Wie reizend der buntgeblümte Sommerstoff ihr süßes Körperchen umflattert!

Wer zum Teufel ist geschickt genug, ihr Herz zu gewinnen? Bartolo, Pepes hübscher Sohn? Mit welch frechem Stolz der seine Gäste bedient, dieser linke Vogel, der sich an alles Hellhaarige heranmacht. Sogar Hilde hat er neulich abends beeindruckt mit einem dümmlichen Kompliment und einer Berührung ihrer ehemals blonden Locken. Dabei ist er einen Kopf kleiner als sie! Wie sein kräftiges schwarzes Haar in der Sonne glänzt!

Adams Haare waren verklebt von Sand und Salzluft. Trotzdem konnte er sich nicht entschließen, es zu waschen. Ein Fingerhut voll Shampoo, und es fluste ihm harmlos freundlich um die Ohren. Vorbei war es mit all dem künstlerisch wilden Flair, das ihn für Frauen so anziehend machte. Und auf die Blicke der Mädchen war er derzeit sehr angewiesen.

Ob er noch einen Magno bestellen sollte? Vielleicht besser ein Bier. Dieses spanische Cruzcampo enthielt schließlich so gut wie keinen Alkohol.

Wie fesch Bartolo aussah in seinem weißen Hemd, das, am Hals aufgeklappt, sein männlich schwarzes Körperhaar präsentierte.

»Hola guapísima, dichosas los ojos que te ven!«

Bartolo brachte Bianca ungefragt einen frischgepreßten Orangensaft. Sie schaute hoch, und er strahlte sie an.

Über ihren Köpfen zitterte das Grasdach.

Conrad bestellte »Urta al Horno« für drei Personen. Es hatte sich eingespielt, daß Conrad, wenn sie zu dritt unterwegs waren, gnädig für ihn mit bezahlte. Nun bin ich also Privatbutler bei Conrad Cordes, dachte Adam, da hab ich wirklich Karriere gemacht.

Bartolo trug die dampfende Fischplatte auf die Strandterrasse hinaus mit der souveränen Geste eines großzügigen Gastgebers.

Gott sei Dank war Bianca nicht die Frau, die sich in ein Gespräch hineindrängte. So konnte Adam sie für eine Weile vergessen und sich gemeinsam mit Conrad auf den Besucherrückgang in den Frankfurter Museen konzentrieren, auf die Kulturfeindlichkeit der Linken, und wie die antielitäre Vorstellung »Jeder ist ein Künstler« nur Dilettantismus und Mittelmäßigkeit hervorgebracht habe.

Diese Gespräche, in denen er sich gleichberechtigt artikulierte, gaben ihm einen Teil seines Selbstwertgefühls zurück.

Dennoch, Bianca dicht neben sich zu spüren und dem

wachsamen Blick seines Auftraggebers nicht entkommen zu können, sich jede spontane Liebkosung verkneifen zu müssen, um seinen Job nicht zu verlieren, war reine Folter. Und dazu diese Hitze.

Der Levante und der Cognac waren schuld, daß er beim Rückweg ein Stück zu weit auf die Kreuzung hinausfuhr. Nein, eigentlich fuhr er nicht zu weit. Die verdammten Büsche an der Ecke versperrten die Sicht. Was hätte er tun sollen? Vielleicht langsamer auf die Kreuzung zu. Aber er war halt nervös, mit Bianca auf dem Rücksitz und einem verliebten Conrad neben sich, der seinen Arm zwischen die Sitze hindurch reckte, um das Mädchen zu berühren, wo auch immer zu berühren. Adam sah ja nichts, spürte nur diese zärtliche Bewegung nach hinten. Und dann kam die Kreuzung.

Natürlich war der Mopedfahrer schuld, auch wenn er Vorfahrt hatte. Ohne Licht zu fahren. Ohne Helm zu fahren. Obwohl sie das natürlich alle tun. Deshalb muß man ja so aufpassen. Vor allem abends, weil die Landstraßen nicht beleuchtet sind. Es war nur ein leichter Knall gegen den Kotflügel, kaum was zu sehen, Conrad hatte gleich festgestellt, daß dem Auto nichts Ernstliches passiert war.

Aber da lag diese wimmernde Gestalt auf der Straße, ein junger Typ, vielleicht sechzehn. Sein Freund, der gefahren war, rannte hin und her und um ihn herum und schrie und schrie und faßte ihn an der Schulter, um ihn aufzurichten, bis Conrad barsch sagte: »Laß das. Ich hole einen Arzt.«

Es dauerte zwei Stunden, bis ein Krankenwagen kam. Inzwischen hatte sich die Familie des Verletzten auf der Kreuzung versammelt, die Frauen heulten laut in der Dunkelheit und beschimpften die Fremden. Die verstanden kein Wort und verstanden alles, und Adam dachte immer nur: Aber die Büsche! Ich habe das Moped nicht sehen können! Ich mußte so weit auf die Kreuzung fahren! Ich kann doch nichts dafür. Gleich macht die Polizei einen Alkoholtest. Vielleicht stirbt der Junge. Vielleicht muß ich ins Gefängnis.

Dann kam die Polizei, und Adam mußte erklären, was passiert war. Sie leuchteten mit der Taschenlampe die Straße nach Reifenspuren ab, und man sah, daß das Auto zu weit auf die Kreuzung gefahren war. Man erkannte genau die Bremsspuren.

»Die Büsche sind schuld!« erklärte Conrad den Beamten. Sie notierten sorgfältig alles, was er sagte. Sie machten keinen Alkoholtest. Gottlob, dachte Adam. Da habe ich noch eine Chance.

Stundenlang wälzte er sich in seinem Bett. Hoffentlich stirbt der Junge nicht. Bianca läßt sich jetzt von Conrad trösten. Ich kiffe zuviel, ich trinke zuviel, ich denke zuviel an Bianca. Mein Gott, wie mir Wiltrud fehlt! Sie hatte ihn mit ihren klaren Tagesstrukturen davor bewahrt, in der Gosse zu landen, eine Zukunft, die ihm sein Vater schon vor Jahren wutschnaubend prophezeit hatte. Sein Vater, dieser unbeherrschte Mann mit seinem hohen Blutdruck.

Damals, als Adam die Schule kurz vor dem Abitur abbrach und den Militärdienst verweigerte, indem er sich als Homosexueller gebärdete, hatte der Vater ihn zornig aus der Wohnung geworfen. Er kam zunächst bei einer älteren Witwe unter, wechselte zu einer Schwesternschülerin und landete schließlich in einem winzigen Einzimmerapartment, das ihm die Mutter heimlich finanzierte. Als sie an einem Blinddarmdurchbruch starb, war er gezwungen, für seinen Lebensunterhalt selbst aufzukommen. So jobbte er auf Honorarbasis bei dem schwulen Anstreicher-Team »Rosa Pinsel«, half Fachwerkhäuser ökologisch korrekt zu restaurieren, gab Kurse für kreatives Gestalten beim Katholischen Bildungswerk, arbeitete als Küchenhilfe im Frauengesundheitszentrum und verscherbelte von Zeit zu Zeit eins seiner Objekte.

Eines Tages meldete sich der Gerichtsvollzieher, um Adams Bankschulden einzutreiben. Seine Mutter hatte ihm kurz vor ihrem Tod ein Girokonto eingerichtet und für einen ansehnlichen Überziehungskredit gesorgt, den Adam unbekümmert in Anspruch nahm. Die Mahnbriefe der Bank warf er ungelesen in den Papierkorb und war empört, als man ihm plötzlich die Geldquelle sperrte.

Natürlich war er weder fähig noch bereit, zu zahlen. Da wandte sich die Bank an seinen Vater, der immer ein korrekter Angestellter der Bundesbahn gewesen war, und drohte mit der Pfändung des Eigenheims.

Vollkommen außer sich, zitierte der Vater den Sohn in die Wohnung, und mitten auf dem Sisalteppich hatte er seinen letzten mörderischen Wutausbruch. Hochrot im Gesicht drosch er mit den Fäusten auf Adam los, erstarrte plötzlich mitten in der Bewegung und stürzte wie abgestochen zu Boden. Der Arzt stellte einen schweren Schlaganfall fest, dem er einen Tag später erlag. Gottlob hatte Adam inzwischen Wiltrud kennengelernt, die an ihn und seine künstlerische Begabung glaubte und ihm einen guten Anwalt besorgte, um ihn vor den Ansprüchen der Bank zu retten. Die Anwaltskosten und die Pauschale, zu der er am Ende verurteilt wurde, verrechnete er mit dem Verkauf des elterlichen Häuschens. Es blieb sogar noch ein Rest, von dem er sich diverse kostspielige Arbeitsgeräte besorgte.

Die Matratze ist zu weich, dachte er, außerdem schwitze ich am Rücken. Bei einer solchen Hitze sollte man nicht auf Schaumstoff schlafen. Ich hätte meine gute Roßhaarmatratze mitbringen sollen, die Hälfte unseres Ehebettes. Aber das hätte Wiltrud nicht erlaubt. Jetzt vögelt sie vielleicht gar mit einem Regisseur oder Dramaturgen auf meiner Matratze.

Adam hatte sein Leben lang einen gesunden Schlaf gehabt. Nun wälzte er sich wie ein Kranker übermüdet und doch schlaflos unter dem dünnen Laken, Stunde um Stunde. Sein Körper fühlte sich schwer und kraftlos an, Arme und Beine waren wie gedunsen. Vielleicht sollte ich einen kleinen Nachtspaziergang machen.

Er erhob sich, schlüpfte in Shorts und T-Shirt und tappte die Treppe hinunter, durch die Küche in den Innenhof. Die dünne Mondsichel lag auf dem Rücken, weit oben zwischen einem Schwarm von Sternen. Unglaublich, dieser Himmel, dachte er, ich hatte ganz vergessen, daß es so viele Sterne gibt. Durch den Frankfurter Smog dringt höchstens ein Satellit mit seinem kalten Glanz.

Er durchquerte den Hof, schrie auf, als ihn etwas Flatterndes streifte. Eine Fledermaus.

Wolken von orientalischem Parfüm hüllten ihn ein, nachts duftete der Jasmin überwältigender als am Tag.

Das Tor jammerte in den Angeln, nun werden alle wach.

Aber nichts rührte sich, als er einhielt und zurückschaute.

Jeder kann hier einbrechen, alles steht einladend offen. Die Junkies im Ort haben uns noch nicht entdeckt. Er tastete sich in seinen Hauslatschen zwischen den Palmstämmen entlang und bog in den Feldweg ein. Der Sand unter ihm roch noch immer nach Sonne. Obwohl der Weg in großer Entfernung an Rafaels Haus vorbeiführte, schlugen die Hunde an. Aus der entgegengesetzten Richtung kam Antwort.

Wie einsam man sich fühlen kann, so allein in der Dunkelheit, und ringsum bellen die Hunde.

Ich hätte Conrads Pistole mitnehmen sollen. Unsinn. Was ist nur in mich gefahren? Ich bin doch sonst nicht so ängstlich.

Er wanderte bis zum Anfang des Pinienwaldes, dann kehrte

er um. Wie er sich dem Hoftor näherte, sah er plötzlich eine helle Bewegung am Rande des Weges zwischen den Palmenstämmen. Das Herz blieb ihm stehen.

Eine Gestalt löste sich aus der Fläche des Feldes und trat auf das Tor zu, ein fahler Spuk im fußlangen Büßerhemd mit zerfließendem Haar.

»Hallo, wer ist dort?«

Unbeirrt schob die Gestalt den winselnden Torflügel auf. Er beschleunigte den Schritt, folgte den leichten Tritten, dem Knistern der beiseitegeschobenen Zweige, und vernahm plötzlich ein eigenartiges Geräusch, ein monotones Summen, eine endlos immer wiederkehrende Melodie, tödlich einsam und zugleich heiter in sich ruhend wie eine bunte Spieluhr.

»Bianca, bist du's?«

Sie ging weiter, ohne einen Moment zu zaudern oder das Summen zu unterbrechen. Im dünnen Mondlicht schimmerten ihre bloßen Arme.

»Was machst du hier draußen mitten in der Nacht?«

Ohne sich nach ihm umzuschauen trat sie durch die Küchentür. Adam lief ihr nach, erreichte die Küche, da war Bianca bereits verschwunden.

Er hielt sich den Kopf. Bin ich verrückt? Sehe ich schon Gespenster? Ich habe doch nur Cognac getrunken und zwei Bier, sonst nichts. Und einen Joint geraucht, sonst nichts.

Er ging zurück in sein Zimmer, legte sich wieder ins Bett und zog das Laken über den nackten Körper.

Wenn nun dieser Junge stirbt? An einer solchen Schuld trägt man ein Leben lang.

Eine Grille mußte sich ins Haus verirrt haben, ihr Gezirpe schrillte durch den Flur.

Und plötzlich sah er sich, steif wie ein Zinnsoldat, das Gesicht voller Pickel, in der Tanzstunde der Damenriege gegenüberstehen. Seine Hände schwitzten. Seine Achseln schwitzten. Seine Stirn schwitzte. Er spürte die Buckel im Gesicht wachsen, eklige Eiterbeulen. Er suchte sich die schönste Dame aus, um den Abscheu in ihren Augen zu lesen. Doch als er sie tatsächlich im Arm hielt, schaute er nur noch hinunter auf seine plumpen Schuhe, die dauernd über ihre spitzen Schühchen fielen.

Wie entlastend, als ihm der Bart die zerklüfteten Wangen, das akneverwitterte Kinn überwucherte, die Narben seiner Seele.

Vielleicht stirbt der Junge nicht, aber er hat eine Kopfverletzung und ist sein Leben lang behindert. Was ist schlimmer, behindert oder tot?

Wie er, erschöpft von Schlaflosigkeit, grübelnd dalag, war ihm plötzlich, als senke sich eine graue Wolke von Einsamkeit über seinen Körper. Leise wich die Wärme aus seinen Zehen und Fingerspitzen, und mit Entsetzen spürte er, wie seine Füße taub wurden, dann seine Schenkel, sein Unterleib, seine Arme. Nur sein Herz zuckte gegen das Sterben an. Ich hätte nichts trinken sollen, dachte er panisch, auch kein Bier. Wie das Herz glüht. Ich hätte nicht kiffen sollen. Wie das Herz gegen die Tür hämmert. Aber die ist vierfach verriegelt aus Stahl mit doppelt verstärkten Angeln, da kommt keiner rein.

Stunden lag er so, unfähig, sich zu rühren, ich bin doch noch jung, knapp über fünfzig, es kann doch nicht sein, daß dieses bißchen Leben alles war. Gerade beugte ich mich noch im schlechtsitzenden Konfirmationsanzug wie die anderen über das Gesangbuch, und Wasser tropfte aus meiner Schnupfennase. Und als einziger hielt ich den Kopf beim Gebet erhoben, ein zufälliger Rebell, der den Jähzorn des Vaters weckte. Gerade noch saß ich auf Mutters Schoß und schleckte mit dem Zeigefinger den Kuchenteig aus dem Topf.

Wo ist das Leben, das ich mit gierigen Händen zu fassen

suchte? Was habe ich all die Jahre getan? Gegen Metall angewütet. Wo sind die jubelnden Münder, die beifallklatschenden Hände, um die ich jahrzehntelang gerungen habe?

Er öffnete den Mund, sog tief die Luft in seinen Körper. Er mußte husten, er japste, er röchelte. Das klingt ja gräßlich, dachte er, wie jemand, der im Sterben liegt.

Bei dieser Vorstellung brach sich ein Schluchzen aus seiner Brust, und mit einer Tränenflut schoß das Leben zurück in seine tauben Glieder.

Da vernahm er ein leises Klopfen.

Er schniefte auf, lauschte. Es klopfte wieder, zaghaft. Hastig wischte er sich mit dem Bettuch die Tränen vom Gesicht.

»Ja, bitte.« Wie gequetscht seine Stimme klang.

Die Tür öffnete sich, und Hilde trat ein.

Sie betrachtete ihn, sein verweintes Gesicht, das er verlegen wegdrehte, und sagte schüchtern: »Du machst dir Sorgen wegen dem verletzten Jungen, nicht?«

Ein neuer Tränenstrom floß über seine Wangen. Scheu setzte sie sich an sein Bett und nahm seine Hand, so wie es Wiltrud oft getan hatte.

Unter ihrer Wärme begann seine Haut angenehm zu prikkeln, seine Glieder strafften sich. »Ach Hilde.« Wie gut sie ihm tat. Wie er sie liebte, dafür daß sie im rechten Moment kam, um ihn zu trösten. Er zog sie zu sich herunter. Was für eine wogende Masse Fleisch und Haar! Wie hatte er sie nur übersehen können all die Wochen! Dieser köstlich schwellende Mund! Diese weichen runden Arme wie fleischige Kissen! Was für ein Weib!

Nanu? Was hatte sie denn? Warum lehnte sie sich plötzlich steif zurück, wo er gerade wieder anfing, das Leben in seiner Fülle zu begehren?

»Warte«, lispelte sie. »Ich will ja. Aber weißt du, nach einer langen Fastenzeit fängt man auch nicht gleich mit einem Lammbraten an.«

»Wenn du dünne Wassersüppchen willst« – er ließ sie los und rollte sich gekränkt auf den Rücken –, »dann halte dich am besten weiter an Conrad.«

»Sei mir nicht böse.« Sie nahm seine Hand und legte sie zurück auf ihre Hüfte. »Es kommt so plötzlich. Ich hatte gar keine Zeit, Sehnsucht nach dir zu entwickeln.«

Er verschränkte die Arme hinter seinem Kopf. »Du bist also gar nicht geil auf mich?«

»Ich bin verwirrt. Wenn ich zu schnell mit dir schlafe, mag ich dich vielleicht morgen nicht mehr.«

»Mein Gott, seid ihr Frauen schwierig.«

Die Hälfte ihres breiten Gesäßes hing über der Bettkante. »Mein Gott, seid ihr Männer dickschädelig.« Und sie fügte zornig hinzu: »Also gut, von mir aus. Wenn du mich loswerden willst, dann vögeln wir eben.«

Sie sprang auf, raffte ihr Nachthemd über die Knie, als wolle sie es ausziehen, und schaute herausfordernd auf ihn hinunter: »Was ist? Hast du keine Lust mehr oder wie?«

Ihre plumpen Unterschenkel waren dunkel behaart.

»Du verdirbst einem jeden Spaß.«

Sie ließ den Nachthemdsaum fallen – was für breite Füße sie hatte – und wischte leicht mit dem Handrücken über seine Wange. »Jeden nicht.«

Sofort schossen ihm wieder die Tränen in die Augen. Nun reichte es aber. Wirklich. Erst tat sie, als wollte sie vögeln. Dann brauchte sie Zeit. Und nun streichelte sie ihn mit dieser mitleidig überlegenen Geste, daß ihm ganz jämmerlich zumute wurde. Wollte sie einen Waschlappen aus ihm machen?

»Geh besser rüber in dein Zimmer.« Er versuchte seiner Stimme Strenge zu verleihen.

Sie lächelte nonnenhaft milde. »Keine Sorge. Ich führe dich nicht an der Nase herum wie Bianca.«

Und dann ging sie.

Brütend in seinem Groll lag er da. Weibsteufel. Alles Weibsteufel. Sogar seine Kreativität hatte in letzter Zeit gelitten. Ein Alarmzeichen. Ich spiele das Äffchen für Conrad und Bianca. Ich bin Zofe, Faktotum, Privatsekretär, bin Leibwächter der Liebenden. Alle Zeit und Energie vertue ich mit hündischen Dienstleistungen.

Er raffte sich auf und tappte barfuß zum Kleiderschrank, wo zwischen seinen Schuhen die Magnoflasche stand. Er setzte die Flasche an den Hals und nahm einen tiefen Zug.

Dann lag er wieder dumpf und schlaflos da.

Klopfte da jemand? Er lauschte. »Herein!«

Verschämt stand Hilde im Türrahmen. »Ich kann nicht schlafen!«

Er brummte Unverständliches. Warum kam sie jetzt, wo er sich gerade mit seiner Einsamkeit arrangiert hatte?

Sie rieb die nackten Fußsohlen gegeneinander, um Steinchen und Sand zu entfernen, bevor sie zu ihm unter sein Laken schlüpfte. Na gut, auch wenn sie jetzt ungelegen kam, er hatte genügend Zartgefühl, sie nicht gleich wieder fortzuschicken.

Wie er so dalag und jede Berührung zu vermeiden suchte, tauchte plötzlich sein erstes sexuelles Erlebnis aus seiner Erinnerung hoch. Er hatte mit Mühe die Folter der Tanzstunde absolviert, er hatte die Enttäuschung, den Widerwillen in den Gesichtern der Frauen ausgehalten. Und direkt nach dem Schlußball suchte er ein Modell auf, für das er über Monate sein karges Taschengeld zusammengespart hatte. Sie war eine ältere, freundlich routinierte Person, die kein Aufhebens machte. Gisela hieß sie. Ihm gefiel, daß sie sich nicht in eine modern schnurrende Giselle verwandelte. Gisela – wunderbar altmodisch wie Hilde. Hilde.

Und Hilde schien tatsächlich plötzlich Feuer gefangen zu haben, so wie sie sich an ihm räkelte. Da verstehe einer die Frauen!

O mein Gott, was für voluminöse Formen! Diese schwer über den Bauch gelagerten Brüste! Diese reifen Schenkel! Ein Archetyp von Weib, der Fülle, der Fruchtbarkeit!

Selig wühlte er sich in ihr Fleisch, das nicht zurückwich, sondern ihn wollüstig umfing. Wenn sie nur nicht plötzlich im herrlichsten Liebestaumel mit diesem kläglichen Piepsstimmchen losgejammert hätte! Wieder brachte sie ihn völlig aus der Stimmung!

Jetzt wollte sie auch noch gehalten werden wie ein kleines Mädchen. Mein Gott, ein Papa war er wirklich nicht. Aber wie sie ihm so in der Armbeuge lag mit ihrem tränennassen Ponyhaar, überkam ihn doch so etwas wie gutmütige Rührung. Ein wenig melancholisch beobachtete er das Abschwellen seiner Erektion, während er ihre feuchten Wimpern küßte. Wie dankbar sie sich an ihn schmiegte!

Bis zum Morgen hin streichelte er ihr immer wieder geduldig Haar und Wangen, während sie vor sich hin schluchzte, einschlief und wieder schluchzte. Seinen Unterleib drehte er dezent beiseite, sobald sein Glied sich ein wenig zu rühren begann. Geilheit, fand er, paßte nicht zu ihren Tränen.

Um so überraschter war er, als er genau an der Stelle, die er vor ihr zu verbergen suchte, plötzlich ihre warme Hand spürte.

Dann ein Zögern, ein verlegenes Schniefen. »Weiß gar nicht mehr, wie das geht. Hab wirklich seit Ewigkeiten nicht gevögelt.«

»Keine Sorge«, schnaufte er. »Das verlernt man nicht.«

»Findest du mich nicht zu dick?«

»Köstlich, deine Körperfülle!« Er preßte seine Nase in ihren Busen, und Hilde kicherte unterdrückt auf.

Dann: »Hast du Präser da?«

»Wieso?«

»Na, so gut kennen wir uns schließlich nicht.«

»Du meinst wegen Aids? Nee, ich hab keine.«

»Ich glaube, im Bad liegen welche von Chris.«

Hilde machte sich los und tappte ins Badezimmer. »Ja, sogar eine Doppelpackung!« rief sie durch die offene Tür. »Ich nehme mal zwei auf Vorrat!«

Er hat nicht gern, wenn sein Bett schmutzig wird

Im Oktober, wenn der Sommer hier vorbei ist, verkaufe ich meine Wohnung, dachte Chris und beobachtete die Striche der heißen Nachmittagssonne, die durch die Lamellen der Fensterläden stachen. Dann suche ich uns ein Häuschen mit Innenhof, vielleicht auf Teneriffa.

Sie stützte sich auf den Ellbogen und schaute auf Dirk hinunter, der leise schnarchend neben ihr auf dem Bett lag.

Das weiche, formlose Kinn zitterte, die Unterlippe war nach innen gezogen wie bei einem weinerlichen Kind.

Er hatte nur seine Slippers abgestreift, lagerte rücklings in heller Leinenhose und hellem Hemd und roch leicht nach Rasierwasser.

Wie angenehm, dachte Chris, daß er soviel Wert auf ein gepflegtes Äußeres legt. Ein älterer Mann ist nun mal keine Schönheit mehr, alles schwabbelt, das Gemächte baumelt, Pigmentflecken häufen sich, Äderchen platzen, Blitze von Krampfadern erstarren unter der Haut. Im Alter muß man höllisch aufpassen, daß man sich nicht gehen läßt. Gottlob habe ich mich von Adam zurückgezogen. Der entwickelt sich immer mehr zum Penner und Säufer. Seine Jeans hat er in den Monaten, die er hier wohnt, vielleicht zweimal gewechselt. Und wer weiß, wie lange er seine Unterhose trägt. Hilde scheint das nichts auszumachen.

Dirk ist keineswegs das, was ich mir als Traummann vorstelle. Aber er hat Charme, ist vielfältig gebildet, kann eine gepflegte Unterhaltung führen, hat ein ausgeprägtes Sozialverhalten, ist ein angenehmer Liebhaber, der einen nicht mit Sonderwünschen überfordert. Ein Mann, mit dem man zusammen alt werden kann. Man respektiert einander, man geht höflich miteinander um, man muß sich ja nicht lieben. Was ist schon Liebe?

Ihr Blick, den sie träumend und vor sich hin denkend beiläufig schweifen ließ, blieb an der Nachttischschublade hängen. Ohne irgend etwas zu planen, zu vermuten, zu argwöhnen, zog sie die Lade auf. So, als triebe sie ein geheimnisvoller Instinkt. Es war nicht ihre Art, in den persönlichen Dingen eines Mannes zu wühlen, um etwas über ihn zu erfahren. Für solch ein Verhalten war sie immer zu stolz gewesen.

Und nun zog sie diese Lade auf, fast spielerisch selbstverständlich, so wie ein Dieb mit sicherem Instinkt die Stelle findet, wo die Schmuckschatulle versteckt ist.

Erst sah sie nichts Besonderes. Die Lade war nicht hoch und sehr klein und wurde ausgefüllt von etwas Glänzendglattem. Sie faßte zu und zog. Und zog einen taubengrauen Seidenslip aus der Lade, ein Geruch nach weiblichem Geschlecht schlug ihr entgegen.

Sie warf den Slip zurück, stieß die Lade zu, daß Dirk hochschrak. »Was ist los?«

Sie lief hinaus, lief ins Bad, schloß ab, hängte sich über die Kloschüssel, würgte vergeblich, rannte zurück, Dirk saß aufrecht im Bett. »Was ist los?«

»Nichts.«

Sie stürzte aus dem Zimmer, hinaus in die verdämmernde Sonne, der Weg lagerte breit wie ein weißes Band zwischen den trockenen abgeernteten Feldern, der Geruch des heißen Sandes wehte sie an, sie lief und lief, zitterndes Zikadengekreisch begleitete sie, bei jedem Schritt staubte eine weiße Wolke über ihre Riemchensandalen, puderte die Knöchel, die kleinen Büsche am Wegrand dufteten zu ihr hinauf. Ich fliege zurück, dachte sie, nächste Woche fliege ich zurück. Mitten auf dem Weg ging die riesige Sonne rotglühend unter. Kitschpostkarte, dachte sie, mein Kopf knipst Bilder, aber natürlich muß man sich hüten vor solchen Motiven.

Und sie bog in den Wald ein.

Der Sand unter ihr wurde mehlig-grau, sie stapfte wie durch Stranddünen. Rot sickerte der Sonnenuntergang durch die Pinienschirme. Das mühsame Mahlen durch den Sand beruhigte sie.

Was ist schon passiert? dachte sie. Dirk ist verschossen in diese bekloppte Bianca mit ihren Vergewaltigungsstorys. Er hat ihr ja selbst den Rüschenslip gekauft, an dem er sich jetzt aufgeilt, weil er nichts anderes von ihr kriegt als ein bißchen Mösengestank. Jetzt weint er ihr nach, dieser sentimentale Lustgreis, dieser liebestrunkene Unterwäschefetischist. Was soll's? Das geht vorbei.

Als sie in Dirks Zimmer zurückkehrte, lag er unschuldig, als sei nichts passiert, leise schnarchend da, und plötzlich packte sie grimmiger Zorn. Am liebsten hätte sie ihn hochgerissen und geschlagen, klatsch, klatsch, daß ihm der Kopf nach rechts und nach links flog.

Aber statt dessen lief sie, sich nervös die Hände reibend, durch den Raum.

Sie öffnete die Schranktür, warf sie wieder zu, Dirk regte sich nicht. Sie ging an die Kommode, zog die unterste Schublade auf und wollte sie gerade wieder kräftig zustoßen, um Dirk zu erschrecken, da sah sie, daß die Schublade keine Socken oder gefalteten Hemden enthielt, sondern einen kleinen Stapel von Schnellheftern. Ohne nachzudenken nahm sie die Hefte heraus, ließ sich am Fenster nieder, knipste das Tischlämpchen an, setzte Dirks Lesebrille auf und begann zu blättern.

Spanische Unterlagen, bei denen sie nicht gleich begriff, worum es sich handelte. Aber hier. Ein dünner Ordner mit ansehnlichen Geldüberweisungen aus Frankfurt und Torremolinos. Absender: Siglinde Mauser.

Es traf sie wie ein Schlag ins Kreuz. Sie wollte es krampfhaft nicht glauben. Vielleicht seine Schwester? Seine Mutter?

»Zuhälter!« schrie sie und schleuderte Dirks Lesebrille auf den Tisch. Dirk schoß vom Bett hoch, riß die runden Augen auf und starrte sie schreckhaft an.

»Du läßt dir von deiner Frau Geld überweisen! Deine Frau hält dich aus!«

Er entspannte sich. Er stritt nichts ab. Sie war schockiert, daß er nicht mal zu lügen versuchte.

»Wir sind Geschäftspartner«, sagte er. »Unsere Ehe existiert nur noch auf dem Papier.«

»Was für Geschäfte sind das?« schrie sie.

Er hob müde die Achseln. »Immobilien. An der Costa del Sol und in den neuen Bundesländern. Sie führt meine Geschäfte weiter und überweist mir meinen Anteil.«

»Spekulant!« schnappte sie.

»Wir arbeiten seriös«, sagte er beleidigt und hob seine Beine von der Matratze, hangelte mit den Zehen nach seinen Slippers. »Wir verdienen gerade so viel, daß wir leben können.«

»Deine Frau arbeitet! Nicht du!« schrie Chris und spürte, wie sie hysterisch wurde. Warum sollte er nicht eine Frau haben? In seinem Alter haben alle schon mindestens eine Ehefrau gehabt. Und warum sollte sie nicht für ihn arbeiten? Ihr Problem.

Er schlüpfte in die Schuhe, legte ihr die Hand auf den Arm. »Schrei nicht so. Ich sage dir doch, wir haben uns gütlich getrennt. Sie hat längst einen Freund.«

Sie reißt ihren Arm fort. »Ich schrei, soviel ich will.«

Wieder stürzt sie zur Tür und durch die Küche, wo Adam und Hilde über einem Teepunsch sitzen, erstaunt schauen sie ihr hinterher, sie rennt über den Hof, es ist inzwischen dunkel geworden, rennt den Weg entlang, den sie eben schon einmal gelaufen ist, rennt mit vorgereckten, gespreizten Händen, das ist nicht fair, das ist ungerecht, warum immer ich, wütet gegen den Himmel, beschimpft die Sterne, läßt dich aushalten von deiner Frau, Geschäftspartner, daß ich nicht lache, du machst dir hier ein gemütliches Leben, schlenderst mit dem Gartenschlauch durch die Gegend, gönnst dir eine Luxus-Verliebtheit in diese Bianca und schwätzt mir gleichzeitig zuckrige Sentimentalitäten ins Ohr. »Ich könnte mir vorstellen, mit dir alt zu werden.« Geschäftspartner, ha ha. Wer weiß, was für Märchen du deiner Ehefrau erzählst? Wahrscheinlich weiß sie nichts von mir. Ehefrauen erfahren immer alles zuletzt. Du hast Dreck am Stecken und mußtest aus Deutschland weg, und Siglinde Mauser verdient das Geld, von dem du lebst. Arme Idiotin. Immobilien. Ich habe mir einen verheirateten Immobilienmakler geangelt. Womöglich einen Betrüger oder Steuerflüchtling. Schlimmer konnte es ja nicht kommen.

Und wie sie rennt und rennt, hört sie eine jammervolle Stimme hinter sich. »Warte doch. Warte.«

Sie rennt, sie hat eine hervorragende Kondition, auch wenn sie zur Zeit nicht täglich joggt wie in Frankfurt.

»Warte«, fleht es hinter ihr. »Nicht so schnell.«

Kaum merklich zügelt sie ihr Tempo, und Dirk kommt herangekeucht. »Laß mich erklären.« Er japst, er ist nicht so trainiert wie sie. Sie rennt, daß er gerade Schritt halten kann. »Wo willst du denn hin? Warte doch.«

Sie rennt. Er keucht ihr nach. Über ihnen funkelt der Sternenhimmel.

»Ich kann nicht mehr. Komm, laß uns ein Päuschen einlegen.«

Sie rennt.

»Glaube mir. Sie ist nicht mehr meine Frau. Oder so gut wie nicht mehr.«

Sie rennt.

»Wir hatten zusammen ein Maklerbüro. Wir sind aus steuerlichen Gründen noch verheiratet. Es hat gewisse Vorteile.«

Sie rennt. Sie nimmt den Weg durch den Pinienwald.

»Es ist so dunkel. Ich sehe nichts. Laß uns umkehren. Wir können uns doch irgendwo ruhig hinsetzen, und dann erkläre ich dir alles.«

Sie rennt. Über ihnen singt eine Nachtigall. Es muß eine Nachtigall sein, dieser abwechslungsreiche melodische Gesang. Aber die Nachtigall singt doch nur im Frühjahr!

»Lauf nicht so weit. Wir müssen die ganze Strecke wieder zurück, meine Füße tun mir weh, ich habe die falschen Schuhe an.«

Sie stolpert über eine Pinienwurzel, die sich vor ihr durch den sandigen Weg schlängelt, sie fängt sich halb, fällt über den nächsten Grasbüschel, der trocken knistert, Dirk beugt sich keuchend nieder, greift Chris unter den Achseln. »Faß mich nicht an!« Kaum steht sie wieder auf ihren Füßen, stürzt sie ihm in die Arme und bricht in Schluchzen aus. Nun ist sein Part gefragt. Eilfertig tröstet und liebkost und streichelt er sie, und sie läßt sich wie ein Lämmchen von ihm zurückführen.

Unbegreiflich, denkt Chris, daß ich immer noch zu schokkieren bin. Wie eine harmlose Unschuld, die zum erstenmal betrogen wird.

Adam und Hilde mustern sie überrascht, wie sie so friedlich umarmt zurückkehren.

Als sie Dirks Zimmer betreten, sagt er vorwurfsvoll: »Das waren bestimmt drei Kilometer. Ich habe meine guten handgenähten Maßschuhe an.«

Er setzt sich und zieht die Slippers aus, zeigt ihr die Blasen. »Was machst du mit mir?«

Sie legt sich mit all ihrer Kleidung auf sein Bett, erschöpft, zu Tode erschöpft von einem so kurzen Lauf, sonst läuft sie eine ganze Stunde und fühlt sich fit. Nie wieder wird sie aufstehen können, so erschöpft ist sie. Er zieht ihr die Schuhe aus. Er hat es nicht gern, wenn sein Bett schmutzig wird. Er legt sich neben sie. Sie dreht sich weg.

»Darf ich dich anfassen?«

»Wenn du willst.«

Gnädig läßt sie ihn ihre Schulter liebkosen, ihre Ohrmuschel, ihren Haaransatz. Wie eine Fürstin reicht sie ihm ihre Hand, und er küßt mit Inbrunst jeden einzelnen Finger. Schuldgefühle, weiß sie, machen zärtlich. Geschickt schält er sie aus ihrem ärmellosen, tabakbraunen Kleidchen, hakt ihr die üppige Kette vom Hals, entledigt sich nebenbei seines Hemdes, ein Fleischring quillt über den zu eng geschnallten Gürtel.

Sie spürt seinen schwammigen Leib über ihre Haut hinwegstreifen, er hat nie Sport getrieben in seinem Leben, nun rächt sich das. Gut, daß ich beizeiten angefangen habe zu trainieren. Bis auf meinen Busen ist mein Fleisch straff. Nur mein Hals wird immer faltiger, trotz Feuchtigkeitslotions, trotz Fältchencremes. Wie höflich ihn Dirk liebkost. Dabei bevorzugt er glattere Hälse. Biancas Hals ist noch jung und frisch.

Wie Dirk so an ihr herumschnüffelt, muß sie plötzlich

an den verfetteten, kurzhaarigen Hund ihrer unverheirateten Tante Irmgard denken, ein träges Tier mit flacher Schnauze, dem das Fleisch schlaff vom Kinn hängt. Aber besser, Dirk schnüffelt an mir als an seiner Frau.

Nun hat er mich ausgepellt vor sich liegen, eine trockene Mumie mit hochgewölbtem Venushügel, auf dem der finstere schwarze Schambusch sitzt. Dirk läßt sich nichts anmerken. Er konzentriert sich auf seinen Reißverschluß, öffnet ihn, schiebt die edle Leinenhose bis hinunter zu den Knöcheln, setzt sich auf die Bettkante, entfernt einen Socken, dann den anderen, trotz des Hochsommers trägt er Socken, er hebt beide Füße an, um erst die Leinenhose, dann die silbergestreiften Boxershorts von den Beinen zu ziehen.

Nackt hockt er sich neben Chris' muskulöse Waden, greift einen Zeh, knetet ihn, nimmt den nächsten, hola, er legt sich richtig ins Zeug, nicht schlecht, was er da mit ihr anstellt, er soll nur so weitermachen. Er streichelt und walkt und zupfelt und saugt und nuckelt, daß sie erst lachen muß und dann einen verstohlenen Blick auf seinen Schwanz wirft, ob es ihm Freude macht oder eher Arbeit bedeutet. Es bedeutet eher Arbeit. Aber das tut nichts zur Sache. Es fühlt sich erstklassig an. Er hat ihr weh getan, das soll er jetzt wiedergutmachen. Ja, nuckel, mein Schatz, küsse dich eifrig meine Schenkel hinauf, bemühe dich um meine Lust, entlocke mir einen Seufzer oder zwei. Nur zu, nur weiter so, liebe mich gefälligst. Natürlich merke ich, daß dein Schwanz nicht steif werden will, brauchst ihn gar nicht so schamhaft zu verbergen. Im Ernst, es stört mich nicht. Laß ihn doch schlenkern, du bist keine Zwanzig mehr, so ist das eben. Sicher könnte ich dir helfen und ihn ein wenig hätscheln. Aber weißt du, ich will nicht. Ich mag mich im Bett nicht mehr anstrengen. Ich bin keine Zwanzig mehr. So ist das eben.

Und trotzig dreht sie sich auf den Bauch, um ihre Rückseite liebkosen zu lassen.

Es ist immer wichtig, was unterm Strich übrig bleibt

Mißmutig trat Conrad an den Frühstückstisch, faßte die leeren Wein- und Bierflaschen vom Vorabend an den Hälsen und warf sie in den Mülleimer. Dann stellte er das schmutzige Geschirr in die Spüle und wischte die Tischplatte sauber.

Unglaublich. Adam mit Hilde. Und turteln wie zwei Sechzehnjährige. Halten sich verliebt an den Händen. Sie hat Schweißhände, aber das stört ihn wohl nicht. Er stinkt ja selbst aus dem Mund. Könnten sich ruhig in ihre Zimmer zurückziehen, statt aller Welt ihre unappetitlichen Frühlingsgefühle zu demonstrieren. Küßchen hier, Küßchen da, und das vor aller Augen. Füttern einander mit Boquerones-Hälften, Adam bekleckerte sich gleich sein T-Shirt mit der Fettsoße. Na ja, lange wird das Getändel nicht dauern. Seine Begeisterung für Bianca war auch schnell vorbei.

Conrad goß Wasser in die Kaffeemaschine, löffelte Kaffeepulver in den Filter und nahm sich eine Tasse aus dem Schrank.

Hilde massiert ihm den Kopf wie eine Krankenschwester. Er sollte aufhören zu saufen, dann ginge sein Kopfweh von selber weg. Er hat Glück gehabt, daß dem Jungen, den er neulich angefahren hat, außer dieser Platzwunde und einer Gehirnerschütterung nichts passiert ist. Der Chico hätte auch einen Schädelbruch haben können.

Conrad schlurfte ins Badezimmer, um sein Spanischlehrbuch zu holen.

Auch ich habe Glück gehabt. Es war mein Mercedes. Jeder kennt hier mein Auto. Jeder hätte darauf gezeigt: Dieses teure Auto hat einen sechzehnjährigen Jungen totgefahren. Und am Ende wäre ich, der Besitzer dieses Autos, der Täter gewesen.

Gottlob hat Hilde so lange gedrängelt, bis Adam ins Krankenhaus gefahren ist, um sich bei dem Jungen und der Familie zu entschuldigen. So was macht immer einen guten Eindruck. Die Eltern sind noch etwas distanziert, aber nicht mehr so feindselig. Jetzt braucht es Zeit, dann kann man wieder normal miteinander reden.

Conrad setzte die Lesebrille auf und senkte den Blick in das Buch.

Por qué llega el marido hoy tan pronto a casa?

Hilde mit ihrer ewigen Treue. Dieses Gefasele, sie komme nicht von mir weg. Sie brauche mich, sie habe herausgefunden, daß sie ein monogamer Mensch sei, und kaum tritt so ein Affe wie Adam auf und sagt ihr ein paar Schmeicheleien, ist es vorbei mit der Monogamie. Die meisten Frauen sind ja nur aus Mangel an Gelegenheit monogam. Hätte Hilde ein paar Kilo abgenommen und sich ein bißchen zurechtgemacht, wäre sie schon vor zehn Jahren einem Parasiten wie Adam auf den Leim gegangen. Aber wie sie aussieht, hat sie ja sonst keine Chance. Der Kerl suchte halt einen Ersatz für Bianca, und Hilde bot sich willig an. Sie ist sich nicht mal zu schade dazu, Lückenbüßer zu spielen. Diese Frau hat wirklich keinen Funken Stolz im Leib.

Dónde duermen ustedes?

Chris merkt wenigstens, daß sie nur Ersatz ist. Dirk, dieser süßholzraspelnde Lackel, legte sich bei Bianca zwar mords ins Zeug, kleisterte sie zu mit Komplimenten, kleidete sie ein wie ein Zuhälter sein Nüttchen, aber sie ließ ihn auflaufen. Da, in seiner Trübsal, fällt ihm siedendheiß Chris ein, die er bei seinem Werbefeldzug völlig vergessen hat. Besser sie als keine. Sie hatte sich natürlich beleidigt zurückgezogen, nun fährt er alle seine Talente auf, um sie wiederzugewinnen. Hofiert sie wie ein Eunuch die Herrin, streicht geduckt um sie herum, erahnt sklavisch ihre Wünsche, noch ehe sie ausgesprochen werden. Sie, mit ihrem Hohlkreuz, schnippt nach ihm wie die Königinmutter.

Bianca ist ein wählerisches Weib, was soll sie mit zwei Schürzenjägern wie Dirk und Adam?

Tenemos muy poco tiempo.

Nanu? In dem Falz zwischen den aufgebogenen Buchseiten klebt Sand. Wir haben doch Poniente. Wie kommt der Sand hierher?

Er strich mit der Handfläche über die Tischplatte. Tatsächlich, der Tisch zeigte eine helle Wischspur, und seine Hand war schmutzig von einer grauen Pulverschicht, wie sie sonst nur bei Levante vom Weg herübergeweht wurde. Er schaute hinauf in die Krone der dünnen Palme. Der Wind drückte die Palmwedel ruhig und stetig nach Osten. Merkwürdig.

Er wusch sich die Hände und setzte sich zurück auf die Terrasse. Warum Bianca immer so lange schlief? Meist ging sie zeitig zu Bett, ohne die anderen noch mit ins Dorf zum Essen zu begleiten. Da könnte sie ruhig mal früh aufstehen, ihm Gesellschaft zu leisten.

Nun, da Adam und Dirk ihre Bemühungen um sie aufgegeben hatten, war ein überraschender Freiraum um sie herum entstanden, in dem er blindlings herumtappte. Was brauchte eine Frau wie sie? Was konnte er noch tun, um ihr zu beweisen, wie wichtig sie ihm war? Immerhin fuhr er sie täglich mit seinem Mercedes herum, machte sie auf Sonnenuntergänge aufmerksam, lud sie in die aufregendsten Restaurants der Gegend ein, er hatte mehr zu bieten als Dirk mit seiner taktlosen, flegelhaften, aufdringlichen Unterwäsche. Er schenkte ihr eine brillantenbesetzte Uhr, zierlich wie ein Armband, die sie ratlos lächelnd betrachtete, noch nie hatte er soviel Zeit und Geld in eine Frau investiert. »Ich liebe dich«, so etwas hören die Frauen doch gern. Hilde hatte Jahrzehnte vergeblich auf diesen Satz gewartet. Aber Bianca verzog kaum den Mund. Ob sie überhaupt begriff, daß er schmerzhaft um sie warb?

Die Spaziergänge mit ihr irritierten ihn, denn kaum setzte sie ihre Füße in Gang, begann sie im Takt ihrer Schritte vor sich hin zu summen. Früher hatte dieses Summen eher zufällig stattgefunden. Jetzt schien es ihm beängstigend konsequent. Er testete Bianca, indem er mit ihr stehenblieb. Und tatsächlich, als habe jemand plötzlich einen Schaltknopf ausgedrückt, verstummte sie. Das Summen schien an die Bewegung ihrer Beine gekoppelt zu sein, und zwar in der Weise, daß es sich um einen längeren Marsch handeln mußte und nicht etwa um das Wechseln von einem Zimmer ins andere.

Vielleicht brauchte sie einfach Zeit, um sich ihm zu öffnen. Er war bereit, ihr alle Zeit dieser Welt zu geben. Seit Ewigkeiten hatte er nicht mehr erlebt, daß er sich nachts schlaflos wälzte vor Sehnsucht nach dieser einen Frau.

Gesprächig wurde sie nur, wenn sie ihm ihre Vergewaltigungsstorys auftischte, deren Wahrheitsgehalt er immer mehr bezweifelte. Er kam zu dem Schluß, es handele sich um keine realen Erlebnisse, sondern um verdrängte Wunschphantasien. So ganz befriedigte ihn die Deutung allerdings nicht. Sie erklärte keineswegs alle ihre seltsamen Verhaltensweisen. Außerdem hatten andere Frauen sicherlich auch verdrängte Vergewaltigungswünsche und redeten trotzdem nicht ständig davon. Ob er sich mal ein Fachbuch für Psychopathologie leihen sollte? Conrad hatte sich nie sonderlich für Seelenkunde interessiert. War es nicht die bekannte Freudsche Methode der Psychoanalyse, alte Traumata wieder zu erleben, um sie zu überwinden? Vielleicht sollte er einen Therapeuten ausfindig machen, der Bianca helfen konnte? Das schien ihm plötzlich die rettende Idee. Er würde sie eine Weile nach

Deutschland schicken und ihr den besten Psychologen besorgen. Einen, der wirklich erfolgreich war. Keinen von diesen Analytikern, zu denen man sechs Jahre lang dreimal die Woche latscht, und es ändert sich nichts. Die Krankenkasse, das wußte er von Freunden, zahlte nur eine gewisse Anzahl von Therapiestunden. Keine sechs Jahre. Kostspielige Geschichte. Endloses Warten. Und es ändert sich nichts. Besser ein mehrwöchiger Crash-Kurs in einer Spezialklinik, der schnelle Ergebnisse versprach. Mit freiem Ausgang, gutem Essen, fast wie ein Hotel. Natürlich auch nicht billig. Psychotherapie für Reiche. Aber eine einmalige kompakte Investition lohnt sich, dachte Conrad. Es ist immer wichtig, was unterm Strich übrig bleibt.

Oder könnte eine Schwangerschaft Bianca wieder ins Gleichgewicht bringen? Vielleicht sind Kinder ihre heimliche Sehnsucht? Mit ihr, dachte er plötzlich, könnte ich Vater sein. Ach, Bianca!

Die Hacienda war, wenn man es genau nahm, gerade passend für zwei Personen. Unten schlief und kochte man, oben befanden sich die Arbeitszimmer und der Gästetrakt. Einen der Räume könnte man ohne weiteres als Kinderzimmer herrichten.

Chris und Dirk waren immer auf dem Sprung gewesen. Demnächst würden sie endgültig nach Teneriffa ziehen.

Adam und Hilde loszuwerden war schwieriger. Sie waren beide hartnäckig, wußten, daß sie in Deutschland ohne Sozialhilfe kaum überleben konnten, und würden dieses Paradies hier nur ungern aufgeben.

Andererseits waren sie natürlich nützlich. Er könnte sie, sozusagen als Hausmeisterpaar, hier weiter wohnen lassen. Adam würde nach wie vor die täglichen Besorgungen übernehmen, Hilde war eine gute Köchin, könnte sich um Haushalt und Garten kümmern. Vielleicht würde er ihnen den

Schuppen als eigenes Wohnhaus zur Verfügung stellen. Natürlich müßte der ein wenig ausgebaut werden, Klo und Küche fehlten, wahrscheinlich war ein Anbau nötig, denn Adam würde seine Bastelei sicher nicht aufgeben wollen.

Qué estará haciendo ahora?

Er klappte das Spanischbuch zu und schaute auf die Uhr. Bianca schlief heute wirklich verdammt lange.

Er schlurfte in die Küche, füllte frisches Wasser in die Kaffeemaschine, ersetzte den gebrauchten Filter und maß das Kaffeepulver ab. Ich sollte ab und zu auf koffeinfreien Kaffee umsteigen, dachte er. Selbst diesen magenfreundlichen vertrage ich nicht mehr. Er schaltete die Maschine ein.

Immerhin, Bianca ließ zu, daß er seinen Arm um ihre Schultern legte, wenn sie zusammen spazierengingen. Aber sobald seine Hände in die Nähe ihres Busens kamen, begann sie sich kaum merklich zu versteifen. Er hatte noch allzugut ihr einziges gemeinsames Betterlebnis in Erinnerung und hütete sich, vorzupreschen, sobald er diesen Hauch von Widerstand spürte. Sicher gibt es auch in Spanien Psychotherapeuten, dachte er. Dann müßte sie nicht extra nach Deutschland. Aber sie spricht zu wenig Spanisch. Irgend etwas muß ich tun. So geht das nicht weiter. Ich kann mich kaum noch aufs Schreiben konzentrieren. Kaum auf das Lernen von Vokabeln.

Er holte sich eine Tasse mit frischem Kaffee, stellte das Buch hochkant, blätterte es auf und stauchte es ein paarmal auf die Tischplatte. Ein Häuflein Pulversand rieselte heraus. Wirklich merkwürdig.

Nun vernahm er die ersten Geräusche im Haus: Die Klospülung rauschte auf, Türen kreischten in den Angeln, Schritte klackten über den Steinfußboden. Schließlich erschienen Dirk und Chris in zärtlicher Umarmung. Direkt hinter ihnen traten Adam und Hilde aus der Tür, schäkernd und kosend. »Oh, der Tisch ist noch nicht gedeckt?«

Was für eine Unverschämtheit! Conrad packte ein zorniger Drang, aufzuspringen und das Pack sich selbst zu überlassen. Was war passiert, daß man ihn plötzlich wie einen Hausdiener behandelte, der die Herrschaften zu beköstigen hatte? Diese Paare machen gegen mich Front, dachte er.

Nachdem die vier wieder verschwunden waren, um sich anzukleiden, stand er gemessen auf, steckte sein Geld ein und stieg, ohne länger auf Bianca zu warten, in seinen Mercedes, dessen apartes Metallicgrün kaum noch zu ahnen war unter dem Staub. Adam müßte ihn mal wieder mit dem Schlauch abspritzen. Aber das hielt ja höchstens drei Tage, dann war er grau wie vorher.

Als er die Palmenallee verließ und in den Feldweg einbog, traute er seinen Augen nicht. Ein großer Teil des abgesteckten Geländes jenseits des Weges war von Gestrüpp und trockenem Gras befreit. Der Poniente wehte den nackten Sand zu ihnen hinüber.

Es scheint ernst zu sein, dachte er, und noch dazu so schnell. Da muß ich wirklich Rafael fragen, ob er inzwischen nähere Informationen hat.

Er machte einen Schlenker an seinem Haus vorbei, aber die Tür war verschlossen.

Er fuhr hinunter zum Meer, parkte, zog sein Schirmhütchen auf, um den Kopf vor der Sonne zu schützen, cremte sorgfältig alle von Hemd und Hose unbedeckten Hautpartien mit Sonnenmilch ein und marschierte ans Wasser. Die Ebbe hatte den Strand riesig verbreitert, ein dünner Film von Feuchtigkeit lag über dem festen Sand.

Er betrachtete seine langen weißen Füße, wie sie durchs Wasser schlurften. Ich sollte öfter barfuß gehen, damit die Sonne sie ein wenig färbt. Aber wer weiß, ob das Salzwasser den Lichtschutzfaktor vierundzwanzig nicht einfach abspült und sich irgendwann ein Melanom bildet. Seine Haut war extrem empfindlich, und er hatte bereits zahlreiche Sonnenbrände hinter sich. Früher, als er noch glaubte, seine Wirkung auf Frauen sei in gebräuntem Zustand größer, hatte er sich ehrgeizig über Stunden in der Sonne gegrillt und in Kauf genommen, daß sich die Haut mehrfach schälte, bevor sie für eine oder zwei Wochen einen sanft bräunlichen Ton erhielt, der ihm das Stubenhockerische des Gelehrten nahm. Heute bedauerte er seinen Leichtsinn und suchte immer wieder sorgfältig seinen Körper nach Muttermalen ab, erforschte mit dem Handspiegel seine rückwärtige Partie und lauerte argwöhnisch, ob sich der eine oder andere Fleck veränderte.

Das Meer war zum Horizont hin fast schwarz, weiß schäumte der vielfach gestufte Rüschensaum sich brechender Wellen. Die Massen der Sommerurlauber waren mit dem ersten September schlagartig verschwunden. Nur um Pepes Bar herum scharte sich ein buntes Gesprenkel von Wochenendgästen aus Sevilla, Jerez und Cadiz.

Der Rest des Strandes war menschenleer bis auf ein paar angelnde Fischer und einzelne Wanderer so wie er selbst.

Er stapfte durch frisch aufgeschüttete Sandberge. Auf Geheiß des Bürgermeisters war wochenlang mit dicken Rohren von weit draußen aus dem Meer Sand gesogen worden wie mit dem Staubsauger. Das breite, platte Stück Strand sollte wieder attraktiver werden, nachdem sechsundzwanzig Jahre zuvor der damalige Bürgermeister die zauberhaften Dünenstreifen zwischen Dorf und Meer an einen Touristenort mit steinigem Strand verkauft hatte. Conrads Schwester Ruth hatte laut gejammert, als die Lastwagen eine Sandfuhre nach der anderen wegschafften und diese kahle, häßliche Ebene zurückließen. Der nächste Bürgermeister tat ein übriges: Er ließ einen Fischerhafen in der schönsten Badebucht der Gegend anlegen, um den ortsnahen Strand von Fischerbooten zu säubern und ihn ausschließlich für den Tourismus zu reservieren. Die Folge war, daß der Schwemmsand sich vor der langen Hafenmole absetzte und die platten Badestrände von den Wellen nun bis zum steinigen Grund freigelegt wurden.

Nächstes Jahr ist der frische Sand wieder fort, dachte Conrad. Ohne Strandgras hält der nicht. Was für eine Geldverschwendung!

Eine Frau kam ihm entgegen, barfuß, einen kleinen Rucksack über der Schulter. Sie tastete mit forschenden Blicken den Boden ab, schien Muscheln zu sammeln. Erst als sie fast aneinander vorbei waren, schaute sie unwillig hoch, um den Blick gleich wieder sinken zu lassen. Deutsche Lehrerin um die Vierzig, riet er, kulturbeflissener Single, die an der örtlichen Sprachschule einen Spanischkurs absolviert.

Barbara hieß seine erste Freundin, da war er schon zweiundzwanzig. Wie naiv verliebt er damals war! Bis sie eines Abends nicht mehr mit ihm schlafen wollte. »Das ist ja krank«, sagte sie. »Jeden Abend Geschlechtsverkehr.«

Der Schock zog ihm das Herz zusammen. Hatte es ihr denn nicht auch gefallen? Sie hatte doch geseufzt und gejauchzt, hatte ihn mit lebhafter Zunge ermuntert, sich weiter in sie vorzuwagen.

Das macht man doch nur, wenn man erregt ist, wenn man begehrt, wenn man überwältigt ist von Lust. So wie er. Seine Eingeweide hatten sich verzückt in sie ergossen, er hatte sie liebkost für das Glück, das sie ihm schenkte. Und dann sagte sie haßerfüllt: »Ich habe alles nur gemacht, um dir zu gefallen. Du solltest mich für eine grandiose Geliebte halten.«

Wieder begegnete ihm eine einzelne Frau, ähnlich wie die erste, burschikos entschlossen, das Leben als Single leicht zu finden. Merkwürdig verloren, dachte er, diese angealterten, modernen Einzelgängerinnen, die sich gegen Kinder und Familie entschieden haben und nun mit ihrem kleinen Rucksack das Leben einsammeln wollen.

Plötzlich gab es einen Ruck in seinem Kopf, als habe sich ein Hebel umgeschaltet, und er schaute sich selbst an mit den Augen dieser Frau: Merkwürdig verloren dieser moderne Einzelgänger mit seinem häßlichen Schirmhütchen, der jede Form von Bindung nur als Zwang erlebt. Arbeit, Liebe, Frau, Kinder – alles Zwang. Wie der Kerl so den Strand entlangstreift, wie er blicklos in die Ferne schaut, auf der Suche nach ... ja, nach was?

Wir sind eine Generation der verlorenen Seelen, dachte er mit einem Anflug von Selbstmitleid. Unfähig, irgendwo auf fruchtbarem Boden Wurzeln zu schlagen, flanieren wir in unseren Reebok-Turnschuhen wie Verfluchte durch rieselnden Sand.

Als er die Bar Manolo erreichte, zögerte er, ob er hineingehen oder sich vorn auf der schattigen Terrasse dem frischen Poniente aussetzen sollte. Die kühle Meerluft zog ihm durch sein dünnes Hemd. Unberechenbar, dieses Klima! Gerade war doch noch schwülster Sommer! Nach kurzem Zögern ließ er sich draußen nieder, umringt von leeren Tischen und leeren Plastikstühlen, vor der Nase ein altmodisches Kettenkarussell, sommerliche Strandattraktion der Kinder.

Zum Anwärmen bestellte er einen Carajillo, einen Kaffee mit Brandy. Dazu wählte er aus der Glasvitrine eine Tapa mit Fischeiern. Immer ekelte er sich ein wenig vor dem geäderten Hautsack, der die körnig trockenen Eier zusammenhielt. Aber in ovale Scheiben geschnitten und mit Zwiebel- und Paprika-Stückchen gemischt schmeckten sie köstlich.

Die Einheimischen, in ihre Familien eingebunden, müssen einen seltsamen Eindruck von uns Fremden haben, dachte er. Mißgelaunte oder angestrengt fröhliche Eigenbrötler, die allein oder paarweise durch die Bars streunen, ziellos, sich nur für das Essen, den Cognac, das Wetter interessieren, vielleicht noch für Bauprobleme. Schrecklich. So einer möchte ich nicht sein.

Zwischen dem Karussell und den parkenden Autos hindurch sah er das Meer blau aufblitzen.

Warum setze ich mich ausgerechnet vormittags, während der Geschäftszeit, in die Bar Manolo, dachte Conrad verdrossen, die Autos verdecken mir den Strandblick, neben mir an der Straßenecke hupt es, vor mir kreischen die Mütter auf ihre Kinder ein, und die Tapas sind nicht besser als bei Pepe.

Wie er ärgerlich fröstelnd dasaß, trieb plötzlich ein warmer Luftzug über seine Schultern hinweg. Haben sie hinten die Küche geöffnet, dachte er und glotzte blöd auf die Zierflaggen am Karusselldach, die – Zack! – von einer Sekunde auf die andere die Richtung gewechselt hatten.

Der Kellner blieb neben Conrads Tisch stehen, hob den Kopf und witterte nach Osten. »Levante«, sagte er.

Mit diesem einen Windzug war es schlagartig warm, als sei man plötzlich vom Kühlraum in den Backofen versetzt worden. Und schon sah Conrad jenseits der Autos den Strand aufstauben. Klappernd rollte eine zerdrückte Coladose über den Asphalt. Plötzlich wirbelte der Wind, der vorher stetig und ruhig vom Meer geblasen hatte, Papier und Plastiktüten hoch in die Luft, das Markisendach über ihm blähte sich und fiel wieder in sich zusammen, der Wind rüttelte und zerrte an einem schlecht befestigten Ende, ein Zipfel befreite sich zappelnd, schlug um, klappte zurück, die Plastikstühle ruckten, die ganze ruhige Welt geriet plötzlich in nervöse Bewegung.

Jetzt habe ich zum erstenmal erlebt, wenn der Poniente in den Levante umkippt, dachte er mit einem Anflug von Erregung. Als Junge hatte er vergeblich auf diesen Moment gelauert. Immer war der Levante schon vor ihm da.

»Hallo, guten Tag«, rief jemand zu ihm hinüber. Irritiert sah er auf.

Da tappelte das ältere deutsche Ehepaar, dem Adam als Klempner zur Hand gewesen war, auf ihn zu. Ihre freundlichen aufgeschwemmten Gesichter waren überzogen von einem feinen Gespinst roter Äderchen. Alkoholiker, stellte Conrad unwillig fest, wie so viele Ausländer hier. Er nickte einen distanzierten Gruß und winkte Manolo, um zu zahlen.

Auch die deutschen und schwedischen und englischen Rentner, dachte er, abgetrennt von ihren Familien, herausgeschleudert aus ihrer gewohnten Umgebung, irren verloren umher unter südlichen Palmen. Nicht würdevoll alt, sondern wie ausgesetzte Kinder. Soll das etwa meine Zukunft sein?

Vom Wind ließ er sich am Meer entlang schieben. Die Touristen hatten bereits ihre Strandmatten zusammengerollt und waren verschwunden.

Die breite Sandfläche lag vor ihm wie eine Wüste. Die Flut hatte ein paar Mulden aufgefüllt, aber den Strand noch nicht verschmälert. Auch den Umschlag von Ebbe auf Flut und von Flut auf Ebbe, erinnerte sich Conrad, den wollte ich immer erwischen. Bis ich nach Tagen genauester Beobachtung begriff, daß es ein allmählicher Übergang war. Kein klarer Schnitt wie beim Richtungswechsel des Windes: Eben noch war Ebbe und jetzt, von einer Welle auf die andere, kommt die Flut.

Weiße Sandschleier fegten über den feuchten Boden, zogen lange Streifen, wirbelten marmorierte Muster.

Er hatte versucht, Barbara weniger zu begehren, es quälte ihn, nicht mehr zu wissen, ob es in Ordnung war, was er tat. Seine spontanen Zärtlichkeiten wurden zaghaft, jede Geste auf sie zu war mit einem Fragezeichen verbunden. Wenn Barbara freundlich schien, lauerte er nach Zeichen der Unzufriedenheit. War sie gereizt, fragte er sich gleich: Was habe ich falsch gemacht? »Man kann dich nicht anfassen«, fuhr sie ihn an, »ohne daß du geil wirst.« Was war daran schlimm? Er vergewaltigte sie schließlich nicht. »Du bist immer beleidigt«, warf sie ihm vor, »wenn ich nicht tue, was du willst.« Natürlich war er enttäuscht. Obwohl er sich bemühte, sie nichts spüren zu lassen, merkte sie es sofort. »Wenn du so mürrisch guckst, habe ich überhaupt keine Lust mehr, mit dir zu schlafen.«

Er nahm sich zusammen. Er belästigte sie nicht weiter mit seinem animalischen Trieb. Er versuchte mit heiteren Scherzen das schmerzhafte Sehnen zu verbergen. Aber es nutzte ihm nichts. Sie witterte jeden Hauch von Erwartung. Zu allem Übel las sie noch diese feministischen Bücher, aus denen sie ihm triumphierend zitierte: »Die Penetration sichert den Männern das Sex-Monopol über die Frauen.«

Wollte wirklich keine Frau mit einem Mann schlafen? »Du bist ja krank.« Mit wehem Herzen umschlich er die Villa ihrer Eltern, in die sie ihn zuvor so gerne eingelassen hatte. Samstag abend pflegten die Eltern auszugehen, und man hatte das Haus für sich. Die Rollos im Wohnzimmer waren nicht ganz bis zum Fensterbrett heruntergezogen, er spähte durch den Spalt, und da sah er Barbara. Das heißt, eigentlich sah er auf dem feingeknüpften chinesischen Seidenteppich vorm Couchtisch nur ein Knäuel von nackten und bekleideten Körperteilen. Er stand gebannt in seiner Verstörung und starrte und starrte. Da erhob sich aus dem Körpergetümmel ihr schlaff hängendes Kinn. Mit töricht verzücktem Blick schaute sie ihn an, ihn, Helmut, Conrads Nachhilfelehrer in Latein. Bis zum

Schluß stand Conrad in halber Hocke am Fenster. Erst als Barbara trällernd im Badezimmer verschwand, richtete er sich auf. Er konnte kaum laufen, so schmerzten ihn Rücken und Waden.

Die Horizontlinie hatte ihre klare Schwärze verloren, der Himmel sein tiefes Türkis. Himmel und Meer wirkten plötzlich ausgebleicht, verwaschen, als hätte man beide Farben durch einen Zusatz von Weiß gebrochen.

Er stieg in den Mercedes, der einsam am Strand übrig geblieben war, kaufte Zeitungen und Wein und fuhr zurück.

Er begann seine Gelüste, die Barbara so sehr überforderten, auf mehrere Frauen zu verteilen. Das erleichterte ihn enorm und hatte außerdem einen überraschenden Nebeneffekt: Plötzlich fand er sich im Brennpunkt weiblichen Begehrens, und allmählich gewann er sein standfestes Selbstbewußtsein zurück.

Dennoch erwies sich diese Lösung als einigermaßen problematisch. Die Frauen voreinander geheimzuhalten kostete unendlich Kraft. Wurde er nachlässig und ließ es zu Überschneidungen kommen, gab es unerträgliche Wutausbrüche, hysterische Weinkrämpfe, Moralpredigten, Gezeter – kurzum, das erotische Vergnügen hatte einen hohen Preis. Hinzu kamen Schuldgefühle, die in ihm, wenn er so attackiert wurde, aufflammten wie Büßerkerzen in der Kirche. Krank oder treulos hieß die Alternative. Lieber treulos.

Er überholte Consuelo, die mit dem Moped zu ihren Eltern unterwegs war. Lachend winkte sie ihm zu.

Wie wunderbar entlastete ihn damals, nach 68, die Theorie der freien Liebe, die jede Fixierung an einen einzelnen Partner als kleinbürgerliches Spießertum verdammte. Plötzlich war er erlöst von aller Schuld. Plötzlich waren die greinenden Frauen die Schuldigen. Sie klammerten, setzten unter Druck, wollten ihn festketten, ihn in eine Zweierbeziehung einsargen. Er selbst wechselte unversehens vom verantwortungslosen Frauensammler zum Repräsentanten der wilden Freiheit. Plötzlich war er ein echter Kerl, der seinen natürlichen polygamen Trieb auslebte.

Er hielt den Atem an, denn nun passierte er die Stelle, wo der Wind den Müllgestank über die Straße trug.

Damals sahen wir uns als Teil einer Bewegung, dachte er, wir hatten eine Gegenwelt zur Welt unserer Eltern errichtet. Das hat uns gefestigt. Heute, in einer Zeit der beliebigen Werte, der nebulösen Normen, bastelt sich jeder seinen wakkeligen Lebenssinn selbst.

Als er in den Palmenweg einbog, sah er schon von weitem die Flammen in der heißen Luft flimmern.

»Was machst du da?« rief er. »Bist du verrückt?«

Adam, der mit einer Harke neben dem brennenden Haufen von Piniennadeln stand, sah hoch: »Ich habe alles im Griff.«

»Wir haben Levante.«

»Ach ja? Es war doch gerade noch Poniente.«

»Es ist verboten, in den heißen Monaten Abfall zu verbrennen.«

»Das tun alle.«

»Die haben mehr Erfahrung als du.«

Behutsam schob Adam den Haufen Piniennadeln auseinander.

»Ich war Pfadfinder. Ich kenne mich mit Feuer aus.«

»Warum verbrennst du das Zeug nicht neben dem Brunnen? Warum hast du den Wasserschlauch nicht in Greifweite? Der Levante ist unberechenbar.«

»Ich weiß.«

Das Feuer züngelte hoch, duckte sich unter dem Wind, trieb platt über den Sandboden, ohne Nahrung zu finden und richtete sich wieder steil auf.

Leise vor sich hin schimpfend, betrat Conrad den Innenhof. Der Tisch stand verlassen da, bedeckt mit benutztem Geschirr. Offenbar hatte man gerade das Frühstück beendet. Mißmutig warf er den Autoschlüssel zwischen die schmutzigen Teller und Tassen. Wir wohnen schon zu lange zusammen! Man fängt an, sich gehenzulassen!

Er streifte Biancas festgeschlossenen Fensterladen mit einem flüchtigen Blick und verließ den Innenhof, um noch einmal nach Adam und dem Feuer zu sehen.

Wie er hinzutrat, schlängelte das Feuerchen noch harmlos die durchsichtigen Arme. Doch dann stieß eine Windböe mitten hinein, drückte es zur Erde, holte von neuem aus, diesmal aus der Gegenrichtung, und ehe sie sich versahen, schlugen die Flammen knisternd die nächste Pinie hinauf.

»Feuer, Feuer!«

Adam jagte zum Brunnen. Der Schlauch war zu kurz. »Wo ist ein Eimer?«

Conrad stürzte ins Haus. »Feuer, Feuer!«

So schnell waren sie noch nie aus ihren Zimmern gelaufen. »Wo sind die Putzeimer? Mein Gott, wir brauchen Eimer!«

In Sekundenschnelle füllte Hilde einen Eimer, gab ihn an Chris weiter, die reichte ihn Dirk, der gab ihn Conrad, und Adam schüttete das Wasser vergeblich den Flammen hinterher, die von Pinienschirm zu Pinienschirm rasten.

Das war's! dachte Conrad, seltsam ruhig. Wenn das Feuer den Pinienwald der Nachbarn niederbrennt, können wir uns hier nie wieder sehen lassen. Ich werde das Haus samt Gelände verkaufen müssen.

»Ich rufe Rafael!« schrie Chris, in ihrem Bikini braun und dürr wie eine Heuschrecke.

»Und die Feuerwehr!« schrie Hilde.

»Wie denn?« schrie Chris. »Hier in der Pampa gibt's kein Telefon!«

Sie sprang ins Auto und war im Handumdrehen zurück, Rafael und seine Söhne im Schlepptau, die gerade mit ihren Familien zu Besuch waren. Consuelo jagte indes mit dem Moped ins Dorf, um die Feuerwehr zu alarmieren.

Sie arbeiteten wie stumme Maschinen, die gefüllten Eimer wanderten von Hand zu Hand, die leeren Eimer kehrten zurück, wurden wieder gefüllt, die Flammen prasselten durchs Gebüsch, fraßen das dürre Unterholz, loderten die Baumstämme hinauf, tobten durch die Pinienkronen, der Sturm trieb sie weiter und weiter, eine schwarzverbrannte, qualmende Fläche blieb zurück.

Was steht Bianca untätig da in ihrem schenkelkurzen Hemdchen und schaut mit großen Augen wie ein glücklich erregtes Kind? »Komm her, Bianca! Wir brauchen jede Hilfe!«

Immer umständlicher wurde der Weg vom Wasser zum Feuer. Sie krochen durch Stacheldrahtzäune, zerrissen sich die Kleider, warfen sich die Eimer zu, schrien einander Kommandos nach, husteten gegen den Qualm an. Rafael und seine Söhne hackten Zweige aus den Büschen und versuchten, die Flammen am Boden auszuschlagen. Das Feuer brandete urgewaltig davon.

Conrad spürte seine Beine nicht mehr. Er war nie ein sportlicher Mensch gewesen, aber er lief und lief, den gefüllten oder den leeren Eimer in der Hand.

Der ganze Wald brennt ab, dachte er, der erstreckt sich über endlose dreißig Kilometer, das wird mich ein Vermögen kosten. Ich bin ruiniert. Wie lächerlich hantieren wir herum mit unseren Eimerchen gegen Urmächte. Warum setzen wir uns nicht hin und glotzen auf das Flammenmeer wie Bianca? Wir haben doch keine Chance. Aber er lief weiter und weiter, und die Strecke, die jeder hin und her zu laufen hatte, wurde länger und länger.

Doch dann, direkt vor einem schmalen Sandweg, drehte der Wind.

Nur für ein paar Minuten, aber das Feuer, das rückwärts keine Nahrung mehr fand, wurde plötzlich zahm.

Rafael und seine Söhne schlugen aus, was sie noch fanden, Adam kippte hektisch Wassereimer über die Glut, und als der Levante von neuem losblies, fegte wie durch ein Wunder nur noch weißer Qualm auf das Gelände jenseits des Weges.

In diesem Moment näherte sich ein Feuerwehrwagen, lächerlich klein wie ein Spielzeuglöschauto. Langsam fuhr er am Rande des verbrannten Geländes vorbei, beschleunigte dann plötzlich und verschwand.

»Sie hätten ja wenigstens mal aussteigen können«, schimpfte Chris.

Erschöpft sah Conrad auf die Uhr. Es waren vier Stunden vergangen. Adam hielt sich hustend die Brust. »Ich glaube, ich habe eine Rauchvergiftung.«

»Ich mache eine Flasche Rioja auf«, sagte Dirk, der mit nacktem Oberkörper, heftig atmend, verschwitzt und schmutzig dastand.

»Für mich Mineralwasser«, sagte Hilde.

Rafael und seine Söhne wandten sich zum Gehen.

»Wollt ihr nicht noch bleiben?«

»Ein anderes Mal. Unsere Familie wartet.«

Adam druckste. Schließlich quetschte er eine Entschuldigung hervor.

»Ach«, lächelte Rafael. »Wenn wir den Wald anstecken, dann helft ihr uns.«

»Was wird die Sache kosten?« fragte Conrad.

Rafael schüttelte den Kopf: »Nichts. Wenn keine Bomberos, keine Feuerwehr, zum Einsatz kommt, gibt es keine Anzeige. Wenn es keine Anzeige gibt, kostet es nichts.«

»Und die Nachbarn mit ihrem Wald?«

»Im nächsten Jahr sieht man nichts mehr. Die meisten Bäume haben überlebt.«

Bianca hatte all die Zeit wie berauscht dagestanden und in den schwarzverkohlten Pinienwald gestarrt. Nun, da die Flammen gelöscht waren, kam Bewegung in sie. Steifbeinig drehte sie sich herum und folgte den anderen hinauf in Hildes Zimmer, wo sie sich ans Fenster stellte, um über die Mauer hinweg auf das qualmende Grundstück hinunterzuschauen.

Chris und Dirk ließen sich aufs Bett fallen und sprangen gleich wieder hoch: »Oje, wir machen deinen Bettüberwurf dreckig.«

»Nicht schlimm.« Hilde schleppte Stühle herbei. Dirk schaute bekümmert auf seine rußigen Hosen und die ascheverstaubten Slippers.

Adam setzte sich hustend. Hilde rückte ihren Stuhl an seine Seite und legte ihm ihre Hand auf die Brust. Conrad hielt Bianca ein Glas Rioja hin. Sie wandte kaum den Kopf und hob abwehrend die Hand.

Dann riß sie plötzlich den Mund auf, als wollte sie etwas rufen, und stieß mit dem Zeigefinger aus dem Fenster.

»Es geht wieder los!« schrie Conrad.

Der Wind mußte ein Stück glühenden Pinienstrunk losgerissen und auf das Grundstück hinter dem Sandweg getrieben haben, ein ganzer Busch loderte auf.

Sie rasten die Treppe hinunter, nun ein eingespieltes Team, formten blitzschnell ihre Eimerkette, Chris holte Rafael und seine Söhne vom Abendessen.

Mit Wasser und Zweigen gingen sie auf das Feuer los, und wieder hatten sie Glück. Der Wind kippte kurz in die Gegenrichtung, und sie konnten die restlichen Flammen löschen.

Inzwischen begann es dunkel zu werden. Der Levante toste, röhrte, brauste durch das schwarze Stück Wald, trostlos wie eine wüste Mondlandschaft. Bei jedem Windstoß glühten die Baumwurzeln auf, rote Holzstücke flogen durch die Luft. Die ganze Nacht liefen sie barfuß über den verbrannten Boden, um zu spüren, wo sich die Hitze hielt. Eimerweise schütteten sie Wasser auf die heißen Stellen. Brodelnder Qualm zischte aus den Wurzeln, wenn das Wasser auf sie niederstürzte.

Flüchtig sah Conrad Bianca im weißwehenden Hemd am Rande des Waldes stehen, aber er war zu erschöpft, sich um sie zu kümmern.

Irgendwann in der Morgendämmerung fielen alle entkräftet in ihre Betten.

Als sie gegen Mittag erwachten, tobte der Levante noch immer weißhitzig flimmernd übers Land.

Adam und Hilde humpelten hinunter in den Hof und zeigten ihre Fußsohlen: Die Hornhaut unter den Fersen war von schwarzen Rissen durchzogen.

»Ich entferne die Hornhaut immer mit einem Schaber«, erklärte Dirk, »da bildet sich gar nicht erst so eine dicke Kruste!«

»Bimsstein ist besser«, sagte Chris. »Mit dem Schaber besteht die Gefahr, empfindliche Stellen zu verletzen.«

Hilde hinkte von einem zum anderen, faßte jeden mit verlegenem Lächeln an der Schulter oder am Oberarm, schien irgend etwas ausdrücken zu wollen, irgend etwas Freundliches, dachte Conrad peinlich berührt. Aber da keiner reagierte, setzte sie sich schnell zurück auf ihren Stuhl.

Drei Tage lang wütete der glutheiße Sturm unter einem fahlweißen Himmel.

»Heute nacht ist Vollmond«, sagte Hilde. »Bei Vollmond gibt es Wetterwechsel.«

Gegen Abend begann Donner über das ganze Himmelsgewölbe zu grollen, als würden göttliche Möbelstücke gerückt. Blitze schossen über den Horizont, und schließlich platzte der Regen los. Stundenlang ergoß sich eine Sintflut über Felder und Pinienwald.

Aus dem graugestaubten Getümmel der vergangenen Tage schälte sich ein durchsichtiger Morgen von einer so köstlichen Frische, daß Conrad, der als erster die Terrasse betrat, verwirrt stehenblieb.

Die grünen Ranken, die sich vom Rand des dichten Blätterdaches fast bis zur Erde hinunterbogen, schäumten über von rosigen Glockenblüten.

Einen unbedachten Moment lang zog sich sein Herz schmerzhaft zusammen vor Glück.

In was für einen schlechten Roman bin ich hier geraten?

Chris ließ Meier-Graefes »Spanische Reise« sinken und fuhr mit zwei Fingern in das Glas mit schwarzen Oliven, das Dirk aus einem Feinkostladen mitgebracht hatte.

Seit Wochen befand sie sich in einem Zustand lauernden

Abwartens, den sie geschickt überspielte, um Dirks Argwohn zu zerstreuen.

»Erstaunlich«, sie schob sich eine der Früchte zwischen die Lippen, »wie ein Schriftsteller von dieser Bildung, von diesem breiten kulturellen Wissen das Genie eines Goya so verkennen konnte.«

»Ja«, pflichtete Adam ihr bei, während er ein Streichholz über den Pfeifenkopf hielt und mit kleinen platzenden Geräuschen am Mundstück sog. »Er lobt El Grecos manirierte Malerei als Wunder der Menschheit, widmet ihm endlose schwärmerische Kapitel, schildert seine Noblesse, während er sich immer wieder abfällig über einen bäurischen, unappetitlichen, banalen Goya äußert.«

»Was lernen wir daraus?« schloß Chris mit der freundlichen Strenge einer Studienrätin. »Es gibt keine Objektivität in der Kunst. Selbst Experten sind gegen Fehlurteile nicht gefeit.«

»Es lag auch an der Zeit.« Conrad schaute über den Rand seiner »Süddeutschen Zeitung« hinweg. »1922 war die Klassengesellschaft noch intakt. Selbst kritische Köpfe hatten ein Faible für hehres Pathos und verachteten die Banalität des Alltäglichen.«

»So viel hat sich nicht geändert«, murrte Adam und paffte dicke Wolken von Pfeifenrauch über den Tisch hinweg. »Wir Deutschen neigen zu künstlerischen und literarischen Verkrampfungen, aus lauter Angst, wir könnten in die Nähe des Trivialen geraten.«

Hilde klapperte mit ihren Stricknadeln. »Was ist das für ein Lärm?«

»Wahrscheinlich ein Traktor.«

»Oder eine Planierraupe.«

Hilde warf ihr Strickzeug auf den Tisch und rannte hinaus, die Palmenallee entlang bis zum Feldweg.

Ein Raupenfahrzeug war gerade dabei, sich gemächlich über die Heckenbegrenzung zu schieben. Die gegenüberliegende Seite des Dickichts aus Mimosen, Agaven, Ginster und Siempre Verde, das den Weg idyllisch gesäumt hatte, Brutplätze für Vögel und anderes Getier, lag bereits abgeknickt und plattgewalzt da. Die Elektrizitäts- und Telefonmasten standen nun lächerlich nackt mitten auf dem um vier Meter verbreiterten Wegstreifen.

Schreiend rannte Hilde zum Tor zurück. »Die bauen eine Asphaltstraße!«

»Aber hier ist doch gar kein Verkehr.«

»Und das abgesteckte Grundstück? Wenn da nun eine Feriensiedlung hinkommt, und dies wird die neue Zufahrtsstraße?«

Sie liefen der Maschine entgegen, winkten mit den Armen, bis der Fahrer hielt. »Was machen Sie da, um Gottes willen?«

»Anordnung des Bürgermeisters.«

Sie erfuhren, daß laut Gesetz die Feldwege der Gemeinde gehörten, und zwar in einer Breite von sieben Metern. Die Bauern hätten Meter für Meter ihren Äckern zugeschlagen, bis die Wege so schmal waren, daß kaum noch ein Auto durchkam. Also wurden, für eine bessere Verkehrsführung, sämtliche Wege um den Gemeindeteil verbreitert.

»Na, wunderbar«, lästerte Chris. »Jetzt können die Touristen endlich mit Vollgas durch die Olivenhaine brettern.«

»Bei uns in Deutschland versucht man gerade«, seufzte Hilde, »die sogenannte Flurbereinigung rückgängig zu machen, Hecken und natürliche Wiesen wieder neu anzulegen.«

»Die Bürgermeister tun sich wichtig«, sagte Conrad, »sie wollen sich ein Denkmal setzen und investieren nicht etwa in sinnvolle Projekte wie Kläranlagen oder Wassersparmaßnahmen, die nichts hermachen. Lieber bauen sie Rennstrecken durch die Kartoffelfelder. Oder zierliche Treppchen die Steilküste hinunter zu drei Metern Strand, ohne zu bedenken, daß die im Winter von der Sturmflut wieder weggerissen werden. Erinnerst du dich nicht mehr an unsere Enttäuschung in Nicaragua? Der Bürgermeister hackte die vierzig Jahre alten, ausladenden Akazien auf der Plaza de Armas ab, um zu demonstrieren, daß er es ist, der jetzt regiert. Der nachfolgende Bürgermeister hat mit Sicherheit neue Bäumchen gesetzt. So verplempert man Steuergelder!«

»Es ist überall das gleiche«, seufzte Adam, »die eine Regierung baut Schwimmbäder, Museen, Schlachthöfe oder Straßenbahndepots, die von der nächsten Regierung aufwendig umfunktioniert, geschlossen oder abgerissen werden.«

Sie trotteten zurück zum Terrassentisch.

»Hier in Andalusien«, sagte Dirk, »hat man sich immer als Dritte-Welt-Anhängsel Europas gefühlt. Nun versucht man in rasantem Tempo den Sprung vom Mittelalter zur Computerzeit.

»Schon Gautier sagte 1840 von den Andalusiern«, bemerkte Chris, »sie fürchten, als barbarisch und rückständig zu gelten, und wenn man die wilde Schönheit ihres Landes preist, entschuldigen sie sich zerknirscht, daß sie noch keine Eisenbahnen und in ihren Farbriken noch keine Dampfmaschinen haben.«

»Wie schmecken euch meine Oliven?« fragte Dirk.

Conrad ließ ein paar der dunklen Früchte auf seine Untertasse kullern. »Nicht viel anders als Hildes Oliven vom Piojito.« Er steckte sich eine Olive nach der anderen in den Mund und legte die abgelutschten Kerne in einer ordentlichen Reihe auf der Tischplatte ab. »Andalusien wird nie einen dauerhaften wirtschaftlichen Aufschwung erleben. Die Leute hier sind genial im Improvisieren, weil das über Jahrhunderte hinweg lebensnotwendig war. Aber man plant nicht für die Zukunft. Die Telefonleitungen, die der Levante jedesmal von den Masten reißt, legt man nicht – was zweckmäßig wäre – unter die

Erde, sondern friemelt sie nach jedem Sturm notdürftig zusammen. Wir pingeligen Deutschen gelten als überheblich, weil wir alles ›besser wissen‹. Natürlich, vom Effektivitätsstandpunkt aus wissen wir alles besser. Nur – hier hat man andere Kriterien. Zeit gab es immer im Überfluß, Zeit hat hier nie eine Rolle gespielt.«

»Im Sommerschlußverkauf«, fiel Chris eifrig ein, »wollte ich ein Kleid bezahlen. Vor mir wartete eine endlose Schlange von Hausfrauen. Es gab eine einzige Bedienung, die in aller Seelenruhe kassierte, einpackte und minutenlang unten im Lager verschwand, um neue Ware zu holen oder nach der passenden Größe zu schauen. Und zwischendurch telefonierte sie endlos mit ihrem Novio und ließ uns warten. In Deutschland hätte man die Telefoniertrine umgehend vor die Tür gesetzt und beim Studentenschnelldienst ein paar flotte Aushilfen besorgt. Nicht schlecht, die Oliven. Mal ein feinerer Geschmack als die ordinären vom Piojito.«

»Mir gefällt gerade«, rief Hilde, »daß man hier nicht so perfekt durchorganisiert ist wie bei uns.«

»Offenbar« – Conrad legte eine zweite Kernreihe parallel zur ersten an – »lassen sich kulturelle Unterschiede doch nicht so einfach mit einem EG-Handstreich wegwischen.«

Dirk hielt das Glas schräg, schüttelte es ein wenig, bis die letzten zwei Oliven zur Öffnung hinrutschten, und angelte mit Daumen und Zeigefinger eine davon heraus. »Wenn eine Französin ihren Mann mit einer Geliebten erwischt« – er schob sich die Olive in den Mund –, »bringt sie die Geliebte um. Wenn eine Italienerin ihren Mann mit seiner Geliebten erwischt, bringt sie ihren Mann um. Eine Spanierin, die ihren Mann mit einer Geliebten erwischt, bringt beide um. Eine Deutsche« – er lutschte sorgfältig den Stein ab, ehe er ihn auf seiner Untertasse ablegte –, »die ihren Mann mit einer Geliebten erwischt, bringt sich selbst um.«

Er schaute in die Runde, keiner lachte.

Chris ließ die einsame Anstandsolive in ihren Handteller rollen und nahm sie mit gespitzten Lippen auf. »Eine Deutsche, die ihren Mann mit einer Geliebten erwischt, bringt ihre Kinder um.« Sie mußte husten vor Lachen.

»Das ist geschmacklos«, sagte Hilde und holte ein Keramikschälchen aus der Küche. »Für die Kerne.«

»Aber wahr.« Chris nagte an ihrem Olivenkern. »Zweiundzwanzig Prozent aller deutschen Männer betrügen übrigens ihre Frauen just dann, wenn sie in den Wehen liegen. Das hab ich neulich in deiner ›Süddeutschen‹ gelesen, Conrad.« Sie nahm den Olivenkern zwischen zwei Finger und ließ ihn gegen Dirks Hemd flitschen. Der rieb ärgerlich den Flecken. »Bist du verrückt?«

Chris lächelte ihn zärtlich an. »Wenn sie in den Wehen liegt, kann sie ihn nicht kontrollieren. Da hat der deutsche Mann endlich die Freiheit, zu tun, was er will.«

Hilde stand auf. »Jetzt reicht's.«

»Jede Frau«, fuhr Chris fröhlich fort, »die ihren Mann kontrolliert, hat recht. Auch wenn sie in unserer Gesellschaft schlecht angesehen ist. Ich kenne keine Frau, die Jackentaschen oder Papierkörbe ohne Grund untersucht hat. Immer fand sie eine schmerzliche Heimlichkeit.«

»In Frankreich«, sinnierte Dirk, »dem Land der Liebe, gibt es mildernde Umstände bei einem Mord aus Eifersucht. Interessanterweise existieren an den deutschen und nordamerikanischen Gerichtshöfen Leidenschaft und Eifersucht nicht. Dort spricht man nur von Heimtücke.«

»Morgen gehe ich zum Ayuntamiento« – Conrad hielt die linke Hand unter die Tischkante und fegte mit der anderen seine gesammelten Olivenkerne hinein – »und frage, ob die verbreiterten Wege asphaltiert werden.«

»Weck nur keine schlafenden Hunde«, warnte Hilde. »Womöglich bringst du sie erst auf die Idee, und sie bauen uns hier eine zweispurige Carretera hin.«

»Für den Mercedes wäre es nicht schlecht«, murmelte Conrad und ließ die Handvoll Kerne in das Keramikschälchen fallen. »Der leidet unter den Schlaglöchern.«

»Ist das dein Ernst?« rief Hilde aufgebracht. »Du weißt doch: Eine bequeme Straße zieht den Verkehr an! Was meinst du, warum ich ausgewandert bin? Damit ich hier unter Lärm und Abgasen leide wie in Frankfurt? Sag doch gleich, wenn du mich loswerden willst!«

Adam legte seinen Arm um sie und versuchte sie mit einem Küßchen auf die Wange zu beruhigen.

»Habt ihr gesehen«, ereiferte sich Hilde und schüttelte Adams Arm ab, »das hübsche kleine Pinienwäldchen am Ortsrand ist nun auch zuasphaltiert.«

»Sie haben nur den Weg, der hindurchführt, zu einer Promenade verbreitert und die Parkplätze asphaltiert«, verbesserte Conrad.

»Und dabei den halben Wald abgeholzt.«

»Du kannst den Fortschritt nicht aufhalten.«

»Unglaublich«, japste Hilde. »Wie kannst du heutzutage noch von Fortschritt reden? Siehst du nicht, wie man jedes Fleckchen Grün zupflastert wie bei uns in Deutschland?«

»Alles hat seine positiven und negativen Seiten.«

»Nenne mir eine positive.«

»Mit dir kann man nicht diskutieren. Dir wär es doch am liebsten, wenn hier weiterhin Dritte-Welt-Verhältnisse herrschten. Wenn die Bauern noch immer mühselig zweimal die Woche neben den schwerbepackten Eseln herwanderten, um ihre Feldfrüchte auf dem zehn Kilometer entfernten Markt anzubieten wie Rafael vor zwanzig Jahren. Du bist privilegiert, begreifst du das nicht? Du kommst aus einem der reichsten Länder der Welt. Dein romantisches Hirn spinnt sich eine Idylle zurecht, die es nie gab. Das Leben hier war immer harte Arbeit. Guck dir die ausgezehrten Gesichter der alten Leute an.«

»Die Frage ist, ob die Jungen glücklicher sind mit ihren Autos, ihren Drogen, ihrer Arbeitslosigkeit?«

»Jetzt schmeißt du alles durcheinander. Mein Gott, kannst du nicht mal deinen dummen Kopf anstrengen und ein bißchen differenzieren?«

»Gut, ich bin dumm. Dann bist du kalt und unsensibel. Der jahrelange Umgang mit Verkehrsregeln und Steuerknüppel hat dir die letzten Empfindungen ausgetrieben.«

»Was du mir immer als deine großartige Empfindsamkeit anpreist, ist doch nichts als rührselige Schwärmerei eines verwöhnten Einzelkindes, das nie wirkliche Armut kennengelernt hat.«

»Verwöhnt ... nie wirkliche Armut ...«, Hilde schäumte. »Das mußt du gerade sagen mit deinem dicken Erbe, das du ein Leben lang im Rücken hattest. Im Gegensatz zu dir habe ich keinerlei Sicherheit im Alter. Mein Vater ist Invalide, das weißt du genau. Während meines ganzen Studiums habe ich jobben müssen. Und ich habe weder Erbtanten noch reiche Großeltern.«

»Mein Gott, ihr tobt ja plötzlich vor Temperament«, spottete Chris und suchte mit den Augen nach Dirk, der sich wie Adam vor dem lärmenden Spektakel verdrückt hatte.

»Conrad«, sie erhob sich beiläufig, »du wolltest mir doch mal zeigen, wie man mit einer Pistole umgeht. Du wirst es nicht glauben, aber ich habe noch nie eine Waffe in der Hand gehabt.«

Conrad sprang eilfertig auf.

»Bleib hier, Conrad«, sagte Hilde streng. »Es sind schon zahllose Unfälle mit diesen Dingern passiert.«

»Nicht, wenn man sachgemäß damit umgeht.«

»Nachher zeigst du's mir, ja?« lächelte Chris. »Wenn Dirk

und ich vom Telefonieren zurück sind.« Sie steckte »Die Spanische Reise« in ihren Strandbeutel. »Mit der maurischen Architektur konnte Meier-Graefe auch nicht viel anfangen. ›Süßes Zuckerwerk‹ nennt er die Koran-Nischen in der Moschee von Cordoba, ›Die weibliche Seite des Orients‹.«

»Mitteleuropäische Überheblichkeit«, bemerkte Conrad. »Geistiger Imperialismus.«

»Die Frauenverachtung fällt dir wohl nicht auf«, beschwerte sich Hilde und nahm ihr Strickzeug auf, um weiter an dem nachtblauen Wollpullover zu arbeiten, den sich Maren zu Weihnachten gewünscht hatte.

Fast immer telefonierte Dirk bei Manolo, und zwar in einer Ecke hinter dem Tresen, wo er mit dem Rücken zur Wand stand und die gesamte Bar im Auge hatte.

Chris schlug vor, zur Abwechslung in die Bar »Los Pinos« zu fahren, und arglos war er einverstanden.

Damit er sich ganz und gar sicher fühlen sollte, holte sie den Meier-Graefe heraus und schlug das Buch an der markierten Stelle auf: »Hör dir das an, Dirk. Der Alcazar in Sevilla hat den Autor regelrecht abgestoßen. ›Eine Ausstellung von Kachelfabrikanten‹, nennt er die grandiosen Innenräume. Die Kathedrale dagegen, deren maurische Reste uns so gewalttätig von christlichen Elementen überwuchert schienen, begeistert ihn ›kraft ihrer unvergleichlichen Würde‹.«

Das Telefon im »Los Pinos« befand sich, wie sie wußte, hinter einem Vorhang. Durch einen Spalt sah sie, daß Dirk mit dem Rücken zu ihr stand, während er wählte. Die Bar war vollkommen leer. Der Kellner hatte ihr einen Kaffee und ihm einen Fino gebracht und war wieder verschwunden.

Chris streifte die Schuhe von den Füßen und schlich über die kalten Fliesen.

Sie verstand zunächst kein Wort, vernahm nur ein vages Gesäusel und Geschmeichel, in der Art, wie man mit einer Geliebten telefoniert. Meinetwegen, dachte sie noch, anders kann er wohl mit Frauen nicht umgehen. Und immerhin kennen sie sich gut, wenn sie – wie lange eigentlich? – verheiratet sind.

Sie tappte auf Zehenspitzen näher. Mußte einen langen stummen Augenblick aushalten, ehe er sprach. »Ja«, sagte er. »Ich liebe dich auch.«

Was für ein Kitsch, denkt sie noch, in was für einen schlechten Roman bin ich hier geraten? Sie stürzt aus der Bar, ohne zu zahlen, wirft sich ins Auto, läßt den Motor aufheulen, sieht im Rückspiegel, wie Dirk fassungslos in der Tür steht, jagt los, jagt die Straße entlang, der Schmerz steckt in ihrer Brust, sie will diesen Schmerz nicht, davon hatte sie genug in ihrem Leben, sie tritt aufs Gas, dieser Schmerz, dieser Schmerz, dabei weiß ich, denkt sie, daß man im Zorn nicht fahren sollte. Durch das stille Im-Auto-Sitzen staut sich die Energie, man wird sie nicht wirklich los. Ich sollte rennen, statt zu fahren. Und sie tritt aufs Gas.

Aber es ist alles in Ordnung bei uns!

Die Abendsonne ergoß sich glutrot zwischen die schwarzen Streifen der Pinienstämme und tauchte Adam, der selig bekifft auf den Terrassenfliesen hockte, in ein wildes, unwirkliches Feuer. Er hielt ein Stöckchen in der Hand, mit dem er den wimmelnden Ameisenteppich zu seinen Füßen dirigierte.

Hilde betrachtete ihn wohlgefällig in seinem gebatikten Hüfttuch. Wir sind dazu da, glücklich zu sein, dachte sie. Aber vor blinder Anstrengung wissen wir nicht mehr, wie das geht. Unsere Eltern wußten es nicht und konnten es uns nicht zeigen. Dabei dehnt es sich lachend vor uns aus, das Glück. Wir brauchen uns nur darin zu suhlen.

Sie hatte ihre neuerworbenen Stoffreste auf dem Küchenboden verteilt: eine flirrend gemusterte Streublumenwiese. Braune Karos wie ein ordentlich gepflügter Acker. Samt wie stumpfes Moos. Strohgrünen Taft. Petrolfarbenen Tweed, rauh wie Brachland. Spitze, straßbestickt wie tauglitzerndes Schilf.

Aber uns treibt's in die düsteren Ecken. Selbst der Lustmörder will nichts als den Glücksrausch, so wie wir alle.

Mitten in den Gleichklang ihrer Farblandschaft warf sie einen Fetzen beißendes Pink.

Die Sonne war nun hinter den Hügeln versunken. Adam kauerte, plötzlich grau verschattet, im Gekribbel der Ameisen, die, obwohl es völlig windstill war, nervös das Herannahen des Levante zu spüren schienen.

Bei Adam und mir ist es kein blindes Schwärmen, dachte Hilde fröhlich, keine Verblödung im Sinnesrausch. Wir können einander mit unseren dunklen Seiten akzeptieren. Vielleicht lieben. Ein peinliches Wort: lieben. Noch nie habe ich einem Mann gesagt: »Ich liebe dich.« In den amerikanischen Spielfilmen und Romanen sagen sie einander dauernd »Ich liebe dich«, wie eine Beschwörungsformel.

Sie nahm die Schere und begann die Stoffe in größere und kleinere Stücke zu zerschneiden, sie kontrastierend gegeneinanderzusetzen oder harmonisch abzustufen.

Wie sie so vertieft am Boden saß, vernahm sie ein leises schleifendes Geräusch hinter sich. Sie fuhr herum. »Hast du mich erschreckt!«

Sie erhob sich, stellte sich neben Bianca hin und schaute mit ihr gemeinsam hinunter auf das Mosaik von Stoffen.

»Es muß noch ein Störfaktor hinein«, sagte Hilde. »Das bißchen Pink ist nichts als modische Provokation. Paßt heutzutage in jedes Wohnzimmer.«

Freundschaftlich legte sie den Arm um Bianca. Sie spürte ihre steifen Schultern und ließ sie plaudernd, damit der Vorgang der Berührung nicht so gewichtig wurde, wieder los. Sofort drehte Bianca sich herum und ging hinaus.

Ach je, fiel Hilde ein, der Garten hat wieder seit Tagen kein Wasser bekommen. Dirk spielt unermüdlich den Pflanzenfreund, schwärmt, wie beruhigend es sei, mit dem Schlauch von Blume zu Blume zu schlendern, dieser langsame vegetabile Rhythmus tue ihm gut, er komme endlich zu sich, finde ein neues Verhältnis zur Natur. Er erzählt und erzählt, damit ich nicht merke, wie seine Pflänzchen die Blätter hängen lassen.

Sie verließ den Innenhof, trat an den großen, überdachten Brunnen und stellte die Griffe der Hähne in Längsrichtung. Gleich schoß das Wasser in die dünnen schwarzen Schläuche, tropfte emsig aus den Löchlein, die Zypressenhecke entlang, an Adelfas, Jacaranda und Granatapfelbaum vorbei, der lachsfarben blühte, tropfte um Naranjeros, Mispel, Hibiskus und die dünnen Apfelbäumchen herum, die weiße Blüten und zugleich kleine Äpfelchen trugen, tropfte bis hin zur ewig durstigen Bananenstaude.

Ich hatte ganz vergessen, dachte Hilde träumend, wie gut es tut, einen Mann neben sich im Bett zu haben, einen kernigen Mann, der kräftig schnarcht, der dampft und schwitzt. Wie prachtvoll so ein Männerkörper pulsiert, wie mich diese Wärme belebt, wie ich mich wohlig räkele an diesem grunzenden Faun, wie entzückt ich ihn mit prickelnden Küssen bestreue.

Endlich darf ich zupacken, mich ausbreiten, meine Freude hinausbrüllen. Was für ein köstliches Gefühl von Weite! Von Freiheit! Diesen Mann erschreckt keine Leidenschaft.

Das ist das Leben, dachte sie. Fabelhaft, dieses Leben.

Sie schlenderte zurück in den Hof, nahm den gelben Schlauch, der eingerollt auf dem Brunnendeckel lag, und wässerte alles, was von Conrads Vernichtungsaktion übriggeblieben war. Amüsiert stellte sie fest, daß die Stümpfe der Adelfas wieder ausschlugen.

Bianca hatte sich weit von Adam entfernt unter den Bogengang verkrochen, ihr Heft vor sich auf den Knien, in der Faust den Kugelschreiber. Als sich Hildes Schritt näherte, richtete sie sich aus ihrer gekrümmten Haltung auf und raffte das Heft an ihre Brust.

»Darf ich lesen? Ich nehme es dir nicht weg!«

Zögernd hielt Bianca es ihr hin. Hilde stellte das Wasser ab, trocknete sich die Hände an ihrem Rock und betrachtete die letzten Seiten, bis an die Ränder vollgekritzelt mit geheimnisvollen Hieroglyphen, die kaum an Buchstaben erinnerten.

»Du schreibst ja gar nicht mehr«, sagte Hilde freundlich. »Du zeichnest ja jetzt.«

Ein Hauch von Lächeln strich über Biancas Gesicht.

Als sie ein Auto heranrollen hörte, dachte Hilde erst, es seien Chris und Dirk, die endlich – Stunden später als gewöhnlich – von ihrer Tour ins Dorf zurückkamen. Aber durch das geöffnete Hoftor sah sie, wie ein silbergrauer Audi anhielt.

Sie gab Bianca das Heft zurück, um nachzuschauen, wer sie da besuchen kam.

Aus dem Auto schob sich eine Frau, plump wie ein unglückliches Tier, in einen glänzend schwarzen, vom Sitzen verknautschten Satinanzug gezwängt.

Während die Masse ihres Körpers auf zu dünnen Beinen durch das Tor schwankte, warf sie die bordeauxrote brüchige Mähne wie eine Filmdiva in den Nacken.

»Guten Tag. Mein Mann erwartet mich.« Ihre Stimme war rauh, ihr Gesicht eine Grimasse angestrengten Dauerlächelns.

»Wie heißen Sie?« fragte Hilde höflich.

»Siglinde Mauser. Mein Mann wohnt hier. Wir sind verabredet.«

»Ach«, sagte Hilde langsam, »Dirk ist Ihr Mann?«

Frau Mauser ließ den Blick über Hildes Gestalt hinwegflattern, prüfte unruhig, in welchem Verhältnis sie wohl zu Dirk stehen mochte, entschied, von Hilde drohe keine Gefahr. Ihr dicklich verschwollenes Gesicht – vielleicht vom Weinen, vielleicht vom Trinken – entspannte sich ein wenig. »Wo ist er?«

»Bianca? Hat Dirk gesagt, wann er zurückkommt?«

Siglinde Mauser fuhr herum und begann, als sie Bianca, blond wie eine Fee, unterm duftig blühenden Jasmin sitzen sah, nervös ihre molligen Finger zu kneten.

»Ich habe Dirk und Chris seit heute Mittag nicht gesehen«, sagte Hilde. »Die beiden wollten eigentlich nur kurz im Ort bleiben.« Sie machte eine vage einladende Geste. »Möchten Sie hier warten, bis er zurück ist?«

Frau Mauser drehte ihren Ehering, schob ihn bis zum Mittelknöchel hoch und wieder zurück und hoch und zurück mit einer kleinen, kläglich obszönen Geste.

»Ich mach uns einen Tee. Möchten Sie?«

»Ja bitte«, sagte sie zerstreut. Ihr Kopf zuckte bei jedem Geräusch zum Tor hin, während sich die dünne Haut ihres rechten Augenlides krampfartig zusammenzog.

»Setzen Sie sich doch.«

Vorsichtig ließ sie sich am Rande der Terrasse nieder, Bianca im Blick. Der Klappstuhl ächzte unter ihrem Gewicht.

»Bianca, willst du auch?« Bianca kritzelte emsig.

»Und du, Adam?«

Adam schaute blöde von seinem Ameisengewimmel hoch. Während Hilde vier Teetassen hinstellte, fragte sie: »Sie haben eine Frankfurter Nummer. Kommen Sie direkt aus Deutschland?«

Frau Mauser stieß einen Grunzlaut aus, der ein Lachen sein sollte: »Nein, ich bin schon seit Monaten in Torremolinos, geschäftlich, wissen Sie? Eigentlich wollten wir uns am Wochenende dort in meinem Büro treffen, mein Mann und ich. Aber er hat wieder abgesagt. Er ist halt viel unterwegs, um Kunden zu akquirieren. Natürlich weiß ich, daß er immer bei irgendwelchen Weibern unterkriecht.« Sie grinste wie ein schlauer Kommissar, der längst die kriminellen Schlichen seines Opfers ausgespäht hat. »Darum bekomme ich ja auch nie eine Telefonnummer. Diesmal habe ich lange gebraucht, um ihn zu finden. Dabei wohnt er direkt neben Sebastianos Grundstück. Was für eine Frechheit! Aber daß er in eine Kommune zieht, das hätte ich nie für möglich gehalten. So was paßt nicht zu ihm.«

»Wir sind keine Kommune.«

»Überall im Dorf habe ich nach ihm gefragt.«

»Und wie haben Sie ihn schließlich gefunden?«

Etwas traurig Verschmitztes flog wie ein Sperling in ihren Mundwinkel. »Ich hatte die Adresse seiner Bank, an die ich immer das Geld überweise. Dort wollte ich ihn abfangen. Als ich kam, hatte er den Betrag schon abgehoben. Aber man sagte mir, daß er hier wohnt.«

»Sind Sie schon lange verheiratet?« entfuhr es Hilde.

»Zweiundzwanzig Jahre.«

»Tatsächlich?«

Nun hub sie an zu einer Rechtfertigungsrede, ihre üppigen goldenen Ohrgehänge zitterten bei jedem nervösen Kopfrukken. »Alle glauben, wir leben getrennt, weil wir uns seit Monaten nicht gesehen haben. Aber es ist alles in Ordnung bei uns. Wir führen eine gute Ehe!«

Sie spürte wohl die Skepsis in Hildes Augen und fuhr hastig fort: »Er braucht mich. Die geschäftlichen Verhandlungen übernehme immer ich. Er spricht ja kaum ein Wort Spanisch, obwohl wir elf Jahre lang in Marbella gelebt haben. Das einzige Spanisch, das er beherrscht, ist ein bißchen Bettgeflüster.« Ihr Mund krauste sich zu einem strengen roten Fleck. »Ich müßte ihn auf Schritt und Tritt bewachen, aber das kann ich leider nicht mit meinen geschäftlichen Verpflichtungen vereinbaren. Die Frauen lassen ihn einfach nicht in Ruhe, wissen Sie?«

Ihr Blick schoß zu Bianca hinüber.

»Vor zwei Jahren mußte er Hals über Kopf aus Deutschland weg«, fuhr sie fort, die Stimme zu einem rauhen Flüstern gesenkt, »wegen einer Steuergeschichte. Seitdem war er ein paarmal in Frankfurt, um seine alte Mutter zu besuchen, die sehr an ihrem Söhnchen hängt und nichts von der ganzen Sache wissen soll.« Sie schnaubte seufzend durch die Nase. »So ein Leichtsinn! Jedesmal bin ich in großer Sorge, daß die Steuerfahndung ihn erwischt und ihn gleich dort behält. Zur Zeit baue ich in Torremolinos eine neue Existenz für uns beide auf.«

Sie hat getrunken, dachte Hilde, oder sie ist einsam, daß sie mir hier ihre Ehemisere erzählt.

»Was machen Sie denn beruflich?«

»Immobilien«, erzählte sie arglos. »Hier an der Küste sind die besten Geschäfte zwar längst gemacht, aber die Möglichkeiten im Hinterland sind noch nicht ausgeschöpft.«

»Moment, das Teewasser kocht.« Hilde rannte in die Küche, stieß gegen die Teedose, die scheppernd umfiel und den Darjeeling First Flush über Arbeitsplatte und Boden verstreute.

In diesem Augenblick hörten sie vor dem Tor einen Wagen bremsen. Frau Mausers Kopf flog herum.

Dirk stieg aus einem Taxi, warf einen verwirrten Blick auf

den silbergrauen Audi, betrat den Hof und starrte seine Frau an wie eine Geistererscheinung.

»Freust du dich denn gar nicht?« grinste sie und fummelte sich eine Haarsträhne hinters Ohr.

Er faßte sich schnell, nahm ihre Hand und küßte sie. Schon begann sie, auf ihn einzurattern, ängstlich umzingelten ihn ihre Worte, damit er nur nicht fortging. »Laß uns im Ort ein Hotelzimmer suchen. Hier kannst du nicht bleiben. Hast du schon gegessen? Ich habe ein ausgezeichnetes Restaurant entdeckt, da fahren wir jetzt hin.«

Er stand da und rührte sich nicht. Nur sein Mündchen schob sich trotzig vor.

»Er spielt den Prinzen«, lächelte sie entschuldigend zu Hilde hin. »Seine Mama hat ihn zu sehr verhätschelt.«

»Ich bin ihr ein und alles!« sagte Dirk verstockt ironisch.

Da wogte eine tiefe Röte aus ihrem Décolleté empor und färbte ihr Hals und Ohren. »Du bist doch ohne mich gar nicht lebensfähig. Was hast du hier die ganze Zeit gemacht? Blumen gegossen und die Weiber mit Komplimenten zugesülzt. Arbeiten kannst du ja nicht. Und ich hab mich abgerackert, damit es meinem Schätzelchen in seinem kleinen Hotelzimmerchen an nichts fehlt.«

»Willst du einen Carlos primero?« fragte Dirk sanft.

Sie nickte. Ihre Augen schwammen in Wasser. Mit geschickten Zeigefingern wischte sie unter den Wimpern entlang, damit sich das Fett-Tränen-Eyeliner-Gemisch nicht flekkig auf der Haut absetzte.

Er kam wieder mit vier Cognacschwenkern. Siglinde trank zügig. Er goß reichlich nach. Hilde winkte ab. »Ich habe gerade Tee aufgegossen.«

Als Dirk sich, ein Glas in der Hand, fragend zu Bianca umdrehte, rief diese quer durch den Hof: »Wo ist Chris?«

Unwirsch stellte er das Glas ab. »Sie wollte noch ein bißchen am Meer spazierengehen! Ihr wißt ja, Spaziergänge sind nicht gerade mein Hobby. Da habe ich ein Taxi genommen.«

Bianca schnellte von ihrem Stuhl hoch, Heft und Kugelschreiber flitschten ihr vom Schoß, sie lief an dem kauernden Adam vorbei auf Dirk zu – »Er hat sie abgestochen! Er hat sie abgestochen!« – und krallte beide Hände in seinen karierten Sakkoärmel. Dirk brüllte überrascht auf, versuchte, sie fortzufuchteln. »Verdammt, diese Verrückte beißt!«

Siglinde und Hilde sprangen zu Hilfe und zerrten an Bianca, die nicht losließ. Erst als Dirk ihr den Ellbogen in den Bauch boxte, öffneten sich ihre Finger, die Beine knickten ein, und sie fiel stumm wie ein abgerissenes Büschel Unkraut in sich zusammen.

Adam schaute irritiert von seinem Ameisenspiel hoch.

»Was hast du gemacht, Dirk?« rief Hilde. »Das war wirklich nicht nötig.« Sie kniete neben Bianca nieder.

Dirk rieb sich wütend den Hals. »Die ist gemeingefährlich. Die gehört in die Anstalt!« Er bog den Kopf nach hinten und zeigte anklagend den Abdruck ihrer Zähne.

Bianca rappelte sich hoch, sammelte Heft und Kugelschreiber vom Boden auf und setzte sich ruhig zurück unter den Bogengang, um weiterzukritzeln, als sei nichts geschehen.

Hilde stellte die Kanne in die Mitte des Tisches. »Wer will einen Tee?«

»Komm, wir gehen.« Siglinde Mauser goß sich einen dritten Cognac ein, kippte ihn, warf einen bangen Blick auf Bianca, faßte Dirks Hand und zog ihn mit sich in sein Zimmer.

»Ich melde mich.« Dirk rollte genervt die Augen, als Siglinde ihm seine gefüllte Reisetasche abnahm, um sie im Kofferraum zu verstauen. »Bis bald! Grüße an Chris!« Er winkte aus dem Fenster, bis das Auto hinter der Biegung verschwand.

»Magst du einen Tee?« fragte Hilde und trat an Biancas Stuhl. Sie schrieb ihre emsigen, winzigen Zeichen und antwortete nicht.

Hilde beugte sich zu Adam hinunter. »Der Tee ist fertig.«

Er strahlte zu ihr hoch und schnappte nach ihrem Knöchel.

»Nein, jetzt nicht!« Sie wehrte sich lachend. »Du hast zuviel gekifft. Du weißt doch, das kann ich nicht leiden.«

Mit ihrer Tasse setzte sie sich vor den Fernseher. Sie platzte in die Schlußszene des Hollywoodschinkens »Vom Winde verweht«.

Den Film hatte Hilde im Gegensatz zum Buch nie gemocht. Und als sie die letzten Sequenzen anschaute, wußte sie auch, warum. Der Regisseur war ein Mann, der Film kein Frauentraum. Rhett Butler – jetzt zum Schluß darf er endlich zeigen, daß er doch ein normaler Mann ist – flüchtet genervt vor Scarletts zu spät erwachter Liebe. Er hat wirklich genug. Er hat die Nase voll. Er hat es satt bis obenhin. Er will nichts mehr, aber auch gar nichts mehr mit diesem neurotischen Weibsbild zu tun haben. Der Zuschauer spürt: Es ist zu spät. Sie hat ihre Chance vertan.

Das Buch endet anders: Auch dort hat Rhett Butler aufgegeben, aber müde melancholisch. Er flüchtet nicht. Er ist erschöpft, wie manche Frauen erschöpft sind vom vergeblichen Kampf um die Liebe eines Mannes.

Der Rollentausch ist es, dachte Hilde und rührte einen Löffel voll Honig in den Tee, der den Frauen am Buch gefällt. Rhett Butler, so männlich er von außen scheint, liebt wie eine abhängige Frau. Im Buch ist Scarlett, trotz aller weiblicher Attribute, der egozentrische, flüchtende, gleichwohl sehnsüchtige Mann.

Stunden später kam Chris, aufgelöst und fahrig. Sie traf Adam, Hilde und Bianca in der Küche beim Abendimbiß an.

»Ich war noch bei Manolo, einen kleinen Fino trinken.« Sie ließ den Autoschlüssel um ihren Zeigefinger kreisen. »Er erzählte mir, Consuelos Großmutter sei gestorben. Da mußte ich natürlich hin und Beileid wünschen. Alle Frauen der Familie standen um die Leiche herum und schrien und heulten. Eine gräßliche Hysterie! Kaum auszuhalten!«

»Wie die Klageweiber in den arabischen Ländern«, sagte Adam kauend. »Man merkt die Nähe zu Afrika.«

Er schob ihr aufmunternd die Schüssel mit Hildes eingelegten Paprikastreifen hin.

»Klagen und weinen entlastet«, sagte Hilde, »ich wünschte, in Deutschland wäre das möglich. Aber dort wischt man am Grabe höchstens mal ein dezentes Tränchen ab. Unsere übergroße emotionale Kontrolle ist doch ungesund!«

Chris schlenderte unschlüssig zum Treppenaufgang, zog Meier-Graefes »Spanienreise« aus dem Strandbeutel, kehrte in die Küche zurück und knallte das Buch auf den Tisch. »Wo ist Dirk?«

Adam schaute hinunter auf seinen Teller. Hilde sagte betreten: »Seine Frau hat ihn geholt.«

»Seine Frau?« Chris stand wie zu einem heroischen Denkmal erstarrt. »Wo sind sie hin?«

»Ich nehme an, nach Torremolinos. Sie hat dort ein Büro.«

Chris stürzte zurück zum Wagen, drehte den Zündschlüssel und jagte los.

»Chris!« brüllte Hilde ihr hinterher. »Mach keinen Unsinn! Fahr nicht so schnell!«

»Was ist passiert?« fragte Conrad, der kurz darauf in seinem Mercedes auftauchte. »Chris kam mir gerade entgegengeprescht. Sie hat überhaupt nicht auf mein Hupen reagiert.«

Er langte in die Schüssel mit den eingelegten Paprika und schnabulierte ein Streifchen.

»Ich mach mir Sorgen«, seufzte Hilde und erzählte knapp, was geschehen war. »Sie will nach Torremolinos.«

»Torremolinos ist groß. Sie wird Dirk dort nicht finden.«

»Ich nehme an, das Büro seiner Frau ist bekannt.«

Conrad trat auf Bianca zu. »Ist das wahr? Dirk hat dich zusammengeschlagen?«

Sie nahm ihr Heft, das wie eine auseinandergeklappte Schnitte Brot auf ihrem Teller lag, »Nicht so schlimm«, schlug es zu und schob es in ihr Täschchen.

»Daß Dirk eine Frau schlägt«, sagte Conrad kopfschüttelnd, »hätte ich nie für möglich gehalten.« Und mit einer linkischen Bewegung tätschelte er Bianca den Kopf.

Dann ließ er sich auf den freien Stuhl neben ihr fallen und goß sich einen Cognac ein. »Ich habe im Ort mit diversen Leuten gesprochen. Keiner kann mir sagen, was aus unserem Nachbargrundstück werden soll.«

»Irgendwas hat Frau Mauser damit zu tun«, sagte Hilde. »Sie kannte Sebastiano.«

Nein, sie war es nicht gewesen, Gott sei Dank!

Jeden Tag hatte sich die Sonne so selbstverständlich strahlend aus dem grünwogenden Nest der Pinienkronen erhoben, daß Conrad fast schockiert war, als er an diesem Oktobermorgen hinaus auf die Terrasse schlurfte und von einem tiefhängenden Nebelhimmel empfangen wurde. Wie ein grauer Film legte sich Melancholie über seine Seele.

Wie immer schlief alles noch. Er setzte Kaffeewasser auf, breitete die ersten Seiten seines Romanmanuskriptes auf dem Küchentisch aus und starrte durch die offene Tür in die feuchtflimmernde Luft. Als ihm einfach keine Ideen kommen wollten, schlüpfte er in seine Windjacke und lief zu Rafael hinüber, um das Neueste über Sebastianos Grundstück in Erfahrung zu bringen.

»Dort entsteht ein Campingplatz«, vermutete Consuelo. »Was soll ein Käufer sonst mit einem so riesigen Gelände anfangen?«

Ein Campingplatz – grauenhafte Vorstellung! Massen von jungen Leuten, die herumlärmten und ihre Transistorgeräte auf höchster Lautstärke laufen ließen.

»Die Arbeiter, die das Terreno abgesteckt und vom Unterholz befreit haben«, sagte Isabel, »meinen, es würde eine Urbanisation gebaut.«

Was konnte das heißen? Ein paar Villen? Oder dichte Bebauung mit mehrstöckigen Reihenhäusern?

Ruhelos lief Conrad zurück in den Innenhof. Noch immer schliefen seine Mitbewohner.

Während er den Rest Kaffee in seine Tasse goß, hörte er das leise Klappern von Biancas Ledersandalen. Mit ihr würde er nicht gerade über seine Immobilienprobleme reden können.

»Zieh dich an«, sagte er grantig. »Wir fahren ins Dorf zu Sebastiano.«

Bianca kehrte ins Haus zurück, um ihr kurzes Nachthemd mit einem ebenso kurzen Strandhemd zu vertauschen.

»Frierst du nicht?« fragte Conrad zerstreut. »Der Sommer ist vorbei.«

Ohne eine Antwort stieg sie zu ihm ins Auto.

Obwohl Conrad sich inzwischen einigermaßen an den andalusischen Dialekt gewöhnt hatte – ganze Endungen wurden verschluckt –, fiel es ihm schwer, Sebastiano zu verstehen, der sich, wie viele der älteren Leute, nicht auf die Fremden hatte einstellen können. Wenn Conrad nachfragte, hob er die

Stimme, als habe er es mit einem Schwerhörigen zu tun, sprach aber in derselben vernuschelten Geschwindigkeit weiter.

Immerhin, soviel begriff Conrad: Mehr als die Bauarbeiter wußte Sebastiano auch nicht.

»No te preocupes«, sagte Antonio in der Bar »La Fuente«, »keine Sorge. Eine Baugenehmigung kriegt man nicht so einfach.«

»Aber es wird überall wie irre gebaut. Irgend jemand muß das doch genehmigen.«

Agustín, Bauleiter von Beruf, machte ein pfiffiges Gesicht: »Von irgend etwas muß ich mit meiner Familie leben. Und die Arbeiter mit ihren Familien auch. Das weiß der Bürgermeister ganz genau. Ich biete Arbeitsplätze. Seit Jahren hat das Ayuntamiento Probleme damit, daß die Gesetze zu eng sind. Wenn die Gesetze zu eng sind, daß sie nicht zum Leben passen, muß man eine Lösung finden, wie man die Gesetze respektiert und trotzdem macht, was man will.«

»Und wie sieht das konkret aus?«

Er grinste. »Man beantragt eine Genehmigung für ›obras menores‹, für kleinere Reparaturarbeiten. Das heißt: Du darfst ein undichtes Dach reparieren, aber keinesfalls aus einem Flachdach ein Schrägdach machen. Du darfst ein undichtes Abflußrohr erneuern, aber nicht die Terrasse zum Zimmer ausbauen.«

»Dann kommt der Kontrolleur«, sagte Manolo, »stellt fest, daß du ein halbes Haus gebaut hast, und stoppt den Bau. Du zahlst Strafe und baust weiter, bis zum nächsten Baustopp. Wieder zahlst du, baust weiter, zahlst, baust, bis das Haus fertig ist.«

»Zwischendurch trinkst du immer mal eine Copa mit dem Kontrolleur.« Agustín blätterte schmunzelnd ein paar imaginäre Scheine hin. »Der Bürgermeister ist mein Schwager«, fuhr er fort, »trotzdem bekam ich keine Umbaugenehmigung für mein Haus. Es liegt halt mitten im Ortskern. Wenn ich umbaue, kommen alle an und wollen auch umbauen.« Er genehmigte sich einen Cognac und lächelte schlau. »Mein Haus brauchte größere Fenster, ein zusätzliches Stockwerk. Ich holte also eine Erlaubnis für ›obras menores‹ ein und lud einen Sandhaufen und ein paar Ziegelsteine auf dem Bürgersteig ab. Dann habe ich erst mal gar nichts gemacht. Der Kontrolleur kam vorbei und guckte, und alles war wie immer. Die Leute kamen vorbei, und man gewöhnte sich an den Sandhaufen und die Steine. Dann fing ich in Ruhe an, innen umzubauen, wo es nicht so auffällt. Ganz langsam, mit vielen Pausen. Die Bauarbeiten haben sich über fünf Jahre hingezogen. Und am Ende erinnerte sich keiner mehr, wie das Haus vorher ausgesehen hatte.«

Als sie auf die Straße hinaustraten, begann es zu nieseln. Sie rannten zum Strand hinunter, wo das Auto geparkt war. Der graue Himmel hing tief über dem Meer. Conrad schloß auf. »Das Gute an diesem Wetter ist: In den nächsten Tagen brauchen wir die Pflanzen nicht zu gießen.«

Während er einstieg, hob Bianca ihr lächelndes Gesicht den Regenwolken entgegen. Aus ihren Haarspitzen tropfte das Wasser. »Und es sind nicht so viele Vergewaltiger unterwegs.«

Conrad öffnete von innen die Beifahrertür. Biancas Beine waren blau marmoriert vor Kälte.

Als sie Sebastianos Grundstück erreichten, rollte gerade eine Planierraupe heran, um lärmend das unebene, von Unterholz freigelegte Gelände plattzuwalzen. Conrad stoppte und fragte den Fahrer, wer sein Auftraggeber sei. »Eine Firma aus Sevilla«, sagte der Mann freundlich. »Ja, hier entsteht eine Urbanisation. Mit Hotels, Golfanlagen und Tennisplätzen. So was wie an der Costa del Sol.«

Erregt brachte Conrad die Nachricht mit zum Frühstückstisch.

»Die Welt verändert sich«, sagte Hilde mit überraschend fester Stimme. »Damit müssen wir wohl leben. Ich habe übrigens die Nummer von Frau Mausers Büro in Torremolinos rausgekriegt. Ich dachte, Dirks Frau weiß vielleicht, wo Chris steckt. Aber nie geht jemand ans Telefon. Wir sollten mal hinfahren.«

Was war nur los mit ihr? Wo blieben ihre romantischen Ideale? Conrad fühlte sich plötzlich schmerzhaft im Stich gelassen. Sie schien sich mehr Sorgen um Chris als um die Zukunft der Hacienda zu machen.

»Chris ist ein erwachsener Mensch!« murrte er. »Sie wird sich schon melden, wenn ihr danach ist.«

»Aber vielleicht geht es ihr so schlecht, daß sie nicht mehr die Kraft hat, sich zu melden«, beharrte Hilde. »Immerhin ist sie jetzt drei Wochen fort.«

»Wahrscheinlich läuft sie längst wieder fröhlich durch die Frankfurter Boutiquen«, meinte Adam. »Und du machst dir hier unnötige Sorgen.«

»Irgendwas ist nicht in Ordnung«, sagte Hilde. »Sie hat noch all ihre Klamotten hier. Sie kam im Frühjahr mit einer einzigen Reisetasche an. Jetzt bräuchte sie einen Kombi, um all das Zeug zu transportieren.«

»Daß sie ihre Kleider nicht abholt«, gab Conrad zu, »ist merkwürdig.«

»Sie hätte wenigstens mal bei Pepe anrufen oder uns einen Brief schicken können.«

»Vielleicht hat sie ja geschrieben. Aber bis der Postbote uns hier draußen findet, dauert es Wochen.«

Als Conrad sich mißgelaunt ins Bücherzimmer zurückzog, sah er Bianca über seinen Schreibtisch gebeugt. Mit einem

Satz war er bei ihr. In den Flächen ihrer geöffneten Hände lag die Pistole. Bianca drehte den Kopf nicht nach ihm um, aber als er nach der Waffe greifen wollte, schlossen sich ihre Finger um Griff und Mündung.

»Bianca«, sagte er, so sanft er in seiner Erregung vermochte, »gib mir das Ding. Es ist gefährlich.«

Sie hielt ganz fest.

Natürlich, so einfach konnte nichts passieren. Die Waffe war zwar geladen, aber nicht entsichert.

Mit Mühe bog er Biancas Finger auf, um ihr die Pistole zu entwinden.

Ihre leeren Hände fielen nach unten wie nutzlose Gewichte. Steifbeinig, mit erhobenem Kopf, verließ sie das Bücherzimmer. Sorgfältig suchte Conrad nach einem Versteck. Schließlich verbarg er die Waffe in seiner Kommode zwischen der Unterwäsche. Dort würde keiner wühlen.

Er setzte sich an seinen Schreibtisch und schaute grübelnd durch die Gitterstäbe auf Hilde und Adam.

Sie tun so, als spürten sie meine Blicke nicht, dachte er, dabei ist alles für mich inszeniert.

Hilde flocht Adam ein dünnes Nackenzöpfchen, in das sie bunte Perlen hineinarbeitete. Kaum war sie fertig mit ihrer Dekoration, drehte Adam sich herum und fuhr ihr mit der flachen Hand unters Rockgummi, bis hinunter zum Hintern. Sie zeterte auf wie eine Sechzehnjährige, schob ihn weg, er fing sie, sein neues Zöpfchen schlenkerte ihm lächerlich im Nacken, er grub seine unappetitlichen dicken Lippen in ihre Mulde zwischen Hals und Schulter. Die Erinnerung zischte Conrad ins Herz wie eine Klinge: Diese Küsse in die Halsmulde hatte Hilde immer entzückt genossen. Ihr Blick blitzte zu seinem Fenstergitter hinüber. Erinnerte sie sich auch? Oder triumphierte sie? Oder hatte sie gar Mitleid mit ihm?

Er fühlte sich von einer Scham gepeinigt, die kaum zu ertragen war.

Hinzu kam, daß Adam nur noch selten für ihn arbeitete. Die meiste Zeit saß er in Hildes Nähzimmer und ließ sich zeigen, wie man Schnittmuster ausrädelt, sie mit Kreide auf den Stoff überträgt und die ausgeschnittenen Stoffteile zusammenheftet. Während Adam an ihrer Nähmaschine übte, Hüfttücher und Schals zu umsäumen, war Hilde mit ihren Collagen beschäftigt. Verarbeitete seit neuestem Nägel und Blechabfall, den sie in Adams Schuppen aufsammelte. Conrad mußte widerwillig zugeben, daß ihre femininen Handarbeiten dadurch einen männlich-düsteren Reiz erhielten.

»Dem Textil als künstlerischem Material wie auch seiner Verarbeitung mit Handarbeitsnadeln haftet doch immer etwas Hausbackenes an«, versuchte er sie zu provozieren. »Was für eine virile Wucht haben dagegen Metall, Stein und Hammer. Die Nähe zum Kitsch ist beim Mann schon von Natur aus geringer.«

Hilde schüttelte lächelnd den Kopf. »Denk an das Dritte Reich. An den Sozialistischen Realismus. Das heroische Pathos in Stein und Bronze ist genauso kitschig wie ein gewebtes Wandbild mit süßlichen Familienszenen.«

Wie unbekümmert sie plötzlich argumentierte! Früher hätte sie ohnmächtig losgetobt, wenn sie seine Thesen nicht gleich entkräften konnte. War sie klüger geworden? Oder selbstsicherer, so wie sie lässig schwingend durch die Räume schritt? Wie goldbraun ihre Haut schimmert, dachte er, wie ihre Haarmähne lodert, wie klar sie mich anschaut mit diesen olivgrünen Augen, daß ich ganz verlegen werde. Wieso habe ich nie gemerkt, was für eine attraktive Frau sie ist?

Adam und Hilde belegten jetzt selbstverständlich die gesamte obere Etage. Ohne Conrad zu fragen, benutzten sie Chris' verwaistes Zimmer als Lager für Hildes Stoffe. Natürlich könnte ich mich jetzt als Hausbesitzer aufspielen, dachte Conrad verdrossen, den wollen sie offenbar aus mir herauskitzeln.

War die obere Etage Hildes und Adams Bereich geworden, so verleibte Conrad sich nun das Parterre ein. Er räumte Dirks Zimmer aus, um es zu seinem Arbeitsraum umzufunktionieren und Bianca sozusagen von beiden Seiten zu umschließen.

Die Hauptperson seines Thrillers war ein Schriftsteller, der unter Schreibhemmung litt und sich in den Süden Europas zurückzog, um dort, im exotischen Andalusien, wieder Zugang zu seiner Arbeit zu finden. Conrad haßte Bücher, deren Hauptpersonen Schriftsteller waren. Dieser seltene Beruf ist in der Literatur überrepräsentiert, dachte er. Die Autoren schauen nicht über ihren Schreibtischrand hinweg. Andererseits sollte man nur schildern, was man kennt.

Er schlief schlecht. Oft weckte ihn ein archaischer Lustgesang, der den Innenhof erfüllte: wollüstige Seufzer, verzückte Schreie, ein sich hochbäumendes Jaulen wie eine gewaltige feurige Klage.

Da reißen sie die Fenster auf, dachte er voll Ingrimm, um aller Welt ihr Sinnesglück zu demonstrieren. Und er stopfte sich jeden Abend Oropax in die Gehörgänge.

Eines Nachts erwachte er von lärmendem Geklapper. Er puhlte die Wachskügelchen aus den Ohren. Der Wind? Nein, der Lärm des Windes war ihm vertraut. Irgend etwas wie Geschirr krachte zu Boden. Einbrecher?

Den Oberkörper steif vor Spannung, richtete er sich auf, schob die Beine über die Bettkante und tastete nach seinen Stoffschlappen. Während er an die Wäschekommode schlich, um die Pistole herauszunehmen, spürte er sein Herz wie einen Fremdkörper gegen sein Brustbein pochen. Im Flur hielt er ein, um die Geräusche zu orten. Nein, er irrte sich nicht. Sie kamen eindeutig aus Biancas Zimmer. Die Pistole hinter dem Rücken versteckt, faßte er nach der Türklinke. Die metallene Kälte brannte in seiner Handfläche. Vorsichtig schob er die Tür auf. Weißes Licht fiel von der Decke und beleuchtete eine bizarre Pyramide aus Kochtöpfen und Pfannen. Im Zugwind blähte sich Biancas spinnwebdünnes Nachthemd. Darunter regte sich ihr Körperchen, zartknochig wie ein Spuk.

Sie schaute nicht hoch, als Conrad eintrat, nicht, als die Tür hinter ihm krachend zufiel.

Versunken wie ein Uhrzeiger um seine Achse, umrundete sie ihr Kunstwerk, wanderte im Kreis, lief immer wieder rundherum mit schleppendem Schritt, und im monotonen Rhythmus ihrer nackten Füße summte sie vor sich hin.

Conrad spürte einen Krampf in seinem mittleren rechten Zeh. Zugleich schmerzte ihn der unnatürlich nach hinten verschränkte Arm vom Gewicht seiner Pistole.

Er schlüpfte aus seinem rechten Hauslatschen und knetete die Zehen gegen den Fußboden, bis der Krampf nachließ.

In diesem Moment beugte sich Bianca, ohne in ihrem Rundgang innezuhalten, zur Pyramide hinüber, nahm den Wasserkessel, der die Spitze krönte, und begann, während ihre Beine wie aufgezogen weiterwanderten, das Wasser aus dem Kessel über dem Topfberg auszugießen.

»Bist du verrückt?« Er stürzte auf sie zu, während er die Pistole noch immer krampfhaft auf dem Rücken hielt, und riß ihr den Kessel aus der Hand. Sie beachtete ihn nicht und lief mit ihrem zur Mitte erhobenen Arm weiter. Das Wasser verteilte sich am Boden, lief unter Conrads Hauslatschen mit den geflochtenen Hanfsohlen, die so schlecht trockneten. Die nächsten Tage werde ich sie nicht anziehen können, fluchte er und tappte zur Tür zurück.

Bianca lief im Kreis, unermüdlich, ohne einmal aufzuschauen. Sie lief und lief, sie summte und summte, die leere Hand zur Mitte geneigt wie eine Ballettänzerin.

Er legte sich zurück ins Bett und stopfte das Wachs in die Ohren. Er vernahm noch ein gedämpftes Klappern, bevor er einschlief.

Am Morgen war nichts mehr von dem Spuk zu sehen. Die Töpfe und Pfannen standen ordentlich an ihrem Platz in der Küche, so daß Conrad sich fragte, ob er das Ganze nicht vielleicht geträumt habe. Aber ein paar Nächte darauf passierte wieder etwas Sonderbares.

Brüllende Musik drang durch das Wachs in sein Ohr. Eine Unverschämtheit, dachte er zornig, wie das glückliche Liebespaar seine Leidenschaft rücksichtslos auf Kosten seiner Mitbewohner austobt!

Wutschäumend schwang er sich aus dem Bett und erstarrte gleich in der Tür zum Bücherzimmer. Aus den Boxen brandete ihm die Musik entgegen. Mitten im Raum stand der Küchentisch, über und über mit brennenden Kerzen bestanden, eine schwarze Messe. Am entfernten Kopfende des Tisches flackerte eine Gestalt wie eine Geistererscheinung. »Bianca, bist du's?«

Schatten loderten über ihr Gesicht. Er trat an die Musikanlage und schaltete sie aus. Die Stille tobte in seinen Ohren. »Was tust du, Bianca?« hörte er sich sagen. »Spielst du Hochzeit oder Begräbnis?«

Sie drehte sich um und ging hinaus.

Er blies eine Kerze nach der anderen aus. Was für einen derben Schlaf das Pärchen oben hat, dachte er zornig, mit dieser Musik weckt man Scheintote auf.

Als er am nächsten Morgen aufstand, am ganzen Körper zerschlagen, und vorsichtig die Tür zum Bücherzimmer öffnete, in der Hoffnung, der nächtliche Spuk lasse sich in bloße

Phantasie auflösen wie beim letztenmal, stand da der Küchentisch in seiner ganzen Breite. In Lachen von erstarrtem Wachs klebten halb heruntergebrannte Kerzen.

Er fragte sich, ob es ein gutes oder schlechtes Zeichen sei, daß Bianca sich diesmal nicht die Mühe gemacht hatte, die Spuren der Geisterstunde zu beseitigen. Da fiel sein Blick auf seinen Schreibtisch. Alle Schubladen standen offen. Hektisch griff er in jede Lade: Sein Paß war noch da. Aber seine Brieftasche? Wo hatte er seine Brieftasche gelassen? O verdammt, er hatte sie am Abend oben auf der Schreibtischplatte abgelegt. Geld, Führerschein, Scheckkarten, alles war fort. Er stürzte hinüber in Biancas Zimmer, riß die Tür auf, ohne anzuklopfen.

Da lag sie in ihrem unschuldigen Nachthemd und klappte, ohne sich sonst zu rühren, die Lider hoch wie eine Schlafpuppe.

Nein, sie war es nicht gewesen. Gott sei Dank.

Er lief nach oben. Stürmte Hildes Zimmer. »Habt ihr heute nacht nichts gehört?«

Hilde räkelte sich seufzend aus Adams Armen. »Nein, wieso?«

»Musik«, sagte Adam verschlafen. »Die hat uns aber nicht gestört.«

»Danach. Es hat jemand bei uns eingebrochen. Schaut, ob etwas fehlt.«

Sie schossen aus dem Bett auf, schlüpften in Schlappen und Bademäntel. »Tatsächlich, hier oben bei uns waren sie ebenfalls!« fluchte Adam. »Mein ganzes Geld ist weg, das ich mir mit dem Nähen verdient habe. Zweiundzwanzigtausend Peseten. Was für ein Mist.«

Hilde hockte vor ihrem Kleiderschrank und wühlte hinter den Schuhen. »Mein Geld haben sie auch gefunden! Ich hatte über vierzigtausend Peseten gespart.«

»So viel? Dann hättest du ja mal an deine Schulden denken können«, zürnte Conrad. »Mir haben sie zehntausend Peseten geklaut und die Scheckkarte. Mit der können sie aber nichts anfangen ohne Schecks. Vorsichtshalber laß ich sie sperren.«

»Unglaublich, daß sie hier im Zimmer waren, während wir geschlafen haben«, rief Hilde. »Eine Frechheit! Übrigens« – sie packte Conrads Oberarm –, »wo ist deine Pistole?«

Er hastete die Treppe hinunter, tastete zwischen seinen Handtüchern, die Consuelo gewaschen, gebügelt und sorgfältig zusammengelegt hatte. Ja, da lag sie noch. Gott sei Dank.

»Wie kommt der Küchentisch ins Bücherzimmer?« fragte Adam.

»Mit all den Kerzen?« wunderte sich Hilde.

»Helft mir, ihn zurückzubefördern«, sagte Conrad unwirsch. Hilde hob eine Braue. »Bianca?«

»Wie soll denn Bianca diesen schweren Eichentisch tragen können«, schnaufte Adam, während er den Tisch an einer Schmalkante anhob.

»Ihr habt keine Ahnung«, sagte Conrad mürrisch, »wieviel Kraft in ihren dünnen Ärmchen steckt!«

Gemeinsam schleppten sie den Tisch in die Küche zurück, und er begann, die Kerzenstümpfe mit dem Messer abzuheben und die Wachsreste wegzukratzen.

»Weiß sie es schon?« fragte Hilde.

»Bianca!« rief er den Flur entlang. »Wir hatten heute nacht Einbrecherbesuch. Schau, ob noch alle deine Sachen da sind.«

Als keine Antwort kam, betrat er, das Küchenmesser in der Hand, ihr Zimmer durch die halbgeöffnete Tür. Bianca lag wie vorher rücklings im Bett, ihr hartes Ledertäschchen ruhte auf ihrer Brust wie ein Kuscheltier.

Schläft sie etwa mit diesem schrecklichen Täschchen im Arm? schoß es ihm durch den Kopf.

»Vermißt du nichts?« fragte er barsch, als sie sich nicht rührte.

Sie schwieg und schaute mit ihren porzellanblauen Augen auf sein Messer.

Verlegen wischte er es an der seitlichen Hosennaht ab.

»Wie sind die Kerle reingekommen?« wollte Hilde wissen.

Conrad lachte grimmig. »Die Küchentür stand offen. Das Hoftor stand offen. Wie immer. Hier kann jeder rein.«

»Schade«, seufzte Hilde. »Jetzt müssen wir uns verbarrikadieren wie in Frankfurt.«

»Zumindest nachts«, sagte Conrad. »Tags werden sie ja wohl nicht kommen. Ich fahre zur Bank. Dann zur Polizei, um Anzeige zu erstatten.«

»Bist du eigentlich versichert?«

»Natürlich.«

»Gestohlenes Bargeld kriegt man von der Versicherung nicht zurück«, sagte Adam, während er sich einen Magno eingoß. »Darum sollten wir bei der Polizei ein paar teure Sachen als gestohlen melden. Vielleicht verdienen wir sogar dran.«

»Laßt uns erst mal nachsehen, ob sie sonst noch was geklaut haben«, sagte Hilde.

»Meine Musikanlage ist weg«, schrie Conrad aus dem Bücherzimmer. »Meine gesamte CD-Sammlung haben sie mitgenommen.«

Adam holte einen Zettel und notierte. Es wurde eine lange Liste von tatsächlichen und von angeblich gestohlenen Gegenständen.

Der Polizeibeamte zuckte die Achseln. »Wenig Chance, die Sachen wiederzubekommen. Die Einbrüche werden immer zahlreicher. Drogen.« Er machte die Geste des Spritzens. »Hier im Ort wurde schon fast in jeder Wohnung eingebrochen. Die

Gesetze sind zu liberal. Die jungen Leute kommen nach einem Einbruch für ein paar Tage oder Wochen in den Knast, dann läßt man sie frei, und sie machen gleich weiter.«

»Hier auf der Calle Santa Cruz stehen sie immer und dealen«, sagte Miguel aus der Bar ›El Foro‹. »Wir nennen sie nur noch Opium-Straße. Jeden Morgen fegten wir die Heroin-Spritzen weg. Jeden Morgen.«

»Das ist ja schlimmer als in Frankfurt«, murmelte Hilde. »Davon haben wir bisher gar nichts gemerkt. Ärgerlich, daß sie uns jetzt hier draußen entdeckt haben.«

Sie kauften stabile Schlösser und verriegelten jeden Abend Hoftor und Küchentür.

»Ich fühle mich eingesperrt«, klagte Adam.

»Sicher waren das deine Drogenfreunde«, schnaubte Conrad.

»Was heißt hier Drogenfreunde? Ich hatte mit ein paar Haschdealern Kontakt, das weißt du. Ich mußte dir ja immer deinen Stoff besorgen.«

»Du sprichst mit mir wie mit einem Heroinsüchtigen.«

»Ich will nur klarstellen, warum ich mit der Szene zu tun hatte. In erster Linie deinetwegen.«

»Ist ja gut. Aber du hättest unsere Adresse nicht verraten dürfen.«

»Die kennt inzwischen jeder im Ort. Und wer dein großartiges Anwesen sieht, denkt natürlich, wir haben jede Menge Kohle.« Er hielt kurz inne. »Auf dich trifft das ja auch zu. Du kannst die paar Peseten verschmerzen. Nur für unsereinen ist die Geschichte eine mittlere Katastrophe.«

Bianca saß, als sie von der Polizei zurückkamen, im Duft des Jasminbusches und krakelte in ihr Heft.

»Bianca!« rief Conrad. »Frühstückst du mit uns?«

Sie hob langsam den Kopf, nahm ihr Heft vor die Brust

und klappte es jäh auseinander, wie ein Exhibitionist, der seinen Mantel öffnet. Er warf einen hastigen Blick auf die dicht und schwarz bekritzelte Doppelseite, bevor Bianca das Heft wieder zuschlug.

All die Monate zuvor hatte er sich sehnlichst gewünscht, endlich seine beiden Rivalen los zu sein. Nun fühlte er sich plötzlich wie sitzengelassen mit dieser Frau, die offensichtlich ihre Sinne nicht ganz beisammen hatte.

Andererseits, wenn er sich vorstellte, Bianca den Laufpaß zu geben – was blieb ihm dann? Der Anblick eines ... nun ja ... eines glücklichen Paares in unmittelbarer Nähe.

So hatte er sich das Auswandern nicht erträumt.

Zwar stritten sich Adam und Hilde häufiger als zu Anfang. Aber widerwillig mußte er zugeben, daß es eher ein freundschaftlicher Schlagabtausch war, ein zärtlich-verärgertes Foppen, das keinen wirklich kränkte. Ihre Beziehung schien in eine Phase selbstverständlicher Stabilität hineinzuwachsen, die auch Auseinandersetzungen aushielt.

Vom Terrassentisch aus beobachtete er Bianca, wie sie, umbauscht von Wolken weißer Blüten, das Heft gewissenhaft neben sich auf dem Boden ablegte, und, Rücken und Nacken streng hochgereckt, auf einen Punkt in der Mitte ihres Oberschenkels starrte. Langsam, als werde er von einem unsichtbaren Faden gezogen, ließ sie den rechten Zeigefinger einen großen Bogen durch die Luft beschreiben, ehe sie ihn fest wie einen Stempel auf den fixierten Punkt drückte. Nach einer Weile hob sie den Finger dicht vor ihre Augen, um ihn mit konzentrierter Aufmerksamkeit zu betrachten, als wolle sie prüfen, ob das Blau des Rockstoffes abgefärbt habe.

Was habe ich mir da aufgeladen? dachte Conrad. Wie es aussieht, schnappt sie nun vollkommen über. Was soll ich tun? Ich habe ja keinerlei Erfahrung mit Verrückten.

Am unheimlichsten war sie ihm, wenn er mit ihr spazierenging. Ihr eintöniges Summen, das einsetzte, sobald sich ihr Schritt in Bewegung setzte, war zu ertragen gewesen, solange er die Macht besaß, es zu unterbrechen. Seit neuestem aber ließ sie sich durch keine Frage, kein Gebettel, kein inständiges Drängen mehr ablenken. Conrads Worte schienen durch sie hindurchzuwehen.

Mein Vater hatte recht, dachte er widerwillig. Ich hätte meinen Verstand nicht abschalten dürfen. Ich sitze in der Falle. Eine Wahnsinnige kann man nicht so einfach wegschicken. Ebensowenig, wie man sich leichthin von einem schwerkranken Ehepartner trennen kann. Panik ergriff ihn. Ich bin mit einer Behinderten zusammen. Dagegen war das Zusammenleben damals mit Hilde die reinste Erholung gewesen. Mit Hilde konnte man vernünftig reden, und sie gab richtige Antworten. Sogar ihre schwangeren Launen waren besser zu ertragen als dieses einsame Gesumme. Eine Schwangere ist gesund. Eine Schwangere darf man verlassen, obwohl es natürlich ein bißchen unmoralisch ist. Aber eine geistig Umnachtete? Die sich womöglich was antat, wenn man sie wegschickte?

Warum hatte er Biancas offensichtliche Geistesgestörtheit nicht von Anfang an mit der erforderlichen Wachsamkeit beobachtet?

Alle hatten sich beizeiten aus dem Staub gemacht, nur er hielt aus Sentimentalität zu ihr. Nun hatte er sie am Hals. Was sollte er mit ihr anfangen?

Und wenn sie nun eines Tages vollkommen pleite war? Mußte er dann für sie aufkommen? Schon jetzt zahlte er allzu häufig für sie mit. Adam würde ihm ebenfalls wieder auf der Tasche hocken, nachdem ihm die Einbrecher sein Gespartes abgeknöpft hatten und Hilde kein Geld mehr besaß, um ihn für seine Näharbeiten zu entlohnen.

Und Hilde, statt sich mit nützlicher Arbeit zu beschäftigen, begann sich immer mehr als Künstlerin aufzuführen.

»Ich stelle meine Collagen demnächst in Pepes Restaurant aus«, fauchte sie, als er beim Nachmittagstee hinterhältig fragte, wovon sie auf Dauer zu leben gedenke. »Vielleicht werde ich die eine oder andere los. Der Verkauf von Kissen und Tüchern bringt zur Zeit nichts. Das Zeug verstaubt in den Boutiquen.«

Womöglich hatte er nun ein ganzes Trio von Bedürftigen im Schlepptau. So muß sich ein Familienvater fühlen, dachte er. Gottlob habe ich nie geheiratet. Gottlob handelt es sich bei den dreien nicht um Verwandte, sondern um wildfremde Personen, mit denen mich so gut wie nichts verbindet. Gottlob habe ich weder eine juristische noch moralische Verpflichtung, wenn man es genau betrachtet.

»Wir befinden uns im ländlichen Andalusien«, sagte er herablassend. »Die Leute geben keine zweitausend Mark für einen Wandbehang aus.«

»Das ist kein Wandbehang. Das sind textile Collagen.«

»Gut. Aber man braucht hier allenfalls was für die Wohnzimmerwand. Nichts mit eingehäkelten Nägeln. Die Sachen sind nicht gefällig genug. So was hängen sich höchstens deutsche Intellektuelle über ihre Bettcouch.«

»Früher hast du mir vorgeworfen, ich orientierte mich am Geschmack der Durchschnittsbevölkerung. Heute empfiehlst du mir, gefälliger zu arbeiten.«

»Damals hattest du keine Schulden bei mir.«

Hilde errötete leicht. »Vielleicht sollte ich Adam managen. Der ist so begabt und in Geschäftsdingen entsetzlich ungeschickt.«

»Der?« Conrad lachte höhnisch auf. »Mit ihm verplemperst du nur deine Zeit. Da gebe ich deinen Collagen noch eher Erfolgschancen als seinem Blechkram.«

»Wenn du das Geld dringender gebraucht hättest, hätte ich meine Schulden bestimmt früher bezahlt. Dann hätten es jetzt nicht die Einbrecher.«

Er reckte die Arme. »In was bin ich da hineingeraten?« rief er theatralisch verzweifelt aus. »Vom engagierten Linken zum ausgebeuteten Kapitalisten.«

»Na, na«, sagte Hilde. »Betteln gehen mußt du noch nicht. Immerhin kannst du dir ohne Probleme ein mittelloses Liebchen halten.«

Verstimmt erhob sich Conrad.

Bianca sah nicht auf, als er ihr Zimmer betrat. Sie saß auf der Bettkante, trug ein weißes Spitzenhemdchen und einen weißen Slip und hatte den Kopf über ihren Schoß geneigt, wo ihr gepunktetes Kleid ausgebreitet lag. Mit der linken Hand hielt sie einen Stoffzipfel gerafft, mit der rechten umklammerte sie eine Schere wie einen Dolch. Gleich neben ihr, auf dem verkrumpelten Bettlaken, lag ein kleines helles Schnipselhäuflein.

»Was machst du da, Bianca?«

Sie schien ihn nicht zu hören und fuhr emsig fort mit ihrer Arbeit. Sie bohrte den spitzen Schenkel der Nähschere in den Rand eines weißen Stoffpunktes und begann ihn sorgfältig auszuschneiden, immer an der weißblauen Farbgrenze entlang. Das helle, kreisrunde Fleckchen legte sie behutsam auf das Häuflein neben sich und stach die Scherenspitze von neuem in den Stoff.

»Bianca, du zerschneidest ja dein Sommerkleid!«

Noch immer reagierte sie nicht.

Conrad fühlte Zorn in sich aufsteigen. Sie könnte ja wenigstens antworten. War er denn ein Nichts für sie? War er es nicht einmal wert, daß man mit ihm sprach? Sein Vater hatte es fertiggebracht, drei Wochen lang nicht mit ihm zu reden! So ging man nicht mit ihm um! Mußte er sich das gefallen lassen?

Er langte nach ihrem Arm mit der Schere und bog ihre klammernden Finger auf, bis er das Instrument erobert hatte. Griff nach ihrem Kleid, das sie krampfhaft festhielt. Als er ihr einen Klaps auf die Hand gab wie einem ungehorsamen Kind, ließ sie stumm los. Sie hatte ihn nicht einmal angeschaut während der kurzen Rangelei.

Anklagend breitete er das zersiebte Kleid zwischen seinen Händen aus, eine Attrappe, von zahllosen Schüssen durchlöchert.

»Du bist ja bekloppt«, entfuhr es ihm. »Du hast ja nicht alle beieinander.«

Sie hielt den Kopf noch immer gesenkt, drückte mit dem Zeigefinger eine Delle in ihren nackten Schenkel und ließ den Finger Kreise malen, Spiralen drehen, endlos, unbewegt. Nichts war mehr übrig von ihrer früheren Fahrigkeit, dem nervösen Ungeschick. Sie wirkte beklemmend genau und konzentriert. Wie ein indischer Guru, dachte Conrad, der sich durch keinen Straßenlärm in seinen meditativen Übungen ablenken läßt.

Conrad ging hinaus und brachte Hilde, die auf dem Küchenboden hockte, die Schere. »Ich habe sie schon gesucht«, strahlte sie.

»Was nähst du da?« fragte Conrad zerstreut.

Sie zupfte verlegen an den Stoffen, die um sie herum ausgebreitet lagen. »Kissenbezüge und Gardinen für Adam. Sein Zimmer ist ja so ungemütlich, da muß ein wenig Farbe rein. Wie findest du den goldbraungemusterten Baumwollstoff? Er braucht kräftige Farben, das paßt zu ihm.«

Es drängte Conrad, über Bianca zu sprechen, aber eine Art Schamgefühl verschloß ihm den Mund. Er hatte Bianca hergebracht, alles war seine Schuld, nun war es seine Verantwortung, mit ihr fertigzuwerden, niemand konnte ihm helfen.

Schon gar nicht Hilde.

Am nächsten Morgen erschien Bianca nicht zum Frühstück.

Zunächst machte sich keiner Gedanken, denn in letzter Zeit kam es häufig vor, daß sie erst am frühen Nachmittag, wenn man schon das spanische Mittagessen vorbereitete, zum Vorschein kam. Aber es wurde vier Uhr, es wurde fünf, und sie tauchte nicht auf. Conrad wartete eine weitere Stunde, dann ging er in ihr Zimmer. Ihr Bett war leer.

Ihm begann das Herz zu klopfen. Wo steckte sie? Man war den ganzen Tag zu Hause gewesen. Er schaute nach den Fahrrädern, keines fehlte. Vielleicht war sie bereits vor ihm wach geworden und hatte einen Spaziergang unternommen. Aber da wäre sie jetzt über zehn Stunden unterwegs.

Adam und Hilde waren gleichfalls ratlos. Sie hatten ihr, genau wie er selbst, nach dem Abendessen »Tschüs« und »Schlaf schön« gesagt, ohne eine Antwort zu erhalten, und sie seither nicht mehr gesehen.

Vielleicht war sie durch die Nacht geschlafwandelt. Vielleicht war ihr irgend etwas zugestoßen. Vielleicht war sie gestürzt und lag nun verletzt am Waldboden.

Er durchsuchte ihr Zimmer. Das Täschchen mit dem Heft war fort, ebenso das blaue Kleid. Die ausgeschnittenen Punkte stoben fröhlich durch den Raum. Ob sie dieses löcherige Kleid tatsächlich trug? Hoffentlich hatte sie wenigstens eine warme Jacke mitgenommen und eine Strumpfhose. Frauen holten sich so leicht eine Blasenentzündung. Auch wenn es tagsüber noch fast sommerlich war, wurde es abends oft empfindlich kalt …

Er stieg in seinen Mercedes und bretterte los. Nein, Rafael hatte Bianca seit Tagen nicht gesehen. Früher war sie öfter zu ihnen ins Haus gekommen, um Isabel beim Füttern der Tiere zuzuschauen.

»Muy simpática«, sagte Isabel. »Nur daß sie kaum ein Wort redet. Sie ißt Zitronen mit der Schale.«

»Als das Kälbchen geboren war«, sagte Rafael, »saß sie stundenlang im Kuhstall und beobachtete, wie es bei der Mutter trank. Einmal brachte sie eine kleine Schwalbe an, die aus dem Nest gefallen war, aber sie hat nicht überlebt.«

»Sie sah den toten Vogel«, sagte Isabel, »und hat laut angefangen zu jammern. Dabei war es doch nur ein Tier.«

»Als unsere Katze starb«, murmelte Conrad, »da weinte sie den ganzen Tag.«

Er fuhr zum Hafen, wo im seichten Wasser die bunten Fischerboote schaukelten. Sie hatte mal mit verträumtem Lächeln gesagt, sie möge Bahnhöfe und Häfen, weil man dort jederzeit fortkönne.

Er fragte bei den Fischern herum, jeder winkte ab. Nein, die junge blonde Frau sei nicht hier gewesen.

Er warf sich ins Auto und jagte hinunter zum Badestrand. Weder Pepe noch Manolo hatten sie gesehen.

Hilflos kehrte er zurück. Als sie auch am nächsten und übernächsten Tag nicht wieder auftauchte, begannen gräßliche Phantasien sein Hirn zu peinigen. Vielleicht war sie überfahren worden und lag sterbend im Krankenhaus? Oder man hatte sie vergewaltigt, und sie irrte jetzt verzweifelt durch die Felder? Er holte seine Pistole aus der Wäschekommode, steckte sie in den Gürtel und zog sein Jackett über. Beim Autofahren drückte sie unangenehm in die Leiste, und er legte sie neben sich auf den Sitz.

Wieder raste er hinunter zu Pepe. »War Bianca hier?« Niemand hatte sie getroffen.

Er lief den Strand entlang.

Glaubte einmal, ihr gepunktetes Kleid im feuchten Sand liegen zu sehen. Sie hatte so viel Angst vorm Wasser. Aber das, was er für ein Kleid gehalten hatte, löste sich beim Näherkommen auf wie eine Fata Morgana.

Er lief durch den Ort, fragte bei Manolo, fragte im »Rincón«, im »Cortijo blanco«, im »Mirador«, fragte in der »Terraza«, fragte in jeder Kneipe. Keiner hatte Bianca gesehen.

Wieder zurück zum Wasser. Gleichmütig erhoben sich die Wellen, um schäumend zusammenzubrechen und alles fortzuspülen, was er besaß. Ruth im roten Badeanzug schoß kreischend durch die steilen Wasserwände, sie schwamm wie ein Fischlein. Viel besser als er, der sich mühsam ein paar sportliche Fähigkeiten zugelegt hatte. Er war nie aus Freude geschwommen und gerannt wie seine Schwester, hatte nur, um seinem Körper eine männliche Kontur zu verleihen, Volleyball und Handball gespielt. Er haßte Tennis, obwohl er es über Jahre mit verbissenem Eifer betrieb.

Einen kurzen Moment lang hatte er die Vision, in einer Dünenwüste zu laufen, seine Füße waren müde vom Sand, der bis zum Horizont reichte und nicht aufhörte, so sehr er auch lief. Wohin lief er eigentlich, was suchte er, wo war sein Ziel? Natürlich. Karriere wollte er machen. Sein Buch signieren, umringt von atemlosen Lesern. Welches Buch? Welche Karriere? Ein Lebensprojekt mit Gleichgesinnten wollte er aufbauen. Was für ein Projekt? Was für Gleichgesinnte? Irgendwie war ihm sein Ziel abhanden gekommen, es konnte doch nicht sein, daß er wie auf der Flucht durch sinnlosen Sand rannte, über sich einen gleißend weißen Himmel.

Die Pistole in seinem Gürtel zog sein rechtes Bein schwer nach unten. Sie schien das einzige Reale zu sein, das ihn erdete.

Dritter Teil

Die suchen wohl immer neue Gesichter

»Die untalentiertesten Trottel stellen in den großen Galerien aus!« murrte Adam. Er schmökerte sich durchs Feuilleton der FAZ und kommentierte ab und zu die Borniertheit der deutschen Kulturszene. »Die Presse überschlägt sich in Lobhudeleien, nur weil ein Bildhauer aus Tokio oder Rom oder L.A. auftritt. Alles Ausländische wird euphorisch gefeiert, während man die eigenen Künstler weitgehend ignoriert. Ich nenne das Rassismus!« Es war ein gemütlicher Novembernachmittag.

Conrad ackerte sich durch »El País«, mit immer neuen Skandalen um den Präsidenten und seine Regierungspartei.

Hilde blätterte in dem weltberühmten Aussteigerroman der 68er Zeit »Die Kinder von Torremolinos.«

»Alt-Männer-Phantasien«, bemerkte sie verächtlich. »Ein Autor, der nichts als käufliche Sinnlichkeit kennt, stellt sich die freie Liebe vor. Er beschreibt lauter junge Mädchen, die sich fröhlich skrupellos nehmen, was sie kriegen können. Er konnte sich nicht wirklich in uns hineinfühlen mit unseren gnadenlosen Ansprüchen an das Glück. Wir waren doch alle um die Zwanzig. Hatten zu kurz gekommene, ewig jammernde Mütter gehabt. So wollten wir nicht werden. Wir kalkulierten nicht. Im Gegenteil! Wir stürzten uns ins Leben!«

»Torremolinos war nie eine Hippie-Idylle, so wie Goa oder später Gomera«, bemerkte Conrad über seine Zeitung hinweg, »sondern immer ein Ziel für Billig-Tourismus.«

»Wie mag es Chris gehen«, sagte Hilde. »Ob sie ihren Dirk in Torremolinos gefunden hat?«

Gelegentlich sorgte sie sich noch um Chris und Bianca, von denen kein Lebenszeichen gekommen war. Aber ihre Vorschläge, die zwei zu suchen, waren immer halbherziger gekommen. Kaum mochte sie sich eingestehen, daß sie sich ohne die beiden entkrampfter fühlte. Sie regelte die häuslichen Dinge, bestimmte auf selbstbewußt-sanfte Art, wer welche Aufgaben zu übernehmen hatte. Und man hörte auf sie. Herrlich, dachte sie, als Schloßherrin zu residieren, an der Seite zwei vertraute Männer, die unermüdlich um meine gute Laune bemüht sind und dankbar genießen, wenn ich mich ihnen widme.

Wie eilfertig Conrad morgens den Tisch deckt! Wie umsichtig Adam die Einkäufe erledigt! Keiner mault, niemand beschwert sich!

Dezent bezahlte Conrad Adams Anteil für die Gemeinschaftskasse. Plötzlich war er nicht mehr der Hausherr, der sich einen Diener hielt. Plötzlich war Adam so gnädig, der Gemeinschaft seine Arbeit zur Verfügung zu stellen.

Wie mich Conrad manchmal anschaut, dachte Hilde, könnte ich ernsthaft Lust auf ihn bekommen. Diese süße Spannung gab es all die Jahre nicht zwischen uns. Vielleicht kann er mich nur begehren, wenn ich zufrieden bin mit einem anderen. Wie reizvoll linkisch seine Gutenachtküsse sind! Wie sehnsüchtig er sich am Fuß der Treppe herumdrückt. Wie er versucht, mich mit einem hastig hingeworfenen Stichwort zu fesseln, damit ich nicht gleich zu Adam hinaufsteige, der schon im Bett auf mich wartet. Wie seine Hände zu mir hinzucken. Mich fassen möchten. Sich aber nicht trauen. Am liebsten würde ich mich einfach an seine Brust lehnen, damit er mich endlich packt. Natürlich tue ich das nicht. Das würde Adam kränken. Das würde alles furchtbar kompliziert machen. Aber Lust hätte ich schon.

Zwei Männer für mich allein, das ist das Paradies!

Wie sie so im Bücherzimmer saßen, eingehüllt in die Strahlungswärme des elektrischen Radiators, fegte ein kleiner Regenschauer über sie hinweg.

Hilde ließ ihr Buch sinken, in das sie minutenlang gestarrt hatte, ohne zu lesen. »Wir sollten Joaquin erinnern, daß er endlich unser Dach abdichtet.«

»Im Oktober hatten wir einen Termin mit ihm ausgemacht«, murrte Conrad, »aber er kam nicht.«

»Du weißt doch«, sagte Adam sanft. »Wir müssen Joaquin so lange auf die Füße treten, bis er den Ernst der Lage begreift.«

Hilde trat ans Fenster. »Schaut, die Sonne kommt schon wieder durch. Wer von uns fährt jetzt in den Ort und macht Joaquin Dampf?« Sie lachte in sich hinein. »Ich schätze, wir alle nehmen das Problem erst dann ernst, wenn der Regen bereits auf unsere Betten pladdert. Ich werde mir Plastikplanen besorgen, damit ich meinen Nähkram abdecken kann.«

»Hört mal, da hupt jemand«, sagte Conrad.

Ein Mopedfahrer hielt draußen vorm Hoftor, wühlte in seiner Tasche und überreichte Hilde ein Telegramm.

Ängstlich öffnete sie den Umschlag. Nachdem sie den Text überflogen hatte, las sie ihn, halb verärgert, halb erleichtert, laut vor: »Ankomme Malaga, 14. November. 17 Uhr. Abholen. Maren.«

Also kein Tod, kein Unfall, nichts Schlimmes. Ein Überraschungsbesuch. Aber warum hat sie nicht am Telefon davon erzählt?

Sie ist wie die hiesigen verwöhnten Kinder, dachte Hilde ärgerlich, die gebieterisch »Mama« schreien, »Mama« auf der zweiten Silbe betont. Die normalen deutschen Kinder betonen »Mama« auf der ersten Silbe. Das klingt wehleidig jammernd und nicht herrisch fordernd.

Vergeblich versuchte Hilde ihren Unmut zu dämpfen und ihrem Herzen hastige Muttergefühle zu entlocken. Das war ein kurzer Luxus, dachte sie frustriert. Ein paar Wochen lang konnte ich die Freude genießen, von zwei Männern gebraucht zu werden.

Aber jetzt kommt meine kokette Tochter, die immer im Mittelpunkt stehen will, und zerrt mich vom Thron. Ich bin eine Rabenmutter! Unglaublich, daß ich über ihren Besuch nicht glücklich bin, jetzt, nach fast einem Jahr Trennung.

Warum ist sie nicht im Sommer gekommen, als wir sie eingeladen haben? grollte sie. Da hätten wir uns verbündet. Hätten gemeinsam über Dirk und Chris hergezogen und über Conrad und Bianca gelästert. Aber nun verdirbt sie mir alles.

Meine Karriere hat sie mir auch zerstört! Hervorragende Presse hatte ich. Und Einladungen nach Wien und Prag und Edinburgh. Jammerschade. Aber ich mußte uns ja beide ernähren. Als Malerin hat man nur Erfolg, wenn man beweglich ist. Wenn man reisen kann, Kontakte pflegt. Immer funkte mir das Gör dazwischen mit Mandelentzündungen und juckenden Ekzemen.

Pro forma fragte sie Conrad, ob er mit nach Malaga käme, um Maren abzuholen.

Noch ehe er sich zu einer Entscheidung durchrang, fragte sie: »Wir können aber den Mercedes nehmen, nicht?«

Kleinlaut stand Conrad in der Toreinfahrt und schaute zu, wie Adam und Hilde in seinen Wagen stiegen.

»Gutes Gefühl«, sagte Adam, »mal nicht den Chauffeur für den Herrn Grafen zu spielen! Vielleicht kann ich mir eine Karre wie diese auch irgendwann leisten.«

Fast zehn Monate war es her, daß Hilde die Strecke von Malaga mit dem Bus gekommen war. Erstaunlich viel hatte sich verändert. Sie passierten eine Baustelle nach der anderen. Kurven wurden begradigt, die Fahrbahn verbreitert, Umgehungsstraßen gebaut.

»Am meisten stören mich die lächerlichen Verkehrsinselchen«, sagte Hilde. »An jeder winzigen Kreuzung verwirrt man die Autofahrer mit großen und kleinen Inseln. Wenn sie wenigstens die rasengrüne Farbe weglassen und Büsche pflanzen würden.«

»Die Regierung verplempert die EG-Gelder nur für den nackten Straßenbau«, bemerkte Adam. »Da werden protzige Autobahnkreuze in die Wüste geknallt. Mit Büschen kann man nicht repräsentieren.«

»Als Gautier vom Charme Granadas schwärmte«, lächelte Hilde, »antwortete ihm ein ehrbarer Bürger: ›Es ist die am besten beleuchtete Stadt Andalusiens! Leider arbeiten wir aber noch nicht mit Gas!‹«

»Rührend, so ein romantischer Poet des vergangenen Jahrhunderts!« bemerkte Adam.

»Laß uns in Torremolinos Pause machen«, schlug Hilde vor, »ich habe die Adresse von Dirks Frau dabei.«

Da sie frühzeitig losgefahren waren, konnten sie sich diesen kleinen Schlenker erlauben.

Sie stellten den Wagen auf der Hauptstraße ab und fragten im nächsten Restaurant. Man wies sie weiter, und zehn Minuten später standen sie vor der geschlossenen Bürotür: »Mauser-Immobilien« hieß es auf dem Schild. Das Schaufenster bot eine Reihe von Chalets an, alle aus der unmittelbaren Umgebung von Torremolinos. Und da – ein Foto vom Chalet »Cuatro vientos« mit dem Hinweis auf die geplante Urbanisation.

»Das haut mich um«, schnaufte Hilde. »So eine Frechheit.«

Sie bestellten ein paar Tapas in der Bar gegenüber und erkundigten sich beim Wirt nach Siglinde Mauser.

Seit Wochen sei das Büro nicht mehr in Betrieb, erfuhren sie. Siglinde habe allabendlich nach Geschäftsschluß hier in der Bar gesessen, eine sympathische Frau, aber etwas verrückt. Sie sei zur Zeit in Deutschland, sie solle sehr krank sein. Was sie genau habe, wisse man nicht.

»Haben Sie ihren Ehemann gesehen?«

Man reagierte erstaunt. Nein, von einem Ehemann habe man nie etwas gehört.

Hilde beschrieb Dirk.

Ach, das sei ihr Ehemann? Ja, ein paarmal habe man die beiden zusammen gesehen, bevor Siglinde nach Deutschland fuhr.

»Wissen Sie, ob er noch hier in Torremolinos wohnt?«

»Ja, ab und zu kommt er her.«

»Allein?«

»Nein, nicht allein. Er hat immer eine Frau bei sich.«

»Eine große schmale mit kurzen dunklen Haaren?«

»Ja, und sehr schick gekleidet.«

»Na, wenigstens lebt Chris noch«, sagte Hilde. »Mehr wollte ich nicht wissen.«

Im Aeropuerto erfuhren sie, der Flieger aus Frankfurt werde eine Stunde später erwartet als geplant.

Sie schlenderten durch die menschenleeren spiegelglatten Hallen und ließen sich in der Cafeteria nieder. Adam packte seine Pfeifentasche aus.

»Hast du deine beiden Ehefrauen eigentlich geliebt?«

Er schickte ihr einen schiefen Blick über den Tisch zu – »Wie meinst du das?« –, öffnete sein Tabakpäckchen und begann eine der vier Pfeifen zu stopfen.

Hilde errötete leicht, griff nach dem Aschenbecher und

drehte ihn zwischen den Händen. »Na, ob du sie ... ob ihr euch ...« Sie schubste den Aschenbecher in Adams Richtung. »Ach, du weißt schon.«

»Nein.«

Schweigen. Hilde griff zum Portemonnaie. »Ich hol mir einen Tee. Willst du auch einen?«

»Ja. Und einen Cognac.«

Sie trug die Gläser und eine Keksrolle auf einem Tablett herbei. »Hier, ich hab uns was zu knabbern mitgebracht«, riß die Verpackung auf und schob sich ein Plätzchen in den Mund.

Er kippte einen Schuß Cognac in den Tee, den Rest trank er pur. »Geliebt habe ich Veronika.«

»Wer ist das denn?« fragte sie kauend.

Er hüllte sich in eine Qualmwolke. »Eine Sirene. Ich war ihr hörig, könnte man sagen.«

»Na, na.«

»Und du?«

»Was?«

»Wen hast du geliebt? Außer Conrad.«

Die Kekse zwischen ihren Zähnen knisterten und knackten. »Conrad läßt sich nicht lieben.«

»Waren es viele?«

Jetzt lächelte sie mit einem Mundwinkel, während sie dem Aschenbecher einen Stoß gab, daß er über die ganze Tischfläche torkelte. »Die Quantität zählt nicht.«

Adam schnappte den Aschenbecher, bevor er die Kante hinunterkippte.

»Das Verrückte ist«, sagte sie unentwegt lächelnd, »ich konnte Werner eigentlich nicht leiden. Er hielt keine Verabredungen ein, er quasselte mir die Ohren voll mit seinem Polit-Mist und hatte einen weichlichen weißen Körper. Aber er war unglaublich sinnlich. So was habe ich vorher und nachher nie wieder erlebt.«

Adam ließ zwei Tütchen Zucker in seinen Cognac-Tee rieseln, trank ihn mit einem Zug aus und schüttelte sich. »Ekelhaft süß.«

Hilde erhob sich. »Ich guck mal, ob es was Neues aus Frankfurt gibt.«

»Bring mir noch 'nen Cognac mit!«

Sie kam mit dem Cognac und der Nachricht zurück, der Flieger habe inzwischen zwei Stunden Verspätung.

Gegen zweiundzwanzig Uhr war es endlich soweit, und sie stellten sich an die Sperre.

Die automatische Tür zog sich auseinander, und die ersten Passagiere traten mit ihren Gepäckwagen heraus. Nach einem Moment des zögerlichen Umherschauens drängelten sie sich zielstrebig an ihnen vorbei.

Geduldig warteten sie. Maren kam nicht.

Vielleicht hat sie sich spontan umentschlossen, dachte Hilde, so was ist ihr zuzutrauen. Vielleicht war unsere Tour nach Malaga völlig umsonst.

In diesem Moment sah sie Maren heranschlendern, ihre langaufgeschossene Maren, mit weißblond gefärbtem Kurzhaar, den Gepäckwagen hochbeladen, als wolle sie – o Gott – ein halbes Jahr bleiben. Mit einem Schrei stürzte sie auf Hilde zu. »Siehst du aber gut aus! Schöne goldbraune Haut.«

Die neue Frisur machte Marens zartes Gesicht ein wenig rundlicher.

»Das ist Adam.« Er begrüßte sie mit einem schiefen Handkuß.

Den hat er sich von Dirk abgeguckt, dachte Hilde schmunzelnd und betrachtete stolz ihre süße Tochter, auch wenn sie sich für ihren Geschmack zu sehr stilisiert hatte: schwarze Ohrringe, auberginefarbener Mund, passend zum auberginefarbenen Baumwollkleid, das hemdartig bis zu den Knöcheln hinunterlappte und einen koketten Streifen Spitzenunterrock freiließ. Die schwarzen Stiefel mit den dicken Sohlen mögen modern sein, dachte Hilde, aber sie sind nun mal eine gräßliche Geschmacksverirrung! Wenn sie wenigstens bequem wären! Aber auf so was achtet meine Tochter ja nicht! Raucht sie etwa nicht mehr? Normalerweise hinge ihr längst eine Zigarette im Mund. Besser, ich sag nichts, sonst steckt sie sich gleich eine an.

Adam, ganz Kavalier, übernahm den Gepäckwagen und schob los. Mutter und Tochter schlenderten eingehakt hinter ihm her.

Hilde bemühte sich um einen lockeren Ton. »Ist was passiert, Kind? Daß du so mir nichts dir nichts, hier auftauchst? Hast dir hoffentlich Urlaub genommen.« Und schon strömten die Tränen.

»Was ist los, mein Engelchen? Erzähle.«

»Siggi hat mich verlassen.«

»Der Chemiestudent?«

Sie schüttelte schniefend den Kopf. »Mit dem ist es schon länger aus.«

»Ich dachte, der tut dir so gut? Und was heißt länger?«

»Na, ein paar Monate bestimmt.«

»Und wer ist Siggi?«

»Den habe ich bei der Kondomwerbung kennengelernt.«

»Bei was?« Hilde blieb stehen. Hatte sie richtig gehört?

»Kondom. Gegen Aids. Gut bezahlt. Sie haben hübsche junge Leute gesucht, Siggi war mein Partner. Erst hab ich mich gar nicht für ihn interessiert. Aber dann doch.«

Sie holte einen Klappspiegel und ein frisches Papiertaschentuch aus ihrem Lacktäschchen und tupfte sich sorgfältig die Tränen von den Wagen.

»Wie bist du denn an diese ... diese Kondom-Werbung gekommen? Warum nehmen sie da keine ausgebildeten Schauspielerinnen?«

»Weiß nicht. 'Ne Bekannte von 'ner Bekannten hat das 'ne Weile gemacht. Bianca. Die suchen wohl immer neue Gesichter.«

»Bianca?«

»Ja, die hier mit euch in eurer Kommune wohnt.«

»Warum hast du mir nie gesagt, daß du sie kennst?«

»War das wichtig?«

Hilde zögerte. »Sie wohnt nicht mehr bei uns.«

»Wo ist sie denn hin?« fragte Maren interesselos.

»Keine Ahnung. Vor ein paar Wochen ist sie einfach abgehauen, ohne eine Nachricht zu hinterlassen. Wir haben sie überall gesucht.«

»Sie ist 'ne komische Frau«, sagte Maren. »Bißchen durchgeknallt. Vor laufender Kamera hat sie plötzlich angefangen zu flennen. Einfach so, ohne Grund. Und richtig laut. Da hat man sie natürlich rausgeworfen. Na, wenigstens war es nicht live!«

»Wann hat dieser Siggi dich verlassen?«

Sie schluchzte empört auf. »Letzte Woche. Seitdem war ich nicht mehr auf der Arbeit.«

»Hast du dich wenigstens krankschreiben lassen?«

Sie schüttelte schluchzend den Kopf.

»Hör mal, willst du deinen Job verlieren?«

»Ist doch egal.«

»Morgen rufe ich dort an und sage ihnen, ich, deine Mutter, habe einen Unfall gehabt, deshalb hättest du Hals über Kopf nach Spanien fliegen müssen.«

»Von mir aus.«

Adam war schon weit voraus mit dem Gepäck.

Hilde drückte Marens Arm. »Du wirst Siggi schon vergessen.«

»Das mußt du gerade sagen.«

Hilde war nicht in der Stimmung, mit Maren ihr Verhältnis zu Conrad zu diskutieren.

»Und was mußtet ihr um Gottes willen bei dieser Kondom-Werbung machen?«

Maren schnaubte die Tränen in ihr Taschentuch. »Nichts Schlimmes. Bloß in die Kamera gucken und einen Werbetext abspulen.«

Ein wenig unbehaglich war es Hilde schon. »Du hättest mir ruhig mal was von diesem Job erzählen können.«

»Du hättest ihn mir bestimmt ausgeredet. Aber ich brauchte das Geld.«

»Wofür?«

»Siehst du, so hättest du gleich nachgebohrt.«

Als Adam sich umdrehte, winkte ihm Hilde zu. »Wir kommen.«

»Und das Schlimmste«, sagte Maren, »ich bin schwanger von Siggi.«

Hilde spürte eine Welle von Zorn in sich aufschießen, ihre Hand zuckte, Maren zu schlagen. »Bist du sicher? In welchem Monat?«

»Im vierten. Ich habe damals Daniel mit ihm betrogen.« Wieder flossen Tränen.

»Den Chemiestudenten?«

Sie nickte.

»Und du bist sicher, daß dieser Siggi der Vater ist?«

»Ja, ganz sicher.«

»Warum habt ihr kein Kondom benutzt?«

»Wir hatten keine dabei. Und ohne ist es einfach schöner, sagt Siggi.«

Hilde zog ihren Arm aus Marens Arm. »Wie kann man nur so blöd sein.« Sie legte einen Schritt zu. »Warum hast du nicht abtreiben lassen?«

Maren schaute sie entsetzt an. »Aber du hast mir doch erzählt, wie schlecht es dir nach deiner letzten Abtreibung ging. Wie du schwermütig wurdest und nicht mehr richtig arbeiten konntest.«

Sie hatten Adam und das Auto erreicht.

»Oh, Conrads Mercedes!« Maren schneuzte sich heftig. »Was habt ihr denn mit dem angestellt? Der sieht ja schrecklich mitgenommen aus!«

Sie kroch nach hinten, während sich Hilde schweigend auf dem Beifahrersitz niederließ. Unvermittelt fühlte sie sich in die Vergangenheit zurückgeschleudert, spürte bis in die Knochen hinein das Geschuckel ihres rostigen Ford Combi, in dem sie ihre Bilder transportierte. Marens empörtes Kleinkindergeschrei, wenn der Wagen anhielt. Und ewig lief ihr der Rotz aus der Nase. Wie einfach hatte Hilde sich das alles vorgestellt. »Ich packe das Kind in ein Schultertuch«, hatte sie guten Mutes verkündet, »und nehme es auf jede Ausstellungseröffnung mit. Wie die Eingeborenenfrauen, wenn sie, das Jüngste huckepack, im Wald nach Beeren und Wurzeln suchen.« Aber dann schrie die Kleine den ganzen Abend und nervte die Galeriebesucher. Immer wieder mußte sie die Brust rausholen, um das Kind zu beruhigen. Einmal hatte es Dünnpfiff, und die Soße lief ihm aus dem Windelpaket und zog eine dunkle Tropfspur über den silbergrauen Teppichboden. Hilde blieb nichts anderes übrig, als das Baby inmitten der Gäste auf dem Boden abzulegen, mit routiniertem Griff den Kinderpo anzuheben und die verschmutzte Windel rasch durch eine frische zu ersetzen.

Ich hätte ein Happening daraus machen sollen, dachte sie. Baby-Dünnpfiff statt Schweineblut! Leider nahm ich damals die Sache nicht locker genug!

Schlimmer noch wurde es in der Zeit der ersten Zähnchen. Den ganzen Tag schniefte und wimmerte Maren vor sich hin, und Hilde spürte rundum die Blicke: das arme Kind! Was hat die Mutter bloß mit ihm angestellt, daß es so greint?

Die Mutter hatte Kunst im Kopf, dachte Hilde wehmütig, darum kamen beide zu kurz, Kind und Kunst.

»Ihr seid so still«, sagte Adam.

»Maren ist schwanger«, brach es mit einem solchen Haß aus Hilde heraus, daß sie vor sich selbst erschrak. Adam bremste, lenkte den Wagen auf den Seitenstreifen und hielt. »Ist das wahr?«

Maren nickte aufschluchzend.

Er reckte sich an der Rückenlehne vorbei nach hinten und wischte ihr mit dem Handrücken die Tränen von der Wange. »Kinder sind etwas Schönes. Heute könnte ich anders mit ihnen umgehen.«

»Maren ist ja selbst noch ein Kind«, schnaubte Hilde. »Sie ist gerade siebzehn.«

»In zwei Monaten werde ich achtzehn!« korrigierte Maren weinend.

Darum trägt sie dieses weitfallende Hemd, dachte Hilde, man sieht ja wirklich nichts von einem schwangeren Bauch.

»Wenigstens habe ich aufgehört zu rauchen«, schnupfte Maren.

Als sie die Hacienda erreichten, war Conrad schon schlafen gegangen. Hilde beherrschte sich, ihn nicht zornig aus dem Bett hochzuscheuchen, damit er seine Tochter begrüßte.

Sie brachte Maren in Chris' Zimmer zwischen Kissenstapeln und Stoffballen unter.

Die halbe Nacht schlief sie nicht.

Schwer beladen hatte sie sich damals mit dem Kind gefühlt, unter all diesen leichtfüßigen Studentinnen ihres Alters, die sorglos gegen Mittag frühstückten und bis zum Morgen tanzten oder diskutierten. Die mitleidig auf sie herabsahen: Wie konnte eine Frau freiwillig das Los eines Hausmütterchens auf sich nehmen, statt Professorin oder Bildhauerin zu werden! Die ihr vorhielten, was für entsetzliche und folgenreiche Erziehungsfehler sie beging. Gut, Hilde gab ja zu, sie hatte keine Ahnung. Wann begegnete einem damals in deutschen Großstädten schon mal ein Kind. Ihre eigene Mutter mochte sie nicht fragen, die schon bei ihr selbst alles falsch gemacht hatte.

Grübelnd wälzte sie sich in ihrem Bett, erwog kurz, zu Adam hinüberzuhuschen, um sich von ihm trösten zu lassen. Nein, dachte sie. Wer weiß, was er mir an Ratschlägen zumutet. »Kinder sind was Schönes!« Ein dümmerer Spruch war ihm wohl nicht eingefallen!

Mitte April wäre es soweit. Warum hatte Maren am Telefon kein Wort gesagt? Wie ich damals, dachte Hilde. Meine Mutter wußte auch monatelang nichts von meiner Schwangerschaft. Aber meine Mutter ist schrecklich. Sie mischt sich ein, moralisiert und jammert. Gegen Conrad stänkerte sie von Anfang an. Sie nannte ihn immer nur »deinen Taxifahrer«.

Ich bin nicht wie meine Mutter. Maren hätte mit mir sprechen können. Ich hätte einen guten Arzt gewußt. Wie kann sie sich nur durch diese Dummheit ihre Zukunft verbauen …

Alle schliefen bis in den Vormittag hinein, während Hilde wie in alten Zeiten als erste aufstand, um das Frühstück vorzubereiten. Ein Kind. Ein Baby. Ein Säugling. Oje.

Immer dieser wunde Po voller Pickel, die nicht abheilten. Immer dieses nervtötende Geschrei, das alle Mitglieder der Wohngemeinschaft belästigte. Nur nach Laune half ihr der eine oder andere mal beim Windelnwechseln oder beim Kochen von Aprikosenbrei. Keiner der fünf Mitbewohner, nicht die Männer, noch die Frauen, mochten auf einen Disco-Abend verzichten, um babyzusitten. So kam sie jahrelang abends nicht aus der Bude raus. Nix mit Solidarität. Immer hatte sie das Gör am Hals.

Maren wäre niemals imstande, sich täglich um ein Kind zu kümmern. Da hatte Hilde mühsam ihr Baby großgekriegt und sollte schon Großmutter spielen?

Damals war sie aus Cornwall zurück nach Frankfurt geflüchtet und hatte sich vom Sozialamt eine Zweizimmerwohnung besorgen lassen. Aber das deutsche Großstadtleben erwies sich als ebenso schwierig wie das englische Landleben. Einmal stieg sie, Maren mit ihren kurzen Beinchen neben sich, die schmale Treppe von der Kaufhaustoilette nach oben, in der natürlichen Geschwindigkeit des Kindes. Alles staute sich ungeduldig hinter ihr. Mit Kind, hatte sie damals gedacht, bist du ein Krüppel, nur daß keiner Mitleid mit dir hat. Du bist ein Störfaktor in unserer geschmierten deutschen Maschine.

Adam hat bestimmt ebenso wenig Lust auf eine Großvaterrolle wie Conrad. Daß er Kinder mag, hat er ja bislang nicht gerade unter Beweis gestellt. Ob er bereit ist, immer wieder geduldig einen greinenden Säugling zu trösten? Achgottachgott. Da habe ich für einen kurzen Moment geglaubt, nun sei endlich einmal das Glück auf meiner Seite ...

Wer würde für das Kind bezahlen? »Siggi soll nichts von der Schwangerschaft wissen!« hatte Maren trotzig gefordert. Aber so ein Kind kostet Geld. Wie dumm, daß ich kurz vor meinem Aufbruch nach Andalusien sämtliche Babysachen, die ich all die Jahre aufgehoben hatte, in die Altkleidersammlung gegeben habe. Babysachen sind teuer, und man braucht immer wieder neue Klamotten, so ein Baby wächst! Wie eine Wilde hatte sie damals genäht und gehäkelt und gestrickt. Natürlich hätte sie Maren ihren Eltern überlassen können. Viele Paare, die als Eltern nichts taugen, sind plötzlich hervorragende Großeltern. Aber meine Mutter kocht ja nur aus der Dose. Da wäre Maren am Ende an Vitaminmangel eingegangen.

Das Finanzielle ist Conrads Sache. Damit habe ich nichts zu tun. Er soll sich mit diesem Siggi auseinandersetzen. Hätte er sich gemeinsam mit mir um Maren gekümmert, wäre das alles nicht passiert.

Wo er nur bleibt? Er steht doch sonst immer in aller Frühe auf!

Als er schließlich mit seinem gedunsenen Morgengesicht die Terrasse betrat, schob sie ihm die Kaffeekanne hin, goß sich einen Tee ein und wartete, daß er redete. Der Wind tanzte ums Haus, jagte die Piniennadeln über die Fliesen. Conrad hob den Kopf und witterte. »Ja«, sagte Hilde, »Levante.«

Er saß da, rührte mit seinem Löffel in der Tasse, beobachtete den Wind und sagte nichts. Und je länger er schwieg, um so mehr begann Hilde zu kochen. Sie hob ihre Tasse, getrieben von dem heftigen Impuls, Conrad den heißen Tee ins Gesicht zu schütten. Er drehte den Kopf zu ihr hin, und sie sahen sich an. Jetzt schien er eine Irritation zu spüren, denn er fragte: »Ist was?«

Mit einem Ruck goß sie den Tee an ihm vorbei auf die Terrasse.

»He, was ist denn los?«

Sie stand auf, holte ganz ruhig den spanischen Putzfeudel aus der Küche und wischte den Teefleck weg.

»Was hast du denn.«

»Mit keinem Wort fragst du nach deiner Tochter.«

»Ich habe sie nicht eingeladen.«

»Ich auch nicht.«

»Soll ich mich jetzt über ihren Besuch freuen, oder was erwartest du von mir?«

»Von Freude ist keine Rede. Aber du hättest mal nach ihr fragen können.«

»Wozu? Du erzählst mir doch ohnehin alles.«

»Wozu? Wozu? Du bist schließlich der Vater.«

»Gegen meinen Willen.«

»Wenn's nach dir gegangen wäre, hätte ich wieder abgetrieben. Als wär das nichts als ein Furunkel wegschneiden.«

»Eine Abtreibung wäre fair gewesen.«

»Fair. Ach, und das aus deinem Mund. Du warst der Samenspender. Erst das Vergnügen und dann keine Verantwortung übernehmen. Warum hast du nicht verhütet, wenn du kein Kind wolltest?«

»Du hast doch die Spirale benutzt.«

Hilde schnappte nach Luft. »Meinst du, so eine Spirale ist eine Freude? Du weißt doch, ich habe jeden Monat irrsinnig geblutet, und dann diese grauenhaften Krämpfe, nur damit ich kein Kind bekomme. Außerdem hatte ich gerade eine Abtreibung hinter mir. Ich war das alles so leid. Du wußtest, ich war schwanger gewesen trotz Spirale. Warum hast du dir da keine Sorgen gemacht?

Es konnte schließlich wieder passieren, trotz Spirale. Und es ist wieder passiert. Hättest ja mal einen Pariser drüberschieben können, wenn du kein Kind wolltest. Aber immer hatte ich alle Verantwortung, immer ich. Und als das Kind da war, hatte ich es am Hals. Du wolltest nichts damit zu tun haben.«

Sie sah Conrads Blick zur Küchentür und schaute sich um. Da stand Maren im Nachthemd mit tränenüberströmtem Gesicht.

Hilde sprang auf, lief zu ihr hin. »Meine Kleine.«

»Laß mich los.« Maren hastete davon, durch den Hof, durch das Tor, den Weg entlang, schluchzend. Hilde rannte ihr nach. O Gott, Maren hatte alles gehört. Was mußten sie auch so brüllen? Ogottogott.

Sie erwischte Marens Nachthemdzipfel. »Warte doch.«

Maren riß sich los.

Wie furchtbar, dachte Hilde, wie konnte ich derart unsensibel sein.

Der Levante blies den Sand den Weg entlang, lange Staubstreifen zogen rechts und links an ihnen vorbei. Meine Güte, was hat das Kind für eine Kondition. Und das in ihrem Zustand. Japsend hielt sie inne. »Maren, mein Liebling.«

Maren stampfte noch ein paar Schritte weiter, dann hielt sie an, ohne sich nach Hilde umzudrehen. Sie schluchzte und schluchzte.

»Ihr wolltet mich loswerden. Ich war euch lästig.«

»Hör mir zu. Ich wollte dich haben, aber natürlich war es schwierig allein. Ich habe das unterschätzt.«

»Du willst mein Kind nicht.«

»Ich war schockiert gestern am Flughafen, ja, das gebe ich zu. Weil ich weiß, wie schwer es ist, ein Kind allein aufzuziehen.«

»Ich habe gedacht, ihr freut euch ein bißchen.«

»Ein Kind kostet Geld. Willst du von Sozialhilfe leben?«

»Ich dachte, hier unten ist es einfacher mit einem Kind.«

»Du willst hier bleiben?«

Sie standen einander gegenüber. »Wo soll ich denn hin?«

»Du hast deinen Job in der Boutique.«

»Ich hab gekündigt.«

»Was hast du? Und das sagst du mir jetzt erst? Gottlob hab ich da noch nicht angerufen, um ihnen mein Märchen aufzutischen. Meine Güte, in was für peinliche Situationen du mich bringst.«

»Ich hätte es dir schon noch rechtzeitig gesagt.«

»Und warum hast du gekündigt?«

Sie drehten um und schritten nun gegen den Wind an.

»Ich dachte«, sagte Maren kleinlaut, »ich könnte hier eine Boutique aufmachen. Du nähst die Kleider und Kissen, und ich verkaufe sie.«

»Hier?«

»Ja, für die Touristen.«

»Da müßten wir nach Marbella ziehen. Hier verkauft man nur in der Saison.«

Sie schwiegen. Maren schniefte von Zeit zu Zeit auf. Aber sie wehrte sich nicht, als Hilde sie betont freundschaftlich unterhakte.

»Man sieht ja fast gar nichts«, sagte Hilde und schaute an Marens dunkler Silhouette hinunter.

Maren zog ihr Kleid über dem Unterleib straff, und es wölbte sich ein kleiner vorwitziger Bauch nach vorne.

»Ich hatte einen Riesenbauch«, sagte Hilde. »Und dicke Beine. Und hab mir die Seele aus dem Leib gekotzt.«

»Mir geht es prima«, sagte Maren zerknirscht.

»Meine Haare saßen hervorragend«, erinnerte sich Hilde. »Du weißt ja, welche Probleme ich immer habe mit diesem widerspenstigen Schopf. Nie wieder ließen sie sich so gut frisieren wie während der Schwangerschaft. Aber mit deinen Zähnen mußt du achtgeben. Iß viel Grünzeug. Trink viel Milch. Hat dir der Arzt Kalzium verschrieben? Ich fand das damals überflüssig und hab's nicht geschluckt, und nach der Geburt mußte ich alles überkronen lassen. Das Kind ist ein Kalkräuber, weißt du?«

»Das klingt aber schlimm«, sagte Maren.

Als sie zurückkamen, saß Adam bei Conrad am Tisch.

Conrad stand auf, begrüßte Maren linkisch.

Maren schluchzte von neuem los. »Du wolltest, daß ich abgetrieben werde.«

»Pscht«, machte Hilde, die sah, wie Conrad sich vor Unbehagen wand. Und dabei weiß er das Schlimmste noch gar nicht, dachte sie. Was wird er sagen, wenn er von Marens Schwangerschaft erfährt?

Adam schwärmte: »Hilde, du hast eine goldige Tochter.«

»Sie ist auch meine Tochter«, brummte Conrad.

Sie sagt, sie reist so gern

Hilde war gegen den Nordwind und eine peitschende Regenfront angeradelt, um Adam so schnell wie möglich zu erreichen.

Nun stand sie aufgeregt in seinem Schuppen und warf ein durchweichtes Kleidungsstück nach dem anderen ab. »Adam, ich habe einen Käufer für dich. Señor Rodríguez ist ein älterer Kunstsammler aus Madrid, der seine Wochenendurlaube in einem von Pepes Apartments verbringt. Er hat deinen ›gestrandeten Poseidon‹ neben Pepes Fischtheke entdeckt und ist begeistert. Leih dir einen Anzug von Conrad. So verlottert kannst du hier in Spanien kein Verkaufsgespräch führen. Ich zieh mich auch extra für dich um!«

Conrads Hosen waren Adam allesamt zu eng und zu lang. Schließlich kombinierte er eine eigene frischgewaschene Jeans mit Conrads dunkelblauem Wolljackett, das er offen ließ, da es über der Brust spannte.

Ich bin ein Glückspilz, dachte er, während sie Conrads Mercedes zur Waschanlage fuhren. Kein schlechtes Gefühl, gut gekleidet, eine elegante Frau an der Seite, am Steuer eines teuren Wagens zu sitzen! Jetzt wendet sich das Schicksal zu meinen Gunsten! Kunstsammler aus Madrid! Das ist endlich der Einstieg in den internationalen Erfolg! Ich hatte ja keine Ahnung, daß Hilde eine so talentierte Managerin ist. Ich habe sie für hausmütterlich unbedarft gehalten, und nun entlocke ich ihr Fähigkeiten, die ich nie bei ihr vermutet habe. Das macht die Liebe!

Eine Woche zuvor war sie mit einem Schweden ins Geschäft gekommen, der sein Restaurant in Estepona mit einer Skulptur bestücken wollte. Rein zufällig hatte sie bei Pepe ein paar englische Brocken aufgeschnappt und den Kerl gleich in ein Gespräch über Kunst verwickelt.

Hildes Englisch ist zwar genauso miserabel wie ihr Spanisch, dachte Adam, aber sie schwätzt unbefangen mit den Leuten und erfährt alles. In Nullkommanichts hat ihr der Schwede für den »Brünstigen Paradiesvogel« einen Packen Scheine in die Hand gedrückt.

»Was kriege ich als Provision?« hatte sie schelmisch gefragt und mit den Scheinen gewedelt. Adam zuckte. Das konnte doch nicht ihr Ernst sein? Gottlob kam sie nicht mehr darauf zurück.

Sie hat recht! Um wirklich bekannt zu werden, sollten wir eine Tour durch die spanischen Großstädte machen und Kontakt mit den Galeristen aufnehmen. Von mir aus kann sie ihre eigenen Bilder gleich mitanbieten. Ihr kunstgewerblerisches Stoffzeugs verkauft sich natürlich besser als meine unangepaßten Objekte. Von ihren Einnahmen können wir dann meine Ausstellungskataloge finanzieren.

Herr Rodríguez und seine Frau, ein konservativ gekleidetes Paar um die Fünfzig, begrüßten Adam und Hilde ausnehmend freundlich und luden sie zu einer Copa ein.

»Was für ein Wetter«, sagte Hilde. Sie schauten durch Pepes Bogenfenster auf das wilde Meer. Der sonst wie mit dem Lineal gezogene Horizont tobte und spuckte wie eine endlose Kette von Geysiren.

Nach einem freundlichen Austausch von Artigkeiten fuhr man zusammen zur Hacienda, um weitere Kunstobjekte zu besichtigen.

Während Adam dem Ehepaar seine Werkstatt vorführte, zogen sich Maren und Hilde in die Küche zurück, um Kaffee aufzubrühen und ein paar Kleinigkeiten zum Schnabulieren vorzubereiten.

Ja, sagte Herr Rodríguez aufgeräumt, als man gemeinsam am Tisch saß, er halte Adam für ein großes Talent. Seine

Skulpturen bräuchten Platz, er könnte sich seine Arbeiten in öffentlichen Gebäuden vorstellen, vielleicht kämen sie ja mal nach Madrid, er würde ihn mit dem Bürgermeister und anderen wichtigen Leuten bekannt machen. Der Kulturminister sei ein Cousin zweiten Grades seiner Frau.

Maren goß Kaffee ein und bot Oliven und Schinken und Käse auf kleinen Tapas-Tellerchen an.

»Eine hübsche Tochter haben Sie.«

Ja, dachte Adam zufrieden, wir haben eine hübsche Tochter. Sie hat sich frisch geschminkt, sah vorhin noch ganz verweint aus. Schwangerschaftslaunen wie meine erste Frau. Dieser Herr Rodríguez betrachtet sie entzückt mit ihrem blonden Haar. Wie schön, daß Maren sich nützlich machen kann. Hilde hat behauptet, sie sei so schwierig. Was für ein Unsinn! Merkt sie denn nicht, wie umgänglich und verbindlich ihre Tochter ist? Wir sollten als Familie reisen, die Spanier mögen Familien, das öffnet ihre Herzen und ihr Portemonnaie.

Wir könnten im Bus schlafen, Hotel ist zu teuer. Nein, wir müssen ein Zelt mitnehmen, sonst haben die Skulpturen keinen Platz. Es ist gut, daß wir zu dritt sind, denn die größeren Kunstwerke sind schwer zu tragen. Hilde ist kräftig. Maren wirkt zierlich, aber die jungen Mädchen von heute haben mehr Kraft, als man sich gemeinhin vorstellt.

Hilde führte die Verhandlungen. Sie wandte sich an Adam: »Ich würde sagen, für den ›Poseidon‹ kannst du etwa hundertfünfzigtausend Peseten kriegen. Wir fangen mit zweihunderttausend Peseten an.«

Adam wagte nicht zu widersprechen, aber eigentlich hatte er einen höheren Preis erwartet.

Nach orientalischem Hin und Her, das Hilde Freude zu bereiten schien, einigten sie sich auf hundertzwanzigtausend Peseten.

»Wie schaffen wir das Ungetüm nach Madrid?« fragte Herr Rodríguez.

»Wir haben einen Bus!« sagte Adam eifrig. »In Madrid könnte ich dann gleich die Gelegenheit nutzen und den Bürgermeister kennenlernen.«

Herr Rodríguez reichte ihm seine Visitenkarte sowie einen Scheck über die Hälfte des vereinbarten Betrages. »Den Rest bekommen Sie, wenn wir uns in Madrid sehen. Wann kann ich mit Ihnen rechnen?«

»In den nächsten zwei bis drei Wochen«, sagte Hilde. »Wir melden uns vorher.«

Sie brachten Herrn Rodríguez und seine Frau zu Pepe zurück, tranken noch einen gemeinsamen Fino und fuhren in übermütiger Stimmung heim.

Als sie den Pinienwald passiert hatten, sahen sie eine lange Gestalt am Wegrand stehen. Es war Conrad, der, auf einen der Grenzpfähle gestützt, über Sebastianos Grundstück hinwegstarrte. In den Baugruben stand das Wasser.

Er fuhr zusammen, als Adam neben ihm bremste.

Hilde langte nach hinten und öffnete ihm die Tür. Zögernd stieg er ein. Kaum hatten sie das Hoftor erreicht, sprang er ohne ein Wort aus dem Wagen, verschwand im Haus, holte seine Pistole, setzte sich auf die Terrasse und begann sie zu putzen.

»Iiii!« sagte Maren. »Was hast du denn da Schreckliches?«

Conrad schwieg.

Er soll sich nicht so anstellen, dachte Adam, ihm geht's doch gut, er ist versorgt. Der Wert seines Grundstücks wächst ins Unermeßliche, wenn sie nebenan diese Urbanisation bauen. Er muß sich nie wieder Gedanken machen, wovon er leben soll. Er braucht nie wieder einen Finger zu rühren.

Vielleicht überläßt er Maren sogar ein kleines Grundstück, irgendwann erbt sie es ohnehin, auch uneheliche Kinder kriegen ihr Pflichterbe. Was soll er mit all diesen Ländereien anfangen? Und sie könnte es gebrauchen. Die meisten Leute erben erst, wenn sie das Geld nicht mehr so dringend nötig haben.

Dann müßte sie auch nicht mehr in dieser Boutique arbeiten! Wie entwürdigend für so ein junges Mädchen! Und wie anstrengend! Wirklich ein hübsches Ding. Diese weiße Haut! Diese köstlichen Launen! Diese Tränen! Sie hätte genug Grips, um zu studieren, aber sie hat ja mit fünfzehn das Gymnasium abgebrochen. Sie könnte sich auf Conrads Gelände ein Häuschen bauen, mit einem kleinen Schuppen für meine Skulpturen, sonst brauche ich ja nichts. Draußen auf den verwilderten Gemüsefeldern ist genug Platz. Hilde würde für mich reisen und meine Geschäfte erledigen. Sie sagt, sie reist so gern. Und ich säße hier in unserem Häuschen mit der süßen Maren, diesem köstlichen Geschöpfchen mit dem wollüstigen Trotzmund …

Keiner, mit dem man mal richtig reden kann!

Wie jeden Morgen in aller Frühe erwachte Conrad vom Baulärm.

Er hörte die Bagger rangieren, er hörte das monotone Rattern der sich drehenden Mischmaschinen, hörte die Rufe der Arbeiter. Der Poniente trug jedes Geräusch direkt zu ihm hinüber ans Bett, fast hätte er die Worte verstehen können.

Er haßte seine drei Mitbewohner, diese Kleinfamilie, die seelenruhig bis mittags schlief, während er ab acht Uhr früh, eingemummelt in Wollpullover und Stricksocken, mit seinem Vokabelheft auf der Terrasse saß und alle Viertelstunde den gelben Bausand vom Tisch wischen mußte, den der Wind zu ihm herüberwehte.

Gewalttätig donnerte das Meer gegen seine Schädelwände. Er fragte sich, wie es physikalisch zu erklären sei, daß man es lärmen hörte, als befinde es sich direkt hinter dem Hoftor und nicht kilometerweit entfernt. Die Luft ist feuchter als sonst, vermutete er, und dadurch ein guter akustischer Leiter.

Gleichgültig, wie groß die Siedlung geplant war, mit der Idylle wäre es vorbei. Im Geiste sah er schon weitläufig asphaltierte Parkflächen, stinkende Buskolonnen, lärmende Touristen und riesige Golfanlagen, die mit dem raren Grundwasser gesprengt wurden. Seine Fruchtplantage würde vertrocknen.

Aber vielleicht war ein Lebensmittelgeschäft geplant, und er würde sein Obst dort ganz bequem einkaufen können. Bestimmt gäbe es ein Café. Ein Restaurant. Eventuell einen Zeitungsladen.

Sicher installierte man eine Telefonleitung, an die er sich anschließen lassen könnte. Er überlegte kurz, mit wem er dann telefonieren würde.

Spontan fiel ihm niemand ein.

Seine Eltern lebten nicht mehr. Seine Schwester Ruth hatte diesen Autounfall.

Lange her, der Autounfall, schon fast nicht mehr wahr, sie war neunzehn gewesen und so glücklich über den alten VW, den der Vater ihr zum Geburtstag geschenkt hatte. Beim Überholen geriet sie ins Schleudern, stand auf der Straße quer, drei Wagen fuhren in sie hinein. Nichts blieb mehr übrig von ihr. Die in den anderen Autos kamen mit einem Schock und kleinen Prellungen davon.

Zu seinen entfernteren Verwandten hatte er längst keinen Kontakt mehr. Sicher, bei seiner Firma würde er sich weiterhin alle paar Tage melden müssen und wäre mit eigenem Telefonanschluß schneller erreichbar, wenn wichtige Entscheidungen getroffen werden mußten. Allerdings lief nach wie vor alles problemlos. Conrad war beeindruckt, wie geschickt der Vater sämtliche Aufgabenbereiche an kompetente Fachkräfte delegiert hatte.

Freunde? Hatte er keine Freunde? Sein Bekanntenkreis war riesig. Merkwürdig, daß er bisher niemanden angerufen hatte. Ein paar Ansichtskarten hatte er geschrieben und bis jetzt noch keine Antwort erhalten. Aber Ansichtskarten verschickt man nicht um einer Antwort willen.

Er stand auf, schlurfte zur Baustelle hinüber und schaute den Baggern zu, wie sie tiefe Gruben in den Boden hineinfraßen und Hügel von roter Erde aufhäuften.

Wozu also ein eigenes Telefon?

Von weitem sah er ein Taxi heranfahren. Beiläufig trat er hinter eine Baumaschine und beobachtete von dort, wie jemand ausstieg und an eine der Gruben herantrat.

Irgend etwas kam ihm bekannt vor. Er sah die Gestalt nur undeutlich, ein helles Jackett, helle Hosen.

Als er neugierig sein Versteck verließ und näherschlenderte, traf ihn ein Schock: Es war Dirk. Spontan wollte er zu ihm hinlaufen, hielt sich aber zurück und schaute zu, wie er geschäftig in die Grube hineinsprach, gestikulierend etwas erklärte.

Er verhält sich wie ein Bauleiter, dachte er. Sehr bestimmt, so wie ich ihn gar nicht kenne.

Nun konnte er sich nicht länger beherrschen. »Hallo, Dirk.«

Dirk fuhr nicht einmal zusammen, schien sich nicht einmal zu genieren, schien wohl vorbereitet auf eine Begegnung dieser Art. Er grüßte ausnehmend freundlich.

»Merkwürdig, sich auf diese Weise wiederzutreffen«, sagte Conrad lauernd.

Dirk begann zu plaudern, er wohne jetzt in Torremolinos,

seine Frau habe einige Objekte an Land gezogen, er habe sich schon längst einmal melden wollen, aber die Arbeit ... Er müsse nun wirklich zusehen, wie er finanziell zurechtkäme. Conrad habe ja dieses Problem nicht. Tja, wenn er, Dirk, eine reiche Erbtante besäße, sähe bei ihm auch alles anders aus. Sein elterliches Erbe habe er leider längst verbraucht.

»Und was machst du hier?« fragte Conrad langsam. In seiner Stimme mußte wohl etwas Drohendes mitgeklungen haben, denn Dirk duckte sich kaum merklich und begann sich hastig zu rechtfertigen: »Meine Frau hat erfahren, daß hier eine Urbanisation geplant ist. Die Grundstücke waren ausgesprochen preiswert. Wir haben gleich zugeschlagen und einen Teil des Terrains übernommen. Natürlich müssen wir uns finanziell an der zukünftigen Infrastruktur beteiligen, da kommen noch hohe Kosten auf uns zu. Wir haben bereits einen Kredit aufgenommen, um ein paar Ferienhäuser bauen zu können und sie unseren ausländischen Kunden anzubieten. Eins behalten wir selbst. Da sind wir ja irgendwann Nachbarn. Natürlich wird unser Häuschen etwas bescheidener ausfallen als dein großartiges Anwesen.«

Watte, dachte Conrad, Zuckerwatte. Er will vermeiden, daß ich ihm ein Tablett an den Kopf werfe wie damals.

Aber er fühlte sich wehrlos gegen diese schmeichelweiche Stimme, die ihm etwas Empörendes verkaufen wollte. Sein Zorn löste sich auf und machte einer müden Gleichgültigkeit Platz.

»Hast du Chris gesehen?«

»Wieso?« Dirk zog argwöhnisch eine Braue hoch.

»Sie ist dir damals nachgefahren, wir haben seitdem nichts mehr von ihr gehört.«

»Ja«, sagte Dirk gedehnt. »Ich habe sie gesehen.«

Conrad hatte den Eindruck, Dirk verheimliche ihm etwas. Aber was?

»Ist sie zurück nach Deutschland geflogen?«

Dirk wurde plötzlich wortkarg. »Nein, bislang noch nicht.«

»Wie geht es ihr? Warum meldet sie sich nicht?«

»Tut mir leid, das weiß ich nicht. Ich werde sie fragen.«

»Ach, du hast Kontakt zu ihr?«

»Gelegentlich.«

»Wo wohnt sie denn? Vielleicht könnte ich sie mal anrufen.«

Er zögerte. »Sie wechselt gerade das Hotel. Ich werde ihr sagen, sie soll sich bei euch melden.«

Conrad spürte, daß Dirk log. Aber wozu? War etwas passiert? Was konnte so schockierend sein, daß man es verbergen mußte?

Dirk schaute auf die Uhr. »Ich habe wenig Zeit. Wir sehen uns sicher bald mal wieder.«

»Bist du oft hier?«

»Ab und zu muß ich nach dem rechten sehen. Die spanischen Arbeiter darf man nicht unbeaufsichtigt lassen. Du kennst das ja.«

»Wie geht es deiner Frau?«

»Meiner Frau?«

»Sie soll krank sein.«

»Wer hat dir das erzählt?«

Conrad antwortete mit einer vagen Geste, die alles bedeuten konnte.

Dirk schob das Mündchen vor und maß ihn mit einem schrägen Blick, als wollte er abschätzen, was Conrad wußte.

»Sie ist in Behandlung«, sagte er wortkarg. »In Deutschland. Darum mußte ich ihre Arbeit übernehmen. Mach's gut. Ich hab noch zu tun.«

Er stieg in das Taxi, das auf ihn gewartet hatte, hob grüßend die Hand, und vorsichtig bewegte sich das Auto über den holprigen Weg.

Conrad wandte sich an einen der Arbeiter. »Wer war das? Quién era? Was hat er mit dem Bau zu tun?«

»Dirk Mauser?« Der Name war schwierig auszusprechen. »Er ist der Besitzer. Er hat das Land hier erworben.«

»Das ganze Land? Nicht nur ein paar kleine Grundstücke?«

»Das ganze Land. Fünfhunderttausend Quadratmeter. Aber einen Teil hat er inzwischen an Einzelanleger verkauft.«

Conrad warf sich ins Auto und fuhr hinunter ins Dorf, um Sebastiano auszufragen.

Nein, sagte dieser in seinem kaum verständlichen bäuerlichen Dialekt. Gekauft habe das Land eine Frau mit roten Haaren, ja, vor Monaten schon. Ja, sie sei immer allein gewesen, auch zur Besichtigung des Grundstücks. Nur den Erstkontakt zu ihm, Sebastiano, habe Dirk hergestellt. Nein, daß die Rothaarige Dirks Frau sei, könne er gar nicht glauben. Sie wußte ja nicht einmal, daß Dirk im »Cuatro vientos« wohnte. Sie war doch eine Finca nach der anderen abgefahren, um ihn zu finden. Eine Ehefrau weiß doch, wo ihr Mann steckt.

Conrad kaufte eine FAZ von der vergangenen Woche und kehrte ins »Rompeolas« ein, um einen Kaffee zu trinken.

Es fror ihn, und er überlegte, ob er sich wie Adam eine lange Unterhose zulegen sollte.

»Der Wind hat heute ein paarmal gedreht«, bestätigte Christobal. »Im Moment kommt er wieder von Norden und bringt die Kälte.«

»Aha, dann gibt es also tatsächlich vier Winde. Den kalten Nordwind. Den Poniente vom Westen. Den Südwind, der uns die Müllgerüche herüberträgt. Und den Levante.«

»Cuatro vientos«, nickte Christobal.

»Nein«, lächelte Pedro, der alte Fischer am Nebentisch, und ließ seine schwarzen Zahnstummel sehen. »Es gibt sechzehn Winde.«

»Vierundzwanzig«, mischte sich Antonio ein, der als Kapitän auf einem kleinen Kutter gearbeitet hatte. Er nahm seine Uhr vom Handgelenk und demonstrierte, wie viele Winde zwischen den Haupthimmelsrichtungen möglich waren und daß auch der Levante mal mehr von Osten und dann wieder eher von Süden komme, während der Poniente sich zwischen West und Nord bewege. »Wenn er genau von Westen kommt, heißt er nicht mehr Poniente«, erklärte der alte Fischer, »sondern Ventabal«, und sie begannen temperamentvoll zu streiten.

Obwohl ihm der kalte Wind durch Pullover und Jacke bis auf die Haut drang, machte Conrad einen kleinen Abstecher ans Wasser. Gemächlich holte das Meer Atem. Lange Wellenstreifen rollten in schrägem Winkel auf ihn zu, wuchsen zu hohen tintenschwarzen Wänden, bis sie an ihrem höchsten Punkt träge zum Strand hin kippten.

Bepackt mit Plastiktüten voller Winterunterwäsche, stieg er aus dem Auto. Die Finca lag noch genauso ruhig da wie vor Stunden, als er sie verlassen hatte.

Doch kaum hatte er es sich mit einer Wolldecke und seiner Zeitung draußen im Windschatten gemütlich gemacht, kam ein verschlafenes Stimmchen aus der offenen Küchentür. »Hallo.«

Im Bademantel, sich die Augen reibend, trat Maren auf die Terrasse. Sie hätte ihn ja wenigstens beim Namen nennen können.

»Noch kein Kaffee fertig?«

Verwöhntes Balg, dachte er. Unerträglich, diese fordernde Art!

»Mach dir Kaffee, wenn du welchen willst«, brummte er.

Durch die offene Tür rief sie: »Du bist asozial. Du kochst immer nur für dich alleine Kaffee.«

»Es hat keinen Sinn, eine große Kanne Kaffee vorzubereiten«, belehrte er sie. »Wenn ihr Stunden nach mir aufwacht, ist er kalt. Läßt man ihn aber auf der Warmhalteplatte stehen, schmeckt er ekelhaft.«

Nicht zu fassen. Jetzt mußte er sich auch noch rechtfertigen.

Maulend trat sie an die Kaffeemaschine, schüttete Kaffeepulver in den Filter und schlurfte, während das Wasser durchlief, zu ihrem Vater hinaus auf die Terrasse.

»Was sind dreißig Mark in Peseten?«

»Guck in den Wirtschaftsteil der Zeitung. Dann findest du den aktuellen Kurs.«

»So genau will ich's gar nicht wissen.«

Pause. Er nahm die Zeitung zur Hand und entfaltete sie.

»Es geht nämlich darum«, begann Maren von neuem. »Ich habe in Frankfurt dreißig Mark Taschengeld pro Woche gekriegt ...«

Er warf die Zeitung auf den Tisch: »Wieso Taschengeld? Du hast doch gearbeitet.«

»Ich meine vorher. Und jetzt arbeite ich doch nicht.« Sie stampfte plötzlich mit dem Fuß auf. »Es ist einfach blöd, wegen jeder Pesete dich oder Hilde zu fragen. Ich komme mir ja wie eine Erstkläßlerin vor.«

»Ist dreißig Mark nicht ein bißchen viel?«

Ihre Stimme wurde schrill. »Du hast ja null Ahnung von den Preisen. Was meinst du, was es für 'ne Mühe war, Hilde klarzumachen, daß Haarshampoo und Bodylotion und Lippenstift Geld kosten. Und daß ich nicht so fade natürlich rumlaufen will wie sie. Und jetzt kommst du auch noch an und spielst den Papa und willst mir erzählen, wieviel Geld ich brauche. Steck dir doch deine Kohle sonstwohin, du Geizkragen.«

Sie brach in Tränen aus.

»Ich hab ja nichts gegen dein Taschengeld«, sagte er hastig. »Es erscheint mir nur relativ viel, wenn ich so an meine Jugendzeit denke. Ich kriegte zehn Mark im Monat, mehr nicht.«

»Da war das Geld auch mehr wert«, schniefte sie. »Außerdem braucht man als Junge nicht viel. Ab und zu ins Kino, mehr doch nicht.«

»Wir brauchten Geld, um die Mädchen einzuladen.«

»Die Mädchen lassen sich heute nicht mehr einladen. Ich wenigstens nicht.«

Sie holte die Kaffeekanne und goß sich und Conrad ein. »Doch, einmal hab ich mich einladen lassen.« Ihre Augen begannen zu glänzen. »Er war schon älter. Dreißig oder so was. Ein richtiger Gentleman. Der kaufte ein Halstuch in unserer Boutique und paßte mich nach Ladenschluß draußen ab. Ich bin mit ihm toll essen gegangen, Kerbelsuppe und krabbengefüllte Champignons, aber hinterher sollte ich mitkommen zu ihm nach Hause. Da sagte ich nein.«

»Vor solchen Männern«, Conrad richtete sich kerzengerade auf, »solltest du dich in acht nehmen. Das sind verantwortungslose Kerle, nur an ihren Vergnügungen interessiert. Und am Ende sitzt du da und bist schwanger.«

»Das bin ich schon«, sagte sie trotzig, »aber nicht von ihm, sondern von Siggi.«

»Was bist du? Schwanger?« Er schlug mit der flachen Hand auf die Zeitung, daß es knallte. »Mußt du deiner dummen Mutter alles nachmachen? Warum erfahre ich erst jetzt von der Geschichte?«

»Wir dachten, dich interessiert das nicht.«

Er lachte hilflos auf. »O doch. Am Ende soll ich womöglich wieder in die Tasche greifen.«

Maren begann zu weinen. »Dich interessiert nur das Geld.«

»Es geht nicht ums Geld. Du kannst nicht hierbleiben. Ich will keinen plärrenden Säugling im Haus.«

Sie sprang auf. »Du bist genau so, wie Hilde immer sagt: kalt und hartherzig. Keine Angst. Ich hau wieder ab. Mir gefällt's eh nicht in dieser abgewrackten Hippieruine. Ich langweile mich hier zu Tode, verstehst du? Keiner, mit dem man mal richtig reden kann. Immer nur dieses Erwachsenengeschwätz. Außerdem gehen mir diese Baumaschinen auf den Keks. Und diese stinkenden Pflanzen. Was ist das überhaupt? Riecht wie fauliges Fleisch. Ekelhaft.«

»Das ist spanischer Jasmin.«

»Und die Sonne. Jeden Tag Sonne. Das nervt. Kann hier denn nicht mal ein paar Tage nebelig-graues Wetter sein?«

»Ja, ab Januar, Februar. Manchmal auch noch im Frühjahr.«

»Und dieser Wind. Mein Kaffee ist ganz sandig. Weht denn immer dieser schreckliche Wind?«

»Ist ja nur Nordwind. Der Levante bläst viel kräftiger.«

»Nachts ist es saukalt. Das Bettzeug fühlt sich klamm an. Ich hole mir noch 'ne Lungenentzündung oder Rheuma.«

»Ich kaufe dir eine Heizdecke. Die legst du, bevor du schlafen gehst, eine halbe Stunde lang ins Bett. Dann ist dir nicht mehr kalt.«

»Hilde!« Sie lief ihrer Mutter entgegen und fiel ihr laut aufheulend um den Hals. »Conrad schmeißt uns raus!«

Sie war seit zwölf Jahren nicht mehr Auto gefahren

»Ach, Mama!« So nannte Maren ihre Mutter selten. Normalerweise sagte sie »Hilde«, so wie sie es als Kleinkind gelernt hatte. Gerührt zog Hilde sie auf ihren Schoß, wo sie sich wie ein Embryo zusammenkauerte. »Was ist denn, mein Liebchen?«

Wieder ein Seufzer aus tiefster Seele. »Ach, Mama.«

»Erzähle, was dich bedrückt, meine Kleine.«

»Es ist alles so schwierig mit den Jungens.«

»Was ist schwierig?«

»Meine Zähne sind zu groß.«

»Brigitte Bardot hatte auch große Zähne.«

»Ach, die Bardot ist doch völlig out. So ein altmodischer Typ. Ich sähe lieber wie Madonna aus.«

»Mein Gott, meinst du das im Ernst? Diese unsinnliche Techno-Erotik gefällt dir?«

»Madonna ist clever und erotisch«, beharrte Maren, »und sie hat einen super durchtrainierten Körper.«

»In ihren früheren Filmen«, sagte Hilde, »als sie noch mollig war, gefiel sie mir gut. Ihr aufgeworfener Mund, ihre speckige natürliche Sinnlichkeit. Genau wie Marlene Dietrich im ›Blauen Engel‹ mit ihrem rundlichen Gesicht und den üppigen Schenkeln, bevor sie sich in Hollywood zur unnahbaren Diva stilisierte. Als sie zum Kunstprodukt abgemagert war, ging ihre ganze Ausstrahlung flöten.«

»Das stimmt nicht!« rief Maren. »Ihre coole Überheblichkeit war Klasse.«

»Sie war überhaupt keine Frau mehr. Keine Spur Hintern oder Busen.«

»Das einzig Gute an der Schwangerschaft ist, daß ich richtig Busen gekriegt habe!« Maren schaute stolz an sich herunter. »Ich will das Kind aber nicht stillen, sonst kriege ich Hängebrüste, so wie du.«

»Hör mal«, rief Hilde aufgebracht. »Ich habe dich dreizehn Monate gestillt, das ist das allerbeste, was einem Kind passieren kann.«

»Du siehst ja, was es genutzt hat.«

»Was willst du damit sagen?«

Ihre Stimme zitterte. »Er liebt mich nicht. Aber er war genauso, wie wenn er mich liebt. Jeden Tag hat er mich von der

Arbeit abgeholt, jeden Tag. Und dann von heute auf morgen hat er sich nicht mehr gemeldet.«

»Und du?«

»Er war nie zu Hause. Seine Mutter hat mir erzählt, sie wäre ganz neidisch, weil die Mädchen von heute keine Hemmungen haben, einem Jungen nachzulaufen. Zu ihrer Zeit hat man brav gewartet. Bei Siggi klingelt Tag und Nacht das Telefon, sagte sie, immer irgendwelche Mädchen.«

»Und dann?«

»Einmal war er doch da. Seine Mutter holte ihn ans Telefon. Aber er hatte eine komische Stimme, und ich merkte, er will nichts mehr mit mir zu tun haben. Aber warum nicht? Warum nicht?«

Sie warf ihren Kopf gegen Hildes Schulter und begann lauthals zu schluchzen.

»Ist ja gut«, sagte Hilde müde. »Vielleicht hast du ihm Druck gemacht, so was vertragen viele Männer nicht.«

Maren fuhr hoch, mit wilden Haaren und verschmierten Augen. »Druck? Was heißt hier Druck? Ich darf ihn doch wohl anrufen, oder? Ich darf ihm doch wohl sagen, daß ich ihn liebe, oder? Ich darf ihn doch wohl küssen, wenn mir danach ist, oder?«

»Du darfst alles, mein Liebchen. Aber Männer fühlen sich leicht unter Druck gesetzt, in die Enge getrieben, eingeengt, eingepfercht ...«

»Quatsch!« Mit einer heftigen Geste wischte sie sich die schmierigen Tränen vom Gesicht und sprang von Hildes Schoß. »Es ist nicht jeder ein Feigling wie Conrad.«

»Vielleicht hättest du nicht mit Siggi schlafen sollen«, seufzte Hilde. »Leider ist es noch immer so, daß viele Männer Frauen verachten, die gleich mit ihnen ins Bett gehen.«

Maren fuhr sich mit gespreizten Fingern durchs Haar und

schnappte nach Atem. »Bleib mir doch vom Leib mit deinen altmodischen Strategien. Soll ich wie eine alte Jungfer Däumchen drehen, bis der Richtige kommt und mich erlöst? Du hast ja keine Ahnung, was Leidenschaft ist ...«

Aufgebracht stapfte sie durch den Innenhof. »Übrigens, Siggi war der erste, mit dem ich geschlafen habe, daß du's nur weißt. Ihr Erwachsenen mit eurer schmutzigen Phantasie glaubt ja immer, die Jugend wälzt sich ununterbrochen in irgendwelchen Betten, so wie ihr das früher gemacht habt ...«

Versöhnlich streckte Hilde den Arm aus. »Sag, mein Mädchen, was wünschst du dir zu Weihnachten? Außer diesem nachtblauen Pullover?«

Maren ließ sich auf einen Stuhl fallen, die Lippen trotzig geschürzt. »Weiß nicht. Einen Weihnachtsbaum. Ja, einen Weihnachtsbaum.«

Pepe hatte eine der meterhoch aus der Blattrosette ragenden Agavenblüten in einen rostigen Blecheimer gesteckt, ihn mit Sand aufgefüllt, damit sie nicht umfiel, und sie wie eine Weihnachtstanne mit silberglitzernden Girlanden und knallbunten Kugeln geschmückt.

»So einen Weihnachtsbaum hätten wir gerne!« sagte Hilde, und zu ihrer Überraschung erklärte sich Conrad gleich bereit, mit ihr zusammen einen zu besorgen.

Von einem lauen Wind umfächelt, stapften sie oben auf der Steilklippe durch das Gebüsch. »Wir haben dreiundzwanzig Grad«, sagte Conrad. »Und das nachmittags um fünf. Sehr stimmungsvoll wird dieses Weihnachten wohl nicht.«

Er hatte eine Handsäge mitgenommen, denn die armdikken Agavenstämme, von den Einheimischen Pitas genannt, waren fast so hart wie Baumäste. Wie sie von einem hochgereckten phallischen Blütenstamm zum nächsten wechselten, jeden betrachteten und befühlten und sich für keinen entscheiden konnten, da stießen sie plötzlich auf einen jeansfarbenen Kleiderhaufen – nein, es war ein umschlungenes Paar, das überrascht auseinanderstob.

Bartolo grinste frech zu Conrad hinauf. Bianca lächelte freundlich-fremd.

Ehe Hilde sich versah, stürzte Conrad durch Sand und Buschwerk auf die beiden zu. Er hob den Arm mit der Säge. Bartolo rührte sich nicht. Bianca lächelte.

Da brüllte er los wie ein gepeinigtes Tier, brüllte und brüllte, die Hand mit der Säge schwebte in der Luft. »Bianca, mein Liebling, was tust du hier? Ich habe dich überall gesucht. In jeder Bar. Am Hafen. Am Strand. Komm nach Hause, Bianca! Komm!« Als er an ihrem Arm zu zerren begann, den sie ihm schlaff überließ, holte Bartolo blitzschnell aus und fällte Conrad mit zwei kurzen Boxhieben. Die Säge flog ins Ginstergebüsch.

Dann faßte Bartolo nach Biancas Hand, raffte die Decke, auf der sie gelegen hatten, über die Schulter, klemmte ihre beiden Jacken unter die Achsel und lief leichtfüßig durch den Sand davon, Bianca hinter sich herziehend. Sie schaute noch lange über ihre Schulter mit besorgtem Blick auf Conrad, bis sie und Bartolo schließlich zwischen den struppig bewachsenen Dünen verschwanden.

Hilde beugte sich hinunter zu dem reglosen Conrad, rief ihn, streichelte ihn, jammerte: »Steh doch auf.«

Schließlich hockte sie sich neben ihn wie eine Leichenwache und wartete. Nach einer ganzen Weile rührte er sich. »Wo ist meine Brille?«

Sie kroch herum, fand sie unbeschädigt im Sand, säuberte sie mit einem Blusenzipfel und setzte sie ihm auf. »Komm, laß uns gehen.«

Er raffte sich hoch, tappelte, unsicher wie ein Dreijähriger, durch den Dünensand und begann, leise vor sich hin zu wimmern.

»Wo ist dein Autoschlüssel?«

Er stand hilflos mit hängenden Armen da. Sie durchsuchte seine Taschen.

Sie war seit zwölf Jahren nicht mehr Auto gefahren. Eigentlich hatte sie sich vorgenommen, diese Dreckschleudern vollkommen zu ignorieren und sich auf eine ökologisch saubere Fortbewegung zu Fuß oder per Rad zu beschränken. Aber was blieb ihr übrig?

Sie half Conrad in den Wagen – Wo ist die Handbremse? Aha, ein Knopf an der Seite –, fuhr vorsichtig an, einen neuen Mercedes war sie noch nie gefahren, immer nur alte Schrottkisten – so so, der Rückwärtsgang ist links –, kein schlechtes Fahrgefühl, sie kurvte durch den Ort, überquerte die große Carretera und nahm den Weg in die Berge. Conrads monotones Gewinsel ging ihr auf die Nerven. Immerhin hatte sie nicht den Eindruck, er sei schwer verletzt.

Sie hielt vor dem Hoftor, und er ließ sich ins Haus führen wie ein gebrechlicher Alter.

Als sie ihn in der Küche losließ und er auf einem Stuhl niedersackte, vernahm sie plötzlich ein Geräusch.

Alle ihre Sinne waren plötzlich gleißend wach. Sie stürmte die Treppe hinauf, die Geräusche kamen aus Marens Zimmer, ein Seufzen, ein Liebesstöhnen, sie riß die Tür auf.

»Mama.«

Maren hielt das Bettzeug vor die Brust gerafft. Sie war nie schamhaft gewesen. Adams Gesicht wechselte von Ärger zu Schuldgefühl.

»Dabei ist sie schwanger«, sagte Hilde scharf. »Was willst du mit einem schwangeren Kind?«

»Mama!« Maren brach in Tränen aus. Es zuckte Hilde, sie zu schlagen. Es zuckte sie, Adam anzuspringen, ihm an den

Hals zu springen, auf ihn einzudreschen, ihn zu prügeln, ihm die Knochen zu zerhauen, ihn jämmerlich zuzurichten. Es zuckte sie, ihn zu töten.

Aber sie schmetterte nur die Tür zu und rannte hinunter in die Küche.

»Weg hier!« schrie sie Conrad an, der vor sich hin stierte. »Weg hier, ehe ich zur Mörderin werde.«

Sie schleifte ihn zurück ins Auto, ließ den Wagen an und bretterte hinunter in den Ort, raste die sandige Strandstraße entlang und bremste hart vor der Bar »La Palmera«.

»Steig aus!« befahl sie. Conrad gehorchte.

»Ich brauch 'nen Cognac!« preßte sie durch die Zähne. »Nein, besser nicht! Ich muß ja noch Auto fahren. Schließlich will ich keinen Unfall bauen. Das ist die Sache nun auch nicht wert.«

So rannten sie durch den Sand. Sie schnell, Conrad mühsam. Sie mußte immer wieder auf ihn warten, bis er mit seinen steifen Stelzbeinen nachgekommen war.

»Komische Situation!« tobte Hilde. »Sehr komische Situation. Da betrügt mich mein Geliebter mit meiner eigenen Tochter. Mit unserer Tochter. Was sagst du dazu? Du bist ja ihr Vater. Irgendwas haben wir falsch gemacht. Das gibt's doch nicht. Das kann doch nicht wahr sein. Dieser Opa mit seinen über fünfzig Jahren und unsere siebzehnjährige Tochter. Dieser Lustgreis. Dieser brünstige Bock. Hätt ich doch nie was mit ihm angefangen.« Conrad lief stumm neben ihr her. Plötzlich hielt sie an und schrie: »Warum passiert mir so was? Alle Frauen sind glücklich, bloß ich nicht.«

Sie stand am Meer und wütete gegen die Wellen an, sie brüllte, bis sie heiser und kraftlos war und nur noch leise vor sich hin jammern konnte.

Ich möchte sterben, dachte sie, ich möchte sterben. Aber ich bin zu müde, mich umzubringen. Ich möchte einfach nur daliegen, und das Leben flösse aus mir heraus.

Umfaßt wie zwei Verwundete, schleppten sie sich den Strand entlang. Schwarze Wassermauern wuchsen empor und kippten, als wollten sie die Welt unter sich begraben.

Als sie erschöpft das Auto erreichten, standen zwei ältere Touristinnen neben dem Mercedes und empörten sich im schönsten Schwäbisch: »Unglaublich, wie die Deutschen hier im Ausland auftreten. Stellen ihre dicken Autos protzig ins Parkverbot. Selber nehmen sie keine Rücksicht, aber beschweren sich dauernd über die lauten Spanier.«

»Ich bin auch Deutsche!« keifte Hilde, daß die Frauen zurückschraken. »Und ich beschwere mich nicht über die Spanier.«

Sie stieß den Schlüssel ins Loch, die Zentralverriegelung öffnete sich.

»Unglaublich«, murmelte sie. »Ich bin auch Deutsche! So was habe ich noch nie gesagt. Peinlich. Peinlich.«

»Ich muß ihr helfen«, murmelte Conrad. »Ihr Kleid ist voller Schußlöcher. Voller Schußlöcher.«

»Von wem sprichst du?« fragte Hilde unwirsch. »Von Bianca?«

Er antwortete nicht.

»Jetzt fängst du auch noch an, durchzuknallen!« schrie sie, während sie abrupt anfuhr. »Bin ich denn nur mit Verrückten zusammen? Was greinst du Bianca nach? Du hättest sie haben können. Hattest Monate Zeit. Warum hast du sie laufen lassen?«

Conrad humpelte schwerfällig wie ein Todkranker durch den Hof.

»Stell dich nicht so an«, schnaubte Hilde. »Was meinst du, wenn ich mich bei jedem kleinen Unglück so hängen lassen würde.«

Man schien sie oben gehört zu haben, denn eine verhuschte Maren trippelte die Treppe hinunter. »Mama.«

»Was gibt's?«

Noch nie war Hilde so streng gewesen. Noch nie hatte sie eine solche Stimme gehabt, wenn sie mit ihrer Tochter sprach.

»Sei nicht böse.« Maren faßte unterwürfig nach ihrem Arm, Hilde trat einen Schritt beiseite. »Mama, er ist so lieb zu mir.«

»Wer? Adam?« kam es scharf.

»Er ist so gütig. So zärtlich. Ich weiß, du findest ihn zu alt. Aber er gefiel mir vom ersten Moment an. Und wegen dem Kind mach dir keine Sorgen. Er hat nichts gegen die Schwangerschaft. Er sagt, er freut sich auf das Kind.«

Grenzenlos erstaunt schaute sie Maren an. Begriff sie eigentlich nicht, worum es ging? Begriff sie nicht, daß sie soeben die Mutter betrogen hatte?

Wieder faßte Maren zaghaft nach ihrer Hand. »Mama, du wirst dich an ihn gewöhnen.«

»Was heißt das?«

»Er hat gesagt, er will mich heiraten. Damit das Kind einen Vater hat. Ich tue ihm so leid, weißt du, weil ich selber keinen richtigen Vater habe.« Marens Blick streifte Conrad, der unbeteiligt vor sich hin stierte.

»Heiraten?« Hilde setzte sich. »Bist du völlig übergeschnappt? Ihr kennt euch zwei Wochen, habt einmal gevögelt und wollt heiraten?«

Sie senkte die Augen. Wie ein Engelchen sieht sie aus, dachte Hilde. Die reine Unschuld.

»Ich dachte, du magst ihn«, murmelte sie mit noch immer niedergeschlagenen Augen. »Er hat sehr lieb von dir geredet.«

Das Schwein, dachte Hilde, lieb von mir geredet. Wieso hat Maren nichts gemerkt? Wir waren doch zusammen am Flughafen. Wir haben sie wie ein Elternpaar abgeholt.

Aber natürlich ging sie davon aus, daß ich nach wie vor mit Conrad zusammen bin. Woher sollte sie wissen, daß sich was verändert hat? Sie wußte genauso wenig von meinem Adam wie ich von ihrem Siggi. Warum habe ich ihr nicht geschrieben? Ihr nichts am Telefon gesagt?

»Das ist Adam!«, so habe ich ihn ihr am Flughafen vorgestellt.

Was hätte ich sonst sagen sollen? Das ist mein neuer Lebensgefährte? Das klingt ja schon fast wie: Das ist mein Mann. Besitzergreifend.

Hatte ich Angst, unsere Liebe zu benennen und aus dem Zauberbann des Schwebens abzustürzen in eine banale Alltäglichkeit? Fürchtete ich, meinen Liebsten festzunageln und ihn dadurch zu verlieren?

Oder war es mir gar peinlich, vor meiner gestilten Tochter mit einem verlotterten Adam aufzutreten?

Mein Gott, warum war ich nur so reserviert gewesen? Das ist Adam klingt ausgesprochen nüchtern. Habe ich mich wirklich seiner geschämt? Weshalb habe ich ihm keinen Kuß gegeben und mich bei ihm untergehakt wie immer? Ich habe vor Maren meine Eigenständigkeit sehr betont. Warum? Wollte ich Maren ein Vorbild sein? Ihr stolz vorführen, was eine emanzipierte Frau ist?

»Paarverhalten« war jahrelang ein Schimpfwort. Eine emanzipierte Frau klebt nicht schmachtend am Arm eines Mannes, macht sich nicht aus lauter kläglicher Liebessehnsucht zum unselbständigen Anhängsel. Eine emanzipierte Frau braucht keinen Mann.

»Und ihr beide geht sehr freundschaftlich miteinander um.« Marens Stimme schwankte leicht, als wolle sie gleich wieder in ein Schluchzen ausbrechen.

Soso, freundschaftlich, dachte Hilde. Gut, wir vögeln nicht mehr jede zweite Nacht wie am Anfang. Wir hängen uns auch nicht mehr ununterbrochen am Hals wie in der ersten Verliebtheit. Dafür hatte unsere Beziehung etwas Klares, Eindeutiges. Ein starkes Zugehörigkeitsgefühl, so wie ich es mir mit Conrad immer gewünscht habe.

Nun begann Maren wieder zu weinen. »Was hast du gegen ihn?«

Sollte sie es ihr sagen? Maren nach ihrer Enttäuschung mit Siggi wieder enttäuschen? Nein, ich muß Adam zur Rede stellen. Er ist das Schwein!

Was gibt es da zur Rede zu stellen? dachte sie bitter. Er hat sich verliebt und Maren auch, und unbewußt habe ich es gefördert. Was für ein riesengroßer, armseliger Scheißdreck!«

Zerstreut langte sie zu Maren hinüber, diesem Häuflein Elend, und kraulte ihr den Hinterkopf. »Es kommt mir alles zu plötzlich. Erst die Schwangerschaft. Dann eine Heirat mit einem fast vierzig Jahre älteren Mann ... Ich habe ja nichts gegen Spontaneität, aber bei größeren Lebensentscheidungen sollte man sich Zeit lassen.«

Jetzt witterte Maren ihre Chance, riß den Kopf hoch und sagte herausfordernd, mit schwarz verschmierten Augen: »Du bist auch einfach so nach Spanien verschwunden, ganz spontan.«

Der Vorwurf traf. Eine gewaltige Welle von Schuldgefühlen schwappte über Hilde hinweg. Sicher, wenn sie in Frankfurt geblieben wäre, hätte man das mit der Schwangerschaft regeln können. Die Schwangerschaft wäre nicht nötig gewesen. Maren hatte recht, wenn sie ihr diese spontane Flucht nach Spanien vorwarf.

»Ich werde über alles nachdenken«, sagte sie müde. »Komm, Conrad.«

Conrad saß in sich zusammengesunken da, die Stirn quer geriffelt vor grüblerischer Anstrengung. Hilde zerrte an seinem Arm, und folgsam wie eine Gliederpuppe taumelte er vom Stuhl hoch.

»Laß uns eine Runde spazierengehen.«

Sie küßte Maren aufs blondgefärbte Haar. »Ich rede mit deinem Vater. Bis gleich, mein Engel.«

Sie trotteten nebeneinander her durch den Pinienwald. Dürre Zweige knackten unter ihren Füßen. Das vertrocknete Sommergras raschelte.

»Conrad«, sagte Hilde, »bist du ansprechbar?«

»Sie ist mit diesem Hübschling zusammen«, murmelte Conrad.

»Du meinst Bianca? Ich will mit dir über Maren reden. Maren ist deine Tochter.«

Er tauchte wie aus dem Nebel auf. »Was ist mit ihr?«

Hatte er wirklich nichts begriffen? Genervt erläuterte ihm Hilde, was passiert war. »Hörst du mir zu?«

»Jaja.«

»Sag mir«, sie blieb stehen und ihre Stimme bebte, »was kann ich tun?«

»Warum soll sie ihn nicht heiraten?«

»Meinst du das im Ernst?«

Er stand vor ihr mit ausdruckslosem Gesicht und hob die Schultern.

»Und ich?« schrie Hilde. »Was ist mit mir? Ich bin dir wohl völlig gleichgültig. Du Egozentriker. Du manischer Narziß!«

Er duckte sich unter ihrer Stimme: »Was mußt du denn so schreien? Das ist ja wie bei den Asozialen.«

»Jetzt wirst du auch noch moralisch!« schrie sie. »Du Pfarrer«, schrie sie, und dann schlug sie ihn. Ihre Handfläche klatschte gegen seine Backe, sie schlug und schlug. Seine Brille hüpfte hoch bei jedem ihrer Schläge.

Als ihre Hand zu schmerzen begann, hörte sie auf.

»Ich muß mich setzen«, sagte er.

Beide ließen sich auf Kissen von Piniennadeln nieder.

Und plötzlich knickte er in der Taille zusammen, sein Kopf fiel schwer in ihren Schoß, er umklammerte ihre Schenkel, sie spürte seine Nase, wie sie sich durch den Rockstoff in ihr Fleisch bohrte, sie legte ihre Hand automatisch auf seinen Kopf, der vor Schluchzen zitterte. Ein dicker schwarzer Käfer, vielleicht ein Hirschkäfer, versuchte einen Sandberg zu erklimmen, rutschte ein Stück, fing beharrlich immer wieder von vorne an. Interessiert beobachtete sie seine vielen schwarzen Beine, einige rutschten, einige drängten vorwärts, mit emsiger Geduld versuchte er es wieder und wieder. Und da – er hatte es geschafft.

Die eine Hand ließ sie auf Conrads Kopf liegen, mit der anderen nahm sie ein Stöckchen und stieß den Käfer hinunter von seinem Hügel. Unermüdlich begann er von neuem.

So jemand fällt immer auf die Füße

Maren hatte trotz der allgemeinen Mißstimmung darauf bestanden, Heiligabend zu feiern. Hilde schmückte den hochgereckten Stamm der Agave, den Adam geschlagen hatte, mit Muscheln, goldfarbenen Kugeln und einer Girlande von Elektrokerzen.

»Wie kannst du nur!« empörte sich Maren und hatte schon wieder nasse Augen. »Warum nimmst du keine echten Kerzen?«

»Hier auf der Terrasse«, sagte Hilde ungeduldig, »bläst dir der Wind jedes Licht aus.«

»Welcher Wind?«

Es schien windstill zu sein. Hilde holte eine Kerze aus der Küche und zündete sie an.

Die Flamme strebte schräg nach oben, dann duckte sie sich und zog rechtwinklig vom Docht weg, bis sie plötzlich erlosch.

»Tatsächlich.« Maren staunte.

»Setz dich hin«, sagte Hilde. »Hier hast du eine Rolle Geschenkband. Schau, so bindet man Blütenschleifen.«

Maren bemühte sich, ebenso prächtige Schleifen zu binden wie die Mutter.

»Das sind ja Krüppel!« tadelte Hilde und zupfte herum, bis Maren die Bandrolle zornig auf den Boden kullern ließ. »Mach's doch selber.«

Adam beobachtete die Szene von Conrads Bibliotheksfenster aus, wohin er sich mit Gautiers »Reise in Andalusien« zurückgezogen hatte. Was für ein entzückendes Geplänkel! dachte er halb gerührt, halb verunsichert.

Hilde legte Pinienzweige auf dem weißen Tischtuch aus und knotete die goldfarbenen Schleifen wie große geöffnete Blumen hinein. Das versteht Hilde, dachte Adam zufrieden, ein Heim gemütlich zu schmücken. In solchen Dingen hat sie wirklich ein künstlerisches Händchen. Wie reizend maulig meine bezaubernde Zukünftige ihr Grübchenkinn auf den Handballen lagert, um der Mutter bei ihrer Dekorationsarbeit zuzuschauen!

Natürlich muß ich mich erst offiziell scheiden lassen, Wiltrud wird sich nicht dagegen sträuben.

Einen Moment zögerte er, ob es nicht besser sei, die Ehe mit ihr formal aufrechtzuerhalten wegen seiner Altersversorgung. Aber er war zehn Jahre älter als Wiltrud, Frauen lebten länger, es war fraglich, ob er je in den Genuß ihrer Pension kommen würde.

Nicht, daß Adam Geld wichtig gewesen wäre, aber er

hätte es unklug gefunden, die praktische Seite so ganz außer acht zu lassen. Zumal sich herausgestellt hatte, daß Herrn Rodriguez' Scheck nicht gedeckt war.

Er holte die Pfeifentasche aus seinem Zimmer und stopfte sich seine Meerschaumpfeife.

Wir könnten ein wunderbares Team sein. Hilde ist eine handfeste Schwiegermutter, die mich managen und das Baby nehmen wird, damit wir als frischverheiratetes Paar Zeit miteinander haben. Conrad als Großvater wird uns finanziell unterstützen. Wir leben in dieser herrlichen Finca, ich habe meine Werkstatt, bald werde ich meine Objekte weltweit in den renommiertesten Museen und Galerien ausstellen. Alles braucht einfach noch ein bißchen Zeit.

Er sog an seiner Pfeife und stieß üppige Qualmwolken gegen die Decke.

Ich bin ein Kind des Glücks. Maren, dieses schmollig-launische und zugleich reizend anschmiegsame Geschöpf übertrifft meine süßesten Träume! Diese kaum geöffnete Knospe, dieses junge Ding in seiner holden Frische wird tatsächlich meine Ehefrau! Was für eine rasante Fügung des Schicksals!

Die Krönung des Ganzen, der Gipfel der Vollkommenheit wäre natürlich ein gemeinsames Kind statt ein Bastard von irgendeinem unreifen Flegel! Aber ohne die Schwangerschaft hätte man wohl nicht so schnell eine Einwilligung zur Heirat gegeben.

Er stieg noch einmal in sein Zimmer hoch, um die Magno-Flasche aus dem Kleiderschrank zu holen. Er füllte sich ein Glas und setzte sich, die Pfeife im Mundwinkel, zurück an seinen Platz am Fenster.

»Hier!« Hilde warf Maren ein Tütchen mit weißen Perlen hin. »Zieh das auf!«

Unglaublich, was für einen Ton sich Hilde manchmal erlaubt, dachte Adam kopfschüttelnd. Genau wie vor ein paar

Tagen, als sie mich zu dieser schrecklichen Aussprache zwang! Was kann ich dafür, daß sie sich offenbar eine gemeinsame Zukunft mit mir vorgestellt hatte? Nie war davon die Rede gewesen. Wir haben herrlich gevögelt, das war alles. Im Bett ist Hilde eine Rakete! Das glaubt man gar nicht, wenn man sie so sieht in ihren biederen Röcken. Auf den Sex mit Hilde zu verzichten wird mir schwerfallen. Hoffentlich hat Maren die Sinnlichkeit ihrer Mutter geerbt. Im Moment ist die Kleine noch etwas verklemmt. Offenbar hatte sie nie einen richtigen Mann im Bett. Immer nur diese achtzehnjährigen Jüngelchen, die ungeschickt an ihr herumtappen und nicht wissen, wo bei der Frau die Muschi sitzt. Ich werde ihr schon noch alles beibringen. Wir haben ja Zeit.

Der Cognac brannte auf seiner Unterlippe. Er fühlte mit der Zunge und lächelte in sich hinein. Eine kleine Wunde, Erinnerung an Hilde. Ein zärtlicher Liebesbiß, der sich einfach nicht schließen wollte.

Natürlich fehlt Hilde das Vögeln genauso wie mir! Darum hat sie auch diese muffelige Laune! Was für ein prachtvoller Arsch! Ich muß mich am Riemen reißen, um sie nicht aus lieber Gewohnheit bei den Hüften zu packen. Sie war so angenehm unkompliziert. Man mußte überhaupt keine Klimmzüge machen, um ihr zu gefallen.

Wenn ich's mir recht überlege, habe ich mich noch nie mit einer Frau so sauwohl gefühlt wie mit ihr. Es war schon fast unheimlich. Man kann doch nicht einfach so zufrieden vor sich hin leben! Man wird fett und träge dabei, noch dazu, wo sie so gut kocht! Aber ein Künstler braucht immer wieder neue Impulse, um kreativ zu sein.

Wieder brannte der Cognac. Wieder fuhr er sich mit der Zunge über die Unterlippe.

Ich habe zwar die letzten Monate so intensiv gearbeitet wie seit Jahren nicht, aber wer weiß, wie lange die Phase gedauert hätte. Mich treibt halt der Überschwang des Neuen. Irgendwann hätte sich unsere Leidenschaft abgenutzt und gähnender Langeweile Platz gemacht. Darauf muß man ja nicht warten. Durch unsere Trennung behalten wir beide unsere gemeinsame Zeit in schönster Erinnerung.

Oje, Hilde macht Anstalten, in die Küche zu kommen, um das Festessen vorzubereiten!

Hastig klemmte Adam die Cognacflasche unter den Arm, nahm Glas und Pfeife und zog sich in die dunkle Tiefe des Bücherzimmers zurück. Womöglich spannt sie mich wie Maren in weihnachtliche Handlangerarbeiten ein!

Jetzt scheuert auch noch das Pfeifenmundstück über die offene Stelle an der Lippe! Hilde hat doch alle möglichen Wundsälbchen in ihrem Apothekenschrank! Ich frag sie nachher!

Gottlob ist sie eine positiv denkende Frau, die sich gegen Tatsachen nicht irrational wehrt. Sie hat schon einen ganzen Stapel Hemdchen für unser zukünftiges Kind genäht.

Wenn doch nur dieses Gezerre zwischen Mutter und Tochter endlich aufhören würde! Das artet ja langsam in echten Zank aus!

Vorsichtig nahm Adam seinen Stuhl und stellte ihn so, daß er zwar die Küche im Blick hatte, selbst aber halb hinter dem Vorhang verborgen war.

Ich habe Hilde wegen ihres friedlichen Temperaments geschätzt. Aber Maren gegenüber zeigt sie plötzlich Seiten von tückischer Streitsucht. Nicht einmal heute, am heiligen Abend, nimmt sie sich zusammen!

Hilde rührte Kapern unter die Pastetenfüllung, eine köstliche Mischung aus Hühnerfrikassee und Pilzragout, deren Duft bis zu ihm ins Bücherzimmer zog.

»Kind, tust du mir einen Gefallen?«

»Welchen?« fragte Maren argwöhnisch, während sie einen Kaffeelöffel in das Ragout tunkte, um zu probieren.

»Sei so gut und zieh dir zu den Feiertagen mal nichts Dunkles an. Ewig dieses Schwarz! Dieses Aubergine! Dieses Pflaumenblau! Dieses Schlammgrün! Ich hasse deine depressiven Farben! Vor allem hier im Süden!«

»Dunkle Farben machen interessant!« schoß Maren zurück.

»Warum nicht mal was Frisches? Lachs oder apfelgrün. Das sähe wunderbar zu deinem hellen Teint aus.«

»Du redest wie deine Mutter.«

»Außerdem solltest du dieses ewige Make-up weglassen. Sonst hast du mit dreißig eine Haut wie mit fünfzig.«

Maren brach, wie so oft, in Tränen aus. Am liebsten wäre Adam hingelaufen, um sein trauriges Liebchen zu trösten. Aber klugerweise verzichtete er darauf. Wer weiß, wie die Frauen reagiert hätten.

Zu gern hätte er auch mal von dem Ragout gekostet. Aber er fürchtete, Zielscheibe allgemeiner Aggressionen zu werden, wenn er seinen stillen Beobachterposten verließ.

Hilde versuchte, ihre weinende Tochter in den Arm zu nehmen. Maren sträubte sich heftig: »Immer nörgelst du an mir herum. Genau wie Omi.«

»Aber ich nörgel doch gar nicht. Ich wollte dir nur einen Tip geben!«

»Dir gefällt mein Schwarz nicht. Dir gefällt mein Make-up nicht. Dir gefällt meine Schwangerschaft nicht. Dir gefällt meine Verlobung mit Adam nicht.«

»Man darf doch wohl noch seine Meinung sagen. Oder willst du, daß ich dir was vorlüge?«

»Und mein schönes Etui-Kleid aus Tarnstoff hast du einfach zerrissen und in den Müll geworfen.«

»Hör auf mit dieser uralten Geschichte. Es war das einzige Mal, daß ich wirklich rabiat werden mußte. Du weißt, ich bin überzeugte Pazifistin und habe mich lange genug in der Friedensbewegung engagiert. Und meine eigene Tochter kommt mit diesem sexy Kleid aus militaristisch grüngeflecktem Tarnstoff an! Warum hast du dir nicht gleich ein Hakenkreuz umgehängt? Dieser Tarnstoff wird ausschließlich zu Kriegszwecken hergestellt. Und wenn die Mode, die sich ja alles einverleibt, daraus ein körpernah geschneidertes Teenagerkleid macht und ich eine Idiotin von Tochter habe, die so was kauft – dann muß ich leider reagieren.«

»Es war ziemlich teuer«, sagte Maren kleinlaut.

»Wie du weißt, war es nicht ganz umsonst gekauft!« Hilde klatschte den Rührlöffel in den Topf mit der Pastetenfüllung, daß die heiße Soße nach den Seiten wegspritzte. »Du erinnerst dich, daß ich ein paar von den Fetzen in eine Textilcollage hineingearbeitet habe.«

»Du bist gar nicht lieb zu mir«, schluchzte Maren.

Adam spürte Hildes sich immer mehr steigernde Reizbarkeit mit einer Wucht, die nicht auszuhalten war. Na gut, beruhigte er sich, welche Tochter hat keine Probleme mit ihrer Mutter?

Er schaute zu, wie Hilde das Ragout in die Pasteten löffelte, diese auf einem Blech in den Ofen schob und den Topf in der Spüle abstellte. Fast wäre er aufgesprungen, um in den Genuß des Topfausleckens zu kommen. Aber Hilde hatte schon den Wasserhahn aufgedreht.

Gegen drei, zur spanischen Mittagszeit, saß man in Dekken gehüllt neben der geschmückten Agave, ließ sich von der Wintersonne bescheinen und stocherte wortkarg in den Pasteten, während der Truthahn noch in der Backröhre schmorte. Da hupte es vorm Hoftor.

Hilde warf die Decke ab und rannte zum Eingang, als habe sie seit Stunden ungeduldig auf eine Unterbrechung gewartet.

Aus ihrem Porsche Carrera, champagnerfarben, mit schimmernden Leichtmetallfelgen, stiegen Chris und Dirk.

Chris klapperte in zierlichen Granny-Stiefeletten über die Steinfliesen, das knöchellange taillierte Kostüm erlaubte ihr nur Trippelschrittchen.

Dirk erschien im gediegenen Sakko aus feinstem englischen Tuch, dessen Farben sich raffiniert in Krawatte und Socken wiederholten.

»Frohe Weihnachten«, sagte er laut.

»Wir möchten«, ergänzte Chris ironisch, »unsere zukünftigen Nachbarn begrüßen.«

»Das ist meine Tochter!« Hilde wies mit einer lässig-stolzen Kopfbewegung auf Maren.

»Oh, eine junge Schönheit!« Dirks Miene leuchtete auf. Er verneigte sich und hauchte Maren, während er ihr tief in die Augen schaute, einen Kuß über den Handrücken. Chris nickte Maren knapp zu, griff, noch bevor Dirk seinen Blick beendet hatte, quer über den Tisch hinweg ihre Hand und schüttelte sie. »Tag!« Conrad wischte sich den Mund, legte die Serviette ab und erhob sich langsam.

»Wo ist deine Frau?« fragte Hilde. Was muß sie gleich so plump sein! dachte Adam. Über Chris' lächelndes Gesicht flog ein Schatten. »Sie ist in Deutschland.«

Dirk hielt die Hand halb vor den Mund und reckte den Hals nach vorne. »Ich mußte sie in einer Klinik unterbringen. Eine wunderbare Anstalt, in der Alkoholentzug mit psychotherapeutischen Maßnahmen verbunden wird. Sie haben unglaubliche Erfolge.«

»Sehr teuer«, fügte Chris hinzu.

»Die Scheidung läuft«, sagte Dirk. »Siglinde war unerträglich. Ihr könnt euch nicht vorstellen, was für grauenhafte Szenen sich abgespielt haben.«

»Vor allem, als sie begriffen hat«, Chris zog Dirk energisch zu sich heran, »daß Dirk sie längst nicht mehr liebt, sondern mit mir zusammenleben will.«

»Es war hart für sie.« Dirk schüttelte melancholisch den Kopf. »Sie tat mir leid. Schließlich waren wir lange verheiratet.«

»Aber so ist das nun mal«, fiel ihm Chris ins Wort. »Die Liebe hält oder hält nicht. Damit mußten sich auch schon andere abfinden.«

»Sie ist ein armes Ding«, beharrte Dirk. »Wir waren immer ein gutes Arbeitsteam.«

»Sie hatte die völlig abwegige Hoffnung«, Chris klaubte eifrig ein paar Flusen von Dirks englischem Sakko, »seine Gefühle für sie könnten wiederbelebt werden. Sie wollte den Tatsachen nicht ins Auge sehen.«

»Sie ist sechsundfünfzig«, seufzte Dirk, »da hat sie wenig Chance, ein neues Leben beginnen zu können. Wenn sie die Therapie hinter sich hat, wird es schwer werden für sie.«

»Sie war gut in ihrem Job.« Chris fuhr in ihre Handtasche und holte ihr Päckchen Fortuna hervor. »Sie hat dich jahrelang ernährt. So jemand fällt immer auf die Füße. Und einen neuen Liebhaber zu finden, der sich von ihr aushalten läßt, dürfte kein Problem sein.«

»Dirk!« Conrad hatte die ganze Zeit über mit angewinkelten Armen dagestanden, wie ein angeschlagener Boxer, der auf seinen Moment wartet. »Ich habe gehört, daß du Sebastiano das ganze riesige Gelände abgekauft hast! Und nicht, wie du behauptest, nur einen kleinen Teil für deinen eigenen Bedarf.«

»Siglinde hat es gekauft«, sagte Dirk milde, »ich hatte nur mal die wirklich noch erschwinglichen Bodenpreise dieser Gegend erwähnt und nicht damit gerechnet, daß sie gleich zu Sebastiano rennt.«

Chris sog mit enggespitzten Lippen an ihrer Zigarette. »Ich habe meine Frankfurter Wohnung verkauft. Demnächst fangen wir an zu bauen. Der Architekt entwickelt gerade einen Bauplan nach meinen Entwürfen. Mit Säulengang und Innenhof.«

»Wir zeigen euch gerne unsere bescheidene Parzela«, schlug Dirk freundlich vor.

»Geht nur. Ich muß mich um den Braten kümmern!« Hilde öffnete mißgestimmt wie eine überforderte Hausfrau die Backröhre, um den Truthahn mit heißem Fett zu übergießen. »Maren, du kannst in der Zwischenzeit das benutzte Geschirr abräumen!«

Dirk und Chris stiegen in ihren Porsche und winkten Adam und Conrad, sich nach hinten zu setzen.

»Die zwanzig Meter hätten wir ruhig laufen können«, murrte Conrad.

»Ich will mir doch nicht meine Schuhe versauen!« empörte sich Chris und drückte ihre angerauchte Zigarette in einem Blumentopf aus.

Die Landschaft war nach einigen Regentagen wie mit zartgrünem Samt überzogen, gesprenkelt von winzigen weißen Blümchen.

»Hier am Rande der geplanten Urbanisation, mit Aussicht über das ganze Tal haben wir sechstausend Quadratmeter für uns behalten. Der Rest ist parzelliert und verkauft«, berichtete Dirk stolz und dirigierte die drei über einen aufgeschütteten Kiesweg, mitten durch das trostlos zerwühlte Gelände. In den Baugruben stand gelbes Wasser. »Es ist sogar alles legalisiert, da hat Siglinde gute Arbeit geleistet. Seht ihr den Berg Steine dort drüben? Ein Anleger aus Sevilla hat schon angefangen, eine Garage zu bauen. Im Januar werden Restaurant und Einkaufszentrum in Angriff genommen. Das wird euch freuen. Da habt ihr's nicht mehr so weit.«

»Wie viele Käufer sind's?« fragte Conrad kalt. Dirk wiegte den Kopf und bewegte zählend die Lippen. »Wir haben das ganze Gelände in relativ große Grundstücke aufgeteilt. Es sind etwa sechzig Käufer.«

Conrad drehte sich um und schritt schnell und schweigend den Weg zurück. Die drei anderen rannten ihm hinterher. Chris redete wild auf seinen Rücken ein. Wie ein Specht, dachte Adam, der gegen die Baumrinde hackt. »Conrad, das Ganze ist nur von Vorteil von euch. Ihr wart hier ja von aller Welt abgeschnitten. Jetzt könnt ihr euch endlich an das allgemeine Wassernetz anschließen lassen und braucht nicht mehr euer Brunnenwasser zu trinken. Das ist sicher völlig nitratverseucht. Wie überall, wo die Bauern ihre Felder bestellen.«

Dirk fiel ein: »Euer herrlicher Blick über die Hügel ist in keiner Weise beeinträchtigt. Darauf haben wir bei der Planung genau geachtet.«

Am Rande des Baugeländes, wo Chris den Porsche geparkt hatte, blieb Conrad stehen. »Dirk«, sagte er langsam, »hör auf, das Unschuldslamm zu spielen. Alles war von Anfang an ein abgekartetes Spiel zwischen dir und deiner Frau. Du warst es, der Sebastiano auf die Idee gebracht hat, sein Grundstück zu verkaufen. Vielleicht hast du sogar mit ein paar Scheinchen gewedelt. Ohne dich hätte man nicht das bescheidenste Ferienhaus in dieser gottverlassenen Gegend gebaut.«

Dirk wollte antworten, Chris winkte ihm zu schweigen.

»Nein, du irrst dich!« Sie steckte sich eine neue Zigarette an. »Dirks Frau betrieb ja diese Immobilienfirma, und Dirk mußte irgendwann erwähnt haben, daß Sebastiano das Gelände hier verkaufen will. Ohne Dirk zu informieren, hatte seine Frau Sebastiano im Dorf ausfindig gemacht und ihm ein gutes Angebot unterbreitet. Dirk hatte keine Ahnung. Und ich erst recht nicht. Ich wußte ja nicht mal, daß es eine Ehefrau gab. Als Dirk von Siglindes übereifriger Aktion erfuhr, hat er sich natürlich gleich eingeschaltet. Es war zu spät. Man konnte die Sache nicht mehr zurückdrehen, sondern nur noch das Beste draus machen.«

»Ich bin sicher«, Conrad musterte Dirk grimmig, »daß du von Anfang an deine Finger drin hattest.«

Ohne den wartenden Porsche zu beachten, marschierte er zur Hacienda zurück. Adam kletterte zu Chris ins Auto. »Toller Karren! Aber ein bißchen klein für meine Skulpturen!«

Dirk zögerte, als er Adam neben Chris sitzen sah, stieg schließlich hinten ein und ließ sich neben dem kräftig ausschreitenden Conrad absetzen. Während er sich in weitschweifigen Erklärungen erging, umrundete er vorsichtig, die Hosenbeine an den Knien hochzupfend, die braunen Schlammpfützen. »Sebastiano wollte sein Stück Land schon lange loswerden!« Friedfertig lief er vor Conrad zum Hoftor, um es ihm aufzumachen. »Die Felder liegen seit Ewigkeiten brach!«

»Jetzt hab ich mir doch meine Schuhe verdreckt!« schimpfte Chris. Hilde warf ihr eine Rolle Küchenkrepp zu, sie riß sich ein paar Blätter ab und reichte die Rolle an Dirk weiter. »Deine Slippers sehen noch schlimmer aus als meine Stiefeletten!«

Sie gruppierten sich von neuem um den Weihnachtstisch. In üppigen Sträußen spreizten sich die rosa Glocken des Blätterdaches gegen den durchsichtig blauen Himmel.

»Sebastiano brauchte Geld«, Chris hob eine der goldenen Blütenschleifen an, um sie kritisch zu begutachten. »Seine jüngste Tochter heiratete und wollte im Ort ein Haus kaufen.«

»Und warum, Dirk«, fragte Conrad streng, »hast du uns die Geschichte nicht sofort erzählt?«

»Es war ihm peinlich«, sagte Chris.

»Es wird noch peinlicher!« bemerkte Hilde und setzte die Truthahnplatte in die Mitte des Tisches. »Wenn erst alle sechzig Parteien gebaut haben, wird Sebastiano auch dieses wunderschöne Tal, das genau vor unseren Fenstern liegt, verscherbeln. Eine Urbanisation hat die Tendenz, sich zu vergrößern.« Sie holte zwei zusätzliche Gedecke für Chris und Dirk.

»Das erleben wir nicht mehr«, sagte Adam und reckte sich dem Truthahn entgegen. »Höchstens unsere Enkel.«

»Toll«, sagte Maren verträumt, »daß hier demnächst mehr los ist. Ich kann Conrads Folkloregedudel nicht mehr ertragen. Wenn sie eine Disco bauen, würde ich vielleicht sogar hierbleiben.«

Sie schmiegte sich an Adams Strickjacke und lächelte zu ihm hoch.

»Gut, daß so ein Truthahn viel Fleisch hat«, sagte Hilde, »ich ahnte ja nicht, daß wir Weihnachtsbesuch kriegen.« Sie nahm die Teller entgegen, um Fleisch und Beilagen zu verteilen.

Dirk verneigte sich. »Allerherzlichsten Dank für eure Gastfreundschaft. Wir haben ja nicht erwartet, heute wie in alten Zeiten so göttlich von Hilde beköstigt zu werden!«

Kaum hatten sie angefangen zu essen, erschienen Louisa und Andrea am Hoftor. Adam winkte ihnen kauend zu. »Ich habe sie eingeladen«, erklärte er, »gegen Naturalien Weihnachtslieder zu spielen.« Er schaute seiner Verlobten liebevoll in die Augen. »Eine Überraschung für Maren!«

»How are you?« fragte Dirk.

»Louisa geht es schlecht«, sagte Andrea auf deutsch. »Bartolo hat sie verlassen. Er ist jetzt mit dieser Frau zusammen, die damals bei euch gewohnt hat. Die mit den Vergewaltigungen.«

»Bianca.« Hilde nickte, und Louisa zuckte hoch.

»Still.« Andrea wedelte abwehrend mit der Hand. »Sie will ihren Namen nicht hören.«

»Und? Klappt's mit den beiden?« fragte Hilde, während sie die Teller zusammenrückte, um zwei weiteren Gedecken Platz zu machen.

»Bartolo ist schwer verliebt. Sie ist ein komischer Typ. Weiß nicht, ob sie ihn lange aushält. Er ist sehr besitzergreifend. Hat ihr schon ein Dutzend Heiratsanträge gemacht, aber sie will nicht.«

»Ich schlage vor«, sagte Adam, »ihr spielt jetzt ein paar Lieder zur Einstimmung, und den Rest nach dem Essen.«

Sie packten Gitarre und Flöte aus. »Oh, du fröhliche ...«

Wunderbar, dachte Adam, jetzt habe ich alles, was ich zu meinem Glück brauche, und er legte einen Arm um Maren und einen um Hilde.

»Iiiii!« kreischte Maren auf. »Schaut mal, wie ekelhaft!«

Sie sahen, wie sich im milden Licht der untergehenden Sonne eine meterlange Prozession von haarigen grauen Raupen direkt neben ihnen an der Hauswand entlang bewegte.

»Mir wird schlecht!« schrie Maren. Sie rannte ins Haus und man hörte, wie sie sich erbrach.

»Das sind Orugas«, sagte Hilde gelassen, »Prozessionsraupen. Die beginnen jetzt zu wandern. Neulich war die ganze Terrasse voll von den Viechern. Rafael hat mir die Nester in den Pinien gezeigt. Ich dachte immer, es wären Vogelnester, bis ich sah, daß es darin von Raupen wimmelte.«

»Mein Gott!« Chris legte die Gabel beiseite. »Wie kann man denn gleich so hysterisch reagieren wegen dem bißchen Viehzeug.«

»Laßt uns ins Haus gehen«, sagte Hilde. »Es wird eh gleich dunkel.« Sie stellte die Beilagenschüsseln auf ein Tablett und balancierte es in die Küche. Dirk folgte ihr mit dem Soßenkännchen.

»Ihr dürft den Raupen nicht zu nahe kommen.« Hilde griff

nach der schweren Truthahnplatte. »Rafael hat mir erzählt, die sprühen eine giftige Flüssigkeit, und man kriegt einen juckenden Ausschlag.«

»Nein!« Conrad schüttelte den Kopf. »Die feinen Raupenhärchen haben Widerhaken. Die verursachen den Ausschlag.«

»Ach«, überlegte Chris. »Vielleicht haben mir immer die Raupen zugesetzt, und ich habe die juckenden Quaddeln fälschlicherweise für Mückenstiche gehalten!«

»Auch die Nester darf man nicht anfassen«, rief Hilde über die Schulter, während sie die Platte in die Küche trug. »Alles ist voller Raupengift.«

»Früher, als ich mit meinen Eltern hier Ferien machte«, sagte Conrad versonnen, »hieß es, das sei eine Pinienallergie. Meine Mutter schmierte uns immer die juckenden Stellen mit Salbe ein. Ende Dezember, Anfang Januar, wenn es warm und sonnig ist, kommen sie aus ihren Nestern und kriechen, eine an der anderen, die Pinienstämme hinunter, um sich im Boden zu vergraben. Dort verpuppen sie sich und werden zu den häßlichen dicken Nachtfaltern, die uns im Frühjahr so lästig waren. Das Schlimme ist, sie haben keine natürlichen Feinde mehr, darum werden sie zu einer regelrechten Plage. Rafael erzählte, es gab Jahre, da waren die Wände unseres Hauses schwarz von Orugas.«

»Redet ihr immer noch von den Raupen?« klagte Maren durch die geöffnete Küchentür. Adam sprang auf und umfing sein Liebchen. Innig wie ein glückliches Hochzeitspärchen standen sie nebeneinander in den goldenen Strahlen der untergehenden Sonne.

Chris warf einen scharfen Blick auf Hilde, die behutsam, eine tiefe Falte zwischen den Brauen, die Tischdekoration auf dem Terrassenboden ablegte. Gemeinsam schleppten sie den schweren Tisch zurück in die Küche, deckten und dekorierten ihn neu.

Louisa und Andrea trällerten »Leise rieselt der Schnee« und »Jingle Bells«.

»Das paßt zu den Schneesternen und Schneemännern«, sagte Adam, »die sie hier überall an die Schaufenster sprühen!«

»Komm, Dirk, wir fahren jetzt.« Chris hakte ihn energisch unter. Dirk schnupperte sehnsüchtig zur Truthahnplatte hin und seufzte: »Das reicht noch für morgen! Ich denke immer wieder gern an die Zeit mit euch zurück. Nochmals vielen Dank für das Essen, und bis bald!«

Nachdem Andrea und Louisa ihr internationales Repertoire an Weihnachtsliedern hinter sich hatten, gingen sie zu deutschen Volksliedern über: »Hab mir mein Weizen am Bergl gsät, Bergl gsät, hat mir der böhmische Wind verweht, Wind verweht ...«

Heiratest du mich?

»Mira!« sagte Bartolo. »Schau mal!« Er hielt Bianca die geschlossene Faust vor die Augen und ließ sie plötzlich aufspringen wie eine böse Blüte. Nach den Seiten hin spreizten sich seine Finger.

Auf dem Handteller lag etwas elfenbeinernes Flaches mit einem geringelten Relief wie ein plattgedrücktes Schneckenhaus.

Er drehte es herum, und ein heftiges Orange schlug Bianca entgegen.

»Eine Arbita«, sagte er. »Die bringt Glück.«

Bianca senkte den Kopf hinunter, um das kleine Glück genauer anschauen zu können. Die orangene Seite war gezeichnet wie ein winziges Ohr, mit einem dicken Außenwulst und geheimnisvollen Verschlingungen nach innen.

»Mein Schwager Miguel hat sie beim Fischen gefunden. Aus dem Meer bringen sie öfter welche mit. Sie sind noch unversehrt und leuchten. Am Strand findet man vorwiegend wurmzerfressene. Leider hält sich das kräftige Orange nicht. Nimm!«

Er ruckte auffordernd mit der flachgeöffneten Hand, und gehorsam faßte Bianca das kostbare Ohr mit den Fingerspitzen.

»Hast du Geld?« Er machte das Zeichen des Scheinezählens. Als Bianca nicht antwortete, nahm er sie bei der Hand und sagte fröhlich: »Wir lassen sie in Silber fassen, und du hängst sie dir um den Hals. Das ist nicht teuer.«

Brav schritt sie neben ihm her. Sein Geplauder hüllte sie ein wie ein warmer Mantel, aber sie hatte Mühe, den Sinn seiner Rede zu verstehen, seine Stimme verdoppelte, verdreifachte sich, wurde zu einem summenden Gewebe, das sich verstrickte mit dem Schmatzen des Wassers um ihre Schuhe, mit dem Zischen des Windes an ihrer Ohrmuschel, mit dem Dröhnen der Wellen an ihrer Seite. Sie hatte nicht schlecht spanisch gesprochen, damals vor vierzehn Jahren, als sie ein Jahr lang im Hotel Playa in Alicante arbeitete. In den ersten andalusischen Wochen im »Cuatro vientos« nach so langer Pause waren die versunkenen spanischen Wörter wieder an die Oberfläche ihres Gedächtnisses getrieben und hatten sich ausgebreitet wie ein zerrissener Ölfilm.

Nun, während Bartolos langsamer Schritt sie mitzog, versuchte sie, ihr Hirn auf einen einzelnen Satz zu konzentrieren, auf ein einzelnes Wort. Aber es war schwierig, in diesem verwirrenden Orchester von Geräuschen und Farben und Berührungen ein unabhängiges Instrument herauszuhören, einen unabhängigen Ton festzuhalten. Da spürte sie mit einemmal die Festigkeit des kleinen Ohres in ihrer Faust. Sie sammelte all ihre Kraft in dieses dritte Ohr und ließ es mithorchen. Für einen kurzen Moment vernahm sie das zirpende Platzen der Blasen im feuchten Sand. Doch dann verlor sich alles in einem allgemeinen Rauschen, in einem bunt sprudelnden Eintopf. Sie war eine Farbenblinde beim Sehtest, die in dem Geflimmer von bunten Punkten die graugepunktete Zahl nicht auszumachen versteht.

Bartolo hielt vor dem Laden des Juweliers. In den Auslagen, zwischen posierenden Toreropüppchen, Flamencotänzerinnen und bemalten Aschenbechern, schlängelten sich silberne Kettchen, aber keiner der Anhänger leuchtete so makellos wie Bartolos Geschenk. »Komm rein.« Er zog Bianca in den Laden und stellte vor: »Mein Onkel Juan.«

»Mañana por la tarde ist das Kettchen fertig«, sagte der Onkel, der vor Jahren auch Fischer gewesen war. »Das ist der Verschluß der Turmschnecke. Mit den Winterstürmen werden die Arbitas an den Strand gespült.«

»Im Sommer ist das Meer ruhiger«, sagte Bartolo. »Da gibt es weniger Muscheln am Strand.«

Nachts ruhte Bartolo in seinem runden, festen Schlaf. Bianca neben ihm bemühte sich, ihren eigenen Schlaf zu fangen, aber der sträubte sich. Erst zerfaserte er nur an den Rändern, dann zerbröckelte er in Einzelteile. Dann fuhr das Meer hinein mit seinem Gebrüll und zog und zog. – Bianca, komm! – Leise wand sie sich aus Bartolos Armen, stieg in ihre Jeans, in ihre dicken Wollsocken, schlüpfte in Bartolos warmen Pullover und Bartolos Windjacke und schlich in der Dunkelheit hinaus zum Wasser, das sich grollend über den ganzen Strand hinweg ausbreitete. Sie stand da und schaute ihm zu. Stunde um Stunde schaute sie zu, wie es langsam zurückwich, wie im kühlen Mondlicht eine urweltliche Landschaft von Mäandern und Lagunen aufschimmerte. – Komm, Püppelchen, komm! – Und die Kamera klickt und klickt, und am Boden glänzen die nackten Mädchen mit den gespreizten Füßen. Auch Bianca. Auch Bianca.

Sie wollte zurück in Bartolos Wärme, aber das Meer ließ sie nicht gehen, es zog und zog. Alle Kraft zog es ihr aus den Adern, alles Blut, alles Leben.

Schließlich hing die Hülle ihres Körpers nur noch mit den Schuhsohlen am Boden fest, und der Wind zerrte an ihr wie an einem leeren Nachthemd.

Als die Ebbe den Strand endgültig trockengelegt hatte und eine graue Dämmerung vom Horizont aufstieg, gelang es ihr, erst den einen Fuß, dann den anderen vom Boden zu lösen und zurück in die Kammer zu gehen.

Bartolo umfing sie seufzend. »Bist du kalt.«

Er wollte sie warm machen, aber er hatte nicht soviel Kraft wie das Meer. Er wärmte ihr rundum die Haut wie eine kuschelige Felldecke nach einer langen Schneewanderung.

Er versuchte, sie auch innen anzuwärmen, aber sie sagte ihm gleich, daß das bei ihr nicht ging, sie hätte es schon oft probiert. Er war ihr nicht böse deshalb. So ergoß er seine ganze Wärme in ihre Nabelkuhle, holte ein Taschentuch und wischte alles weg.

Als sie erwachte, war er fort. Sie schaute auf Conrads Armbanduhr: Es war schon fast Mittag.

Wie sie so die Zeiger der Uhr ansah, begannen die sich plötzlich unter ihrem Blick zu krümmen, der eine versuchte ihr davonzulaufen, krumm wie er war, er rannte und rannte.

Sie sah ihr Gelenk an, um das die Uhr sich rundum schlang, sie folgte den dünnen Linien der Adern, bis sie in Haut und Fleisch abtauchten. Weg waren sie.

Da kam Bartolo. Er hatte die Arbita abgeholt und hakte ihr das Kettchen um den Hals. Sie mußte sich vor den Klospiegel stellen, das Orange leuchtete wie ein glückliches Sonnenohr.

»Hola, Louisa. Hola, Andrea.«

Mitten auf dem Bürgersteig standen die zwei und zeigten ihre lachenden Zähne. Bartolos große Nase hackte auf Louisa ein, das schwarze Haar zottelte um seinen Nacken. Louisa kratzte mit gekrümmtem Finger über die Saiten der Gitarre, die zitternd aufschrie, gegen Biancas gläserne Haut schrie, daß sie zersprang, in tausend Funken zersprang. Und aus dem Funkenstaub erhob sich Bartolo. »Vamos, Bianca. Wir gehen.«

Er nahm sie bei der Hand. »Komm, wir essen ein paar Tapas. Ich mag nicht zu Hause bei meiner Familie Mittag essen. Dann fragen sie mich gleich wieder, ob du wirklich meine neue Novia bist und wie viele Chicas ich noch durchprobieren will, bis ich endlich heirate. Heiratest du mich?«

Sie setzten sich in die Bar Sopa, überall kannte Bartolo alle Leute. Er bestellte so viele Tapas, daß sie kaum noch auf den Tisch paßten.

Das Essen in ihrem Bauch gab Bianca eine Schwere. Ihr war, als sammelten sich alle Zellen ihrer Person um den Speisebrei wie Eisenspäne um einen Magnetstab. Heiß, kalt. Saftig, trocken. Süß, bitter. Gelb, rot. Aus einem Funkengestöber, das sich in alle Winde verstreut hatte, gerann sie wieder zu einer zusammenhängenden Masse, amorph zwar und ohne deutliche Konturen, aber mit einem Handtäschchen über der Schulter und mit einem festen Namen: Bianca.

Am Abend ging Bartolo mit ihr in die Bar Manolo, wo Louisa und Andrea ihren Auftritt hatten.

Bianca saß am Tisch mit einem frischgepreßten Orangensaft, den ihr Bartolo geholt hatte. Das Sonnenohr pendelte sanft wie der Flügelschlag eines Falters an ihrer Kehle.

Bartolo flitzte zu Louisa, um mit ihr zusammen in ihrem Notenbuch zu blättern. Er flitzte an die Bar und holte zwei Barhocker, damit sich die beiden beim Spielen setzen konnten.

Er flitzte in die Küche, bestellte Tapas, bestellte frischen Orangensaft für Bianca und Cuba libre für sich selbst und für die Musikerinnen Campo viejo. Er warf Bianca eine Kußhand zu. »Te quiero, corazon!«

Er flitzte draußen herum und sagte seinen Freunden Bescheid, daß sie kommen sollten.

Während Louisa und Andrea Musik machten und sangen, summte das Publikum mit – »... donna, donna, donna, dohonna ...« –, und als das Konzert zu Ende war und wieder normale Discomusik lief, räumte man gemeinsam die Stühle beiseite und begann zu tanzen.

Bianca betrachtete die vielen Füße, die unten am Boden durcheinander scharrten, aufhüpften, aufeinander zu traten, sich hoben, sich senkten.

Sie hatte ihren Orangensaft ausgetrunken und suchte Bartolo. Sie ging von Tisch zu Tisch, und sie schaute alle Tanzenden an, jeden einzelnen schaute sie an. Aber da war Bartolo nicht. Sie ging die drei Stufen hinunter, wo die Toiletten waren.

Sie schaute in die Herrentoilette. Sie schaute in die Damentoilette. Nirgendwo war er.

Als sie die Damentoilette verließ, entdeckte sie in der Nische neben den drei Treppenstufen ein sich küssendes Paar.

Der Mann war Bartolo. Die Frau war Louisa.

Sie stellte sich davor und schaute, bis Bartolo die Augen aufmachte und ihr direkt ins Gesicht sah.

»Bianca!« Ein Blick voller Entsetzen. Er ließ Louisas Schultern fahren, faßte nach Biancas Hand. »Was machst du hier unten? Te quiero, corazón! Mi bien! Mi amor! Mi vida!« Er küßte ihr ganzes Gesicht, auch die Augen, auch die Ohren. »Ich hole dir neuen Orangensaft!«

Er ging mit ihr die Stufen hinauf zur Theke. Als er sie losließ, um zu bestellen, trat sie schnell hinaus auf die Gasse, bog gleich um die Ecke und lief zickzack durchs Dorf, bis sie seine verzweifelte Stimme nicht mehr hörte. »Bianca! Bianca!«

Sie lief ins Feld durch die reglose schwarze Nacht. Sie lief und lief. Ein Hund schlug an. Ein anderer antwortete. Ein dritter setzte ein. Bald kläffte sich an den Horizonten um sie herum eine Meute aufgeregter Hunde zu. Wohin sie auch lief, immer befand sie sich im Fadenkreuz des Gebells. Da war kein Entkommen.

Hinter ihr näherten sich Scheinwerfer, ein Auto bewegte sich langsam über den Schotter. Sie blieb am Wegrand stehen und schützte die Augen mit dem Arm.

Der Wagen hielt. »Adónde vas?«

»Ich weiß nicht.«

Eine Männerhand öffnete die Beifahrertür. Bianca stieg ein.

Der Wind zerrte an seinem weißen Haar

»Wann fahren wir zurück nach Frankfurt?« klagte Maren. »Meint ihr, es macht mir Spaß, den ganzen Tag mit euch Alten rumzuhängen? Keiner geht mit mir in die Disco! Und dann diese widerlichen Raupen! Sicher kriechen die demnächst durchs Fenster in mein Bett! Mich juckt's schon am ganzen Körper. Und diese dicken, haarigen Spinnen. Sehen aus wie Taranteln. Sind die wirklich nicht giftig? Ekelhaft, dieses Viehzeug.«

Adam fand Marens Launen entzückend. Immer wieder streichelte er ihr das Bäuchlein, das rund geworden war wie ein Ball.

Doch als sie nicht aufhörte mit ihren Klagen und schließlich nur noch verheult am Küchentisch saß, verzog er sich dezent in seine Werkstatt.

»Komm, meine Kleine.« Hilde zückte ein Papiertaschentuch. »Wisch dir die Tränen ab. Wir gehen spazieren. Das beruhigt und tut dir genauso gut wie dem Kind.«

Jetzt im Januar, vor allem, wenn der Wind schwieg, schien das Leben stillzustehen. Kein Gesumm und Gezirpe und Gewisper wie zu den anderen Jahreszeiten. Das Ameisengewimmel, die nervösen Fliegen, die sirrenden Grillen waren wie fortgehext. Reglos grün lag der Garten. Nur die Pulpos, wie sie im Volksmund hießen, die dickfleischigen Aloepflanzen mit ihren krakenhaft gekrümmten Blättern, trieben an langen Stilen brennend rote Blüten.

Maren tupfte sich gehorsam das Gesicht trocken, erneuerte ihr Make-up und machte sich ausgehfein. Sie zog ihr bis zu den Knöcheln fallendes pflaumenblaues Crincle-Kleid an, darüber ihre lange Weste aus dunkellila Pannesamt. Um den Hals warf sie sich den messingfarbenen plissierten Seidenschal.

»Du ziehst dich an«, scherzte Hilde, »als wolltest du mit mir in eine Theaterpremiere.«

Schon war Maren beleidigt. Erst nachdem Hilde ihr immer wieder versichert hatte, ihre Bemerkung sei nicht kritisch gemeint gewesen, ließ sie sich bewegen, mitzukommen.

Der Sand unter ihren Schuhen staubte bei jedem Schritt auf.

»Es regnet zu wenig«, plauderte Hilde. »Die paar Regentage füllen die Stauseen nicht auf. Rafael sagt, soweit er sich zurückerinnern kann, hat es immer den Winter über geregnet.«

Plötzlich hörten sie ein Flugzeug herandröhnen. Sie blieben stehen und schauten nach oben. Es war eine kleine Maschine, die dicht über die Pinienkronen fegte.

»Ein Bekloppter!« bemerkte Hilde, als das Flugzeug abdrehte. Aber gleich darauf war es wieder da, donnerte direkt über sie hinweg, schlug einen Bogen und kam zurück.

Maren klammerte sich an Hildes Hand. »Was will der von uns?«

»Keine Ahnung.« Aber sie empfand genau wie Maren diesen Hauch Bedrohung. »Laß uns zurückgehen.«

Als sie die Finca erreichten und alle nackten Hautstellen von einem juckenden Ausschlag bedeckt waren, dämmerte es ihnen. Hilde lief hinüber zu Rafael.

»Ja«, sagte der, »ich habe das Flugzeug auch gehört. Sie sprühen wieder Chemikalien gegen die Orugas.«

»Und die Bewohner werden nicht vorher gewarnt?« tobte Hilde los und wies anklagend auf ihre Haut.

»Ist nicht so schlimm«, beruhigte Isabel, »morgen ist der Ausschlag weg. Das Jucken von den Orugas hält sich länger.«

»Meine Tochter ist schwanger. Die Chemie kann ihr schaden.«

»Ja«, sagte Isabel. »Es wäre besser, die Bevölkerung vorher zu informieren.«

»Ich will hier weg«, weinte Maren. »Wenn nun mein Kind ein Krüppel wird wegen diesem Chemiezeug.«

»Keine Sorge.« Hilde strich ihr mit dem Handrücken leicht über die Wange. »Jetzt ist das Baby nicht mehr gefährdet. In den ersten Monaten wäre es heikler gewesen.«

»Ich will nach Hause.«

»Auf jeden Fall«, sagte Hilde, »solltest du dein Kind in Frankfurt kriegen. Dort kenne ich gute Ärzte. Hier weiß man ja nicht, an wen man gerät.«

»Wir leben nicht im afrikanischen Busch«, murrte Conrad. »Hier gibt es genauso gute und schlechte Ärzte wie in Deutschland.«

»Ich will aber nach Hause«, jammerte Maren zornig.

»Du liest wohl keine Zeitung, daß du dich so ins wiedervereinigte Deutschland zurücksehnst«, sagte Conrad. »Unglaublich, wie Fremdenhaß und rechte Gewalt zunehmen. Täglich gibt es brutalste Ausschreitungen. Und die Polizei reagiert vergleichsweise lasch. Ganz anders als damals nach 68 bei uns, als sie in jedem Langhaarigen einen Staatsfeind witterten.«

»Rassismus existiert in jedem Land«, sagte Adam milde. »Man kann ihn nicht ausmerzen. Wir Deutschen sind nur nicht fähig zu sagen: Ja, es gibt viel Niedertracht unter den Menschen, man muß das Böse in Schach halten. Statt dessen geraten wir in Panik, predigen hilflos Moral – ›Mach meinen Kumpel nicht an!‹ So ein Sticker ist doch peinlich – und hofieren jeden Juden, der uns über den Weg läuft.«

»Das ist auch richtig so«, sagte Hilde scharf. »Nach allem, was wir uns an Schuld aufgeladen haben.«

»Warum können wir nicht sagen: Juden sind Menschen wie du und ich, es gibt angenehme und weniger angenehme, wie es angenehme und weniger angenehme Katholiken gibt, und zu den weniger angenehmen muß ich nicht freundlich sein. Dieses unterwürfige pauschale philosemitische Verhalten kippt natürlich irgendwann zurück ins Gegenteil.«

»Auch das noch, Politik«, sagte Maren genervt. »Können wir nicht mal über was Interessanteres reden?«

»Und das wäre?« Hildes Stimme klang gereizt. »Sag mir, über was du reden willst, und wir reden darüber.«

Maren schwieg.

»Setz sie nicht so unter Druck«, bat Adam und liebkoste ihr den weißblonden Haarschopf. »Keine Sorge, mein Goldschätzchen. Wir fahren demnächst zurück nach Frankfurt. Ich frage mich nur, wie viele von meinen Skulpturen ich hierlassen soll. Ich kenne ja unsere Pläne nicht. Ob wir nach der Geburt wieder hierherziehen. Oder doch in Frankfurt bleiben.«

Er schaute fragend in die Runde. Keiner antwortete.

»Hilde, wieviel Platz ist in deiner Wohnung?« erkundigte er sich vorsichtig.

»Eins der Zimmer hat Conrad mit seinen Bücherkisten vollgestellt«, muffelte Maren. »Die muß er dann halt woanders unterbringen.«

»Und wovon willst du die Fahrt nach Frankfurt bezahlen?« wollte Conrad wissen.

Adam war empört. »Du wirst doch wohl noch für die Benzinkosten aufkommen. Schließlich ist es deine Tochter, die ich nach Deutschland fahre.«

»In vierzehn Tagen geht ihr Rückflug«, sagte Hilde. »Wir lassen das Ticket natürlich nicht verfallen!«

»Und bequemer ist es auch«, weinte Maren und tastete tränenblind nach Adams Hand.

Schmarotzer, dachte Hilde, wie werden wir diesen Schwiegersohn bloß los.

Sie überredete Conrad zu einem Gang ans Meer, um mit ihm unter vier Augen zu sprechen. So oft waren sie noch nie miteinander spazierengegangen.

»Ja«, sagte er müde, während er gegen den Wind ankämpfte. »Ich halte auch nichts von ihm. Endlich merkst du, was für ein Heiratsschwindler der ist. Er hat es nur auf mein Vermögen abgesehen.«

»Und auf meine Tochter.«

»Schau mal, die Wellen!«

Sie blieben stehen. Das Meer schwappte schäumend die Steilküste hinauf.

»Im Sommer konnte man da unten entlangwandern«, sagte Conrad. »Jetzt kommst du nicht mal mehr bei Ebbe vorbei.«

»Heiraten. Was für eine Schnapsidee«, ereiferte sich Hilde. »Ich habe mein Kind auch alleine aufgezogen.«

»Es sieht nach Regen aus«, sagte Conrad und deutete auf die schwarz heraufziehende Wolkenwand.

Gerade noch rechtzeitig erreichten sie den Wagen, ehe das Unwetter losbrach. Der Sturm peitschte den Regen flach über die Felder. Die ganze Nacht pladderte es durchs Dach.

Dann kam ein nebliger Morgen wie an der Nordsee.

Die Müllkippe, die von Monat zu Monat höher gewachsen war, hatte man kurz vor Weihnachten wieder in Brand gesetzt. Der Müll war durch den Regen feucht geworden, und statt eines lodernden Feuers schwelte nur giftiger Qualm, kroch als faulig-süßes Nebelgemisch über den Boden, hüllte den ganzen Ort ein, schob sich den Strand entlang, quoll kilometerweit über Felder und Wiesen und lagerte schließlich wie ein dickes regungsloses Federbett auf der Landschaft, als wollte er alles Leben unter sich ersticken.

»Das haben wir noch nie erlebt«, entsetzten sich die Einheimischen. Hastig organisierte man Lastwagen, die zur Müllkippe fuhren, um das Feuer mit Sand zu löschen. Sie brauchten Tage.

Nach einer langen windstillen Woche begann der stinkende Nebel sich nach oben hin zu einem zarten Himmelblau zu verdünnen.

Erst als er sich vollständig aufgelöst hatte, zündete man einen kleinen Teil der Müllkippe wieder an. Die giftige Rauchfahne mischte sich mit dem aufkommenden Wind, und so verteilten sich die Dioxine wie zuvor mehr oder weniger ungerecht über das Land.

»Das Gefährliche ist bei den Dioxinen«, sagte Conrad, »daß sie sich wie Fett an den Gegenständen festsetzen und durch Wasser nicht abwaschbar sind. Wer weiß, woher die Gemüse stammen, die wir essen.«

»Ich bin doch nicht hierher gekommen«, rief Maren, »um mich und mein Kind vergiften zu lassen!«

Kurz darauf setzte erneut Regen ein. Diesmal dauerte er nicht nur ein paar Stunden, nicht nur einen Tag, sondern drei, vier, fünf Tage – er schien gar nicht mehr aufzuhören.

Die Wege verwandelten sich in Schlammstreifen, durch das undichte Dach schüttete es. In den Mulden der Plastikplanen, mit denen Hilde ihre Nähsachen abgedeckt hatte, bildeten sich Seen. Von den Eckzipfeln troff das Wasser. Sie stellte Eimer und Schüsseln darunter.

»Ich hole mir hier eine Lungenentzündung«, klagte Maren.

»Stell dich nicht so an!« schimpfte Hilde und reichte ihr Strickjacke und Strumpfhosen. »Nächste Woche geht dein Flug!«

Ohne Conrad anzusehen, fuhr sie fort: »Ich begleite Maren! Dies ist ihr erstes Kind, und sie ist noch so jung.« Sie hob verlegen einen Mundwinkel. »Sag, könntest du mir Geld leihen? Ich hab zwar meine Schulden bisher nicht zurückgezahlt ...«

»Was ist eigentlich los«, knurrte Conrad, »daß alle mit einemmal ganz wild drauf sind, wieder nach Frankfurt zurückzufahren?« Er zückte seine Brieftasche, reichte Hilde ohne nachzuzählen ein Bündel Pesetenscheine – »Für dein Flugtikket!« – und verschwand in seinem Zimmer, um das Scheckheft zu holen.

Er schrieb ihr einen Scheck über dreitausend Mark aus. »Wenn's nicht reicht, geh in die Firma. Ich sag Bescheid.«

»Ach, Conrad!« Sie warf sich an seine Brust. Unter ihrer Ohrmuschel pochte sein Herz.

Adam sollte Maren und Hilde mit dem Bus zum Flughafen bringen, um anschließend allein weiter in den kalten Norden zu fahren. Hilde steckte ihm heimlich ein paar Scheine zu.

Am Morgen vor der Abfahrt – Hilde hatte gerade ihre Stoffrollen und die Nähmaschine in den Hof geschleppt – kam

Adam ächzend aus seiner Werkstatt, im Arm seine neueste Skulptur »Weinende Verlobte«. »Hilfst du mir mal tragen?«

Als Hilde arglos mit anfaßte, um die Verlobte in den Bus zu wuchten, sah sie, daß der bereits bis zum Dach mit metallenen Objekten vollgestellt war.

Abrupt setzte sie den Sockel auf dem Boden ab. »Und meine Stoffballen?«

»Die sind ersetzbar. Meine Objekte nicht.«

Sie sah aus, als wollte sie ihm an die Kehle springen. Aber dann blies sie nur die Backen auf und ließ allmählich die Luft entweichen. »Wirklich lobenswert. Du willst also mit deiner Kunst Ehefrau und Kind ernähren.«

Er schaute argwöhnisch. »Wie meinst du das?«

»Wenn ich kein Nähmaterial habe, kann ich kein Geld verdienen. Aber du hast recht, deine Kunstobjekte bringen wesentlich mehr ein.«

Kleinlaut verfrachtete Adam die »Weinende Verlobte« zurück in die Werkstatt und entfernte noch zwei weitere Skulpturen aus dem Bus, um Hildes Stoffballen Platz zu machen.

Conrad wartete in der Toreinfahrt, um sich zu verabschieden.

Maren gab ihm einen flüchtigen Kuß und kletterte neben Adam auf den Beifahrersitz. Hilde warf ihre Schultertasche nach hinten, wo sie sich zwischen Koffern und Rucksäcken mit Stoffballen und Kissen einen improvisierten Sitzplatz ausgepolstert hatte, und stellte den Fuß auf das Trittbrett.

Conrads nackte Kopfhaut glänzte rot von der Sonne.

»Du solltest eine Schirmmütze aufsetzen«, sagte Hilde, »die Wintersonne hat mehr Kraft, als man meint. Du kannst dir leicht einen Hitzschlag holen.«

Er strich sich verlegen mit der Handfläche über den Schädel: »Diese Mützen sind abgrundhäßlich.«

Der Wind zerrte an seinem weißen Haar.

Was für ein trostloses Lächeln, dachte sie, und jetzt bleibt er allein zurück in diesem riesigen Haus.

Ein Schwall von Zärtlichkeit flutete durch ihre Brust. Es zuckte sie, ihn in den Arm zu nehmen, diesen einsamen alten Mann mit seinem flusigen Haarflaum wie ein aus dem Nest gefallenes Vögelchen. Warum bleibe ich nicht bei ihm? dachte sie. Einen Moment lang stand sie starr vor Schreck über die Kühnheit ihrer Idee.

Aber Maren braucht mich. Ich will sie nicht wieder im Stich lassen, so wie vor einem Jahr.

Sie reckte den Kopf zu Conrad hoch und tupfte ihm mit spitzem Mund einen Kuß auf die Wange.

Dann stieg sie in den Bus und schob das Fenster einen Spalt auf. Während Adam langsam anfuhr, zwängte sie Kopf und Oberkörper hinaus und winkte.

Conrad hob den Arm und ließ ihn wieder fallen.

Wie mager er geworden ist, dachte sie. Sie winkte und winkte, und der Abstand zwischen ihnen wurde immer größer.

Und Teneriffa?

Wenn Sie mal wieder in den südlichsten Zipfel Andalusiens kommen sollten, die Gegend mit dem berüchtigten Wind, machen Sie sich nicht die Mühe, die alte Hacienda »Cuatro vientos« aufzusuchen. Conrad wohnt nicht mehr dort.

Nachdem ihn Hilde, Maren und Adam verlassen hatten, hielt er es keine drei Wochen allein aus. Consuelo, Rafaels handfeste Tochter, war bereit, ihn zum Mann zu nehmen. Nun, drei Jahre später, hat er gerade seine zweite Tochter bekommen.

Consuelo ist nicht nur eine routinierte Putzfrau, sondern

auch eine hervorragende Köchin, Conrad hat bereits ein bißchen Bauch angesetzt. Es heißt, Consuelo habe ihn im Griff.

Er mußte sich erst daran gewöhnen, daß man, wenn man eine andalusische Frau nimmt, nicht nur sie, sondern eine ganze Familie heiratet. Aber inzwischen stören ihn die ständigen Verwandtenbesuche nicht mehr.

Er begann sein unverhofftes zweites Leben sogar ausgesprochen zu genießen, schob mit verhaltenem Stolz Juani oder Carmen im Kinderwagen durch die Gegend, bis Consuelo ihm mit kleinem Lächeln nahelegte, den Kinderwagen ihr zu überlassen. Hier auf dem Dorf sei es unüblich, fast ein wenig peinlich, wenn der Vater Mutterpflichten übernehme.

Auch sonst ließ Consuelo ihn keineswegs unterwürfig gewähren, froh, einen reichen, emanzipierten, welterfahrenen Mann wie ihn gefunden zu haben. Sicher, sie erledigte flink und selbstverständlich wie eine Hausmagd alle Küchenarbeit, verlangte aber viel Zärtlichkeit für sich und die Kinder, nicht nur für die eigenen, und wies ihn zornig zurecht, wenn er zwar seine kecke kleine Nichte Lorenza in die Wange kniff, seinen unbeholfenen Neffen José aber links liegen ließ, ihm nicht mal, wie vereinbart, ein Geschenk zur Kommunion mitbrachte. Von nun an schrieb sie ihm vor jedem der zahlreichen feierlichen Anlässe wie Taufe, Kommunion, Hochzeit und Dreikönigstag eine Geschenkeliste und gab ihm eine ihrer Cousinen als Einkaufsbegleitung mit. Hatte er sich anfangs noch bemüht, ökologisch und pädagogisch einwandfreie Spielsachen aufzutreiben, kaufte er bald, müde geworden, grellbuntes Plastikzeug wie alle anderen auch.

Hilde schrieb er in einem ausführlichen Brief, er habe nie geglaubt, daß aus ihm noch ein solider Ehemann und Vater werde.

Die Hacienda verfiel.

Consuelo hatte dort nicht wohnen mögen, obwohl das Haus so nah bei ihren Eltern lag. Sie hatte sich an das Dorf mit seinem Trubel gewöhnt. Da draußen war es ihr zu einsam. In der neuen Feriensiedlung lebten ausschließlich Deutsche, und auch das nur während der Urlaubszeiten. Den größten Teil des Jahres lagen die Häuser schweigend wie eine Totenstadt unter dem blauen Himmel.

So kaufte Conrad eine Eigentumswohnung mitten im Dorf, groß genug für Kinder und Enkel, aber auch für Onkel und Tanten und Schwägerinnen und Vettern, die alle gern vorbeikamen, um zu tratschen und zu feiern.

Conrad beherrschte das andalusische Spanisch inzwischen so gut, daß er mitreden konnte. Über Paquitas schwere Geburt, über die kleine Teresa, die sage und schreibe elf Pfund wog, als sie zur Welt kam. Über Tia Antonias Beinleiden und Abuelas Diabetis. Maria-Paz, die ältliche Cousine hatte nun endlich geheiratet – ob das gutging? –, auch noch Daniel, diesen Halodri. Carmen, Conrads Jüngste, war ewig wund, so oft man sie auch frisch wickelte. »Das liegt an der Milch«, sagte die Abuela, »die Mama ißt zuviel Saures.«

Da Consuelo so rasant den Haushalt managte und auf Conrads Mithilfe beim Abwasch keinerlei Wert zu legen schien, begann er sich ein wenig überflüssig zu fühlen. Sie ließ ihn nicht einmal Einkäufe erledigen. »Das gehört sich nicht für einen andalusischen Ehemann, im übrigen kaufst du schlechtes Gemüse und zu teuer.«

So saß er oft mit den arbeitslosen Männern im »El Mirlo«, trank seine Copa und guckte Fernsehen. Wer schon wieder gegen Real Madrid gewonnen hatte.

Er überlegte, ob er seine Hacienda samt Feldern Fernando

verkaufen sollte, der ihm seit langem in den Ohren lag, er wolle dort einen Campingplatz anlegen.

Hilde ließ er über die Firma regelmäßig Geld für Tochter und Enkelsohn zukommen, der nach ihm Conrad benannt wurde. Es mißfiel ihm zwar, daß er gezwungenermaßen auch Adam mit aushielt, der inzwischen mit Maren verheiratet war, aber was sollte er machen? Er nahm es humorvoll als Sponsoring eines erfolglosen Künstlers.

Die Hacienda verkam immer mehr. Manchmal fuhr er hinaus. Den verfilzten Dschungel im Innenhof konnte man kaum noch betreten. Man hätte sich mit der Machete einen Weg bahnen müssen. All die Bäume und Büsche, deren Wurzeln damals nicht radikal entfernt worden waren, hatten wieder ausgeschlagen. Erstaunlich, wie schnell sich die Wildnis ausbreitete, wenn man sie nicht ständig bändigte. Das Ackerland und die Obstgärten hatte er den benachbarten Bauern verpachtet, für wenig Geld, denn die Landarbeit lohnte sich nicht mehr. Das genormte EG-Gemüse, in riesigen Monokulturen angebaut, war so billig, daß die kleinen Landwirte preislich nicht konkurrieren konnten. Die Bauern der Gegend arbeiteten nun hauptsächlich als Gärtner für die Touristen, die sich in die neugebaute Urbanisation eingekauft hatten.

Ein paarmal hatte Conrad dort nach Chris und Dirk gefragt, aber keiner kannte die beiden. Offenbar waren sie nie, wie geplant, in ihr Haus eingezogen.

Erwartungsgemäß hatte sich die Wohnanlage inzwischen bis ins Tal hinunter ausgedehnt. Mit einem Hauch Wehmut stellte Conrad fest, daß der Ausblick in eine unversehrte Landschaft nun für alle Zeiten zerstört war.

Der Weg am Pinienwald entlang, den das Ayuntamiento damals auf sieben Meter hatte verbreitern lassen, war asphaltiert worden, damit die Besitzer der Ferienhäuser auf angenehme und bequeme Weise vom Strand zur eigenen Dusche gelangen konnten.

Regelmäßig bekam Conrad Post von Hilde, die ihm berichtete, welche Fortschritte Conrad junior machte. Er sei ein fröhliches, aufgewecktes Kind, fordere sie allerdings ganz und gar. Sie habe kaum noch Zeit für sich selbst.

»Irgendwann kommen wir euch besuchen«, schrieb sie, »damit du deinen Enkel endlich kennenlernst.«

Maren meldete sich nie. Ab und zu kritzelte sie ein »Gruß – Maren« unter Hildes Briefe, persönlicher wurde sie nicht.

Nur durch Hilde blieb Conrad auf dem laufenden.

Zunächst hauste man zu dritt in Hildes ehemaliger Wohnung. Noch bevor das Kind geboren wurde, kam es zur ersten heftigen Krise zwischen Adam und Maren. Es ging darum, ob das Zimmer, in dem zur Zeit noch Hilde wohnte, Kinderzimmer oder Adams Arbeitszimmer werden sollte.

»Und ich?« fragte Hilde.

»Du findest leichter eine Wohnung als wir«, meinte Adam. »Eine alleinstehende ältere Frau ist für den Vermieter bequemer als ein junges Paar mit zukünftigem Baby.«

Gottlob wurde kurz nach Connys Geburt Conrads alte Wohnung frei. Hilde richtete sich dort ihren Arbeitsraum sowie das Kinderzimmer ein. Meist arbeitete sie nachts, wenn der Kleine schlief. Sie stellte Schwangerschaftskissen aus reinem Hanfgewebe her, maschinenwaschbar, auf denen die Schwangere kniend sitzen konnte, ohne sich den Bauch einzuquetschen. Der Verkauf lief noch etwas schleppend. Zur Zeit saß sie an der Entwicklung eines Stillkissens. Vergeblich habe sie gehofft, schrieb sie an Conrad, daß sich Maren doch noch durchringen werde, dem Kind die Brust zu geben.

Recht gut verkauften sich Dildos aus Naturfaser in diversen Größen, gefüllt mit Buchweizenschalen. Der neu eröffnete Frauen-Sex-Shop hatte bereits ein Dutzend nachbestellt. Vom Finanzamt hatte sie nichts mehr gehört.

»Ich reise viel herum und biete meine Waren auf Messen und Märkten an«, schrieb sie. »Den Kleinen mußte ich bei meinen Eltern lassen, Adam war völlig überfordert. Auf meinem Ministand deponiere ich eine Tret-Nähmaschine. So nutze ich die Zeit und sitze nicht blöde herum. Angenehm wäre mir eine Stammkundin wie Chris. Durch ihre regelmäßigen Aufträge waren meine festen Kosten abgedeckt. Hast du etwas von Chris gehört?«

Ja, das hatte er.

Eines Tages, Mitte Juni, traf Conrad auf dem Weg zur Post Chris und Dirk in der Bar »El Mirador«.

Chris wirkte seltsam unproportioniert. Erst als sie an die Theke trat, um drei Fino zu bestellen, begriff Conrad, daß ihre Hüften enorm in die Breite gegangen waren. Ihr langer Oberkörper sah aus, als habe man ihn auf einen falschen Unterleib geschraubt.

Auch Dirk war füllig geworden. Aber während Chris' Blicke unermüdlich und nervös herumflitzten wie zwei eingesperrte Krähen, machte Dirk einen träge-entspannten Eindruck. Seine weichlichen Wangen waren schrumpelig wie zwei alte gefütterte Nappa-Handschuhe.

Beide wirkten ein wenig verlegen, ruderten nach Gesprächsthemen, tranken einen Fino nach dem anderen.

Schließlich erzählte Chris, während sie sich eine Fortuna ansteckte: »Unser Grundstück haben wir verkauft, noch bevor das Haus fertig war. Unsere zukünftigen Nachbarn dort paßten uns nicht, lärmende Spießer, an nichts als an Sonne, Meer und Ciento Tres interessiert.«

»Dafür haben wir uns in Marbella ein Chalet gebaut«, berichtete Dirk.

»Das Terrain war ein wirklicher Glücksfall!« ergänzte Chris. »Es hat einen wunderbaren Blick über die ganze Bucht, ist nur eine Minute vom Strand entfernt und trotzdem ruhig – du weißt ja, Conrad, der Strandlärm im Sommer ist unerträglich. Selbstverständlich besitzen wir einen Pool. Man kann doch nicht mit diesen Menschenmassen im selben Wasser schwimmen. In Erinnerung an deine Bruchbude von Hacienda haben wir sehr solide gebaut, mit doppelt verglasten Fenstern, Wandisolation und Fußbodenheizung. Der größte Vorteil an Marbella: der Levante wird durch die umgebenden Bergketten vom Ort ferngehalten.«

»Du hast damals deine Klamotten im Haus zurückgelassen«, sagte Conrad. »Die sind inzwischen vermodert. Du weißt ja, die feuchte Meerluft ...«

Chris winkte ab. »Ist sowieso alles aus der Mode. Ich habe eine hervorragende deutsche Schneiderin in Marbella aufgetrieben. Die näht genau nach meinen eigenen Entwürfen. Hilde war mir immer zu eigenwillig.«

»Und Teneriffa?« fragte Conrad.

Chris verzog den Mund. »Die Kanaren sind doch völlig abgeschnitten von der Welt. Da hätten wir ja gleich hier in dieser windigen Einöde bleiben können. In Marbella hast du alles, was du auch in Deutschland kriegst. Plus Sonne und Meer. Uns geht es ausgezeichnet. Nicht, Dirk?« Sie drückte seinen Arm. »Was macht dein Roman, Conrad?«

»Keine Zeit.«

»Wieso?«

Er faßte kurz zusammen, was sich in den letzten Jahren ereignet hatte. Weder Chris noch Dirk fragten nach. Er war nicht sicher, ob sie ihm überhaupt zuhörten. Mit leicht spöttischem Lächeln saß Chris da und hob ihr Glas, um dem Kellner zu bedeuten, er solle nachschenken.

Nach einigen Runden Fino, alle von Conrad spendiert,

schlenderten die zwei innig umarmt davon, Chris' glänzender Silbersatin spannte sich um ihren breitflächigen Hintern, Dirks hermelinweißes Knitterleinen schlotterte um seine Beine.

Conrad holte Hildes Brief von der Post und trabte hinunter zum Meer, flocht seine eigene Spur in die sich kreuzenden Muster der Fußspuren, die wie individuelle Autogramme den Sand beschrifteten.

Er mied Pepes Bar, um nicht Bartolo zu begegnen, der ebenfalls inzwischen geheiratet hatte, eine waschechte Andalusierin. Aus Gewohnheit schäkerte er nach wie vor mit den blonden Touristinnen. Aber seine Arbeit ließ ihm kaum noch Zeit für einen kleinen Flirt. Immerhin hatte er nicht nur seine Frau, sondern auch drei Kleinkinder zu versorgen, außerdem seine achtjährige Tochter, hellhaarig wie die schwedische Mutter.

Hilde schrieb: »Übrigens, Maren hat einen Freund. Er ist zweiundzwanzig und studiert Jura. Adam ruft täglich bei mir an, um zu jammern. Er hat angefangen, deinen Dachboden auszubauen, um da oben sein Atelier einzurichten. Du hast doch nichts dagegen? Er fragt sich, ob die Geschichte mit Maren nicht ein spätpubertärer Schwachsinn gewesen sei. Ich gab ihm recht. Da meinte er im Scherz, er ertrüge das allabendliche Warten auf Maren nicht mehr, ob er vielleicht bei mir einziehen könne. Dann hätte er es auch nicht so weit zu seiner Arbeit.

›Nein‹, antwortete ich, ›du bist mir zu alt. Und so wie du trinkst und rauchst, hätte ich bald einen Pflegefall am Hals.‹ Er war derart beleidigt, daß er sich eine Woche lang nicht gemeldet hat. Ab und zu schlafen wir miteinander, aber das ist nur eine Verlegenheitslösung.

Ich hätte nicht mit Maren zurück nach Frankfurt gehen sollen. Die hiesigen Arbeitsmöglichkeiten sind zwar günstiger für mich, aber die Hetze nervt. Du kannst keinen Menschen mehr spontan besuchen. Bei jedem platzt du in irgendeinen wichtigen Termin. Alle sind getrieben von Profilierungsdrang und Zukunftsängsten. Die wiedervereinigte deutsche Welt dreht sich täglich schneller, als hätte ihr irgendein postmoderner Gott einen Beschleuniger einprogrammiert. Allein diese Papierflut! Soviel gedrucktes Zeug! Bunte Drogen für Suchtkranke, die sich nur noch auf Informationsbröckchen konzentrieren können!

Wie kommt es eigentlich, daß mir das Leben in Andalusien soviel leichter erschien? Die Arbeitslosenquote ist dort viel höher als bei uns, und die Probleme sind sicherlich nicht geringer. Dennoch wirken die Menschen sorgloser als wir.

Vielleicht packe ich eines Tages spontan meine Sachen, nehme Conrad junior bei der Hand und ziehe zurück in den Süden.

Deine Hacienda steht doch noch immer leer, oder? Übrigens, Adam würde gern mitkommen. Sein Sohn braucht einen Vater, sagt er.«

Conrad faltete den Brief zusammen und schob ihn in seine Gesäßtasche. Dann zog er die Schuhe aus und ließ die Füße im nassen Sand versinken. Kleine aufgeregte Wellen krabbelten seine Knöchel hinauf.

Wie ein Luftgespenst formte sich Bianca neben ihm, durchsichtig blond, mit ihrem löchrigen Kleid. Der Wind strich durch sie hindurch und verwischte ihre zarten Konturen, ehe sie zum Leben erwachte.

Das Meer war schwarz wie Tinte, der Himmel weiß wie ein leeres Papier.